# BERICHTE AUS DER ABWURFZONE

**Die Andere Bibliothek**

Begründet

von Hans Magnus Enzensberger

# BERICHTE AUS DER ABWURFZONE

## Ausländer erleben den Bombenkrieg in Deutschland 1939 bis 1945

Herausgegeben und mit
einer Einleitung versehen
von Oliver Lubrich

Eichborn Verlag
Frankfurt am Main
2007

ISBN 978-3-8218-4583-8

# Inhaltsverzeichnis



## 1939



## 1940



## 1941



## 1942



## 1943

## 1944



## 1945

# KEINE ERDBEEREN, KEIN BURGUNDER
## Ausländische Autoren und der Luftkrieg

Deutsche Autoren sollen vor diesem Thema versagt haben. W. G. Sebald zumindest hat die Frage, wie sie umgegangen waren mit der Zerstörung ihrer Städte durch die alliierten Bombenangriffe, in einer doppelten These beantwortet: Die meisten hätten sie entweder verdrängt oder verfehlt. Die Bombardements seien, führt Sebald in seinem Essay über *Luftkrieg und Literatur* aus, allgemein wie ein »Familiengeheimnis« behandelt worden und in den wenigen Ausnahmefällen »auf eine eher fragwürdige Weise« zur Darstellung gekommen. Letzteres konnte auf zweierlei Arten geschehen, die Sebald beide für unangemessen hält: einerseits (bei einfachen Zeitzeugen) in einem scheinbar unbekümmerten »Weiterfunktionieren der Normalsprache«, durchsetzt mit vorgefertigten Formulierungen; oder aber (bei ehrgeizigen Schriftstellern) in avantgardistischen Spielereien oder künstlerischen Stilisierungen und in der Neigung, die Erfahrungen in die Ort- und Zeitlosigkeit zu entrücken (»Die Stadt hinter dem Strom«), ins Symbolische zu verschieben oder in Metaphysik zu überhöhen, einen übergeordneten Sinn zu stiften, mythische Ausflüchte zu erfinden oder in andere Abstraktionen auszuweichen, die alle eines verraten: den Versuch, aus der tatsächlichen Geschichte zu entfliehen. Die Aufgabe, von der Zerstörung Zeugnis abzulegen, haben deutsche Schriftsteller – Sebalds strengem Urteil zufolge – nur selten erfüllt.

### 1. Nebenrollen

In der gedruckten Fassung seiner im Jahre 1997 in Zürich gehaltenen Vorlesungen läßt W. G. Sebald am Rande einzelne Ausländer auftreten: einen Berichterstatter der BBC, der an einem Bombenangriff auf Berlin teilnimmt; einen schwedischen Reporter, der nach dem Krieg mit der Bahn durch die Ruinen von Hamburg fährt; und einen englischen Historiker, der eine *Naturgeschichte der Zerstörung* schreiben will, aber nicht zustande bringt. In allen Fällen handelt es sich um indirekte Beobachter, nämlich um Personen, die sich nicht *während* des Krieges *innerhalb* des Dritten Reiches aufhalten.

Obwohl es Sebald ausdrücklich um deutsche Literatur geht, hätte es im Zusammenhang seines Themas aus verschiedenen Gründen dennoch nahegelegen, internationale Stimmen zur Kenntnis zu nehmen. Seit er in England ansässig geworden war, blickte der deutsche Schriftsteller und Essayist selbst aus einer fremden Perspektive auf das Land seiner Geburt; er schildert, wie er, um über sein Thema nachzudenken, die englischen Flugfelder aufsuchte, von denen die Maschinen der königlichen Luftwaffe in Richtung auf Berlin, Hamburg oder Köln abgehoben hatten. In seinem eigenen Werk verwirklichte Sebald das Vorhaben, das jener britische Kollege (Solly Zuckerman) nicht hatte ausführen können; von ihm übernahm er sogar den Titel für seine englische Ausgabe, *On the Natural History of Destruction.* Vor allem aber könnte ein Vergleich der Quellen für die von Sebald gewählte Fragestellung aufschlußreich sein. Wenn sich nämlich herausstellt, daß ausländische Zeugen den Bombenkrieg weder im gleichen Maße ideologisch verdrängt noch literarisch verfehlt haben sollten, würde dies seine Thesen zum *spezifischen* Versagen der deutschen Literatur bestätigen oder präzisieren.

Auch in den weiteren Debatten, die seit Sebalds bahnbrechendem Beitrag über den Luftkrieg in Deutschland geführt worden sind, spielten ausländische Zeugen allenfalls Nebenrollen. In seiner literaturgeschichtlichen Studie über *Zeugen der Zerstörung* (2003) knüpfte Volker Hage an Sebald an und stellte zahlreiche weitere Quellen vor, die dessen Annahme, der Luftkrieg sei von der deutschen Literatur vernachlässigt worden, mindestens zahlenmäßig in Frage stellen.

Im Anhang kamen der Niederländer Harry Mulisch und der US-Amerikaner Kurt Vonnegut, die ihre Romane über die Zerstörung Dresdens einige Zeit nach dem Krieg verfaßt hatten (1959 und 1969), in Interviews zu Wort. In seiner umfangreichen Darstellung *Der Brand* (2002) zitierte Jörg Friedrich zwei Autoren, die in der vorliegenden Sammlung vertreten sind: den in Südschleswig lebenden Dänen Jacob Kronika (einmal) und den Deutschschweizer Konrad Warner (zweimal). Da beide jahrzehntelang in Deutschland arbeiteten, konnte der Historiker ihre Aufzeichnungen wie die zahlreichen deutschen Dokumente behandeln, auf die er sich bezog.

Warum spielen ausländische Zeugen in der deutschen Auseinandersetzung mit dem Luftkrieg kaum eine Rolle? Weshalb wurden sie, wo man einzelne von ihnen in Betracht zog, nicht systematisch *als solche,* als spezifisch *andere* Beiträge ausgewertet? Verschiedene Erklärungen bieten sich an:

(1) Weil es von vornherein nicht nahelag, anzunehmen, daß Ausländer den Bombenkrieg in Deutschland überhaupt in nennenswerter Zahl erlebt und dokumentiert hatten? (2) Weil nicht ohne weiteres davon auszugehen war, daß für die Beschreibung derart existentieller Erfahrungen wie der eines Feuersturms die Herkunft der Zeugen maßgeblich sein sollte? (3) Weil deutsche Zeitzeugen es lange Zeit aus Scham vermeiden wollten, ihre eigene Geschichte, und Nachgeborene, das Verhalten ihrer Eltern im Dritten Reich fremden Blicken ausgesetzt zu sehen? (4) Weil Deutsche in ihren erinnerungspolitischen Debatten in erster Linie *unter sich* verhandelten, in welches Verhältnis *sie selbst* sich zur Geschichte des Dritten Reiches setzen?

In den öffentlichen Debatten um den Luftkrieg (seit 1997) scheint es mitunter in der Tat nicht so sehr darum gegangen zu sein, einen historischen Vorgang in möglichst unterschiedlichen Sichtweisen genau nachzuvollziehen, wie darum, die eigene Befindlichkeit zu klären und die Haltung anderer kritisch zu bewerten. Möglicherweise lohnt es sich aber, die Fragestellung zu erweitern, andere Perspektiven einzunehmen und in eine derart engagiert geführte, zeitgeschichtlich wichtige und für die deutsche Selbstverständigung bedeutsame Diskussion Zeugnisse einzubeziehen, die bislang wenig beachtet worden sind. Wahrnehmungen aus anderen Blickwinkeln, Aufzeichnungen, die unter abweichenden Voraussetzungen entstanden sind, könnten dabei helfen, neue Fragen zu stellen und neue Gesichtspunkte zu finden.

Aus unterschiedlichen Gründen hielten sich zahlreiche Menschen verschiedener Nationalität in Deutschland auf, die den Bombenkrieg erlebten und beschreiben konnten. Sie kamen als Korrespondenten (zum Beispiel William Shirer, Howard Smith, Harry Flannery und Louis Lochner aus den USA, Jacob Kronika aus Dänemark, Theo Findahl aus Norwegen, Arvid Fredborg und Oscar Jacobi aus Schweden), als »eingebettete« Reporter begleiteten sie Angriffsflüge (Edward Murrow, Beirne Lay), oder sie trafen 1944/45 als Kriegsberichterstatter mit den Truppen der Alliierten im Reichsgebiet ein (Martha Gellhorn, Janet Flanner). Sie reisten als Schriftsteller im Auftrag von Zeitungen ihrer Heimatländer (Karen Blixen für die dänische *Politiken,* Curzio Malaparte für den italienischen *Corriere della Sera*), oder sie nahmen teil an offiziellen Rundfahrten, welche 1941 und 1942 von der deutschen Regierung organisiert wurden (so der Finne Arvi Kivimaa oder die Franzosen Marc Augier und André Thérive). Sie arbeiteten für die Deutschen (wie Gösta Block im schwedischen Programm des Reichsrundfunks), oder sie hatten aus anderen Gründen beruflich oder geschäftlich im Land zu tun (Konrad Warner, Paul Stämpfli). Sie besuchten Verwandte (René Schindler), oder sie lebten in Deutschland, als der Krieg ausbrach, und wurden durch ihn dort festgehalten (Georges Chatterton-Hill). Sie kamen als Politiker und Diplomaten (Galeazzo Ciano) – oder als humanitäre Helfer (Folke Bernadotte). Sie flohen vor der Sowjetarmee (Marie Wassiltschikow als russische Prinzessin aus Litauen, Jānis Jaunsudrabiņš als unabhängiger Künstler aus Lettland) oder vor den Befreiern Frankreichs (Louis-Ferdinand Céline, der Verfasser antisemitischer Pamphlete).

Viele gerieten in Kriegsgefangenschaft (Kurt Vonnegut, Ray Matheny), wurden in deutschen Gefängnissen gefoltert (Paul Stämpfli) oder in Konzentrationslager verschleppt (Mirjam Levie). Jeder Bericht vom Bombenkrieg hat eine Geschichte und einen eigenen Zusammenhang, aus dem er hervorgegangen ist.

## 2. Fremde Blicke

Worin unterscheiden sich ausländische Berichte aus dem Dritten Reich von deutschen?

Reisende haben einen fremden Blick. Im Vergleich mit dem Vertrauten, im Unterschied zum Eigenen, vor dem Hintergrund ihrer Kenntnisse, Vorstellungen und Erwartungen können sie als auffällig, bemerkenswert oder befremdlich wahrnehmen, was viele Einheimische vielleicht nicht oder nicht in gleicher Weise sehen – oder sehen wollen. Reportagen können in diesem Sinne *Kontrast*aufnahmen sein, deren Qualität in einer besonderen Kontrast*schärfe* liegt.

Ausländer, die sich während des Zweiten Weltkrieges in Deutschland aufhielten, befanden sich in einer zwiespältigen Position. Sie waren selbst ›mittendrin‹ und unmittelbar bedroht; zugleich jedoch distanziert. Es handelt sich um einen Extremfall von ›teilnehmender Beobachtung‹. Im gemeinsamen Erleben der Bombardements, die deutsche Zivilisten und internationale Reporter gleichermaßen betrafen, schwanden vorübergehend die Unterschiede, es lösten sich zeit- und teilweise die Grenzen auf, die den Beobachter vom Beobachteten trennen. Dabei kam es zu merkwürdigen Situationen: Der US-amerikanische Korrespondent Harry Flannery sprach im Luftschutzbunker mit dem Verantwortlichen in Uniform Englisch. Und es ergaben sich widersprüchliche Folgerungen: William Shirer schwankte zwischen wütender Feindseligkeit gegenüber den Deutschen, deren aggressiven Totalitarismus er seit 1934 bis zum Überdruß erfahren hatte, und einem gewissen Mitgefühl mit denen, die *mit ihm* durch die Bomben betroffen waren. Schon am 1. September 1939 sah

Shirer voraus, daß er sich bald in dem »gar nicht angenehmen Dilemma« befinden würde, »zu hoffen, daß sie dieser Stadt richtig einheizen, ohne mich dabei zu treffen.« Wenn er die erste Person Plural gebraucht (»*Wir* hatten *unseren* ersten Luftalarm ...«), bezieht er *sämtliche* möglichen Opfer in Berlin ein, sich selbst *und* die Deutschen (und sogar einen »Verräter«), ohne daß er deswegen aufhören würde, die englischen Abwürfe grundsätzlich als berechtigte Antwort auf den deutschen Angriffskrieg zu befürworten. In der Ausnahmesituation aber werden Gegensätze zwischen Feind und Freund, zwischen Tätern und Opfern nebensächlich.

Wenn sie ihre Berichte verfaßten, sahen sich ausländische Zeugen geringeren Zwängen und Versuchungen der Identifikation (mit der eigenen Führung oder als vermeintliche Opfergemeinschaft) ausgesetzt als viele deutsche Zeitgenossen. Ein Schweizer Journalist hatte nach dem Krieg weniger Anlaß, das Erlebte zu verschweigen oder zu verfälschen, als manch ein deutscher Zeitzeuge. Ein Schwede, der die Schrecken der Bombenangriffe 1944 in einer US-amerikanischen Zeitung mitteilte, stand weniger im Verdacht, sie gegen deutsche Taten aufrechnen zu wollen. Nicht wenige Texte scheinen von einer größeren Offenheit, von einer geringeren Befangenheit zu zeugen; auch wenn es darum geht, eigene Mißverständnisse und Fehleinschätzungen richtigzustellen.

Gleichwohl haben auch nicht-deutsche Berichte ihre Bedingungen. Für faschistische oder opportunistische Autoren bedeuteten die alliierten Vorstöße in den Luftraum der Achsenmächte ohnehin ein ideologisches Problem, weil sie die Überlegenheit der Diktaturen in Frage stellten. Korrespondenten unterlagen nicht nur Versuchen der mehr oder weniger auffälligen Manipulation und Beeinflussung, sondern auch der direkten Zensur – in Deutschland und zum Teil ein weiteres Mal in ihrer Heimat. Reporter aus demokratischen Ländern (Schweden, Schweiz, USA) schrieben für kontrovers diskutierende Öffentlichkeiten. Journalisten aus besetzten Ländern, die ihre Erinnerungen aus Berlin unmittelbar nach dem Krieg herausbrachten, taten dies in einer Zeit, als die Abrechnung mit Kollaborateuren im Gange war und sie unter Umständen den Eindruck, sie hätten zuviel Mitleid mit den Deutschen, vermeiden wollten. Und auch in den Texten weitgereister Zeugen finden sich – natürlich – Spuren seelischer Verletzungen, die es ihnen schwer machten, sich zu erinnern. So fragte sich die Costaricanerin Virginia Grütter, die als Jugendliche die letzten Jahre des Krieges in Bayern verbracht hatte, als dieser vorüber war: »Wenn man weiß, daß die Mütter wie wahnsinnig durch die Straßen rannten, wo die Hitze der Feuer den Asphalt erweichte, so daß er ihnen die Füße festhielt, während die Gebäude über ihnen brennend zusammenfielen – kann dann das Leben einfach so weitergehen?«

Reisende erfahren ein unbekanntes Land plötzlich und erleben es oft schockartig. Dies kommt besonders in den Erzählungen von Personen zum Ausdruck, die nur kurzfristig dort blieben. Einige Autoren, die sich für längere Zeit in Deutschland aufhielten, konnten Auskunft geben über ihre persönlichen Entwicklungen, die durch die Eindrücke während der Reise und die mit ihr verbundenen Irritationen ausgelöst oder beschleunigt worden waren. So kam Gösta Block 1942 als Sympathisant der Nationalsozialisten und ging ein halbes Jahr später als deren Gegner. Marie Wassiltschikow verwandelte sich zwischen 1940 und 1945 von einem den Luxus liebenden *party girl* zur politisch engagierten Krankenpflegerin. William Shirer verbitterte; und Howard Smith erlitt eine Depression, der er den Namen »Berlin Blues« gab. Solche Veränderungen, deren Verlauf sich unmittelbar in Tagebüchern und zusammenhängend in Memoiren niederschlug, sind nicht das Ergebnis eines nachträglichen Wissens, sondern sie entsprechen der Erfahrung vor Ort.

Internationalen Beobachtern stand für ihre Beschreibungen ein größeres Repertoire von Verfahren und Stilen zur Verfügung. Sie konnten aus den literarischen Traditionen ihrer Länder schöpfen. Und sie konnten sich zeitgenössischer Formen sowie neuer Mittel bedienen, mit denen deutsche Autoren nicht in gleicher Weise vertraut waren, da sie unter den Bedingungen der Gleichschaltung von Medien und Literatur arbeiteten beziehungsweise sogar aufwuchsen und von Entwicklungen im Ausland noch stärker abgekoppelt waren als beispielsweise ihre Kollegen in Italien. Sogar Intellektuelle, die dem nationalsozialistischen Regime nahestanden, verfügten oft über komplexere Poetiken und zeigten sich neuerungsfreudiger als ihre deutschen Zeitgenossen, was nicht nur in den Texten des Italieners Malaparte oder der Franzosen Thérive und Céline deutlich wird.

Höchst unterschiedlich sind auch die Zeugen selbst, die aus verfeindeten, verbündeten und neutralen Ländern stammten und den Bombenkrieg unter sehr verschiedenen Voraussetzungen erlebten: Der Außenminister des faschistischen Italien, der zu einer Lagebesprechung seinen deutschen Kollegen besuchte, und die nach Bergen-Belsen deportierte Jüdin, die im Zug durch das zerstörte Bremen fuhr; der französische Kollaborateur, der auf der Leipziger Messe empfangen wurde, und der US-amerikanische Korrespondent, dessen Büro die Gestapo durchsuchte; der Schweizer Geschäftsreisende und der lettische Flüchtling, der britische Zivilist und der gefangengenommene Soldat, die reisende Prominente und der als angeblicher Spion zum Tode verurteilte Kaufmann; die in den Trümmern verschüttete Gemüsefrau und der mit den Fliegern um sein Leben fürchtende Co-Pilot – sie alle wurden Zeugen des Bombenkrieges in Deutschland. Wenn US-Amerikaner aus ›Fliegenden Festungen‹ berichteten, deren Angriffe ihre Landsleute am Boden in deutscher Kriegsgefangenschaft trafen, nahmen Ausländer gleichzeitig die ›Perspektive von oben‹ und die ›Perspektive von unten‹ ein.

In vielen Fällen handelt es sich um geschulte, professionelle Beobachter, um Schriftsteller, Journalisten, Diplomaten, Politiker, die nach Deutschland kamen, um die Ereignisse aufmerksam zu verfolgen und von ihnen Bericht zu erstatten. Von solchen Zeugen ist nicht nur eine Bereitschaft zu erwarten, sich mit dem Luftkrieg überhaupt zu befassen, sondern auch eine gewisse Überlegtheit, Genauigkeit und sprachliche Fertigkeit.

Bisweilen machen sich die Autoren selbst Gedanken über ihren besonderen Standpunkt und ihren fremden Blick. »Es besteht zwischen ihnen allen und mir ein grundlegender Unterschied«, bemerkte Marie Wassiltschikow im Hinblick auf ihre deutschen Bekannten. Als sich um ihren Chef im Auswärtigen Amt, Adam von Trott zu Solz, eine »Konspiration« gegen Adolf Hitler zusammenfand, waren die Deutschen durch patriotische Skrupel gehemmt, während sie als Russin die Ermordung des Tyrannen und die Beendigung des Krieges als hinreichende Motivation begriff.

## 3. Einsichten

Wie haben Ausländer die Luftangriffe wahrgenommen? Was haben sie aufgeschrieben? Und welche Erkenntnisse lassen sich aus ihren Aussagen gewinnen? Sie beobachten sich selbst, sie beobachten die Deutschen, und sie beobachten die Wirkungen des Bombenkrieges. Dabei berühren sie weitreichende Fragen: Wie kann man das Erlebte in der Erinnerung fassen? Wie kann man es erzählen? Läßt es sich überhaupt angemessen darstellen? Wie kann Literatur auf unfaßbare Gewalt reagieren? Zugleich sind die Berichte historisch bedeutsam: Welche Erwartungen verbanden sich mit den Bombardements? Waren sie gerechtfertigt? Welche moralischen Maßstäbe standen zur Verfügung? Und wie veränderten sich diese?

Wenn die Zeugen von ihren Erfahrungen sprechen, ist dies zunächst generell von anthropologischem und psychologischem Interesse: Wie verhalten sich Menschen in Ausnahmesituationen? Was erfahren wir über ihre Todesangst und über die Faszination des Schreckens, über das verzweifelte Festhalten an Normalität und über Traumatisierung? Welche negativen und welche positiven Elemente kommen in der

Not zum Vorschein? Und wie reagieren, im besonderen Fall, Personen, die von massiver Gewalt betroffen sind, wenn sie diese aus übergeordneten Erwägungen gutheißen?

Darüber hinaus überliefern die ausländischen Autoren, wie sich die Deutschen verhielten. »Hier kann man das wahre deutsche Volk kennenlernen«, bemerkte der Schwede Arvid Fredborg im Luftschutzkeller. »Wenn die Bomben fallen, fällt seine Maske ab.« Wie beurteilten die Deutschen die Bombenangriffe? Welche Informationen standen ihnen zur Verfügung? Wie nahmen sie die Propaganda ihrer Regierung auf, die von »Terror« sprach und von »Luftpiraten«, während sie die eigenen Schläge gegen England feierte? Wie bewerteten sie die Angriffe – auf Warschau, Rotterdam, London, Coventry oder Stalingrad? William Shirer erschrak angesichts eines Filmberichts, der sich in sadistischer Freude über die verheerende Wirkung deutscher Attacken gegen die belgische und französische Zivilbevölkerung erging. Empfanden die Deutschen Haß auf die alliierten Flieger? Oder erlebten sie deren Anflüge als eine nachvollziehbare »Vergeltung«? Dies würde voraussetzen, daß sie sich über ihre Schuld im klaren waren. Die Frage nach dem Verhalten der Zivilbevölkerung, wie es ausländische Beobachter festhielten, hängt also zusammen mit einer grundsätzlichen: Was wußten die Deutschen über ihre Verbrechen: über Kriegsschuld, Vernichtungskrieg und Völkermord?

Wie war, auf der anderen Seite, die Öffentlichkeit im Ausland informiert? Die *Neue Zürcher Zeitung* beispielsweise stellte auf der Titelseite ihrer Ausgabe vom 24. November 1943 ihre Berichte über den großen Angriff auf Berlin aus zahlreichen Quellen von beiden Seiten einander gegenüber. Auch als nach dem Kriegseintritt der USA keine eigenen Korrespondenten mehr direkt aus Deutschland berichten konnten, blieb die amerikanische Öffentlichkeit über die Wirkung des Bombenkrieges im Bilde: Auskünfte ausgereister Schweden (wie Arvid Fredborgs *Hinter dem Stahlwall,* 1943) wurden durch ganze Teams von Übersetzern eilig ins Englische übertragen. Unter dem Namen Oscar Jacobi erschienen 1944 (»drahtlos aus Stockholm«) Reportagen aus Berlin, die eindrucksvoll die Verheerungen beschreiben. Im Oktober 1944 hatten die Kriegsberichterstatter, die mit den in Aachen einrückenden Truppen eintrafen, zum ersten Mal seit 1941/42 die Möglichkeit, eine deutsche Stadt selbst in Augenschein zu nehmen. Ab März 1945 gelangten Janet Flanner und Martha Gellhorn mit den Streitkräften nach Köln, wo sie darüber erstaunten, wie gleichmütig und versöhnlich sich die ausgebombte Bevölkerung gegenüber den siegreichen Feinden zeigte.

Anhand zeitgenössischer Zeugnisse ist zu erfahren, wie der Bombenkrieg *damals* eingeschätzt wurde – nicht mit dem nachträglichen Wissen des historischen Rückblicks. Einzeln betrachtet, sind die ›Höhepunkte‹ aus seiner Spätphase (der Hamburger »Feuersturm« 1943, die Zerstörung Dresdens 1945) erst recht schwer zu begreifen. Den Vorgang aber nicht von seinem Ergebnis her zu betrachten, sondern die Zeugnisse aus den Jahren 1939 bis 1945 chronologisch zu lesen ermöglicht es, eine mehrjährige Entwicklung nachzuvollziehen und einer allmählichen Eskalation zu folgen, die unaufhaltsam zu sein schien. In seinem Text über die Zerstörung von Halberstadt einen Monat vor der bedingungslosen Kapitulation hat Alexander Kluge die Eigenlogik der Vernichtung in die Frage gefaßt, ob eine Bomberformation denn umgekehrt wäre, wenn die Stadt, auf die sie sich im Anflug befand, kapituliert und deutlich sichtbar eine »große weiße Fahne« gehißt hätte.

Texte aus den ersten Kriegsjahren, als die Folgen zunächst nur sporadisch sichtbar waren, beschreiben eine anfänglich durchaus fortdauernde ›Normalität‹ des Alltagslebens, die ausländische Beobachter ebenso wie viele Deutsche dazu verleitete, die entsetzlichen Möglichkeiten eines entfesselten Luftkrieges zu unterschätzen. Die Jahre 1939 bis 1941 brachten eine Reihe deutscher Kriegserfolge (gegen Polen; Dänemark und Norwegen; Holland, Belgien, Luxemburg und Frankreich; Jugoslawien und Griechenland). Die USA und die Sowjetunion waren noch nicht am Konflikt beteiligt.

Die Hoffnungen demokratischer und neutraler Berichterstatter (und insgeheim auch mancher aus den besetzten Ländern und Gebieten) richteten sich auf England, dessen einzige Möglichkeit, da an eine Landung auf dem Kontinent noch nicht zu denken war, in gezielten Operationen in der Luft zu bestehen schien. So teilten William Shirer (1940), Howard Smith (1941) und Louis Lochner (1942) zunächst nicht nur den Wunsch, daß Großbritannien und möglichst auch die Vereinigten Staaten von Amerika den Kampf nach Deutschland bringen sollten, sondern auch die optimistische Einschätzung, daß aus der Luft mit vergleichsweise geringem Aufwand und wenigen Opfern eine entscheidende Wirkung zu erzielen sei. (Shirer dachte an den verursachten Schlafverlust. Smith forderte: »Mehr davon!« Lochner sprach von »Nervenkrieg«.) Korrespondenten, die sich täglich dreisten Propagandalügen und arroganten Pressekonferenzen ausgesetzt sahen, befürworteten die Bombenangriffe – auch gegen die zivile Bevölkerung. Ihre moralische Berechtigung als Vergeltungsmaßnahmen und ihren Nutzen als Kriegshandlungen scheinen die meisten Beobachter in den frühen Kriegsjahren überwiegend anerkannt zu haben. Die Konsequenz des Krieges auch als Luftkrieg haben sie offenbar geradezu als ›natürlich‹ hingenommen.

Zahlreiche Zeugen sahen den kriegerischen Zweck anfänglich darin, daß Rüstungsbetriebe und Infrastruktur zerstört und militärische Mittel der Deutschen (Personal, Gerät, Munition, Treibstoff) verausgabt oder gebunden wurden. Die Angriffe raubten Arbeits*zeit,* indem sie die Menschen in den Kellern festhielten, und sie schwächten die Arbeits*kraft* (durch Übernächtigung, Anspannung, Streß, Nervosität und Niedergeschlagenheit). Eine politische Nebenwirkung kam im Sinne Großbritanniens noch hinzu, wenn Staatsgäste oder Diplomaten betroffen waren. So erlebte der spanische Minister Serrano Suñer während seines Besuchs in Berlin (im September 1940), als er noch unter dem Eindruck des deutschen Triumphes über Frankreich stand, einen englischen Angriff, der ihn dazu bewogen haben könnte, Francisco Franco von einem Kriegseintritt auf seiten der Achsenmächte abzuraten. »Das mag hilfreich gewesen sein«, schrieb William Shirer in sein Tagebuch. Mussolinis Außenminister Galeazzo Ciano war bestürzt darüber, daß die Kollegen vom Auswärtigen Amt des mächtigen »Achsen«-Partners bereits 1942 wie »Höhlenmenschen« lebten. Die Luftangriffe straften jedenfalls die deutsche Kriegspropaganda Lügen: »Die rauchenden Trümmer ließen sich«, wußte Georges Chatterton-Hill, »nicht wegreden.«

Verschiedene Haltungen kamen in Frage: Für Kollaborateure und Sympathisanten stellten die alliierten Bombenangriffe, deren Möglichkeit Hermann Göring großsprecherisch ausgeschlossen hatte, eine besondere Herausforderung dar, der sie mit unterschiedlichen Strategien begegneten. Marc Augier leugnete sie kurzerhand. Arvi Kivimaa machte sie zum Gegenstand einer preziösen Betrachtung. Der Ungar József Nyírö (»Blick auf das kämpfende Deutschland«, 1942) verharmloste sie, bekannte sich aber zu einem beinahe voyeuristischen Interesse an Trümmern. Sein Landsmann Lörinc Szabó (»Abschied von Weimar«, 1942) inszenierte die Tristesse der von einzelnen Maschinen überflogenen Klassikerstadt Weimar in einer Weise, die aus heutiger Sicht durchaus nachdenklich und mehrdeutig wirkt. Kritische Beobachter hingegen erkannten in der Zerstörung politische Zeichen. Der norwegische Korrespondent Theo Findahl sah in den Ruinen der Hauptstadt historische Allegorien: den Untergang eines Imperiums (Karthago, Rom) und die Strafe für Größenwahn und Verbrechen (Ninive). Die Abrechnung mit dem preußischen Militarismus nahm in seinen Augen Gestalt an in dessen verstümmelten Denkmälern, die entlang der »Siegesallee« im Tiergarten zu besichtigen waren.

Als mit der Wende des Krieges 1942/43 auch die Luftangriffe sich zusehends verschärften, geriet ihre problematische Wirkung immer mehr in den Blick. Und die Frage nach ihrer ethischen Fragwürdigkeit mußte gestellt werden. Je länger der Krieg dauerte und je effektiver die Bombardements waren, desto kritischer wurden sie betrachtet. So stellte Marie Wassiltschikow fest, daß sie eine der erwünschten »genau entgegengesetzte« Wirkung erzielten und viele Menschen von politischen Erwägungen ablenkten, indem sie sie zwangen, sich um ihr bloßes Überleben zu kümmern. »Krieg, Politik und Zukunft interessierten uns nicht mehr«, erklärte Konrad Warner. Den Briten Georges Chatterton-Hill verwunderte noch im April 1945 die »krankhafte Teilnahmslosigkeit« der Menschen, mit denen er in den Schutzräumen saß. Das zunehmende Chaos erschwerte zudem die Arbeit bereits bestehender Widerstandsgruppen. Marie Wassiltschikow erkannte, daß die Angriffe allenfalls eine zwischenmenschliche Solidarisierung auslösten. Vor allem aber lieferten sie der Propaganda der letzten Kriegsjahre die wichtigste Argumentation. Goebbels konnte sich die Zerstörung zivilen Lebens zunutze machen, um die Deutschen in »ständigen Unkenrufen« (Oscar Jacobi) erst recht zum Durchhalten aufzufordern: Sie dürften unter keinen Umständen einem Feind unterliegen, der sie als Volk vernichten zu wollen schien. Oscar Jacobi bezeichnete in der US-amerikanischen Zeitschrift *Collier's* im April 1944 diese Schlußfolgerung als ein »Gottesgeschenk« für den Demagogen. Beobachter wie Howard Smith und William Shirer stimmten schon früh darin überein, daß die Deutschen, obwohl sie zu keiner Zeit mehrheitlich vom Krieg begeistert waren, diesen mit großem Einsatz führten – aus blanker Furcht vor Rache und Strafe. Weitermachen aus »schlechtem Gewissen« (Jacobi) – der Vernichtungswille des Gegners, der in den Bombardements zum Ausdruck kam, schien diesen Zusammenhang zu bestätigen. Hat also, so fragten ausländische Beobachter, die Zerstörung der Städte die Kampfbereitschaft der Deutschen mit Verzweiflung angefeuert?

In seinem an Originalschauplätzen im trostlosen Berlin gedrehten Film über einen deutschen Jungen, der zuerst zum Mörder und in der Folge zum Selbstmörder wird, *Deutschland im Jahre Null* (1947), stellte der Italiener Roberto Rosselini die Frage: Sind die Trümmer Ausdruck oder Voraussetzung, Ergebnis oder Beschleuniger der moralischen

Verwahrlosung? Hat der Luftkrieg Hemmschwellen gesenkt? Hatten verstörte Obdachlose, die ›wie die Tiere‹ in verkohlten Schuttlandschaften hausten, es weniger leicht, in einer mörderischen Umwelt ihre Menschlichkeit zu bewahren? Ausländische Zeugen stoßen zu einer Überlegung vor, die den Sinn von Luftangriffen auf zivile Ziele erheblich in Frage stellt: Haben die Bomben die Grundlagen eines bürgerlichen Lebens weiter erschüttert, den letzten »Rest einstmaligen Bürgertums in hellen Flammen« (René Schindler) aufgehen lassen? Haben sie hergebrachte Moralvorstellungen und noch vorhandene Widerstände weiter geschwächt, indem sie »ein Familienleben, das nach Maßgabe zivilisierter Verhältnisse diesen Namen verdient« (Oscar Jacobi), unmöglich machten? Haben sie so dazu beigetragen, Tätern, Mitläufern und Zuschauern in Deutschland manche Verbrechen im Zusammenhang mit dem ›Totalen Krieg‹ und der ›Endlösung‹ entschuldbar oder sogar gerechtfertigt erscheinen zu lassen? Der Satz des Kommandanten in Bergen-Belsen, den Mirjam Levie nach einem Luftangriff hörte, mag der zynischste Ausdruck dafür gewesen sein: »Laß sie kaputtgehen, bei uns gehen so viele kaputt.«

Marie Wassiltschikow gebraucht (an zwei Stellen in ihrem Tagebuch) das englische Wort *»holocaust«*. Wenn sie es einsetzt, um einen Bombenangriff und die zu bezeichnen, die in seinen Feuern umkamen, entspricht dies der buchstäblichen Bedeutung (griechisch *holokaûtoma,* Brandopfer) auf der Linie des bis dahin üblichen Verständnisses. Der Begriff erfuhr hier seine extreme Anwendung. Als er auf die Schoa übertragen wurde, verblaßte die alte Bedeutung dennoch vollständig. In Wassiltschikows vergessenem Wortgebrauch sind Bombenkrieg und Schoa unwissentlich, aber im Rückblick auf beinahe unheimliche Weise (1942), ins Verhältnis gesetzt. Als Edward Murrow, nachdem er 1943 einen Angriff auf Berlin aus einem Flugzeug heraus miterlebt hatte, 1945 nach Deutschland zurückkehrte, setzte er an, von den schrecklichen Zerstörungen zu sprechen – bis er nach Buchenwald kam und es ihm dort die Sprache verschlug.

Die Bombardierungen Deutschlands sind nicht isoliert zu betrachten. Das Material über deutsche Quellen hinaus zu erweitern bedeutet: sie um so weniger als einen unabhängigen Vorgang zu behandeln. Und zwar nicht allein, weil die internationalen Zeugen vielstimmig sind und zu Perspektivwechseln auffordern; sondern zudem, weil die meisten von sich aus Zusammenhänge eröffnen und über diese in größerer Unbefangenheit und Sachlichkeit Auskunft geben. Sei es, indem sie daran erinnern, daß »deutsche Bomben und Granaten auf die Frauen und Kinder in Warschau niedergingen«; oder indem sie bemerken, daß die Luftschutzbunker »Ariern« vorbehalten waren (William Shirer). Viele wußten um Hitlers Angriffskrieg, um die deutschen Bombardements, um die Verfolgung und Ermordung der Juden. So bezeichnete Edward Murrow die Maschine, an deren tödlicher Mission er teilnahm, nicht von ungefähr als eine »Exilwelt«; denn auf dem Rückweg dachte er daran, daß er auf derselben Route fünf Jahre zuvor zusammen mit Flüchtlingen nach England geflogen war, für deren Vertreibung man nun »Rache« genommen hatte. Als Mirjam Levie nach Bergen-Belsen deportiert wurde, trösteten sie die Schäden in einer deutschen Stadt, die sie aus dem Zug heraus betrachten konnte: »Bremen hat die ganze Reise wieder wettgemacht.« Am unerbittlichsten verweigerte Martha Gellhorn den Deutschen, die um ihre zerstörten Häuser weinten, ihr Mitgefühl. »Die Deutschen haben allen Menschen in Europa beigebracht, daß es nicht lohnt, wegen so läppischer Dinge wie Möbel Tränen zu vergießen«, schrieb sie. »Wir haben um viele Orte in vielen Ländern getrauert, aber dieses Land hier gehört nicht dazu.«

Theo Findahl hat, indem er die zerstörte Reichshauptstadt ›Germania‹ als »Anti-Jerusalem« bezeichnete, die Bomben als Strafe für den Völkermord verstanden. Der Schweizer Kaufmann Paul Stämpfli, der sie im Gefängnis Plötzensee fürchten mußte, nachdem er vom Volksgerichtshof zum Tode verurteilt worden war, machte einen erinnerungspolitischen Vorschlag: Die Ruinen sollten für lange Zeit stehen bleiben.

Als Denkmal verstanden, wäre die deutsche Städtelandschaft mit ihren Brachen und Neubauten ein bleibendes und nicht zu übersehendes Symbol – nicht vordergründig für ihre Zerstörung, sondern für die deutschen Verbrechen.

## 4. Aussichten

Als Jānis Jaunsudrabiņš im Oktober 1944 in Bielefeld eintraf, das kurz zuvor in Schutt und Asche gelegt worden war, bedauerte er zunächst, nicht etwas eher angekommen zu sein: »Schade. Wir hätten dann gesehen, wie so etwas vor sich geht.« Marie Wassiltschikow überlegte, ob sie lieber »im Zentrum des Geschehens bleiben« sollte (»where the action is«), als sich aus Berlin aufs Land zurückzuziehen. Der Bombenkrieg scheint auf manche Beobachter eine Faszination ausgeübt zu haben, die vernünftige Überlegungen in den Schatten stellte.

Bei fast allen Autoren gibt es Momente, in denen die Luftangriffe als ästhetische Erfahrung erlebt beziehungsweise beschrieben werden. William Shirer spricht von einem »grandiosen Anblick«, einem »Feuerwerk«, einem »Schauspiel«. Louis-Ferdinand Céline inszeniert die Geräusche der Explosionen als Konzert, die Feuer als Farbenspiel und die Bewegungen der Flammen über den Trümmern als Tanz. Auch bei Edward Murrow ist die Rede von einer »orchestrierten Hölle, einer Symphonie aus Licht und Flammen«. Und Beirne Lay meint noch nachträglich, »die gewaltigen Akkorde großartiger Musik« zu vernehmen. Warum haben sie der Versuchung nachgegeben, die Zerstörung als Kunstwerk darzustellen? Kann ein Luftangriff schön sein?

Wenn Walter Benjamin die »Ästhetisierung des politischen Lebens« als Strategie des Faschismus erkannte und in einer Ästhetisierung des Krieges »gipfeln« sah (im Nachwort zum ›Kunstwerk-Aufsatz‹, 1936/39), dann wäre die Ästhetisierung eines gegen Zivilisten gerichteten Luftangriffs erst recht als ein ideologisches Verfahren abzulehnen. Und doch scheint sie durchaus nahezuliegen. Denn gerade hier wird das Geschehen des Krieges eindrücklich erfahrbar, noch dazu aus vermeintlich sicherem Abstand und mit überwältigenden visuellen und akustischen Effekten.

Den vielleicht provozierendsten und jedenfalls umstrittensten Fall der genüßlichen Gestaltung eines Bombardements hat Ernst Jünger geschaffen, dem Walter Benjamin bereits 1930 »eine hemmungslose Übertragung der Thesen des L'Art pour l'Art auf den Krieg« vorgeworfen hatte. Ein vielzitierter Eintrag in Jüngers *Zweitem Pariser Tagebuch* (vom 27. Mai 1944) lautet: *»Alarme, Überfliegungen. Vom Dache des ›Raphael‹ sah ich zweimal in Richtung von Saint-Germain gewaltige Sprengwolken aufsteigen, während Geschwader in großer Höhe davonflogen.* [...] *Beim zweiten Mal, bei Sonnenuntergang, hielt ich ein Glas Burgunder, in dem Erdbeeren schwammen, in der Hand. Die Stadt mit ihren roten Türmen und Kuppeln lag in gewaltiger Schönheit, gleich einem Kelche, der zu tödlicher Befruchtung überflogen wird. Alles war Schauspiel, war reine, von Schmerz bejahte und erhöhte Macht.«*

Diese Passage gilt immer noch als berüchtigtes Beispiel für einen zynischen Umgang mit Gewalt (auch wenn Jünger die Beobachtungen, die in seine Notiz eingegangen sind, bei verschiedenen Angriffen gemacht haben konnte und neben der Luftkriegsdarstellung von der neueren Forschung darin enthaltene Anspielungen auf Liebesabenteuer erschlossen wurden).

Eine auf den ersten Blick ganz ähnliche Szene findet sich bei Marie Wassiltschikow, die den Bombenkrieg kritisch beurteilte. In einem Eintrag vom 27. August 1942 lesen wir bei ihr: *»Heute nacht nach dem Abendessen, als ich noch im Bett las, war plötzlich das Gebrumm vieler Flugzeuge über uns zu hören. Die Flak der benachbarten Stadt begann zu schießen, und plötzlich war die Hölle los. Der Vollmond glänzte auf den Wassergräben, und Scheinwerferstrahlen fuhren über den Himmel; ich lehnte mich aus dem Fenster und war von der beängstigenden Schönheit des Anblicks vorübergehend gebannt. Dann aber erinnerte ich mich an die jüngsten Ereignisse in Johannisberg und lief auf den Flur hinaus,* *wo ich mit der gesamten Familie meiner Gastgeber zusammenstieß, die im Begriff war, mich zu holen. Wir trotteten alle in den Haupthof hinunter, wo wir auf einer Kellertreppe saßen, Pfirsiche aßen und Milch tranken ...«*

In beiden Fällen geht eine Faszination, die aus einer erhöhten Zuschauer-Position (auf dem Dach, am Fenster) erlebt wird, in einen kulinarischen Genuß über. Die Luftangriffe werden mit einem Getränk (Wein, Milch) und mit Früchten (Erdbeeren, Pfirsiche) in Verbindung gebracht, deren Form an die der Bomben denken läßt und deren Farben denen des jeweiligen Panoramas entsprechen, das sich den Autoren bietet (bei Jünger das Rot des »Sonnenuntergangs« und der »roten Türme«; bei Wassiltschikow das Weiß und Gelb des »Vollmondes« und des Lichts der »Scheinwerfer«). Die Verfasser haben ihre Texte, in denen Gefahr und Schönheit der Zerstörung sich auf heikle Weise überschneiden, literarisch angelegt und sorgfältig ausgearbeitet; Jüngers Motive (Kelch, Wein, Wolken etc.) sind andeutungsreich; Wassiltschikow führt ihre Szene ein, indem sie als Lesende auftritt, so daß die Wirklichkeit des Krieges gleichsam in die Literatur (und, da sie im Bett liegt, beinahe in ihre Träume) einbricht.

Der Unterschied besteht darin, daß die Begeisterung bei Wassiltschikow (die immerhin zwei Jahre früher schrieb als Jünger) gebrochen wird. Während die »Schönheit« des Luftangriffs bei Jünger »gewaltig« ist, wirkt sie auf die russische Exilantin »beängstigend«. Wo er zweimal und für längere Zeit in Ruhe beobachten kann, währt ihre Faszination nur »vorübergehend«. Wenn der erfahrene Soldat souverän eine Aussicht erfaßt, folgt die junge Frau einem Reflex, sie ist »gebannt«. Es gelingt ihr, sich von dem Anblick loszureißen, indem sie vernünftigerweise an die Folgen vorheriger Luftangriffe denkt (die Zerstörung von Schloß Johannisberg). Sie gibt die Rolle der Zuschauerin auf, begreift sich, zumal die Flugzeuge nicht in der Ferne, sondern »über uns« sind, selbst als Betroffene und geht in Sicherheit. Während Jünger auf dem Dach bleibt, steigt sie hinab. Wenn der Verfasser von

*In Stahlgewittern* die Pose eines Dandys einnimmt, der den Luftangriff als ›erhabenes‹ Ereignis überschaut und sich an der eigenen Überlegenheit zu erfreuen scheint, befindet sie sich in einer weniger eleganten Haltung (»auf einer Kellertreppe«). Vor allem aber: Während der Deutsche von »tödlicher Befruchtung« spricht und eine »reine, von Schmerz bejahte und erhöhte Macht« feiert, fehlt bei der Russin jede Rechtfertigung und jegliche Transzendenz. Sie berauscht sich nicht – weder an der Schönheit der Vernichtung noch an einem alkoholischen Getränk. Ihr Text ist nüchtern und realistisch. Sie gesteht eine gewisse Faszination – und löst sich von ihr. Wassiltschikow bezeugt die ästhetische Wirkung, die der Luftangriff auf sie ausübte; aber sie ästhetisiert ihn nicht.

Vergleichbare Szenen finden sich bis ins Jahr 1945. Marie Wassiltschikow scheint von Fall zu Fall zu schwanken. »Es war schrecklich und schön zugleich«, bemerkt sie an einer Stelle, nachdem sie sich anderswo von der Reaktion eines Schweizer Freundes distanziert hat: »Er war ganz fasziniert. Ich nicht.« Die Verführung scheint in bestimmten Situationen, bei unmittelbarer Betroffenheit auszusetzen. Ästhetische Erfahrung braucht eine gewisse Distanz. Wer durch brennende Straßen zu einem Luftschutzbunker rennt, hat dazu keine Gelegenheit.

## 5. »Wunderbare Wirklichkeit«

Gegen Ende des Jahres 1943«, so beginnt ein bekanntes Werk der Weltliteratur, wurde die Geschichte in »Ruinen« lesbar. Sie hatten eine historische Bedeutung, die den Reisenden bewegte. Und zugleich ging von ihnen eine ästhetische Wirkung aus. Wer sie betrachtete, sah sich veranlaßt, die eigene Wahrnehmung der Wirklichkeit zu überdenken und deren Gestaltung in der Literatur neu auszurichten. Von dieser Szenerie geht das Manifest einer Poetik aus, die zu den einflußreichsten der zweiten Hälfte des zwanzigsten Jahrhunderts werden sollte. Sie spielt, während Berlin zu Trümmern gebombt wurde, bei den Resten des Schlosses Sans-Souci – auf Haiti. Ihr Autor ist der cubanische Romancier Alejo Carpentier, die »poetischen Trümmer«, die ihn als fremden Besucher interessierten, sind die der karibischen Insel und des Reiches des schwarzen Despoten Henri Christophe, über dessen »keineswegs erfundene Magie« er im programmatischen Vorwort seines Romans *Das Reich von dieser Welt* (1949) nachdenkt.

Carpentiers Theorie des ›Wunderbar-Wirklichen‹ *(»lo real-maravilloso«),* eine Inspiration des sogenannten »Magischen Realismus« in Lateinamerika, beruht auf dem Gedanken, daß der Schriftsteller sich nur an die Realität zu halten habe und daß er, was an Bedeutungen und Vorstellungen über sie hinausweist, im Alltag antreffen werde, in tatsächlichen Begebenheiten, die in ihrer ganz und gar diesseitigen Außergewöhnlichkeit eine beispielhafte Aussagekraft besitzen. Gewalt braucht nicht erfunden zu werden. Die Literatur, die diesem Grundsatz entspricht, ist detailgenau und wirklichkeitstreu; ihre Methode dokumentarisch; ihr Prinzip das der Geschichtsschreibung. Die gesamte Historie wird unter diesem Gesichtspunkt zur Chronik wahrer *und* unglaublicher Vorgänge. Seine nur scheinbar paradoxale Vorstellung von ›Wunderbarer Wirklichkeit‹, die er hier entwickelt, grenzt Alejo Carpentier nach zwei Seiten ab: von einem künstlichen Surrealismus, der *(per definitionem)* über die Realität hinausgeht; und von prosaischer Abbildung, die an die Stelle phantastischer Tricks schlichte Banalitäten setzt.

Mit anderen Ruinen des Jahres 1943 als der Cubaner Carpentier hat sich der Deutsche Sebald befaßt. Die Fragen indes, die dieser stellte, sind mit denen, die jener erörtert hat, durchaus zu vergleichen (wenn man vom jeweiligen Kontext absieht, der bei Carpentier ein postkolonialer und bei Sebald ein nachkriegsdeutscher ist): Wie soll ein Schriftsteller mit Gewalt umgehen? Wie kann er die eigene Geschichte zur Darstellung bringen? Mit welchen Mitteln lassen sich historische Katastrophen beschreiben, die »der tradierten Ästhetik inkommensurabel« sind? Wie ist dabei das Übel der fabelhaften Überhöhung ebenso zu vermeiden wie das der leichtfertigen Profanierung?

Wenn Sebalds Beobachtung zutrifft, daß deutsche Schriftsteller sich schwergetan haben, die Schrecken des Bombenkrieges zu schildern, dann muß dies für ausländische Zeugen nicht unbedingt gelten. Ausländer scheinen zumindest die beiden Verfehlungen, die Sebald bei Deutschen diagnostiziert hat, häufiger und entschiedener vermieden zu haben. Sie bedienen sich weniger alltäglicher Gemeinplätze; sie setzen nicht so oft vorgegebene Bilder ein. Sie überschreiten seltener die Grenze zum Kitsch; und sie widerstehen eher der Versuchung, die historische Situation zu verlassen und den Vorgang in ein Irgendwann und Irgendwo zu entsorgen oder ihn allgemein sinnstiftend zu stilisieren. Wo dann doch etwas »gespenstisch«, »unheimlich«, »unwirklich«, »phantastisch« oder wie eine »Zauberwelt« wirkt, ist dies kaum je buchstäblich zu verstehen; und sofern mythologische Elemente auftauchen, sind diese in der Regel präzise, durchdacht und wirklichkeitsbezogen: etwa wenn Theo Findahl bestimmte Städtelegenden aufruft (Pompeji); wenn Jacob Kronika zerstörte Kirchen oder Friedhöfe aufsucht; oder wenn bei Marie Wassiltschikow ein russisch-orthodoxer Chor von ›Ostarbeitern‹ gegen das Dröhnen der nahenden Bomber ansingt.

Einige Autoren haben Formen der Darstellung gefunden, die Carpentiers Programm entsprechen – und die zugleich, wenn auch auf eigene Weise, den Anforderungen Sebalds genügen, der sich für einen sachlichen und dokumentarischen oder auch fingiert dokumentarischen Ansatz ausgesprochen hat. So hat Marie Wassiltschikow eine Reihe höchst ungewöhnlicher und beinahe surreal wirkender Szenen skizziert, ohne doch jemals ins Übernatürliche zu geraten: Gefährliche Wasserschlangen drohen aus dem Aquarium zu entweichen. Wilde Tiere könnten aus dem Zoo entlaufen oder Krokodile versuchen, den Kanal zu erreichen. Die Straßen im Einkaufszentrum sind mit Glassplittern bedeckt. Welt und Unterwelt scheinen vertauscht zu sein, wenn man aus der blitzsauberen Untergrundbahn in eine Ödnis hinaufsteigt, die an die Schlachtfelder des Ersten Weltkrieges erinnert. Die Nacht wird zum Tag. Die Erde bebt. Ein Expreßzug fährt in den Bahnhof ein und brennt wie eine Fackel. Ein wahnsinniges Mädchen hockt auf einem Trümmerberg, unter dem die Leichen der Eltern verschüttet sind, und putzt sorgsam einzelne Steine ab, um sie wieder fortzuwerfen. Die russische Prinzessin probiert in einem Geschäft einen Hut an, während ringsum alles in Flammen steht. Menschen ziehen ihre Habseligkeiten in einem Kinderwagen durch einen verwüsteten Park. Man wärmt sich die Hände an Kohlevorräten, die in der winterkalten Metropole glühen. Straßen verwandeln sich in brennende Rinnsale. Am Kurfürstendamm führen Treppen ins Nichts. Großstädter leben wie Beduinen. Während sie anderswo voller Rauch ist, stehen Teile der Stadt unter Wasser, so daß Menschen, die in ihren Kellern eingeschlossen waren, durch die Krater schwimmen. In der Reichshauptstadt breitet sich – ebenso realistisch wie allegorisch – der Geruch von Gas aus.

Die Konzeption des ›Wunderbar-Wirklichen‹, wie Alejo Carpentier es definiert hat, erlaubt es, das Erlebte weder zu verleugnen oder zu verschieben noch zu verharmlosen oder zu verschönern. Mit ihrer Hilfe lassen sich Wirkliches und Unglaubliches in Verbindung bringen – läßt sich sprachlich das Unfaßbare fassen. Ohne sich Erfindungen zu bedienen und in Verklärungen zu flüchten oder aber vorgegebene Motive zu wiederholen und ins Triviale abzugleiten, beschreiben Autoren wie Marie Wassiltschikow den Vorgang der Zerstörung in genauen Einzelheiten. Vieles wirkte »unreal«, erkannte die Russin, und bedurfte keiner künstlichen Übertreibung. Während es Alejo Carpentier darum ging, der Wirklichkeit unangemessene Gemeinplätze (die er in der europäischen Literatur fand) bei der Erzählung seiner eigenen Geschichte abzuwehren, gelang es Marie Wassiltschikow, Klischees zu vermeiden, die der Beschreibung ihrer Erfahrung ebenso unrecht tun würden. Der fremde Blick ausländischer Beobachter sah das Befremdliche der deutschen Wirklichkeit. Sie konnten deren verwirrende Absurdität aufzeichnen, ohne Stilisierungen einzusetzen, die aus ihr hinausführen.

## 6. Erinnerungen und Darstellungen

Wenn sie aus Deutschland berichteten und Geschehnisse, die ihre Erfahrungen überstiegen, wirklichkeitsnah zu beschreiben versuchten, bedienten sich internationale Autoren unterschiedlicher Methoden. Sie setzen zum Teil groteske, makabre, burleske, komische, ironisch-märchenhafte oder pseudo-phantastische Motive ein. Ihre Techniken scheinen mit dem Fortgang des Krieges und mit wachsendem Abstand zu den Ereignissen unkonventioneller zu werden. Curzio Malaparte erzählt eine Geschichte von Kindern und Kinderspielzeug. Louis-Ferdinand Célines literarisches ›Ich‹ eilt durch die Trümmer Hamburgs im Beisein einer Gruppe behinderter »Gören«, deren Verstörung seiner eigenen zu entsprechen scheint. Während er (ausgerechnet mit einem italienischen Ziegeleiarbeiter) durch das zerschossene Hannover flüchtet, trifft ihn ein herabfallender Dachziegel am Kopf – was zur Folge hat, daß seine »Chronik«, die das Protokoll einer subjektiven Wahrnehmung abgeben soll, noch wirrere Formen annimmt. Kurt Vonnegut macht seine Hauptfigur zum Helden eines düsteren Narrenspiels. Aus der Dresdener »Mondlandschaft« führt er seine Leser durch Zeitreisen und auf Exkursionen zu Außerirdischen. Diese Bewegungen wirken wie eine Parodie auf die Ausflüchte aus der Geschichte, wie sie Sebald zufolge deutsche Autoren entworfen haben (und wie sie schon im Namen der Hauptfigur, *Pilgrim*/»Pilger«, angedeutet werden). Dabei machen diese verwirrenden Sprünge, Brüche und Phantasien deutlich, in welchem Maß eine schlichte, naive, harmonische Weltsicht durch die Erfahrung vom Februar 1945 in Frage gestellt geworden ist.

Viele Berichte sind am eindringlichsten, wenn die dargestellten Schrecken sich zuspitzen. Die mehr oder weniger offensichtlich metaphorische Sprache der Beschreibung, die besonders dann zum Vorschein kommt, berührt diverse Bereiche. Zahlreiche Schriftsteller – um ein Beispiel zu wählen – machen den Luftkrieg zu einem Naturereignis. Sie sprechen vom »Bomben*hagel*« oder »Feuer*sturm*«, von einer »Trümmer*wüste*« oder »Ruinen*landschaft*«, in der Menschen etwa wie die »Hasen« rennen oder wie in einem »Kaninchenbau« hausen; Angriffe erscheinen als »Orkan« (Stämpfli), Explosionen als Vulkane oder Geysire (Céline), »Funken*regen*« oder »*Schnee*gestöber« (Warner) oder sogar »verrückt gewordene Sonnenblumen« (Murrow).

Mit Motiven aus der Natur läßt sich die Gewalt anschaulich in Bilder fassen. In Gestalt von Zootieren oder Ratten scheint das Tierreich von der Metropole Besitz zu ergreifen. Die zertrümmerten Städte versteppen. Ein Stadtpark verwandelt sich in einen Dschungel. Derartige Bilder vermitteln jedoch auch politische und ideologische Bedeutungen. Bei Céline etwa wird eine solche Darstellung des Bombenkrieges apologetisch: Inmitten einer Naturkatastrophe kann der französische Kollaborateur sich selbst als hilfloses Opfer darstellen. Der Exzeß einer zerstörerischen Technik läßt sich zu zivilisationskritischen oder nihilistischen Untergangsszenarien ausgestalten. Indem er die Großstädter in Höhlenmenschen verwandelt, bewirkt der Bombenkrieg eine allgemeine und epochale Rückentwicklung. Wenn André Thérive das bombardierte Europa als »Ameisenhaufen« bezeichnet, entspricht dies einer kulturpessimistischen Vorstellung, die sich, wie der Germanist Erhard Schütz gezeigt hat, mit dem Luftkrieg verbindet und bis weit in die Nachkriegszeit reicht. Im brennenden, schmelzenden, weich werdenden Asphalt, der in den zwanziger Jahren ein Sinnbild urbaner Kultur gewesen war, scheint buchstäblich jegliche Gewißheit abhanden zu kommen. Die erleuchtete Metropole wird von einer Allegorie der Modernität (die Leuchtreklamen als ›Lichter der Großstadt‹) zu deren Apokalypse (die Leuchtsprengkörper als ›Feuerwerk‹ der Zerstörung). Solche Deutungen haben ihre zeitgenössischen Kontexte. Historische

Vorlagen beeinflußten die Wahrnehmungen und Beschreibungen des Luftkrieges. So forderte dieser den Großstadt-Diskurs der zwanziger Jahre heraus und die optimistischen Entwürfe von Urbanität; die Technik- und Flug-Faszination; und den Glauben an Fortschritt und Moderne.

Auch seltsam angenehme Vorstellungen kommen gelegentlich vor: Bei Gösta Block zum Beispiel dient der Bombenangriff dazu, ein biedermeierisches Idyll um so stärker herauszubilden. Die Luftschutzkeller erzeugten, fand Arvid Fredborg, eine eigene Art von Gemütlichkeit. Und sogar Exotik und Erotik kommen zur Geltung: Für Karen Blixen war die Verdunkelung eine romantische Erfahrung. Ein Deutscher, dem sie begegnete, erinnerte sie an die Einheimischen, mit denen sie in Afrika zusammengelebt hatte, die sich vor Heuschrecken anstelle von Feindflugzeugen fürchteten. Hand in Hand ging sie mit einem Fremden durch die nächtliche Stadt, wobei er ein Geräusch machte, das wie ein »Kuß« klang. Die Episode versetzt die Dänin von Bremen nach Kenia, in das Land ihrer Jugend.

Literarisch fanden die Beschreibungen der Bombardements Vorläufer und Bezugspunkte im *Gothic Horror* des neunzehnten Jahrhunderts; in der Frontkämpfer-Literatur der zwanziger Jahre, in der die Erfahrungen der Materialschlacht zur Sprache kamen (etwa in Ernst Jüngers *In Stahlgewittern,* 1920ff.); in der Technikeuphorie der Futuristen und deren Begeisterung für den italienischen ›Kolonialkrieg‹ in Äthiopien; in den Gewaltphantasien des Surrealismus; oder in der neusachlichen Tradition der Reportage-Feuilletons. Während deutsche Autoren Gründe hatten, sich vom Stil der NS-Kriegsberichterstattung abzuwenden, standen ihren ausländischen Kollegen weniger belastete journalistische Traditionen zur Verfügung.

Die Autoren haben, je nach Bedarf, unterschiedliche Gattungen gewählt: Tagebuch, Brief, Bericht, Roman oder Reportage. Und sie haben sich verschiedener Stile und Register bedient: Realismus, Lakonik, Eleganz, gesprochene Rede, Dialog, Bewußtseinsstrom … Alle Zeugnisse haben, da sie sich auf tatsächliche Erfahrungen beziehen, einen dokumentarischen Wert. Zugleich handelt es sich um sprachlich gestaltete, literarische Texte. In Kurt Vonneguts Science-fiction-Geschichte ist dies offenkundiger als in Edward Murrows Rundfunksendungen. Die Autoren sind jedoch in keinem Fall einfach mit ihren Erzählerfiguren zu verwechseln oder mit den öffentlichen *personae,* hinter denen sie sich auch bei eher journalistischen Beiträgen versteckten, nicht selten unter Pseudonym. Es handelt sich jeweils um zweierlei: um die Dokumentation von Erinnerungen und um künstlerische Darstellungen.

Läßt sich die Erfahrung eines Bombardements überhaupt sinnvoll zusammenfügen und sprachlich verarbeiten? Kann man einen Feuersturm beschreiben? In Anbetracht der dramatischen Situation, in der er sich befand, bemerkte etwa Beirne Lay, »daß eine chronologische Schilderung der Ereignisse schwerfällt«. Viele Schriftsteller haben auf die Fragen der Erinnerung und der Darstellung skeptische Antworten gegeben. »Genausowenig kann man sich an Träume erinnern, die man gerade erst geträumt hat.« – »Das kann man gar nicht in Worte fassen.« (Jānis Jaunsudrabiņš) – »Er erinnerte sich nur verschwommen daran«. – »Es gab nichts Angemessenes zu sagen.« (Kurt Vonnegut) – »Den Anblick kann und will ich nicht schildern«, sagte Edward Murrow – über Buchenwald. »Für das meiste fehlen mir die Worte.«

Zwei späte Texte, Kurt Vonneguts *Schlachthof-fünf* (1969) und Louis-Ferdinand Célines *Rigodon* (1961), drehen sich vielleicht am konsequentesten um die Probleme der Erinner- und Darstellbarkeit. Warum hat es viele Jahre gedauert, bis Vonneguts Erzähler endlich in der Lage war, sein Thema zu ›bewältigen‹? Warum bleibt der Angriff auf Dresden, von dem das Buch handelt, am Ende dennoch ausgespart und kann höchstens auf Umwegen umschrieben werden? Louis-Ferdinand Céline schreibt dagegen wie im Redefluß, in fortgesetzter Zwiesprache mit einem Zuhörer, dem er erzählt, was er sich (»in Fetzen«) ins Gedächtnis ruft, wobei er des öfteren die Übersicht verliert, seine Gedanken zu ordnen versucht, vergißt, Lücken andeutet (nicht zuletzt durch Auslassungszeichen), abweicht, sich wiederholt, seine Glaubwürdigkeit beteuert (»ich übertreibe, meinen Sie ...«) und seinen imaginären Gesprächspartner immer wieder darauf aufmerksam macht, wie schwer es ist, sich an die Erlebnisse zu erinnern und diese darzustellen: »ich kann mich nicht an alles erinnern ...«; »es fällt mir schwer, bei der Sache zu bleiben ...«; »ich selbst finde mich kaum noch zurecht da, obwohl ich doch alles erlebt habe, was ich Ihnen erzähle.«

## 7. Tabu und Trauma

Die Vorgeschichte des Bombenkrieges wird in den Berichten verschiedentlich angedeutet. In der Gas-Angst kommen Erfahrungen aus dem Ersten Weltkrieg zum Ausdruck. Noch eher präsent ist der Spanische Bürgerkrieg, den die deutsche »Legion Condor« dazu genutzt hatte, die Wirkung ihrer Waffen an der Stadt Guernica zu erproben. Zwischen 1939 und 1945 veränderten sich die Methoden und Strategien der Zerstörung erheblich: Störangriffe mit wenigen Flugzeugen gingen über in Flächenbombardements mit Hunderten »Fliegender Festungen«. Die deutschen »V-Waffen« brachten – bereits in ihrem Namen – eine weitere Eskalation in der Logik der »Vergeltung«. Als der Krieg in Europa endete, stand der Abwurf der Atombomben auf Hiroshima und Nagasaki noch bevor.

Pablo Picassos *Guernica* (1937) ist die wahrscheinlich bekannteste Darstellung des Bombenkrieges in der Kunst. Die Phantasie des städtezerstörenden Monsters *Godzilla* (seit 1954), die auf die Atombombenabwürfe zurückzuführen ist, ging in die globalisierte Populärkultur ein. Durch Filme wie *Der Kommandeur* (USA 1949), den Beirne Lay mit-verfaßte, *Schlachthof-fünf* (USA 1972) nach Kurt Vonnegut oder *Dresden* (Deutschland 2006) sowie in zahlreichen TV-Dokumentationen hat der Luftkrieg ein weites Echo gefunden.

In Deutschland ist das Thema noch immer prekär. Ein Sammelband mit Debattenbeiträgen stellte die Frage, ob sich die Deutschen, wenn sie vom Luftkrieg sprechen, als *Ein Volk von Opfern?* umdeuten wollten. Klaus Harpprecht gab, dem entsprechend, zu bedenken, das von Sebald beklagte Schweigen der Schriftsteller könne von einer Scham zeugen, von dem Vorbehalt dagegen, im Bewußtsein der Schuld von eigenem Leid zu reden. Nachdem Luftkrieg und Vertreibung lange Zeit von Rechtsextremisten mißbraucht worden waren, interessieren sich in den letzten Jahren auch nicht-revanchistische Beobachter für die deutschen Opfer des Krieges. In der Literatur setzten sich etwa Günter Grass mit der Versenkung des Flüchtlingsschiffs Wilhelm Gustloff (*Im Krebsgang,* 2002) und Walter Kempowski mit der Flucht aus Ostpreußen (*Alles umsonst,* 2006) auseinander.

W. G. Sebald, der diese Auseinandersetzung einleitete, stellte den vernebelnden Schreibweisen die Vorstellung eines aufklärerischen Umgangs mit dem Thema entgegen. Dem entspricht eine sachlich-dokumentarische Form, wie er sie – zumindest teilweise – bei Hans Erich Nossack (*Der Untergang,* 1943), Heinrich Böll (*Der Engel schwieg,* 1949–1951), Gert Ledig (*Vergeltung,* 1956), Hubert Fichte (*Detlevs Imitationen »Grünspan«,* 1971) und Alexander Kluge (*Der Luftangriff auf Halberstadt am 8. April 1945,* 1977) verwirklicht fand. In einer dreiseitigen Miniatur, die er seinen Vorlesungen einfügte, gab der 1944 geborene Essayist als Schriftsteller das Beispiel einer eigenen Gestaltung. Seine Kritik verdeutlichte er insbesondere an Texten von Hermann Kasack (*Die Stadt hinter dem Strom,* 1942–1946), abermals Hans Erich Nossack (*Nekyia,* 1947), Peter de Mendelssohn (*Die Kathedrale,* 1948), Arno Schmidt (*Aus dem Leben eines Fauns,* 1953) und Otto Erich Kiesel (*Die unverzagte Stadt,* 1949).

Das Schweigen bekannter deutscher Autoren konnte Sebald als Un*willig*keit verstehen, sich an den Luftkrieg zu erinnern, nämlich als aktive Verdrängung, die auf ein Tabu zurückzuführen war; oder aber als Un*fähig*keit, die das Ergebnis eines erlittenen Traumas wäre. Das Scheitern vieler Versuche, den Luftkrieg darzustellen, sah er in einem Mangel oder aber in einem Überschuß an Kunst. Dabei wäre das »Weiterfunktionieren der *Normal*sprache«, das er als inauthentisch verwarf, durchaus auch als Symptom eines *shell shock* aufzufassen, wonach die Wendungen, die ihm stereotyp vorkamen, verständlicherweise dazu dienen würden, die furchtbaren Erlebnisse zu verdecken und die schmerzliche Erinnerung (zumindest zeitweise) abzuwehren. »Das erzählte und hörte man, als ob es die alltäglichste Sache von der Welt wäre«, berichtet Konrad Warner vom Tag nach der Zerstörung Berlins vom 23. November 1943. Ein Junge, fand der Schweizer, »erzählte ganz sachlich, als ob es gar keinen so schrecklichen Eindruck auf ihn gemacht habe.« Und auch die Bomberpiloten sprachen, wie Edward Murrow feststellte, »in dem gleichen Ton, in dem sie über eine Blumenwiese gesprochen haben würden.« Die Stilisierungen in einer *nicht normalen* Sprache wiederum, die Sebald ebenfalls als verfehlt ansah, mochten immerhin auf den Wunsch zurückzuführen sein, über das Unerhörte in anderen als den zu oft gehörten Worten auszusagen. Wäre es nicht gleichermaßen nachvollziehbar, in Anbetracht des grauenhaft Außerordentlichen auf literarische Gestaltung so weit wie möglich zu verzichten (wie Paul Stämpfli), wie den Versuch zu wagen, mit ungewöhnlichen Ausdrucksformen zu reagieren (zum Beispiel Louis-Ferdinand Céline oder Kurt Vonnegut)? Beide Fragen, die nach der Erinnerung und die nach der Darstellung, haben jeweils in ein Dilemma geführt. Die ausländischen Autoren, die unter eigener Gefährdung aus der Abwurfzone berichteten, haben unterschiedliche Versuche unternommen, mit diesen Schwierigkeiten (und mit anderen) umzugehen.

»Über ein Massaker gibt es nichts Intelligentes zu sagen«, hat Kurt Vonnegut zur Zerstörung Dresdens geschrieben. In einem anderen Zusammenhang fand sich mehr als sechzig Jahre später der junge israelische Schriftsteller Etgar Keret vor ein vergleichbares Problem gestellt. Keret erzählt, wie ihn ein Journalist nach einem Selbstmordanschlag um seine Schilderung bat: »Die Reaktion eines Schriftstellers wäre gut für meinen Artikel. Jemand mit einer Vision. Nach jedem Angriff bekomme ich von den Leuten immer nur die gleichen

Reaktionen.« – »Das darf man ihnen nicht vorwerfen«, entgegnete Keret. »Die Angriffe sind eben immer gleich. Was kann man schon Originelles sagen über eine Explosion und sinnlosen Tod?« – »Keine Ahnung«, sagte der Journalist. »*Sie* sind der Schriftsteller.«

## Zu dieser Edition

Die Anordnung der Auszüge orientiert sich, soweit sie datiert werden können, an der Chronologie der dargestellten Ereignisse. Um die zeitliche Entwicklung des Bombenkrieges zu verdeutlichen, wurde das Material in Kapitel eingeteilt, die den einzelnen Kriegsjahren entsprechen.

Den Ausschnitten sind jeweils die Namen der Autoren vorangestellt. Wo es sich um vollständige Texte oder um geschlossene Passagen handelt, wurden Originaltitel hinzugesetzt. Bei Autoren, deren Aufzeichnungen den Leser über längere Zeit oder in bestimmten Sequenzen begleiten (William Shirer, Marie Wassiltschikow, Konrad Warner), werden lediglich die Namen angegeben. Kurze Einführungen zu Verfasser, Aufenthalt, Werk und Kontext sind zum besseren Verständnis den Beiträgen vorangestellt. Ein ausführliches Quellenverzeichnis benennt die ausgewählten Auszüge jeweils sowohl nach der originalsprachlichen Fassung wie auch, sofern vorhanden, nach der deutschen Übersetzung. Zugrunde gelegt wurden die Erstausgaben. Nach Möglichkeit werden im Quellenverzeichnis und in den Einführungen Daten zur Entstehung und Veröffentlichung genannt. Die Dokumentation verzeichnet das Material, auf das sich die editorischen Beiträge beziehen. Sie nennt ausgewählte Literatur, die über Verfasser, Werke und Zusammenhänge Auskunft gibt.

*Berichte aus der Abwurfzone* ist kein systematisches Geschichtswerk. Die literarische Anthologie stellt individuelle Wahrnehmungen internationaler Zeugen in möglichst großer Vielfalt vor. Selbstverständlich handelt es sich um eine Auswahl. Zahlreiche weitere Autoren wären in Frage gekommen, beispielsweise die im Vorwort zitierte Costaricanerin Virginia Grütter, die Ungarn Lörinc Szabó und József Nyírö oder der Schwede Gunnar Pihl. Überschneidungen mit der Sammlung *Reisen ins Reich* (Die Andere Bibliothek, Band 240, Dezember 2004), als deren Folge und Ergänzung *Berichte aus der Abwurfzone* gelesen werden kann, sind vermieden worden.

Voraussetzung für die Aufnahme ist ein tatsächlicher Aufenthalt eines ausländischen Verfassers in Deutschland vor dem Ende des Krieges, der als Hintergrund der Beschreibung angesehen werden kann. Es wurden keine reinen Sachbücher berücksichtigt, sondern nur solche Zeugnisse, die von einer tatsächlichen Erfahrung berichten. Nicht aufgenommen wurden Texte deutscher Autoren. Eine andere, wenn auch verwandte Gruppe von Zeugnissen bilden die Berichte von Ausländern, die nach dem Ende des Krieges Deutschland besuchten. So bereisten beispielsweise die Schriftsteller W. H. Auden, Stephen Spender und James Stern das Land im Auftrag des US-Militärs, um die Bevölkerung über die Wirkungen des Luftkrieges zu befragen. Zahlreiche Journalisten beobachteten die Nürnberger Prozesse und beschrieben die zerstörten Städte. (Einige dieser Quellen sind in Hans Magnus Enzensbergers Anthologie *Europa in Trümmern* eingegangen, Die Andere Bibliothek, Band 65, Mai 1990.) Es wurden auch einzelne Texte aufgenommen, die nachträglich verfaßt (Kurt Vonnegut, Louis-Ferdinand Céline) oder herausgegeben wurden (Marie Wassiltschikow und Mirjam Bolle, vormals Levie), geht es doch im Fall des Luftkriegs in besonderer Weise um das Thema der Erinnerung beziehungsweise Traumatisierung, das gerade in späten Texten zum Ausdruck kommt, die das Ergebnis eines längeren Prozesses sein können.

Individuelle Eigentümlichkeiten der Vorlagen in der Orthographie wurden beibehalten; die Interpunktion historischer Vorlagen oder Übersetzungen ist behutsam angepaßt worden. Lediglich offenkundige und nicht bemerkenswerte

Fehler wurden stillschweigend korrigiert. Passagen, die der Zensur zum Opfer gefallen waren, sind wiederhergestellt und kenntlich gemacht (unterstrichen) worden. Deutsche Wendungen, die im fremdsprachigen Original vorkommen, sind mit einem Sternchen bezeichnet (wenn sie in einem Text häufiger verwendet werden, zumindest beim ersten Mal).

Die Struktur der Vorlagen wurde gewahrt, etwa in Form von Absätzen und Leerzeilen. Im Original durch einen mittig gesetzten Stern (*) vorgenommene Trennungen zwischen Abschnitten wurden beibehalten. Zäsuren, die dadurch entstanden, daß in der Auswahl verschiedene Auszüge hintereinander gefügt wurden, sind entsprechend durch einen Strich (—) hervorgehoben. Auslassungen innerhalb der wiedergegebenen Beiträge werden markiert ([...]). Ergänzungen, die dem Verständnis der Texte dienen, sind gleichfalls in eckige Klammern gesetzt. Im Sinne der Lesbarkeit wurde darauf verzichtet, kommentierend oder nach jeweils neuestem Forschungsstand berichtigend in die historischen Aufzeichnungen einzugreifen.

## Dank

Für Unterstützung, Ratschläge und Diskussionen, für Anregungen, Hinweise und Auskünfte danke ich Hans Christoph Buch und Hans Magnus Enzensberger; Hinrich Seeba und Gert Mattenklott; Erhard Schütz, Frank-Rutger Hausmann und Tobias Wimbauer; Bernd Henningsen, Stefano Bruzzone, Wolfgang Hörner, Jobst Welge und Martin von Koppenfels; Walter Kempowski, Mirjam Bolle, Wolfhard Raub, Alberts Spoğis, Friedrich Dethlefs, René Rasmussen, Mats Myrstener, Anders Thunberg, Eric Johannesson, Ellinor Melander und Anna Lund; Naomi Lubrich, Heidi Lubrich, Robert Buch und Rainer Wieland; sowie meinen Studenten am Peter Szondi-Institut für Allgemeine und Vergleichende Literaturwissenschaft und an der Internationalen Sommeruniversität der Freien Universität Berlin sowie an der California State University Long Beach und der University of Chicago: vor allem Rhea Peters, Ronny Franz Buth, Vukan Mihailovic de Deo, Markus Dewes, Martin Bäumel, Malte Conradi – und für seine engagierte Mitarbeit ganz besonders: Michael Strobl.

# 1939

## WILLIAM SHIRER

Der US-Amerikaner William Shirer war von 1934 bis 1940 als Korrespondent in Berlin. Er arbeitete für verschiedene Medien – zunächst vor allem für den *Universal News Service* (1934 bis 1937); und schließlich für den Rundfunksender *CBS* (1937 bis 1940). Bevor er seine Aufgabe in Deutschland antrat, hatte Shirer in Paris gelebt (ab 1925) und als Europakorrespondent der Zeitung *Chicago Tribune* (seit 1927) aus verschiedenen Ländern berichtet. In Indien war er Mahatma Gandhi begegnet (1930/1931), ehe er sich im Dritten Reich mit Adolf Hitler auseinandersetzte.

### Radiosendung, Berlin, 26./27. August 1939, 24 Uhr 30

Hallo, Amerika. Hallo, CBS. Hier spricht Berlin. [...]

Die Kriegsvorbereitungen gehen weiter. Die Dächer dieser Stadt sind übersät mit Flugabwehrgeschützen. Vom Fenster meines Zimmers im Hotel [Adlon] kann ich eines sehen, und würde ich aus dem Fenster des Radiostudios blicken, aus dem ich in diesem Moment sende, ich sähe garantiert ein weiteres.

### Radiosendung, Berlin, 1. September 1939, 1 Uhr 15

Es ist frühmorgens, Viertel nach eins Berliner Zeit, und wir befinden uns mitten in unserer ersten Verdunkelung. Die Stadt liegt vollständig im Finstern, und das schon seit neunzehn Uhr.

Anfangs ist es ein bißchen komisch und braucht Gewöhnung. Man tastet sich durch die pechschwarzen Straßen, aber bald stellen sich die Augen darauf ein, und man erkennt die weißgetünchten Bordsteine; hie und da leuchtet ein blaues Licht, das der Orientierung dient – und irgendwie findet man sich zurecht.

Jedes Fenster in Berlin ist heute mit schwerem, schwarzem Papier verhängt. Hinter den verdunkelten Fenstern sitzen die Leute in ihren Wohnungen und hören Radio; aus dem Apparat tönt Marschmusik oder eine ergreifende Symphonie von Beethoven oder Brahms; ab und an wird eine Meldung gebracht oder eine frühere wiederholt. Mehrfach haben wir das abendliche Kommuniqué des Oberkommandos der Deutschen Wehrmacht zu hören bekommen, mit der Information, die Streitkräfte hätten bis zum Ende des Tages alle ihre militärischen Ziele in Polen erreicht – ihre Tagesziele, versteht sich.

Wir tappen immer noch im dunkeln, was die Absichten Englands und Frankreichs betrifft, auch wenn die Zeitungskorrespondenten auf Grund der Meldungen aus Paris und London, die sie über New York telegraphiert bekamen, heute nacht in der verdunkelten Wilhelmstraße Wache gehalten haben, um das Ergebnis der Demarche mitzubekommen, welche die Botschafter Frankreichs und Englands am Abend dort unternahmen. [...]

Etwas ist heute abend merkwürdig an Berlin. Die Cafés, Restaurants und Bierhallen sind voll. Vor ein paar Stunden ging ich hinaus, um einen Happen zu essen. Mein Restaurant sah von außen so dunkel aus, daß ich dachte, es habe geschlossen. Als ich indes die beiden aufeinanderfolgenden Türvorhänge passiert hatte, stellte ich fest, daß es drinnen strahlend hell war und von Menschen wimmelte. Ich bekam ohne Problem eine gute Mahlzeit, ein Glas Pilsener und eine Tasse Kaffee. An diesem Tag wurde vegetarisches Essen serviert, aber Gemüse und Eier erhielt ich reichlich.

Am frühen Abend gab es den ersten Luftalarm, und zwar unmittelbar bevor ich meinen Bericht senden sollte, so daß ich meine Notizen in einem Luftschutzkeller machen mußte. Es kam freilich kein feindliches Flugzeug, und bislang hat sich auch überhaupt noch keines blicken lassen, obwohl vor ein paar Stunden der Mond aufging und einige von uns dachten, es könne etwas passieren. Aber es geschah nichts.

### Tagebuch, Berlin, 1. September 1939, 2 Uhr 30 nachts

Um neunzehn Uhr hatten wir unseren ersten Luftalarm. Ich befand mich im Sender und machte mich gerade an mein Skript für eine Übertragung um acht Uhr fünfzehn. Die Lichter gingen aus, und sämtliche deutschen Angestellten griffen nach ihren Gasmasken und eilten, ganz schön verängstigt, in den Schutzraum. Niemand bot mir eine Maske an, aber die Luftwarte bestanden darauf, daß auch ich in den Keller ging. In dem Dunkel und dem Durcheinander konnte ich mich hinausstehlen und lief hinunter in die Studios, wo ich einen kleinen Raum fand, in dem auf einem Tisch eine Kerze brannte. Dort kritzelte ich meine Notizen aufs Papier. Flugzeuge kamen keine. Aber nun, da die Engländer und Franzosen in den Krieg eingetreten sind, kann die Sache morgen anders aussehen. Ich werde mich dann in dem ganz und gar nicht angenehmen Dilemma befinden, zu hoffen, daß sie dieser Stadt mit Bomben richtig einheizen, ohne mich dabei zu treffen.

### Radiosendung, Berlin, 3. September 1939, 19 Uhr 45

Heute abend erklären die Zeitungen ihren Lesern, warum es ratsam ist, während eines Luftalarms die Fenster nicht geschlossen, sondern *offen* zu halten. Die Menschen sind angewiesen, alle Fenster weit zu öffnen, ehe sie in den Keller hasten. Wenn die Fenster geschlossen bleiben, so wird erläutert, steht im Falle einer Explosion das Glas viel stärker in Gefahr, in kleinen Splittern auseinanderzufliegen und erheblichen Schaden anzurichten. Außerdem wird denen, die befürchten, durch offengelassene Fenster bei einem eventuellen Gasangriff dem Eindringen des Gases in ihr Haus Vorschub zu leisten, erklärt, daß Gas schwerer ist als Luft und deshalb nicht in das Haus hineinkommt.

### Tagebuch, Berlin, 4. September 1939

Mitternacht vorüber und kein Luftangriff, obwohl die Briten und Franzosen in den Krieg eingetreten sind. Ist es denkbar, daß man in diesem neuen Weltkrieg zu guter Letzt doch keine Bomben auf die großen Städte, die Metropolen, die Zivilisten, die Frauen und Kinder in ihren Wohnungen werfen wird? [...]

Die Gesichter der Deutschen, als spät am Abend die Nachricht eintraf, daß die Briten erstmals Cuxhaven und Wilhelmshaven bombardiert hatten! Der Krieg war im eigenen Land angekommen, und das schien niemandem zu behagen.

### Radiosendung, Berlin, 8. September 1939, 23 Uhr 30

Die Meldung von der Eroberung Warschaus erreichte die deutsche Öffentlichkeit erstmals heute abend um sieben Uhr fünfzehn über den Rundfunk. Unmittelbar anschließend spielte ein Musikkorps *Deutschland über Alles** und das *Horst-Wessel-Lied**.

Man darf aber nicht denken, daß es heute abend in Berlin zu wilden Begeisterungsstürmen kam. Nichts dergleichen. Bei der vollständigen Verdunkelung wäre es auch gar nicht leicht, irgend etwas zu feiern. Nach den Meldungen tastete ich mich die Wilhelmstraße entlang, die pechschwarz war, und stieß mit stummen Fußgängern zusammen, erreichte aber meine U-Bahnstation ohne größere Blessuren. Weil meine U-Bahn in den Wohnvierteln über eine Reihe von Straßenzügen oberirdisch fährt, waren die Wagen fast vollständig verdunkelt, und ich kauerte auf meinem Sitz in dem finsteren Zug, zusammen mit einigen hundert anderen Fahrgästen, von denen keiner einen Laut von sich gab. Extraausgaben wird es nicht geben, denn Zeitungen lassen sich nicht verkaufen, wenn man auf der Straße die Kunden nicht sehen kann. Kein Zweifel, dieser Krieg ist anders.

### Tagebuch, Berlin, 9. September 1939

Der zweite Luftalarm des Krieges wurde heute um vier Uhr nachts ausgelöst, aber ich habe ihn nicht gehört, weil ich zum ersten Mal seit Urzeiten wieder tief und fest schlief.

### Tagebuch, Berlin, 10. September 1939

Eine Woche nach der englisch-französischen Kriegserklärung fängt der deutsche Normalbürger an, sich zu fragen, ob es sich überhaupt um einen Weltkrieg handelt. [...]

Nicht eine einzige Bombe hat die Fabriken im Rheinland getroffen. Ist das Krieg? fragen sie. Die langen Gesichter, die ich vor einer Woche sah, sind heute, an diesem Sonntag, nicht mehr so lang.

Das Leben hier verläuft noch ganz normal. Die Opern, die Theater, die Kinos – alle geöffnet und überfüllt.

### Tagebuch, Berlin, 11. September 1939, Mitternacht

Als ich in der U-Bahn zum abendlichen Sendetermin fuhr, hörte ich viel Murren wegen des Krieges. Besonders die Frauen wirkten niedergeschlagen. Aber als ich von der Sendung zurückkehrte, stiegen im Bahnhof unter dem *Deutschen Opernhaus** Massen von Menschen, in der Hauptsache Frauen, zu. Sie hatten die Oper besucht und schienen vergessen zu haben, daß ein Krieg tobte, daß deutsche Bomben und Granaten auf die Frauen und Kinder in Warschau niedergegangen waren. Ich bezweifle, daß es weniger braucht als ein schreckliches Bombardement oder Jahre des Hungers, um den Leuten hier den Krieg nahezubringen.

### Radiosendung, Berlin, 15. Oktober 1939, 1 Uhr 15

Nach vier Tagen in der Schweiz bin ich heute morgen nach Berlin zurückgekehrt. Nach fünf Wochen Krieg in Polen und Deutschland fühlte ich mich an den ersten ein, zwei Tagen in einem neutralen Land ein bißchen durcheinander. Ein bißchen durcheinander fühle ich mich auch heute abend nach der Rückkehr in ein Land, das sich im Krieg befindet.

Aber hier bin ich nun wieder zurück auf meinem Posten in Berlin, und heute abend kommt mir die Verdunkelung noch dunkler vor als vor ein paar Tagen bei meiner Abreise. Jedenfalls habe ich auf meinem Weg zum Studio einen neuen Rekord aufgestellt, was die Anzahl der Laternenpfähle und Hydranten betrifft, gegen die ich gerannt bin. Ich nehme an, es braucht ein paar Tage, bis sich die Augen daran gewöhnt haben.

Aber wenn ich es recht bedenke, hat sich Berlin seit Kriegsbeginn gar nicht so stark verändert, wie man vielleicht vermuten könnte. Nach den Photos zu urteilen, die ich gesehen habe, hat Berlin weniger Schutzvorkehrungen gegen Luftangriffe getroffen als London oder Paris. Heute fiel mir in der Wilhelmstraße und Unter den Linden auf – in jener Straße befinden sich Ministerien und die Reichskanzlei von Herrn Hitler, in dieser Geschäfte und Hotels –, wie wenig man mit Sandsäcken vorgesorgt hatte. Vor den meisten Gebäuden in der Wilhelmstraße lagen überhaupt keine Sandsäcke; bei einigen wenigen waren zum Schutz der Kellerfenster fünf oder sechs lumpige kleine Säcke aufgestapelt. Unter den Linden bot sich das gleiche Bild. Ein paar Fenster waren durch eine Handvoll Sandsäcke geschützt, von denen aber nirgends mehr als drei oder vier übereinanderlagen.

Unterstände aus Sandsäcken gibt es hier nicht. Alle Schutzräume liegen unter der Erde. Große gelbe Pfeile auf den Straßen weisen den Weg zu ihnen. Einer der größten Schutzräume, die der Öffentlichkeit zugänglich sind, ist das Untergeschoß der Kanzlei des *Führers**.

Massenevakuierungen von Frauen und Kindern, wie sie meines Wissens London und Paris erlebt haben, hat es nicht gegeben. Gerade heute wurde uns das anschaulich vor Augen geführt. Es war der erste sonnige und ziemlich warme Sonntag seit Kriegsbeginn, nachdem einen Monat lang rauhes, winterliches Wetter geherrscht hatte. Außer während der Olympischen Spiele oder beim Besuch Mussolinis habe ich noch nie so viele Menschen in den Straßen gesehen, vor allem Frauen, Kinder und Babys. Sie alle sonnten sich draußen, und abgesehen von der Vielzahl von Männern in Uniform und dem Anblick von Leuten, die stehenblieben, um ein Luftabwehrgeschütz auf irgendeinem Dach zu beäugen, wies wenig darauf hin, daß ein Krieg im Gange war.

Letzte Nacht bekamen die Leute einen Schrecken eingejagt. Die Luftabwehrbatterien im Umkreis von Berlin fingen an zu feuern, und Scheinwerfer suchten den Himmel ab. Das war das erste Mal in diesem Krieg, daß die Einwohner von Berlin wirkliches Geschützfeuer hörten; viele liefen auf die Straße, um zu hören, was los war. Das Kommuniqué des Oberkommandos spricht heute davon, daß der Motor eines Flugzeuges Luftabwehrfeuer ausgelöst habe. Und heute abend kommt die offizielle Meldung, es habe sich um ein deutsches Flugzeug gehandelt, das sich verirrt habe und abgeschossen worden sei; der Pilot habe sich aber mit dem Fallschirm retten können.

## Radiosendung, Berlin, 17. Dezember 1939, 15 Uhr 03

Bevor dieser Krieg ausbrach, glaubten viele von uns, wir würden weitgehend unter der Erde leben und unsere Tage und Nächte in feuchten, dunklen Kellern verbringen müssen, darum betend, daß uns die Bomben aus den Flugzeugen verschonen.

Aber so ist es nicht gekommen. Seit dem 1. September sind wir nur zweimal in die Keller getrieben worden. Ich weiß, daß im westlichen Teil des Landes und entlang der Nordseeküste viel häufiger Luftabwehralarm gegeben wird. In Berlin hingegen haben uns die britischen und französischen Luftstreitkräfte weitgehend in Ruhe gelassen.

Und so tummeln sich an diesem Morgen Tausende von Berlinern in den Straßen. Zehntausende von kleinen Buben – acht- bis zwölfjährige Angehörige des Hitler-Jungvolks – schwärmten durch die Straßen und rasselten mit Sammelbüchsen für das Winterhilfswerk. Man steckte einen Groschen in die Büchse, und dafür bekam man eine kleine Holzfigur, die Mister Chamberlain mit seinem Schirm oder Mister Churchill ohne Schirm darstellte. Wie jedermann in Deutschland tragen auch diese Kinder Uniform.

# 1940

## KAREN BLIXEN
### Briefe aus einem Land im Krieg

Im Frühjahr 1940 kam Karen Blixen ins kriegführende Deutschland (7. März bis 2. April). Sie wollte für die Kopenhagener Zeitung *Politiken* aus dessen Hauptstadt berichten. Ihre »Briefe aus einem Land im Krieg« konnten jedoch erst nach 1945 in Dänemark erscheinen. Denn nur wenige Tage nachdem die Korrespondentin von ihrer Reise zurückgekehrt war, besetzten deutsche Truppen ihr Heimatland (am 9. April 1940). Die Autorin von *Jenseits von Afrika* (1937) hatte zuvor viele Jahre in Kenia gelebt (1914 bis 1931). In Bremen traf sie Paul von Lettow-Vorbeck wieder, dem sie 1913/14 als deutschem Oberbefehlshaber für Ostafrika begegnet war. Wie eine Völkerkundlerin zieht die Schriftstellerin aus Dänemark in ihrem Bericht über das Dritte Reich Vergleiche mit Afrika, Arabien und Tibet.

In Bremen erlebte ich zum ersten Male die Verdunkelung. Ich glaube fast, daß sie hier strenger durchgeführt wird als in Berlin, weil Wilhelmshaven so nahe ist – der Zug nach Berlin war mit jungen Marinesoldaten aus Wilhelmshaven überfüllt, die auf Urlaub nach Berlin fuhren. Ich kam spät in der Nacht in Bremen an, es schneite; ich hatte meine Taschenlampe nicht mitgenommen, und ich erfuhr, daß ich mich auf der Polizeiwache melden mußte, bevor ich in ein Hotel gehen konnte. Die einfachen Leute sind in Bremen wie überall auf der Welt grenzenlos hilfsbereit. Ein alter Gepäckträger nahm sich aus reiner Menschenliebe meiner an, wir gingen Hand in Hand durch die dunklen Straßen vom

Bahnhof zum Hotel und zur Polizeiwache und wieder zurück. Er erzählte mir, daß er am großen Krieg teilgenommen und jetzt zwei Söhne an der Front habe. Wir sprachen über Fliegerangriffe. – »Tja, die Flugzeuge«, sagte er, »tja, die kommen ja wohl hierher.« Er hatte dieselbe Eigenart wie meine schwarzen Leute in Afrika: ein Zungenschnalzen mit einem Geräusch wie ein kleiner Kuß, um seinem Bedauern Ausdruck zu geben. Die afrikanischen Eingeborenen schnalzten, wenn die Heuschrecken kamen. Es ist die zurückhaltende, gefaßte Reaktion des geduldigen Volkes gegenüber dem Ratschluß der höheren Mächte.

## WILLIAM SHIRER

Am 10. Mai 1940 begann die deutsche Offensive im Westen. William Shirer konnte die Wehrmacht bei ihrem »Blitzkrieg« aus der Nähe beobachten, als er zu Beginn ihres Feldzugs die Front in Belgien besuchte. In seinem Tagebuch ist eine unheimliche Faszination für die Effizienz des deutschen Militärs zu erkennen. Keine vier Wochen später begab sich Shirer ein weiteres Mal ins Kriegsgebiet, kurz bevor die französische Gegenwehr gebrochen war. Spektakulär war sein Rundfunkbericht aus Compiègne von der französischen Kapitulation am 21. Juni 1940. Aus Paris kehrte Shirer über Aachen zurück nach Berlin.

### Tagebuch, Aachen, Hotel International, 19. Mai 1940, Mitternacht

Das Erstaunlichste an diesem Ruhrgebiet, dem industriellen Zentrum Deutschlands, das die alliierten Flugzeuge binnen weniger Tage hätten außer Gefecht setzen sollen (und auch können, wie wir dachten), ist, daß nach unserem Eindruck die nächtlichen Bombardements der Briten nur sehr wenig Schaden angerichtet haben.

Ich nahm an, die nächtlichen Bombardierungen im westlichen Deutschland, die tödlichen Auswirkungen, mit denen die BBC seit Beginn der großen Offensive prahlte, hätten die Moral der Leute angegriffen. Aber den ganzen Nachmittag über, während wir durch das Ruhrgebiet fuhren, sahen wir sie – besonders die Frauen – auf den Straßenbrücken stehen und den Truppen zujubeln, die unterwegs nach Belgien und Frankreich waren.

Wir fuhren durch die Ballungszentren des Ruhrgebiets, die angeblich in den vergangenen Nächten von den Alliierten so heftig bombardiert worden waren. Natürlich konnten wir nicht alle Fabriken und Brücken und Eisenbahnknotenpunkte im Ruhrgebiet in Augenschein nehmen, aber etliche sahen wir, und ihnen war nichts passiert. Die großen Schienen- und Brückennetze um Essen und Duisburg, wo laut Meldungen aus London bei Nacht britische Bombardements stattgefunden hatten, waren unversehrt. Die Rheinbrücken bei Köln standen noch. Überall im Ruhrgebiet stieg wie gewöhnlich Rauch aus den Fabrikschloten.

Östlich von Hannover hatte es, wenige Stunden bevor wir dorthin kamen, einen britischen Luftangriff gegeben. Die Einwohner erzählten uns, zwanzig Zivilisten, alle in einem Haus, seien umgekommen. Knapp dreißig Kilometer im Osten von Hannover sahen wir einen großen Handley-Page-Bomber, der, gut hundertachtzig Meter von der *Autobahn** entfernt, zertrümmert auf einem Acker lag. Polizisten erklärten uns, er sei durch Flakfeuer abgeschossen worden. Die fünfköpfige Mannschaft habe sich mit dem Fallschirm retten können. Vier von ihnen hätten sich dem Bürgermeister in der nahe gelegenen Kleinstadt gestellt; einer sei noch flüchtig, aber Bauern und Polizei suchten die Gegend nach ihm ab. Wir besahen uns das Flugzeug. Das hintere Cockpit für den Schützen war sehr klein; er saß ungeschützt. Die Propeller vorne und die Pilotenkabine waren schwer zertrümmert und ausgebrannt. Komisch: Das Glas im hinteren Cockpit war nicht zerbrochen. Mechaniker der deutschen Luftwaffe waren eifrig damit beschäftigt, die Instrumente und das wertvolle Metall auszubauen. Die Deutschen können alles gebrauchen, was ihnen in die Hände fällt. Hunderte von Bauern standen dabei und schauten auf die Trümmer. Sie wirkten nicht im mindesten beunruhigt.

[...] Die Fahrt hinein nach Aachen, auf einer von Bäumen überwölbten Straße, war sehr schön. Entlang der Straße rückten endlose Truppenkolonnen, auf Lastwagen und zu Fuß, singend und frohgemut zur Front vor.

(Ein Beispiel für die unglaubliche Sorgfalt, mit der das deutsche Heer sich um jedes Detail kümmert: An der vierhundertfünfzig Kilometer langen *Autobahn** von Berlin nach Köln waren alle knapp zweihundert Meter kaputte landwirtschaftliche Geräte aufgestellt, die man so hergerichtet hatte, daß sie aus der Höhe wie Flugabwehrkanonen aussahen. Pflüge mit aufwärts gerichtetem Baum, damit sie wie ein Geschütz wirkten; Rechen, Eggen, Schubkarren, Sämaschinen – jedes erdenkliche alte Gerät war sorgsam zurechtgemacht worden, damit es für eine *Flak** [Flugabwehrkanone] gehalten werden konnte und ein alliierter Pilot, der die Straße entlangflog, den Eindruck gewann, es sei selbstmörderisch, dort einen Angriff zu fliegen. Auf der Karte, die in dem britischen Flugzeug bei Hannover gefunden wurde, fiel mir auf, daß mit roter Tinte starke Konzentrationen deutscher Flugabwehrgeschütze eingezeichnet waren. Ein weiterer Zweck der landwirtschaftlichen Geräte bestand natürlich darin, alliierte Flugzeuge an der Landung auf der Autobahn zu hindern. Diesem Zweck dienten auch Telephonmasten, die man auf dem schmalen Mittelstreifen in den Boden gerammt hatte.)

Abgesehen von ein paar Bombern, die in der Nähe Hannovers aufstiegen, erblickten wir den ganzen Tag über kein einziges Flugzeug am Himmel – nicht einmal, als wir uns der belgischen Grenze näherten. Wir kamen am Flughafen Köln vorbei. Er war vollgestopft mit Flugzeugen, aber die

Hangars waren unbeschädigt. Man hatte sie durch Netze bestens getarnt. Offenbar ist es diesen Nachtangriffen der Briten weder gelungen, das Ruhrgebiet außer Gefecht zu setzen, noch auch nur den deutschen Flugplätzen Schaden zuzufügen. Nach wie vor scheinen die Alliierten eher so zu tun, als führten sie Krieg.

Mein Zimmer hier im Hotel International befindet sich im allerobersten Stock, oder besser gesagt auf dem Dachboden. Unangenehm, hier oben zu sein, wenn die britischen Bomber heute nacht herüberkommen sollten. Aber es ist jetzt schon seit zwei Stunden dunkel (ein Uhr nachts), und noch keine Spur von ihnen.

Später. Drei Uhr nachts. – Sie kamen um zwei Uhr fünfzig. Geweckt wurde ich durch das Krachen von Luftabwehrgeschützen und das Rattern eines Maschinengewehrs vom Dach auf der gegenüberliegenden Straßenseite. Nach dem Geräusch der Flugzeugmotoren und dem anhaltenden Feuer eines Geschützes am achtzig Meter von meinem Fenster entfernten Bahnhof zu urteilen, hatten es die Briten auf das Rangiergelände abgesehen. Kein Luftalarm. Gewarnt wurden wir erst durch das plötzliche Donnern der Flakgeschütze. Ich ging hinaus in den Flur, um zu beobachten, was Menschen in solchen Situationen tun, wie sie reagieren. Angsterfüllte Frauen, ein halbes Dutzend, rasten in ihren Nachthemden die Treppe hinab, die Gesichter starr vor Schrecken. Ein paar Männer, die ich für Offiziere hielt, schlenderten hinunter. Kein einziger aber aus unserer neun Personen umfassenden Journalistengruppe. Der Angriff dauerte fünfundzwanzig Minuten, und dann war alles still.

## Tagebuch, Aachen, 21. Mai 1940

Kaum habe ich mich zum Schreiben hingesetzt, schon sind die Briten über Aachen. Ich verlasse mein Zimmer, das sich im zweitobersten Stockwerk befindet (aus dem Dachgeschoß bin ich ausgezogen), und schreibe meinen Text im Speisezimmer, das im Erdgeschoß liegt. Die Luftabwehr donnert unablässig aus allen Kalibern. Ab und an spürt man die Erschütterung einer Bombe und hört, wie sie explodiert. Unser kleines Hotel ist achtzig Meter vom Bahnhof entfernt. Offensichtlich versuchen die Briten, den Bahnhof und das Rangiergelände zu erwischen. Man hört das Grollen ihrer großen Flugzeuge, gelegentlich auch das Surren deutscher Nachtjäger …

Mein Anruf kommt etwa um ein Uhr zwanzig durch. Ich kann mich bei dem Lärm der Geschütze und Bomben kaum verständlich machen.

Während ich meinen Bericht schreibe, führe ich Buch über den Verlauf des Luftangriffs.

12.20 nachts Flakgeschütze zu hören.

12.40 Luftschutzsirenen gehen los.

12.45 Großes Flakgeschütz in der Nähe fängt plötzlich an zu donnern.

12.50 Geschütz von deutschem Abfangjäger zu hören.

1.00 Leichte Luftabwehr um den Bahnhof ballert wie wild.

1.15 Immer noch im Gange.

So ging es vier Stunden lang weiter, bis kurz nach vier Uhr. Nach meinem Gespräch mit Berlin ging ich aber, müde wie ich mich fühlte, hinauf, legte mich ins Bett und war sofort eingeschlafen.

## Tagebuch, Berlin, 28. Mai 1940

Das Propagandaministerium hat uns heute abend in voller Länge eine Wochenschau, einschließlich Tonspur, vorgeführt, welche die Zerstörungen in Belgien und Frankreich zeigt. Ortschaft auf Ortschaft, Stadt auf Stadt gehen in Flammen auf. Nahaufnahmen von den knisternden Flammen, die gierig die Häuser verschlingen und aus den Fenstern schlagen, während Dächer und Mauern einstürzen, wo vor ein paar Tagen noch Männer und Frauen ein friedliches, wenn auch vielleicht nicht allzu glückliches, Leben führten.

Die Begeisterung des deutschen Kommentators über die Zerstörungen schien von einer brennenden Stadt zur nächsten immer größer zu werden. Er hatte eine unbarmherzige, raspelnde Stimme und sprach zum Schluß, wie im Taumel vom Sadismus erfaßt. »Seht die Zerstörung, seht, wie die Häuser in Flammen aufgehen«, brüllte er. »Das geschieht mit denen, die sich Deutschlands Macht widersetzen!«

Wird Europa bald von solch einem Volk regiert werden – von solchem Sadismus?

## Tagebuch, Berlin, 31. Mai 1940

Traf zufällig einen unserer Konsuln aus Hamburg. Er sagt, die Briten haben die Stadt in der Nacht schwer bombardiert. Hätten es unter anderem auf die Öltanks abgesehen. Er behauptet, die Stadt sei entblößt. Offenbar haben die Deutschen alle Luftabwehrgeschütze aus Hamburg abgezogen, um sie an der Front einzusetzen. Deshalb könnten die Briten ohne Schwierigkeiten einfliegen und tief genug für zielgenaue Bombardierungen operieren. Die Bevölkerung sei so nervös geworden, daß die Behörden einige der Geschütze hätten zurückbringen müssen.

## Tagebuch, Berlin, 26. Juni 1940

Gerade noch rechtzeitig [aus Paris kommend, über Brüssel] in Aachen eingetroffen, um den Nachtzug nach Berlin zu erwischen. Steif und kalt vor Erschöpfung und Schlafmangel sank ich auf mein oben gelegenes Schlafwagenbett und fiel in einen tiefen Schlaf. Es war etwa zehn Uhr abends. Ungefähr um elf Uhr dreißig weckte mich wildes Sirenengekreisch. An den Geräuschen konnte ich erkennen, daß wir in einem Bahnhof standen (in Duisburg, wie ich später herausfand). Die Sirenen hatten kaum aufgehört, da fuhr der Zug mit einem gewaltigen Ruck los und gewann so rasant an Fahrt, daß ich in einigen Kurven fürchtete, wir würden aus den Schienen springen. Ich war jetzt hellwach und hatte eine Heidenangst – um ehrlich zu sein. Über dem Geräusch des Zugs konnte ich die tieffliegenden britischen Bomber hören, die noch weiter herunterkamen und offenbar hinter uns her waren. ([William] Kerker [*NBC*-Korrespondent] erzählte am nächsten Morgen, er habe sie vom Waggonfenster aus *gesehen*.) Anscheinend ließen die Briten schließlich vom Zug ab, weil er ihnen als eine zu läppische Beute erschien, was er ja auch war. Zumindest hörte ich keine Bomben explodieren. Das Geräusch der britischen Maschinen verebbte. Unser Lokführer verringerte das Zugtempo auf ein normales Maß. Ich legte mich wieder schlafen.

## Radiosendung, Berlin, 14. Juli 1940, 1 Uhr 01

Die Berliner Zeitungen nennen die ruhige Zeit, die wir im Augenblick erleben, »die Pause zwischen den Schlachten«. Sie reden ständig von dem »bevorstehenden Angriff auf England«, von dem der Mann auf der Straße hierzulande annimmt, er werde nur wenige Wochen dauern.

Tatsächlich schien heute in Berlin der Mann auf der Straße – nebst Familie – nicht viel an den Krieg zu denken, womöglich weniger, als Sie daran gedacht haben. Er fand, es war ein schöner Tag – womit er recht hatte –, packte mit seiner Familie einen Picknickkorb und begab sich an die Seen, die in den Wäldern rund um Berlin verstreut liegen. Ich habe noch nie in meinem Leben so viele Berliner beim Sonntagsausflug gesehen. Noch nie habe ich so viele Segelboote auf dem Wasser gesehen wie heute am Wannsee. An den Badestränden fanden die Menschenmassen beinahe nicht genug Platz. Die netten Biergärten entlang der Seen – und es gibt Hunderte von ihnen – waren überfüllt, obwohl das deutsche Bier der Kriegszeit nicht mehr das ist, was es einmal war. Der Krieg – all die Schrecken, die einige von uns in Belgien und Frankreich zu sehen bekommen haben – schien weit weg zu sein. Heute gab es hier nur die Wärme der Sonne, das kühle Wasser der Seen, das Grün der Wälder.

Als sie bei Sonnenuntergang in die Stadt zurückkehrten, kauften die Leute die Frühausgaben der Montagsblätter. Die Schlagzeile in meinem Blatt lautete: LUFTSIEG ÜBER DEM KANAL – ÜBERLEGENE FEINDLICHE STREITMACHT GESCHLAGEN – BOMBEN AUF BRITISCHEN KONVOI. Das versetzte einen zurück in den Krieg. Die Schlagzeilen faßten das heutige Kommuniqué des Oberkommandos zusammen, das zum ersten Mal seit vielen Tagen keine Bombardements von Zielen in Großbritannien erwähnte. Die sonntäglichen Ausflügler konnten im Kommuniqué außerdem den alltäglichen Abschnitt über nächtliche Luftangriffe der Briten aufs nördliche und westliche Deutschland lesen, die laut Oberkommando wenig Schaden angerichtet hatten und militärisch erfolglos geblieben waren.

Drehten die Bürger abends ihre Radios an, so erhielten sie eine Schilderung von großer Verzweiflung und regelrechter Panik in England.

## Tagebuch, Berlin, 23. Juli 1940

Die Pressekampagne, die bei den Menschen Stimmung für den Krieg gegen Großbritannien machen soll, begann heute morgen mit einem Paukenschlag. Jede Zeitung in Berlin brachte praktisch die gleiche Schlagzeile: »CHURCHILLS ANTWORT – FEIGER MORD AN EINER SCHUTZLOSEN BEVÖLKERUNG!«

Zu lesen steht dort, in Reaktion auf Hitlers »Friedensappell« im Reichstag [vom 19. Juli 1940] hätten die Briten ihre nächtlichen Angriffe verstärkt – auf Frauen und Kinder. Einzelheiten über das Ausmaß der britischen Bombenangriffe, die uns bislang vorenthalten wurden, werden plötzlich publik gemacht. Berichtet wird von Bombardierungen Bremens, Hamburgs, Paderborns (wo es eine große Panzerfabrik gibt), Hagens und Bochums (alles Städte, in denen es von militärischen Zielen wimmelt). Aber den Lügen von Goebbels zufolge sind nur Frauen und Kinder getroffen worden. Ich fürchte, das deutsche Volk wird das schlucken.

## MARIE WASSILTSCHIKOW

Marie Wassiltschikow wurde 1917, im Jahr der Revolution, in Sankt Petersburg geboren. 1919 verließ sie mit ihrer Familie Rußland. Marie, genannt »Missie«, wuchs auf in Deutschland, Frankreich und Litauen. Dort arbeitete sie Ende der dreißiger Jahre für die britische Gesandtschaft. Als die deutsche Wehrmacht Polen überfiel und der Zweite Weltkrieg begann, hielt sich die weißrussische Prinzessin bei einer Freundin ihrer Mutter, Gräfin Olga von Pückler, auf Schloß Friedland in Schlesien auf. Sie war staatenlos. Zusammen mit ihrer Schwester Tatiana zog Marie Wassiltschikow im Januar 1940 nach Berlin. Ihr *Berliner Tagebuch* beginnt mit der Ankunft der beiden jungen Frauen in der Reichshauptstadt. (Die Eltern und der jüngere Bruder, George, kamen aus Litauen nach, als die sowjetischen Truppen das Land besetzten.) Im ersten Kriegsjahr nahm Marie Wassiltschikow eine überraschende Normalität wahr. Noch waren zahlreiche diplomatische Vertretungen in der deutschen Hauptstadt aktiv. Ein gesellschaftliches Leben ging zunächst weiter. Marie Wassiltschikow besaß zahlreiche Verbindungen. In ihren Aufzeichnungen kommen fast nur Aristokraten vor. Es entsteht das Bild einer beinahe geschlossenen Gesellschaft. Die Verfasserin des Tagebuches beschreibt elegante Feste und aufwendige Hochzeitsfeiern. Sie schildert den Untergang einer Schicht, eines Erbes, einer Tradition. – Zu ihren Bekannten zählte auch Friedrich »Freddie« Horstmann, ein Kunstsammler, der in seiner Wohnung am Berliner Steinplatz einen Salon unterhielt. Weil er mit einer Jüdin verheiratet war, hatte er seine Karriere als Diplomat aufgeben müssen.

**Berlin, 25. Juli 1940**

Abendessen bei den Horstmanns, zur Feier von Freddies Geburtstag. Zum ersten Mal seit dem Ball bei den Chilenen [am 6. Januar 1940] haben wir wieder lange Kleider getragen. Die Unterhaltung drehte sich um Gasmasken. Wir besitzen keine, was einige Überraschung hervorrief, denn Gerüchten zufolge hat man in den Trümmern eines vor kurzem abgeschossenen englischen Flugzeugs Gasbomben gefunden.

**Berlin, 26. Juli 1940**

Heute abend schneite [Graf] Albert [zu] Eltz herein. Er brachte uns Kuchen und Kolynos-Zahnpasta – eine Kostbarkeit, die man jetzt nur noch in Siemensstadt ergattern kann. Er ist bei der Flak auf dem Dach des dortigen Werksgebäudes und war vor kurzem eingesperrt, weil man ihn erwischt hatte, als er einen englischen Roman las, statt den Himmel nach englischen Flugzeugen abzusuchen.

## WILLIAM SHIRER

Es war der Europa-Direktor von *CBS,* Edward Murrow, der William Shirer eingestellt hatte. Anfangs operierte Shirer von Wien aus. Sein Debüt als Rundfunksprecher gab er zusammen mit Murrow in einer spektakulären Konferenzschaltung, die zum »Anschluß« Österreichs *live* zwischen Wien, Berlin, Paris und London am 13. März 1938 durchgeführt wurde. Das Radio war ein noch junges Informationsmedium, das plötzlich seine Möglichkeiten entfaltete. Indem es Nachrichten aus aller Welt tagesaktuell in die USA übermittelte, spielte es in Krisen- und Kriegszeiten eine immer wichtigere Rolle in der öffentlichen Meinungsbildung. Informationen aus unabhängigen Quellen zu erhalten war im gleichgeschalteten Deutschland allerdings sehr schwierig, dessen Führung mit täglichen Pressekonferenzen, Sondermeldungen, Wochenschauen und organisierten Ausflügen Einfluß auf die Berichterstatter zu nehmen suchte. Als Vertreter des Rundfunks eines neutralen Landes konnte Shirer immerhin die Sendungen der *BBC* (British Broadcasting Corporation) verfolgen.

## Tagebuch, Berlin, 4. August 1940

Ich flog gestern in einem merkwürdigen alten Transportflugzeug nach Hamburg; die Maschine war von den deutschen Streitkräften zuvor benutzt worden, um erbeutete Pferde von Paris nach Berlin zu bringen. Es gab keine Sitze, weshalb wir auf dem Boden saßen, der stark vibrierte. Die deutschen Behörden hatten mir telephonisch mitgeteilt, ich und zwei andere könnten nach Hamburg fliegen und besichtigen, was immer wir wollten. Die Briten, sagten sie, hätten gerade verkündet, Hamburg sei durch die Bombardements der RAF [Royal Air Force] zu Staub zermalmt.

Am Flughafen traf ich auf zwanzig Kollegen, die man ebenfalls eingeladen hatte. Als wir in Hamburg ankamen, erkannte ich bald, daß die Deutschen nicht die geringste Absicht hatten, mir »alles« zu zeigen, was ich sehen wollte. Zwei Stunden vor meinem Abflug hatte ich den Stadtplan von Hamburg studiert und eine Liste militärischer Ziele zusammengestellt, die Benzinlager, Flugzeugfabriken, Schiffswerften und einen geheimen Flugplatz umfaßte. Nachdem wir zwei Stunden lang durch die Stadt geleitet und unter anderem an die Stelle geführt worden waren, an der eine einzige britische Bombe einen Flügel der Anstalt für Epileptiker dem Erdboden gleichgemacht hatte, zeigte ich den für unsere Tour Verantwortlichen meine Aufstellung.

»Sicher«, antworteten sie. »Wir zeigen Ihnen alles.«

Woraufhin sie uns in einem Bus mit fünfzig Stundenkilometern durch die Docks rauschen ließen. Die Anlagen waren zweifellos nicht zu Staub zermalmt, aber ob es nicht hier und da Treffer gegeben hatte, konnten wir unmöglich sehen. Danach kletterten wir auf den Turm der Sankt-Michaelis-Kirche hinauf und hatten aus hundert Metern Höhe einen umfassenden Blick auf den Hafen. Sogar mit einem Feldstecher konnte ich, wie ich zugeben muß, nichts entdecken. Die Benzintanks waren für eine genauere Betrachtung zu weit entfernt. Aber die Docks und eine in der Nähe gelegene Werft von Blohm+Voss wirkten unversehrt. An einer Stelle im Fluß lagen ein paar versenkte kleine Boote, deren Masten noch aus dem Wasser herausragten. Bald schon wurde es dunkel, und man brachte uns in aller Eile zurück zum Flugzeug.

Auf dem vibrierenden Boden der Maschine vor mich hin grübelnd, kehrte ich niedergeschlagen nach Berlin zurück. Auch wenn die Deutschen ihr Versprechen nicht gehalten hatten, mir das, was ich mir ausgebeten hatte, zu zeigen, war doch dem wenigen, das wir zu sehen bekamen, klar zu entnehmen, daß nur geringer Schaden angerichtet worden war. Ich hatte erwartet, daß nach zwei Monaten eines fast allnächtlichen Bombardements die RAF mehr würde erreicht haben.

## Tagebuch, Berlin, 11. August 1940

Die von den Deutschen angegebenen Zahlen über die britischen Verluste sind den ganzen Abend über gestiegen. Erst waren laut Luftwaffe 73 britische Flugzeuge gegenüber 14 deutschen abgeschossen worden, dann 79 gegenüber 14, zu Mitternacht waren es schließlich 89 gegenüber 17. Wenn ich die einzelnen deutschen Angaben, die im Laufe des Nachmittags und abends in Abständen gemacht worden waren, jedoch zusammenzählte, kam ich tatsächlich auf 111 britische Abschüsse. Die Luftwaffe lügt so rasant, daß sie nicht einmal mit ihren eigenen Angaben im Einklang bleibt.

## Tagebuch, Berlin, 20. August 1940

Letzte Nacht ein Luftalarm, der zweite in einer Woche, obwohl wir seit Beginn des Krieges vor einem Jahr nicht einmal ein halbes Dutzend gehabt haben und die Berliner Bevölkerung im Unterschied zu der im nördlichen und westlichen Deutschland bislang noch nicht den geringsten Unbilden durch den Krieg ausgesetzt war.

Die Sirenen heulten, fünfundvierzig Sekunden bevor ich auf Sendung gehen sollte. Ich saß im Studio mit einem deutschen Ansager (der, wie ich bemerke, neuerdings eine Kopie meines Skripts mitliest, damit ich nicht schummele). Wir hörten den Alarm, sahen aber keinen Grund, unsere Arbeit zu unterbrechen. Ein angsterfüllter englischer Junge namens Clark, der siebzehnjährige Sohn eines früheren BBC-Angestellten, der mit seiner Mutter übergelaufen ist und für die Nazis arbeitet, hämmerte gegen das Studiofenster und brüllte: »*Fliegeralarm!*«* Der Deutsche, der bei mir war, hatte Gott sei Dank keine Angst und bedeutete ihm, er solle gehen. Unsere Übertragung begann. Danach war ich einigermaßen verwundert über die Aufregung im Regieraum, wo doch die Menschen in Belgien und Frankreich den allnächtlichen Beschuß über sich ergehen lassen, ohne sich groß Gedanken zu machen. Zum Teil hatte die Aufregung, wie sich herausstellte, ihren Grund darin, daß der Radiosprecher, der die Meldungen auf spanisch bringen sollte, beim ersten Ton der Sirenen in den Luftschutzraum gerast war und seinen Sendetermin, der unmittelbar auf meinen folgen sollte, verpaßte. Als ich aus den Studios in die Büros des Rundfunks zurückkam, versuchte mich einer der Bürodiener, der nachts zum hochwichtigen Luftschutzwart avanciert, in den Keller hinunterzuscheuchen, aber ich weigerte mich. Wir hörten den Luftabwehrgeschützen vom Balkon aus zu und beobachteten die Suchscheinwerfer, aber sie konnten die britischen Flugzeuge, die über den Fabrikbezirken im Norden blieben, nicht in den Lichtkegel bekommen.

### Radiosendung, Berlin, 25. August 1940, 1 Uhr 07

Wir haben hier gerade einen Luftalarm. Die Sirenen gingen vor einiger Zeit los, etwa um Mitternacht, und danach konnte man hören, wie die großen Flakgeschütze in Aktion traten, und sehen, wie sich die Suchscheinwerfer bemühten, die britischen Flugzeuge am Himmel auszumachen. Nähere Einzelheiten sind noch nicht gemeldet worden.

Die Nachrichten vom heutigen Luftkampf über England sind hier in Berlin heute abend sehr spärlich. Die Frühausgaben der montäglichen Morgenblätter begnügen sich in ihren Schlagzeilen mit der Kolportage des deutschen Kommuniqués, dem zufolge gestern große Luftsiege errungen wurden.

64 FEINDLICHE FLUGZEUGE ZERSTÖRT – UMFASSENDE ZERSTÖRUNGEN NACH EINEM ÜBERRASCHUNGSANGRIFF AUF ENGLAND – MARINEBASIS IN PORTSMOUTH IN FLAMMEN. Das sind typische Schlagzeilen hier in Berlin. [...]

Zu Berichten aus London über deutsche Bomben, die auf die Stadt selbst gefallen seien, erfährt man in Berlin nichts. Darüber kann ich in der deutschen Presse nichts finden. Das DNB [Deutsches Nachrichtenbüro] verbreitet sogar ein Dementi, die Meldung betreffend, die Deutschen hätten in den Nächten des vergangenen Freitag und Samstag Londoner Vororte bombardiert. Es wird erklärt, nur militärische Ziele außerhalb der britischen Hauptstadt seien angeflogen worden. Es heißt dann weiter, die Briten hätten als erste die Außenbezirke einer Hauptstadt bombardiert, als sie Babelsberg [...] angriffen. Darüber werden wir später vielleicht noch mehr erfahren.

Auf jeden Fall sind bislang, soweit ich weiß, keine britischen Bomben in größerer Nähe niedergegangen, und keine innerhalb von Berlin selbst – bis jetzt wenigstens nicht. Die Auswirkungen des zur Zeit andauernden Luftangriffs kennen wir noch nicht.

## Radiosendung, Berlin, 26. August 1940, 24 Uhr 46

Das Feuerwerk der vergangenen Nacht, das mehrere Millionen Einwohner von Berlin für drei Stunden in ihre Keller trieb und beträchtliche Gegenwehr der Flak auslöste, bekommt heute nacht in der Berliner Presse eine Meldung von sechs Zeilen. Darin steht nur, mehrere feindliche Flugzeuge hätten letzte Nacht die Hauptstadt überflogen und auf zwei Vororte Brandbomben geworfen. Abgesehen von einer niedergebrannten Schrebergartenlaube sei kein Schaden entstanden, steht da zu lesen. Ein britisches Flugzeug wurde angeblich auf dem Rückflug abgeschossen. Und mehr erfahren wir nicht.

Aber mochte auch die Zeitung für den Luftangriff nur sechs Zeilen übrig haben, bei den Bewohnern der Stadt stellte er heute das Hauptgesprächsthema dar. Schließlich war es der erste wirkliche Luftangriff auf Berlin, das erste Mal, daß die Berliner die über die Stadt verstreuten Flakkanonen losdonnern hörten, und das erste Mal, daß sie in den Luftschutzkellern um drei Stunden Schlaf gebracht wurden. Und darüber lohnte es sich schon zu reden. Fast jeder, den ich heute traf, konnte eine Handvoll Granatsplitter vorweisen, die er nach dem Angriff auf der Straße oder im Garten aufgelesen hatte.

Mindestens drei Straßenzüge waren heute abgesperrt, so daß man nicht nahe genug herankam, um zu sehen, was los war. Über einigen Teilen der Stadt waren Flugblätter abgeworfen worden, auf denen die Berliner aufgefordert wurden aufzuwachen; »Der Krieg, den Hitler angefangen hat, wird weitergehen«, wurde ihnen warnend vorgehalten, »er wird so lange währen wie Hitler selbst.«

Aber wie gesagt, die eigentliche Titelgeschichte in der heutigen Berliner Presse ist nicht die Aufregung der vergangenen Nacht, sondern der Erfolg der deutschen Angriffe auf Großbritannien. Darauf liegt das Schwergewicht. Dementsprechend typisch die Schlagzeile in der *Börsen-Zeitung:* NEUE SCHWERE SCHLÄGE GEGEN ENGLAND. Und die örtlichen Blätter sind voll von Berichten über die schrecklichen Zerstörungen, die in London durch die deutschen Luftangriffe angerichtet wurden.

Letzte Nacht habe ich erwähnt, daß hier die Meldung dementiert wurde, die deutsche Luftwaffe habe am Freitag und Samstag London bombardiert, und daß nichts in den deutschen Zeitungen stand, was auf eine Bombardierung der Stadt selbst hinwies. Heute hingegen drucken die Zeitungen Augenzeugenschilderungen eines schwedischen Korrespondenten aus London ab, der ein Großfeuer im Zentrum Londons beschreibt, das ein deutscher Angriff verursacht habe.

Der Kurzwellensender von Columbia, WCBS, wird heute nacht vom deutschen Kurzwellensender mit der Äußerung zitiert, amerikanischen Berichten zufolge sei ein Fünftel des Großraums London durch die deutschen Bombardements in Schutt und Asche gelegt.

## Tagebuch, Berlin, 26. August 1940

Letzte Nacht hatten wir den ersten großen Luftangriff in diesem Krieg. Die Sirenen gingen um null Uhr zwanzig los, und um drei Uhr dreiundzwanzig kam die Entwarnung. Zum ersten Mal überflogen britische Bomber direkt die Innenstadt und warfen Bomben ab. Eine solche gewaltige Konzentration von Luftabwehrfeuer habe ich noch nie erlebt. Der Anblick war grandios, furchterregend. Und das Abwehrfeuer blieb merkwürdig ineffektiv. Nicht ein einziges Flugzeug wurde abgeschossen; den Suchscheinwerfern, die während der ganzen Nacht hektisch hin und her huschten und den Himmel abtasteten, gelang es nicht einmal, eines im Lichtkegel zu erfassen.

Die Berliner sind sprachlos. Sie hatten das nicht für möglich gehalten. Bei Kriegsbeginn hatte ihnen Göring versichert, so etwas sei ausgeschlossen. Er prahlte, kein feindliches Flugzeug könne je den äußeren und inneren Ring der Luftverteidigungsanlagen der Hauptstadt durchbrechen. Die Berliner sind leichtgläubige, schlichte Menschen. Sie glaubten ihm. Um so größer ist jetzt ihre Ernüchterung. Man muß ihre Gesichter sehen, um das ermessen zu können. Göring hat die Sache noch dadurch verschlimmert, daß er erst vor drei Tagen die Bevölkerung wissen ließ, sie brauche nicht in die Keller zu flüchten, wenn sie die Sirenen heulen höre, sondern nur, wenn Flak in der Nähe zu schießen anfange. Letzteres werde nie passieren, wollte er den Leuten damit bedeuten. Das ließ sie die Überzeugung gewinnen, daß die britischen Bomber zwar vielleicht zu den Vororten gelangen mochten, nie und nimmer aber imstande sein würden, bis zur eigentlichen Stadt vorzudringen. Und dann begannen letzte Nacht plötzlich überall in der Stadt die Geschütze zu feuern, und die Leute konnten die britischen Motoren direkt über ihren Köpfen brummen hören; nach übereinstimmenden Berichten stürzten die fünf Millionen Menschen, die in dieser Stadt leben, voller Angst und in wildem Durcheinander in die Keller.

Ich war im *Rundfunk** und schrieb gerade meinen Sendebeitrag, als die Sirenen losgingen und fast unmittelbar darauf die Flakgeschütze zu bellen anfingen. Komischerweise hatte ich mich wenige Minuten vorher mit dem Zensor des Propagandaministeriums darüber gestritten, ob eine Bombardierung Berlins möglich sei. Es sei nur natürlich, meinte ich, daß die Briten Vergeltung zu üben suchten. Er hatte gelacht und erklärt, das sei unmöglich. Es gebe zu viele Luftabwehrgeschütze rund um Berlin.

Es fiel mir schwer, mich auf mein Manuskript zu konzentrieren. Das Geschützfeuer in der Nähe vom Rundfunk war besonders heftig, und die Fenster meines Zimmers schepperten jedes Mal, wenn eine Batterie feuerte oder eine Bombe explodierte. Die Luftschutzwarte vergrößerten das Durcheinander noch, indem sie durch das Gebäude rasten und jedem befahlen, die Keller aufzusuchen. Bei den Luftschutzwarten im Haus handelt es sich zumeist um Pförtner und Bürodiener, und es war klar, daß sie ihre vorübergehende Macht nach Kräften auskosteten. Die meisten Deutschen, die in den Büros arbeiteten, schienen es allerdings ebenfalls eilig zu haben, in den Keller zu kommen.

Ich hatte meinen Termin um ein Uhr nachts. Um ins Sendestudio zu gelangen [...], müssen wir aus dem Gebäude, wo wir unsere Beiträge schreiben und zensieren lassen, etwa hundertfünfzig Meter über ein verdunkeltes unbebautes Grundstück zu den Baracken eilen, wo die Mikrophone stehen. Als ich fünf Minuten vor eins aus dem Gebäude trat, fingen die leichten Geschütze, die dem Schutz der Rundfunkstation dienten, wie wild an zu feuern. In diesem Augenblick hörte ich ein sanfteres, aber weit unheilvolleres Geräusch. Es war, als prassele Hagel auf ein Blechdach. Man konnte es hören, wie es durch die Baumkronen auf die Dächer der Baracken fiel. Es war das Schrapnell von den Flakkanonen. Zum ersten Mal in meinem Leben hätte ich gern einen Stahlhelm aufgehabt. Den deutschen Helm hatte ich immer irgendwie abstoßend gefunden; ich hatte ein Symbol roher deutscher Gewalt in ihm gesehen. An der Front hatte ich mich geweigert, einen aufzusetzen. Jetzt hätte ich mich ohne weiteres mit ihm abfinden können. Im Schutz des Hauseingangs zögerte ich. In zwei oder drei Minuten begann meine Übertragung. Ich stürzte los, rannte blindlings und voller Angst los, stolperte die Holztreppe an der Terrasse hinunter. Sigrid [Schultz, US-amerikanische Korrespondentin] hatte mir ihre Taschenlampe geliehen. Ich knipste sie an. Ein Wachmann im Durchgang brüllte, ich solle sie ausmachen. Während er schrie, knallte ich gegen die Ecke einer

Baracke und fiel der Länge nach in den Sand. Das Geräusch der Schrapnellsplitter, die rings um mich herabfielen, trieb mich weiter. Ein letzter Spurt, und ich erreichte die Studiotür.

»Sie sind verrückt«, schnauzte mich der SS-Wachmann an, der im Eingang Zuflucht vor den Splittern gesucht hatte. »Wo ist Ihr Ausweis?«

»Ich muß in einer Minute auf Sendung gehen«, keuchte ich.

»Ist mir egal. Wo ist Ihr Ausweis?«

Schließlich fand ich ihn. In der Studiokabine forderte mich der Tontechniker auf, ganz nah am Mikrophon zu sprechen. Er sagte nicht, warum, aber der Grund lag auf der Hand. Je näher am Mikrophon ich sprach, um so weniger war vom Lärm »draußen« zu hören. Ich wollte aber, daß man in Amerika das Geschützfeuer hörte. Die Zensoren hatten mir nur einen einzigen Satz über den Luftangriff erlaubt; ich durfte lediglich mitteilen, daß einer im Gange war.

Tatsächlich schien, just während ich sprach, eine unglückliche Flaute in der Feuertätigkeit einzutreten. Durch die Studiotüren konnte ich bloß aus der Ferne ein schwaches Grummeln hören. Der Geschützlärm war aber offenbar in Amerika besser zu hören als in meinem Studio, denn einige Minuten später bekam ich den Rest unseres Programms auf Kurzwelle mit und hörte, wie Elmer Davis in New York äußerte, der Lärm der Geschütze oder Bomben während meiner Übertragung wirke höchst real. Das befriedigte mich sehr; die deutschen Diensthabenden allerdings, die Mister Davis' Äußerung ebenfalls mitbekamen, runzelten die Stirn.

Sigrid, die für Mutual [Broadcasting System] berichtete, trotzte tapfer dem Schrapnell, das noch dichter herabzuregnen schien als vorher, obwohl mehrere von uns versuchten, ihr den Gang zum Studio auszureden. Als sie einem Splitterhagel ausweichen wollte, stolperte sie und fiel hin, wobei sie sich eine häßliche Schnittwunde am Bein zuzog. Trotzdem brachte sie ihren Beitrag, wenn auch unter großen Schmerzen. Aber das Glück war ihr nicht hold. Dasselbe Sendegerät, das für CBS [Columbia Broadcasting System] und NBC [National Broadcasting Company] nur ein paar Minuten vorher bestens funktioniert hatte, ging kaputt, und ihr Bericht gelangte nicht nach Amerika.

Bis fast zum Morgengrauen beobachteten wir das Schauspiel von einem Balkon aus. Der Himmel war von einer niedrigen Wolkendecke überzogen, und die deutschen Scheinwerferbatterien bemühten sich vergeblich, die britischen Bomber aufzuspüren. Die Lichtstrahlen blitzten für ein paar Sekunden auf, tasteten wild den Himmel ab und erloschen wieder. Die Briten überflogen nach Belieben das Stadtzentrum, wobei sie sich, nach dem Geräusch ihrer Motoren zu urteilen, ganz niedrig bewegten. Die deutsche Flak feuerte wie wild, nur nach den Motorgeräuschen. Man konnte ohne weiteres anhand des Geschützfeuers die Flugbahn verfolgen: Eine Batterie nach der anderen hörte das Motorengeräusch und feuerte blind in den Himmel. Der größte Lärm kam aus dem Norden, wo sich die Rüstungsfabriken befinden.

Heute wird in Berlin über nichts anderes als das Bombardement geredet. Besonders amüsant ist deshalb, daß Goebbels den Zeitungen der Stadt nur erlaubt hat, ein sechs Zeilen langes Kommuniqué darüber zu veröffentlichen, das besagt, feindliche Flugzeuge hätten die Hauptstadt überflogen, ein paar Brandbomben auf zwei Vororte abgeworfen und eine Laube in einem Garten beschädigt. Es gibt nicht eine einzige Zeile über die Sprengbomben, die wir alle eindeutig gehört haben. Und auch kein einziges Wort wird über die drei Straßen in Berlin verloren, die heute den ganzen Tag lang abgesperrt sind, damit Neugierige nicht sehen, was Bomben einem Haus antun können. Es wird interessant sein, zu beobachten, wie die Berliner auf die Bemühungen der Behörden reagieren, das Ausmaß des Angriffs zu vertuschen. Zum ersten Mal sind sie in der Lage, das tatsächliche Geschehen mit dem, was Doktor Goebbels darüber berichtet, zu vergleichen. Die Briten haben letzte Nacht auch ein paar Flugblätter abgeworfen, auf denen sie der Bevölkerung mitteilen:

»Der Krieg, den Hitler angefangen hat, wird weitergehen; er wird so lange währen wie Hitler selbst.« Das ist gute Propaganda, leider konnten nur wenige ein Flugblatt finden, weil bloß eine Handvoll abgeworfen wurden.

## Radiosendung, Berlin, 28. August 1940, 20 Uhr 46

Den Abendzeitungen entnehme ich, daß es heute morgen einen Alarm gegeben hat. Ich fürchte, ich habe ihn verschlafen – aber es war offenbar ein falscher Alarm auf Grund einer technischen Störung der Sirenen, so die Zeitungen.

Die Deutschen scheinen sich mehr und mehr auf nächtliche Bombardierungen zu verlegen. Die Luftangriffe auf Großbritannien in der vergangenen Nacht waren ziemlich umfassend, wenn man dem deutschen Kriegsbericht glauben kann, in dem mitgeteilt wird, Bomben seien auf Hafenanlagen, Fabriken und Flugzeugwerke in Southampton, Aberdeen, Dundee, Leeds, Hull, Derby, Birmingham und Chatham abgeworfen worden. Der deutsche Rundfunk behauptet, Gebäude der Spitfire-Flugzeugfabrik in der Nähe von Birmingham seien schwer beschädigt worden.

Die deutschen Schlagzeilen konzentrieren sich nach wie vor auf den ungeheuren Schaden, der Großbritannien durch diese deutschen Angriffe zugefügt werde. BRÄNDE VON SCHOTTLAND BIS SOUTHAMPTON lautet heute abend die Balkenüberschrift in der *Börsen-Zeitung.* Erneut erzählt uns das deutsche Kriegskommuniqué, die britischen Luftangriffe auf Deutschland während der letzten Nacht hätten kaum Schäden angerichtet. Einige Häuser in Kiel, der größten Flottenbasis Deutschlands, seien getroffen worden, wird berichtet.

In den deutschen Zeitungen wimmelt es heute von Leitartikeln, in denen verkündet wird, die deutschen Flugzeuge bombardierten nur militärische Ziele, wohingegen die britischen Maschinen bewußt gegen deutsche Zivilisten eingesetzt würden. Das sei ein sehr gefährliches Spiel, warnt der *Völkische Beobachter.* Ich selbst weiß praktisch nichts von dem, was in Großbritannien vor sich geht, aber in den hiesigen Zeitungen finde ich nicht den geringsten Hinweis darauf, daß die deutschen Bomben Opfer unter der Zivilbevölkerung in Großbritannien fordern.

## MARIE WASSILTSCHIKOW

### Berlin, 28. August 1940

Heute kam ich im Bus gerade an der *Kaiser-Wilhelm-Gedächtniskirche** vorbei, als die Sirenen zu heulen begannen. Der Bus hielt, und alle Fahrgäste wurden in den Keller des KaDeWe gescheucht. Die Sonne strahlte, und es passierte gar nichts. Aber heute abend, als wir in Grunewald zum Essen waren, ging es ganz munter zu. Wir standen im Garten und sahen uns die vielen grünen und roten »Christbäume« an, die [als Leuchtmunition] über der Stadt abgeworfen wurden. Sehr bald mußten wir allerdings wegen der Flaksplitter im Haus Schutz suchen. Diesmal scheint es zahlreiche Opfer gegeben zu haben. Wir kamen erst nach vier Uhr früh nach Hause.

## WILLIAM SHIRER

Die Rundfunkberichte, die William Shirer 1938 bis 1940 in die USA übertrug, waren zensiert. Das heißt: Der Korrespondent mußte seine Manuskripte mit deutschen Aufpassern abstimmen, bevor er sie *live* senden durfte. Um dennoch seine Auffassung zum Ausdruck bringen zu können, setzte der Reporter verschiedene Tricks ein: Er gebrauchte umgangssprachliche Wendungen, er bediente sich einer ironischen Betonung, oder er montierte Zitate aus offiziellen

Meldungen in einer Weise aneinander, daß sie sich von selbst entlarvten. Beim Reichsrundfunk begegnete Shirer dem berüchtigten William Joyce, genannt »Lord Haw-Haw«, der ebenfalls in englischer Sprache sendete – als Stimme des Programms der deutschen Auslandspropaganda, »Germany Calling«. Joyce wurde 1946 von den Briten als Hochverräter hingerichtet. (Nach dem Vorbild von William Joyce hat der Schriftsteller Kurt Vonnegut die Figur des US-amerikanischen Nazi-Propagandisten Howard Campbell geschaffen, der im Mittelpunkt des Romans *Mutter Nacht* steht und auch in *Schlachthof-fünf* auftaucht, um – vor der Zerstörung von Dresden – auf seine kriegsgefangenen Landsleute Einfluß zu nehmen.)

**Radiosendung, Berlin, 29. August 1940, 14 Uhr 05**

Ich kann nicht viel aus unmittelbarer Anschauung berichten, weil es zwar vor meinem Sendetermin letzten Abend begann und fast drei Stunden lang dauerte, ich aber nur ein paar Minuten lang von einem Fenster aus beobachten durfte, was vor sich ging. Den größten Teil der drei Stunden, in denen die britischen Flugzeuge über Berlin auftauchten, durfte ich nicht hinaussehen und den Schauplatz betrachten. Man erklärte mir, es sei zu gefährlich, und die polizeilichen Bestimmungen sähen eigentlich vor, daß sich alle in die Keller begäben. Für kurze Zeit konnte ich allerdings beobachten, wie die Suchscheinwerfer die Flugzeuge zu erfassen suchten. Das Flakfeuer schien weniger stark als Sonntag nacht, auch wenn es in einigen Bezirken ganz schön heftig klang. Gelegentlich warfen die Briten Leuchtbomben ab, die den Himmel in Licht tauchten.

Ungefähr eine Stunde nach dem Angriff führte das Propagandaministerium die ausländischen Korrespondenten in der Stadt herum, damit sie die Schäden besichtigen konnten. In der Kottbusser Straße, etwa achthundert Meter entfernt von einem Bahnhof im südöstlichen Teil Berlins, waren zwei

Bomben, jeweils einen Zentner schwer, auf der Straße gelandet und hatten einem Luftschutzwart, der am Eingang seines Hauses stand, ein Bein abgerissen und vier Männer und zwei Frauen getötet, die sich unklugerweise im Hausdurchgang aufgehalten hatten.

Das Propagandaministerium führte die Journalisten auch zum Flughafen Tempelhof, zu den Elektrizitätswerken Klingenberg [Heizkraftwerk in Berlin-Rummelsburg] und zu den Siemenswerken, die Rüstungsgüter produzieren; dem Anschein nach war all diesen Stätten nichts passiert. In der Hauptsache konzentrierten sich offenbar die Aktivitäten der letzten Nacht auf den Westen und Nordwesten der Stadt.

### Tagebuch, Berlin, 29. August 1940

Letzte Nacht sind die Briten erneut herübergekommen und haben zum ersten Mal Deutsche in der Hauptstadt des Reiches getötet. Laut offiziellen Angaben sind zehn Personen in Berlin umgekommen und neunundzwanzig verwundet worden. [...]

Ich glaube, die Berliner Bevölkerung beunruhigt die Tatsache, daß britische Flugzeuge ins Zentrum von Berlin haben vordringen können, mehr als die ersten Todesopfer. [...] Wenn die Briten damit fortfahren, wird das ungeheure Auswirkungen auf die Moral der Menschen hier haben.

Goebbels hat heute plötzlich seine Taktik geändert. Nach dem ersten großen Bombardement hatte er die Presse angewiesen, die Sache herunterzuspielen. Heute verlangt er von den Zeitungen, ein lautes Geschrei über die »Brutalität« der britischen Flieger zu erheben, die hilflose Berliner Frauen und Kinder angriffen. Man darf dabei nicht vergessen, daß die Menschen hier über die mörderischen Bombardierungen Londons durch die Luftwaffe nach wie vor in Unkenntnis sind. Die Schlagzeile über den Luftangriff letzte Nacht lautet wie immer: »FEIGER BRITISCHER ÜBERFALL.« Und der kleine *Doktor** läßt den Leuten weiterhin einpauken, deutsche Flugzeuge griffen in Großbritannien ausschließlich militärische Ziele an, wohingegen »auf persönlichen Befehl Churchills« die »britischen Piraten« nur nichtmilitärische Ziele attackierten. Keine Frage, das deutsche Volk wird auch diese Lüge schlucken. Eines der Blätter treibt die Hysterie ganz schön auf die Spitze: Dort steht zu lesen, die RAF habe die Anweisung erhalten, »die gesamte Bevölkerung von Berlin zu massakrieren«.

Nach dem, was wir in den letzten paar Nächten erlebt haben, liegt auf der Hand – und Göring muß das gewußt haben –, daß es gegen die Nachtbomber keinen Schutz gibt. Weder am Sonntag noch letzte Nacht gelang es Berlins Flugabwehrbatterien, die wahrscheinlich weltweit die besten sind, auch nur ein einziges britisches Flugzeug mit dem Scheinwerferkegel zu erfassen, geschweige denn, eines abzuschießen. Das offizielle Kommuniqué scheut sich denn auch, den Leuten zu erzählen, letzte Nacht seien Flugzeuge über der Stadt abgeschossen worden, wo doch Tausende wahrscheinlich mitbekommen haben, daß kein einziges getroffen wurde, und es verkündete heute, ein Bomber sei auf dem Weg *nach* Berlin und ein weiterer auf dem Rückflug *von* Berlin zerstört worden.

Letzte Nacht hatte ich im Sender wieder Ärger. Erstens erklärten mir die Zensoren, wir dürften nicht länger einen Luftangriff erwähnen, während er im Gange sei. (In London erwähnt ihn Ed Murrow nicht nur, sondern er schildert ihn.) Zweitens mußte ich mich mit den deutschen Rundfunkangestellten herumschlagen. Kaum war ich mit meiner Übertragung fertig, wollten sie mich in den Keller schicken. Ich versuchte, ihnen klarzumachen, daß ich als Kriegskorrespondent hergekommen war und daß sie mich an der Ausübung meines Berufes hinderten, wenn sie mich in den Keller schickten. Der Wortwechsel war ziemlich heftig. Abgesehen von den äußerst beherzten Sekretärinnen ist Lord Haw-Haw [William Joyce] wie ich festgestellt habe, der einzige andere Mensch hier, der nicht in den Schutzraum eilt, wenn die Sirenen heulen. Ein Jahr lang habe ich ihn gemieden, aber letzthin kam mir der Gedanke, daß es vielleicht klug wäre, mit dem Verräter Bekanntschaft zu schließen. Bei den Luftangriffen hat er Mut bewiesen.

## Tagebuch, Berlin, 31. August 1940

Lag ein bißchen mit Grippe flach. Als das Zimmermädchen letzte Nacht unmittelbar vor Beginn des Bombardements kam, fragte ich: »Werden die Briten heute nacht kommen?«

»Mit Sicherheit«, seufzte sie resigniert. Ihre ganze Zuversicht, die ganze Zuversicht der fünf Millionen Berliner, die glaubten, die Hauptstadt sei vor Luftangriffen sicher, ist dahin.

»Warum machen sie das?« fragte sie.

»Weil ihr London bombardiert«, sagte ich.

»Ja, aber wir treffen militärische Ziele, während die Briten – sie bombardieren unsere Häuser.« Sie war ein wandelndes Zeugnis von der Wirksamkeit der Goebbelsschen Propaganda.

»Vielleicht bombardiert ihr auch deren Häuser«, sagte ich.

»Unsere Zeitungen bestreiten das«, wandte sie ein. Die Deutschen wollten Frieden, erklärte sie. »Warum haben die Briten nicht das Angebot des Führers angenommen?« wollte sie wissen. Diese Frau stammt aus einer Arbeiterfamilie. Ihr Mann ist ein Arbeiter, wahrscheinlich ein Exkommunist oder Sozialdemokrat. Und doch ist sie der offiziellen Propaganda mit Haut und Haar verfallen.

Die Briten beschossen uns letzte Nacht kräftig mit Bordwaffen, und sogar deutsche Offizielle räumten ein, der Schaden sei größer gewesen als je zuvor. Ein deutscher Freund kam vorbei, um mir zu erzählen, daß die Siemenswerke getroffen worden waren. Die Schlagzeile der *Börsen-Zeitung* heute abend: »BRITISCHE LUFTPIRATEN ÜBER BERLIN«.

Das Angebot des Propagandaministeriums, mich zusammen mit anderen Korrespondenten allmorgendlich zur Besichtigung der Schäden auf eine organisierte Tour mitzunehmen, habe ich abgelehnt. Ich weiß, daß die deutschen Militärbehörden nicht die geringste Absicht haben, uns militärische Ziele, die getroffen wurden, sehen zu lassen. Um sich ernsthaft einen Überblick zu verschaffen, müßte man mit dem Auto mehrere Stunden lang durch das weiträumige Stadtgebiet von Berlin fahren.

### Radiosendung, Berlin, 1. September 1940, 1 Uhr 09

Heute vor einem Jahr wurde der große deutsche Gegenangriff – so die offizielle Lesart – gegen Polen gestartet.

Diesen grauen Tag werde ich nicht so bald vergessen: Hitler, der im Reichstag das Ende einer europäischen Epoche verkündete; die ersten Nachrichten von deutschen Siegen; die Niedergeschlagenheit, zu der sich das Bewußtsein, daß der Krieg Wirklichkeit geworden war, und der Mangel an Schlaf verbanden; und gleichzeitig irgendwie eine Erleichterung darüber, daß die schreckliche Spannung, unter der Europa Tage, ja Wochen und Monate lang gestanden hatte, endlich vorüber war. Jeder wußte nun, wo er hingehörte, oder er glaubte es jedenfalls.

Und dann der Abend – die erste Nacht mit Verdunkelung, ich durch die pechschwarzen Straßen zum Rundfunkstudio stolpernd, und später, in der Nacht, unser erster Luftschutzalarm; und wie wir, die Gasmasken griffbereit, darauf warteten, daß die Polen angeflogen kämen. Sie kamen nicht. Die Polen blieben aus – warum, kann ich Ihnen nicht sagen. Vielleicht, weil die Luftschutzeinrichtungen von Berlin zu gut waren.

Fast ein Jahr lang tauchte hier überhaupt niemand auf – bis eigentlich letzten Sonntag, ungefähr um diese Zeit, als die Briten Berlin ihren ersten großen Besuch abstatteten, was sie seitdem fast jede Nacht tun. Auch letzte Nacht sind sie wieder herübergekommen, obwohl ich der offiziellen Verlautbarung entnehme, daß die deutsche Luftabwehr sie daran gehindert habe, Bomben über der Stadt selbst abzuwerfen, und sie gezwungen gewesen seien, ihre Bombenlast außerhalb der Stadt fallen zu lassen. Ich glaubte letzte Nacht, einige Bombenexplosionen ganz in der Nähe meines Hotels, das dicht am Tiergarten liegt, gehört zu haben, und tatsächlich entnehme ich einer offiziellen Erklärung, die heute abend veröffentlicht wurde, daß Gärtner im Tiergarten mehrere Bombenkrater entdeckt haben. Aus Angst vor eventuellen Blindgängern oder Bomben mit Zeitzündern hat heute die Polizei einen Teil des Parks abgesperrt. [...]

Nach einem Jahr grandioser Siege ist die Moral der Leute so, wie man es erwarten würde. Und meinem persönlichen Eindruck nach möchte ich sagen, daß die nächtlichen Luftangriffe – denen die Bevölkerung im Westen und Nordwesten seit drei Monaten fast regelmäßig ausgesetzt ist – den Leuten nicht den Mut geraubt haben. Die Angriffe haben sie um den Schlaf gebracht und mit Verbitterung erfüllt. Aber so läuft es wohl in allen Ländern. Ein Wunder, was der Mensch aushalten kann.

## Tagebuch, Berlin, 1. September 1940

Ich befand mich um Mitternacht im Bad und hörte nicht, wie die Alarmsirenen losheulten. Daß ein Luftangriff stattfand, wurde mir erst klar, als die Luftabwehrgeschütze zu donnern begannen. Seit einiger Zeit die Grippe im Leib, dämmerte ich ein, wachte aber in der Nacht auf, als ganz nahe beim Hotel zweimal eine Bombe mit dumpfem Krachen und spürbarer Druckwelle explodierte.

Heute verkündet das Oberkommando offiziell, die britischen Flieger seien während der vergangenen Nacht dank der hervorragenden Arbeit der Luftabwehrkanonen der Hauptstadt daran »gehindert« worden, ihre Bomben abzuwerfen; diese seien deshalb nur außerhalb der Stadtgrenzen niedergegangen.

Das ist merkwürdig, da doch der Tiergarten heute abgesperrt war und in den Abendblättern zugegeben wird, daß nach den nächtlichen Angriffen dort mehrere Bombenkrater entdeckt worden seien. Ich stolperte heute nacht zum Rundfunk, um zur Feier des Jahrestages einen Beitrag zu senden. Der militärische Zensor, ein sehr anständiger Kerl, fand die widersprüchlichen deutschen Berichte rätselhaft.

»Meinen Anweisungen zufolge dürfen Sie den Kommuniqués des Oberkommandos nicht widersprechen«, sagte er.

»Aber die deutsche Presse widerspricht ihnen«, machte ich geltend. »Ich habe die Bomben im Tiergarten fallen hören, und die Berliner Zeitungen geben zu, daß welche gefallen sind.«

Er drückte ein Auge zu und ließ mich die widersprüchlichen Berichte verlesen.

Die Hauptwirkung der seit einer Woche andauernden britischen Nachtangriffe besteht darin, daß sie die Leute in hohem Maße desillusionieren und Zweifel bei ihnen säen. Jemand sagte heute zu mir: »Wenn sie über die Luftangriffe im übrigen Deutschland genau solche Lügen erzählt haben wie über die in Berlin, dann muß es dort ziemlich übel hergegangen sein.«

Große Verwüstungen haben die britischen Bombenabwürfe tatsächlich nicht angerichtet. Die Briten setzen zu wenige Flugzeuge ein – fünfzehn oder zwanzig pro Nacht –, und der Anflug ist zu weit, um wirklich effektive, schwere Ladungen mitzuführen. Die Hauptwirkung ist moralischer Art, und wenn die Briten klug sind, setzen sie die allnächtlichen Angriffe fort.

## MARIE WASSILTSCHIKOW

### Berlin, 2. September 1940

Obgleich wir einen Luftangriff erwarteten, blieben wir zu Hause, weil wir schlafen wollten. Unser Keller ist ganz gut organisiert. Die kleinen Kinder liegen in Gitterbettchen und lutschen am Daumen. Tatiana und ich spielen gewöhnlich Schach. Sie schlägt mich regelmäßig.

**Berlin, 3. September 1940**

Ein Luftangriff um Mitternacht, aber da Tatiana Temperatur hatte, blieben wir oben. Unsere Betten stehen an gegenüberliegenden Seiten des Zimmers, und Tatiana hatte Angst, das Haus könnte getroffen und ich in den Abgrund geschleudert werden, während sie oben hängenbliebe. So kroch ich in ihr Bett, und die nächsten zwei Stunden verbrachten wir eng aneinandergeschmiegt. Der Lärm war entsetzlich. Immer wieder wurde unser Zimmer von Lichtblitzen hell beleuchtet. Die Flugzeuge flogen so niedrig, daß man sie ganz deutlich hören konnte. Zuweilen schien es, als seien sie direkt über unseren Köpfen. Ein sehr unangenehmes Gefühl. Selbst Papa war etwas beunruhigt und besuchte uns auf einen Schwatz.

## WILLIAM SHIRER

Das umfangreiche Tagebuch, das William Shirer führte, nahm er ebenso wie die Sendemanuskripte bei seiner Ausreise aus Deutschland im Dezember 1940 mit. Als er es wenig später veröffentlichte (1941), erlangte es weite Verbreitung und beeinflußte die Wahrnehmung Hitler-Deutschlands in den USA, wo sich eine starke Gruppe von »Isolationisten« gegen einen Kriegseintritt stark machte.

**Radiosendung, Berlin, 4. September 1940, 24 Uhr 54**

Adolf Hitler hat hier heute eine Rede gehalten. Sie enthielt eine Warnung. Wenn die Briten zwei oder drei Tonnen Bomben über Deutschland abwürfen, erklärte er, werde die deutsche Luftwaffe zehn-, fünfzig- oder gar hundertmal so viel über Großbritannien niedergehen lassen. Und wenn die Briten deutsche Städte angriffen, dann würden die großen und kleinen Städte Englands dem Erdboden gleichgemacht.

## Tagebuch, Berlin, 4./5. September 1940, nachts

Die Briten sind heute nacht wieder herübergekommen und pünktlich eine Viertelstunde vor Mitternacht, zu ihrer gewohnten Zeit, eingetroffen. Weil die deutschen Suchscheinwerfer nur selten ein Flugzeug erfassen, flüstern sich die Leute hierzulande das Gerücht zu, die britischen Flugzeuge seien durch einen Farbanstrich unsichtbar gemacht. Heute kreuzten die Bomber zwei Stunden lang immer wieder über der Innenstadt. Die Abwehrgeschütze feuerten wie wild, blieben aber wirkungslos. Eine Bombe fiel in den Tiergarten und tötete einen Polizisten.

## Radiosendung, Berlin, 7. September 1940, 24 Uhr 51

Also, vergangene Nacht haben wir eindeutig den bislang größten Luftangriff auf Berlin in diesem Krieg erlebt. Das Abwehrfeuer war, abgesehen von einem britischen Nachtangriff auf Calais, den ich kürzlich mitbekommen habe, das heftigste, an das ich mich erinnern kann. Als ich heute morgen um drei Uhr nach dem Ende des Alarms nach Hause zurückkehrte, war der Himmel über dem nördlichen Teil des Zentrums von Berlin von zwei großen Bränden erhellt. Von dem einen waren die Frachtgebäude des Lehrter Bahnhofs betroffen. Es heißt, eine andere Bombe habe in einem Bahnhof in der Schussendorfstraße eingeschlagen. Eine weitere landete in einem bekannten Gefängnis, tötete einen Gefangenen und einen Wärter und verletzte mehrere andere. Daß es unter den Zivilisten mehrere Todesopfer und Verletzte gegeben hat, weiß man, aber zum ersten Mal ist hier keine offizielle Opferliste veröffentlicht worden. Das alles geschah in der letzten Nacht, die für die Bürger dieser Stadt viel Aufregung bereithielt. [...]

Einer Verlautbarung über die Abwürfe auf Berlin von letzter Nacht zufolge flogen eigentlich nur ein paar britische Flugzeuge über die Hauptstadt.

Und so sagt uns heute abend [...] die Sondermeldung des Oberkommandos, daß zur Vergeltung dieser britischen Angriffe London heute zum ersten Mal mit starken Verbänden angegriffen wurde.

[...] Ich habe mich heute mit einer ganzen Reihe von Deutschen unterhalten. Die meisten von ihnen schienen ehrlich zu glauben, daß die deutschen Flugzeuge ausschließlich militärische Ziele angreifen, die Royal Air Force hingegen ausschließlich nichtmilitärische Ziele.

General von Schröder, Präsident des Reichsluftschutzbundes, rät heute der Berliner Bevölkerung, früh zu Bett zu gehen, um ein bißchen Schlaf zu kriegen, ehe die Angreifer einträfen. Die Berliner müßten, sagt er, ihre Angewohnheit, am Abend auszugehen, für eine Weile ablegen. Und da die Angreifer normalerweise pünktlich kurz nach Mitternacht kämen, sollten die Leute ihre Wecker auf Punkt Mitternacht stellen, damit sie nicht schlaftrunken in den Keller rennen müßten.

## Tagebuch, Berlin, 7. September 1940

Letzte Nacht haben wir das größte und folgenreichste Bombardement dieses Krieges erlebt. Die Deutschen hatten in den vergangenen beiden Tagen mehrere weitere Flakbatterien herbeigeschafft und entfesselten ein ungeheures Sperrfeuer, aber es gelang ihnen nicht, auch nur ein einziges Flugzeug zu treffen.

Die Briten zielten letzte Nacht besser. [...]

Dennoch erklärt das Oberkommando in seinem heutigen Kommuniqué: »Der Feind hat vergangene Nacht die deutsche Hauptstadt erneut angegriffen. Im Ergebnis der wahllosen Bombardierung nichtmilitärischer Ziele im Zentrum sind Verluste an Menschenleben und Gebäuden zu beklagen. Als Vergeltung hat die deutsche Luftwaffe daher begonnen, mit starken Verbänden London anzugreifen.«

Nicht der geringste Hinweis auf die – dem deutschen Volk unbekannte – Tatsache, daß die Deutschen während der letzten zwei Wochen Bomben auf die Innenstadt von London abgeworfen haben. Mein Zensor warnte mich heute davor, diesen Gegenstand zu berühren. Offenbar habe ich einige deutsche Zuhörer, die meinen Bericht über den Kurzwellensender, der ihn nach New York überträgt, abhören können. Da es sich um einen deutschen Sender handelt, steht keine Strafe darauf.

Die Erklärung des Oberkommandos, die offensichtlich von Hitler persönlich diktiert worden ist – er greift oft in die Abfassung der Wehrmachtsberichte ein –, setzt bewußt die Lüge in die Welt, Deutschland habe erst in Reaktion auf das britische Bombardement von Berlin entschieden, London anzugreifen. Und das deutsche Volk wird das schlucken, so wie es heutzutage fast alles schluckt, was man ihm erzählt. Zweifellos ist nie zuvor in moderner Zeit – seitdem zuerst die Presse und dann das Radio es theoretisch dem Großteil der Menschheit ermöglicht haben, sich über die Vorgänge in der Welt zu informieren – ein ganzes Volk so irregeführt, so skrupellos belogen worden wie die Deutschen unter diesem Regime.

Und also hat heute nacht das Oberkommando, dessen Verlautbarungen für jeden guten Deutschen die reine Wahrheit sind, einen Sonderbericht veröffentlicht, in dem erklärt wird, als Vergeltung für die britischen Luftangriffe auf Berlin sei London heute *zum ersten Mal* mit starken Luftstreitkräften angegriffen worden. Im Ergebnis dieser Vergeltungsaktion, heißt es, erstrecke sich heute nacht »eine große Rauchwolke von der Innenstadt Londons bis zur Mündung der Themse«.

Um dem amerikanischen Rundfunkhörer eine Vorstellung von der Propaganda zu vermitteln (das Wort durfte ich allerdings nicht gebrauchen), der das deutsche Volk ausgesetzt ist, verlas ich heute nacht in meiner Sendung eine Schlagzeile der *Börsen-Zeitung* vom Tage: »Während die Angriffe der deutschen Luftwaffe auf rein militärische Ziele erfolgen – eine Tatsache, die sogar die britische Presse und der Rundfunk anerkennen müssen –, hat die RAF nichts Besseres zu tun, als fortgesetzt nichtmilitärische Ziele in Deutschland anzugreifen. Ein perfektes Beispiel dafür war der kriminelle Angriff auf die Berliner Stadtmitte gestern nacht. Ausschließlich Wohnhäuser wurden getroffen, nicht ein einziges militärisches Ziel.«

Das deutsche Volk ahnt nicht – weil Presse und Rundfunk der Nazis die Sache sorgfältig vertuscht haben –, daß allein im August mehr als tausend englische Zivilisten durch die Angriffe der Luftwaffe auf »militärische Ziele« in Großbritannien ums Leben gekommen sind.

Eine andere Art von Lüge hierzulande: Gemäß der offiziellen Erklärung zur Bombardierung Berlins in der vergangenen Nacht wurden die ersten beiden Wellen britischer Flugzeuge durch die Verteidigungsanlagen der Hauptstadt zurückgeschlagen; nur ein paar Maschinen der dritten Welle sei es gelungen, durchzuschlüpfen. Nun weiß jeder in Berlin, daß gleich mit dem ersten Alarm letzte Nacht britische Flugzeuge über der Stadt zu hören waren. Sie kamen in mehreren Wellen, und jedes Mal hörte man das Brummen der Motoren. Ich fürchte aber, die Mehrheit wird der offiziellen Erklärung Glauben schenken.

Die *Börsen-Zeitung* verstieg sich vergangenen Abend sogar dazu, ihren ahnungslosen Lesern zu erzählen, alle militärischen Objekte in Deutschland seien durch Flugabwehrkanonen derart gut geschützt, daß es für die britischen Flugzeuge ganz unmöglich sei, sie zu bombardieren. Deshalb verlegten sich die Briten auf die Bombardierung ungeschützter Wohnhäuser. Wie viele Deutsche werden sich daraufhin wohl fragen, warum bei einer Konzentration von Flakgeschützen in und um Berlin, wie sie die Welt noch nirgends sonst gesehen hat – warum da noch kein einziges Flugzeug abgeschossen worden ist?

### Tagebuch, Berlin, 9. September 1940

Wie ich höre, hat Goebbels angeordnet, jedes Mal, wenn die Briten auf ein Bombardement Berlins verzichten, dem Volk weiszumachen, sie hätten einen Angriff unternommen, seien aber durch die großartigen Verteidigungsanlagen der Hauptstadt zurückgeschlagen worden.

Sooft die Briten jetzt über deutsches Gebiet fliegen, stellen die deutschen Rundfunkstationen rasch ihren Sendebetrieb ein, um den britischen Piloten nicht als Funkfeuer zu dienen. Heute nacht teilte der deutsche Rundfunk mit, er werde seine Sendungen, die bereits während der letzten vierzehn Tage aus »militärischen Gründen« stark eingeschränkt waren, noch weiter einschränken. »Dies ist nicht die Zeit«, hieß es in der Mitteilung, »die Gründe dafür näher zu erläutern.«

## Tagebuch, Berlin, 10. September 1940

Ein leichter Angriff letzte Nacht, der aber ein paar Häuser demolierte. Der *Lokalanzeiger* kommentiert das Bombardement folgendermaßen: »Die Flieger Seiner Britischen Majestät haben den herrschenden Grundregeln zur Führung eines ehrlichen und mannhaften Krieges erneut einen schweren Schlag versetzt.«

Im Propagandaministerium hat man uns heute eine der britischen »Geheimwaffen« vorgeführt, eine neue Art von Brandsatz. Er sieht aus wie eine große Visitenkarte – etwa fünf Zentimeter im Quadrat – und besteht aus Zelluloidstoff. Zwei Zelluloidblätter zusammengeklebt, und dazwischen befindet sich ein Phosphortäfelchen. Die Briten werfen die Brandsätze in feuchtem Zustand ab. Wenn sie nach wenigen Minuten in der Sonne oder nach zehn Minuten bei Tageslicht und geringer Luftfeuchtigkeit getrocknet sind, entzünden sie sich und erzeugen eine kleine Flamme, die zwei oder drei Minuten lang brennt. Eigentlich wurden sie zuerst von den Irischen Republikanern verwendet, die sie in englische Briefkästen warfen, damit die Post verbrannte. Die Deutschen geben zu, daß eine Reihe von Getreidefeldern und Heuwiesen sowie ein paar Wälder in Flammen aufgegangen sind. Wahrscheinlich hofften die Briten, als sie im August anfingen, diese Brandsätze abzuwerfen, daß größere Getreideanbauflächen in Flammen aufgehen würden. Bedauerlicherweise aber war der August sehr naß, und nur wenige von ihnen wurden trocken genug, um sich zu entzünden.

## MARIE WASSILTSCHIKOW

### Berlin, 10. September 1940

Ging früh schlafen. Um Mitternacht wieder Alarm. Diesmal ist das Hedwig-Krankenhaus getroffen worden. Eine der Bomben landete in [Prinzessin] Antoinette [von] Croys Zimmer (die gerade operiert worden war) und setzte es in Brand. Zum Glück war sie noch eben rechtzeitig in den Keller getragen worden. Der Reichstag brannte auch, und einige Bomben fielen in den Garten der amerikanischen Botschaft.

### Berlin, 11. September 1940

Luftangriff. Ein amerikanischer Freund, Dick [Richard] Metz, nahm mich mit zu einem Besuch bei Antoinette Croy, die quietschvergnügt ist und sehr stolz die Trümmer ihres Krankenzimmers vorzeigt.

## WILLIAM SHIRER

In seinen privaten Aufzeichnungen hielt William Shirer fest, was er nicht senden durfte. Dabei konnte er seiner Frustration über die fortschreitende Einengung seiner Spielräume Luft machen. Die öffentlichen Berichte lassen sich also mit den persönlichen Notizen vergleichen.

## Radiosendung, Berlin, 11. September 1940, 24 Uhr 56

Als vor rund zwei Wochen erstmals britische Bomben auf Berlin zu fallen anfingen, widmeten die örtlichen Zeitungen dem Ereignis einen Absatz auf einer hinteren Seite.

Das Bombardement der letzten Nacht, wahrscheinlich das bislang heftigste in diesem Krieg, füllt heute die Titelseite. Und die Presse empört sich darüber sehr. Eine Schlagzeile in der *Börsen-Zeitung* nennt die britischen Piloten »Barbaren«, und dieselbe Zeitung bringt auf Seite eins die Balkenüberschrift: BRITISCHES VERBRECHEN AN BERLIN. Allen Zeitungen gelten die Briten für das, was sie letzte Nacht mit Berlin angestellt haben, als »Kriminelle«.

Was haben sie angestellt? Sie haben einige Brandbomben auf den Reichstag, das Brandenburger Tor, die dem Rüstungsministerium unmittelbar benachbarte Kunstakademie, ein katholisches Krankenhaus, ein jüdisches Krankenhaus und zahlreiche private Wohnhäuser geworfen. Es kam, soweit ich weiß, zu keinen ernsthaften Bränden. Sprengbomben trafen weitere Häuser, töteten fünf Menschen und hinterließen eine nicht genannte Zahl von Verletzten.

Mehr als alles andere scheint den Zorn der Berliner Presse die Tatsache zu erregen, daß ein nationales Denkmal, das Brandenburger Tor, von einer Brandbombe getroffen wurde, die ihm, weil es aus Stein ist, gleichwohl keinen Schaden zufügte. Ein anderes Monument, die Siegessäule im Zentrum des Tiergartens, wurde von einer Bombe verfehlt, die einen guten halben Kilometer entfernt mitten auf die neue, in ost-westlicher Richtung verlaufende Prachtstraße fiel. Der Krater, den diese Bombe in die Straße riß, hätte Ihrem Korrespondenten beinahe ein trauriges Ende bereitet. Ich raste nach der Entwarnung mit sechzig Stundenkilometern nach Hause. Man konnte den Krater in der Dunkelheit nicht sehen – die Polizei hatte ihn noch nicht entdeckt –, aber ich verfehlte ihn um sechs Meter und geriet auf dem Schutt übel ins Schleudern.

Die Zeitungen werfen den Briten vor, es bewußt auf nationale Heiligtümer wie das Brandenburger Tor abgesehen zu haben. Wenn das der Fall ist, dann haben sie zweifellos gut gezielt, denn das Tor ist ein äußerst kleines Ziel in einer großen Stadt.

Der Garten unserer Botschaft wurde von fünf Brandbomben getroffen.

## Tagebuch, Berlin, 11. September 1940

Den Nazis zufolge kamen nur fünf Personen um, aber zum ersten Mal warfen die Briten eine größere Menge Brandbomben ab, und es gab ein paar kleine Feuer. Drei Brandbomben fielen in den Hof des Adlon, fünf in den Garten der Botschaft nebenan und ein halbes Dutzend weitere in den Garten von Doktor Goebbels unmittelbar hinter der Botschaft. Das Gebäude des Munitionsministeriums zwischen dem Adlon und der Botschaft wurde ebenfalls getroffen. All die Brandbomben wurden gelöscht, ehe sie Schaden anrichten konnten. Eigentlich zielten die Briten auf den Potsdamer Bahnhof, aber sie hatten Pech. Sie hielten fast genau auf ihn zu, denn mit den ersten Bomben trafen sie den Reichstag und dann in gerader Linie in Richtung des Bahnhofs das Brandenburger Tor, die Botschaft und die Gärten dahinter. Aber die letzte Bombe fiel etwa zweihundertfünfzig Meter vor dem Bahnhof herunter.

Die BBC meldet heute, der Potsdamer Bahnhof sei getroffen worden, aber das stimmt nicht, und mindestens drei Deutsche, die BBC gehört hatten, erklärten mir, sie seien ein bißchen enttäuscht darüber, daß es der britische Rundfunk an Wahrheitsliebe fehlen lasse. Tatsache ist, daß es propagandistisch schadet, wenn die Briten den Leuten in Deutschland melden, ein wichtiger Bahnhof sei in Brand geschossen worden, obwohl er gar nicht getroffen wurde.

## Tagebuch, Berlin, 18. September 1940

Nur ein einziger Luftangriff hier, während ich weg war [in der Schweiz], und die fünf Millionen Berliner haben sich mittlerweile ausschlafen können und sind wieder unbeschwert und voller Zuversicht. Sie glauben tatsächlich, die britischen Flugzeuge kämen nicht durch. Daß Churchill nicht mehr Flugzeuge in den Berliner Luftraum schickt, ist ein Fehler. Ein halbes Dutzend Flugzeuge jede Nacht würde genügen – würde die Leute in ihre Keller treiben und um ihren Schlaf bringen. In Berlin sank die Moral merklich, als die Briten uns fast jede Nacht heimsuchten. Ich hörte zahlreiche Klagen über den durch Schlafmangel und zunehmende Nervosität bedingten Abfall der Leistungskraft bei Rüstungsarbeitern und sogar bei Staatsangestellten. Die Briten haben nicht genug Flugzeuge, um Berlin zu verwüsten, aber sie haben genug – fünf oder sechs pro Nacht reichen –, um die Moral des wichtigsten Ballungszentrums im Land zu treffen. Hoffen die Briten etwa, sie könnten die Deutschen davon abbringen, London zu bombardieren, wenn sie Berlin in Ruhe lassen? Da hätten sie sich gewaltig verrechnet.

## Radiosendung, Berlin, 19. September 1940, 24 Uhr 52

Noch nie seit Beginn des Krieges war die deutsche Presse so schlecht auf die Briten zu sprechen wie heute.

Wie Sie wahrscheinlich wissen, bombardierten vergangene Nacht britische Flugzeuge neben anderen Orten auch ein bekanntes Kinderkrankenhaus in Bethel in Westdeutschland. Einer DNB-Eilmeldung zufolge wurden drei Gebäude des Krankenhauses zerstört, neun Kinder getötet und zwölf verwundet.

Heute abend erklärt die deutsche Presse das für kaltblütigen Mord; es sei mit Absicht geschehen und beweise, daß die Royal Air Force den Krieg ausschließlich gegen deutsche Frauen und Kinder führe; diese Tat müsse tausendfach gerächt werden.

Und tatsächlich habe ich heute abend von verschiedener Seite sagen hören, die *Luftwaffe** werde jetzt London im großen Stil bombardieren. Rache werde, wie es einige Berliner Zeitungen formulieren, nicht mehr nur im Namen des deutschen Volkes, sondern der gesamten zivilisierten Welt geübt. Diese werde, so ihr Fazit, jede Aktion billigen, die der deutschen Luftwaffe angemessen erscheine.

### Tagebuch, Berlin, 19. September 1940

Mit dem Rest Benzin, den ich mir von meinen hundertvierzig Litern Monatsration aufgespart hatte, fuhr ich mit Joe [Joseph] Harsch und Ed [Edwin] Hartrich [Shirers Assistent] heute nachmittag hinaus nach Siemensstadt, um zu sehen, ob die Bomben in den Siemenswerken, die zu den wichtigsten Rüstungsfabriken in Deutschland zählen, irgendwelche Schäden verursacht hatten. Ich war auch neugierig, zu erfahren, wie es um die Stimmung bei den Arbeitern dort stand. Wir fuhren langsam um das Werksgelände herum, konnten aber keine Schäden entdecken. Die Tausende von Arbeitern, die nach der Nachmittagsschicht herausströmten, wirkten gut genährt und recht zufrieden. Einige von ihnen machten einen geradezu wohlhabenden Eindruck und zündeten sich beim Verlassen der Fabrik Zigarren an. Während der zwei Wochen, in denen die Briten praktisch jede Nacht herüberkamen, habe ihnen die Anstrengung, nach einer schlaflosen Nacht zehn Stunden hart arbeiten zu müssen, allmählich zugesetzt, hatten mir etliche Deutsche erzählt. Heute freilich sahen sie abscheulich fit aus. [...]

Die gleichen Zeitungen, die jetzt angefangen haben, mit Häme über die »Vergeltungsschläge« gegen die Londoner Innenstadt zu berichten, und die, um den Erfolg der »Vergeltung« zu demonstrieren, britische Zahlen veröffentlichen, denen zufolge Tausende von Zivilisten, unter ihnen Hunderte von Kindern, durch deutsche Bomben umgekommen sind, strotzen heute vor selbstgerechter Empörung über die

Briten, weil sie angeblich das gleiche mit den Deutschen machen. Einige der Schlagzeilen heute abend: *Nachtausgabe:* »NÄCHTLICHES BRITISCHES VERBRECHEN AN 21 DEUTSCHEN KINDERN – DIE BLUTTAT SCHREIT NACH VERGELTUNG.« *Deutsche Allgemeine Zeitung:* »MORD AN DEN KINDERN VON BETHEL – EIN ABSCHEULICHES VERBRECHEN.« *BZ am Mittag:* MEUCHELMORD IST KEIN KRIEG MEHR, HERR CHURCHILL! – DIE BRITISCHE MÖRDERINSEL WIRD DIE KONSEQUENZEN IHRER HINTERHÄLTIGEN BOMBARDEMENTS ZU TRAGEN HABEN.«

Die Leitartikel schlagen einen ähnlichen Ton an. Die *Börsen-Zeitung* schreibt: »Ihr einziger Wunsch, den Befehlen von Churchill folgend, besteht darin, zu morden ... Albion hat sich als eine mordhungrige Bestie entpuppt, die durch das deutsche Schwert gerichtet werden wird, im Interesse nicht nur des deutschen Volkes, sondern der gesamten zivilisierten Welt ... Die sadistische Bedrohung der britischen Haßapostel wird im Rauch ihrer eigenen Städte ein Ende finden.«

Im gleichen Leitartikel wird dann darauf hingewiesen, daß deutsche Bomben Geschäfte und eine U-Bahnstation im Westteil Londons getroffen haben.

Der *Diplo,* ein im Außenministerium geschriebenes und herausgegebenes Blatt, erklärt heute abend salbungsvoll: »Es ist eine Tatsache, daß Deutschland mit sauberen Waffen und auf ritterliche Weise Krieg führt.« (Dabei wird London jetzt fast jede Nacht blindlings bombardiert, nachdem die Abwehr der britischen Jagdgeschwader die Tagesangriffe der Luftwaffe unterbunden hat.)

Man muß dabei bedenken, daß die Zeitungen hier nicht die öffentliche Meinung wiedergeben. Diese hysterische Empörung ist künstlich von oben erzeugt. Ohne Zweifel dient sie dem eigentlichen Zweck, dem deutschen Volk gerechtfertigt erscheinen zu lassen, was die Luftwaffe London antut.

## Radiosendung, Berlin, 20. September 1940, 24 Uhr 46

Zufällig bin ich darauf gestoßen, daß jemand in Berlin ausgerechnet hat, wieviel Zeit die Londoner und die Berliner in den ersten acht Tagen des großen Luftkrieges jeweils in den Luftschutzkellern verbracht haben. Diesen Zahlen zufolge haben die Londoner, alles in allem, drei ganze Tage im Keller gesessen, die Menschen in Berlin acht Stunden und fünfzehn Minuten. Also, rund acht Stunden, über acht Tage verteilt, ist wirkliche keine große Beeinträchtigung.

Wie ich heute abend sehe, stellt die deutsche Presse Meldungen aus New York groß heraus, nach denen die britische Zensur ausländischen Korrespondenten in London untersagt habe, Luftangriffe zu erwähnen, während sie im Gange sind. Wir haben hier die gleiche Regelung.

## Radiosendung, Berlin, 22. September 1940, 1 Uhr 11

Währenddessen gehen die Luftangriffe auf England weiter, und wir wurden heute in Berlin daran erinnert, daß London seine fünfzehnte aufeinanderfolgende Bombennacht erlebt hat. Amerikanische und schwedische Korrespondenten in London werden heute von der deutschen Presse mit der Frage zitiert: Wie lange können die Millionen von Menschen, die in London zusammengepfercht sind, das aushalten? Wie viele Nächte können ein Mann, eine Frau, ein Kind ohne Schlaf auskommen?

Offensichtlich lautet die Antwort: Sehr viele Nächte.

Die Deutschen haben damit selbst einige Erfahrungen gemacht. Vier Monate lang sind eine Reihe von Städten im westlichen Deutschland von der Royal Air Force heimgesucht worden – zwar nicht jede Nacht, aber doch fast jede Nacht. Es stimmt, daß die britischen Angriffe nicht die ganze Nacht gedauert haben, aber wenn man erst einmal mitten in der Nacht aufgestanden ist, sich angezogen hat, in den Keller hinabgestiegen ist, dort eine Stunde oder zwei gewartet und den Geschützen beziehungsweise den Bombenexplosionen gelauscht hat – dann findet man in der restlichen Nacht keinen sehr erholsamen Schlaf mehr. Nun bin ich vor ein paar Tagen in Westdeutschland gewesen, und ich muß sagen, die Art, wie die Leute es ertragen, hat mich überrascht. Es macht ihnen, glaube ich, zu schaffen, aber nicht so, daß es ins Gewicht fiele.

Hier in Berlin sind die Menschen während der ersten vierzehn Tage im September um ihren Schlaf gebracht worden, aber seit einer Woche sind die Briten nicht mehr über der deutschen Hauptstadt erschienen, so daß alle den Schlaf haben nachholen können. Schlafentzug ist im Augenblick kein Problem.

## Tagebuch, Berlin, 23. September 1940

Nachdem sie eine Woche ausgeblieben waren, sind die britischen Bomber wieder herübergekommen und haben mitten in der Nacht die Bevölkerung zwei Stunden und zwanzig Minuten lang in den Kellern festgehalten. Für die meisten Leute war das ein kleiner Schock, denn die ganze Woche über hatte man ihnen erzählt, mehrere Nächte lang hätten die Briten versucht, durchzukommen, seien aber stets von der Flugabwehr zurückgeschlagen worden. [...] Die *Nachtausgabe** trägt die Schlagzeile: »NEUER NÄCHTLICHER PIRATENAKT.« Im Leitartikel schreibt dasselbe Blatt: »Wieder hat Winston Churchill gestern den britischen Fliegern den Befehl erteilt, ihre Bomben auf die deutsche Zivilbevölkerung abzuwerfen und damit den Mord an deutschen Männern, Frauen und Kindern fortzusetzen.« In der *Börsen-Zeitung* liest man: »Churchill hat gestern nacht die Serie seiner verbrecherischen Schläge gegen die deutsche Zivilbevölkerung fortgesetzt. Offen gesagt, Churchill gehört zu jenem Schlag von Verbrechern, die in ihrer dummen Brutalität unbelehrbar sind.«

Diese alberne Zeile ist der deutschen Presse natürlich von Goebbels diktiert worden, aber ich glaube, sie ist ein Hinweis darauf, daß die Deutschen die nächtlichen Bombardierungen nicht so gut verkraften wie die Briten. Wäre London etwas mehr auf Draht, man würde das dort erkennen. Die Strategie der RAF besteht, soweit ich informiert bin, darin, sich auf die Rüstungsfabriken und Nachschublager in Deutschland zu konzentrieren. Aber wenn sie auch zweifellos einige interessante Objekte getroffen hat, wie etwa die Leuna-Werke, wo aus Kohle Benzin gewonnen wird (Leuna wurde getroffen, aber nicht außer Gefecht gesetzt), steht doch fest, daß ihr nicht gelungen ist, die Rüstungsgüterproduktion Deutschlands in nennenswertem Umfang lahmzulegen; und sehr viele Vorratslager hat sie auch nicht zerstört. Was sie tun muß, ist, die Deutschen nachts in ihren feuchten, kalten Kellern festzuhalten, sie um den Schlaf zu bringen und ihre Nerven zu zerrütten. Nach sieben Jahren Einschränkungen zwecks Vorbereitung auf den totalen Krieg sind diese Nerven bereits ziemlich strapaziert.

Letzte Nacht schaute ein deutscher Bekannter bei mir vorbei. Er ist jetzt in der Luftwaffe und gehörte während der letzten drei Wochen zur Mannschaft eines Nachtbombers, der über London im Einsatz war. Er hatte einige interessante Details zu berichten.

1. Er war beeindruckt von der Größe Londons. Er sagte, sie deckten die Stadt seit drei Wochen mit Bomben ein und er staune, daß immer noch so viel von ihr da sei! Beim Abflug werde ihnen oft gesagt, ihr Ziel lasse sich leicht finden, denn über zwei Quadratkilometer der Stadt ständen in Flammen. Wenn sie jedoch hinkämen, fänden sie dort kein Flammenmeer von über zwei Quadratkilometern vor, sondern nur hier und da eine Brandstelle.

2. Wie er berichtet, fliegen sie in einer Höhe zwischen 4500 und 5000 Metern, wenn sie auf London zuhalten, gehen dann auf etwa 3000 Meter hinunter und werfen aus dieser Höhe ihre Bombenlast ab – zu hoch für ein gezieltes nächtliches Bombardement. Wegen der Fesselballonsperren trauten sie sich nicht, tiefer als auf 2000 Meter zu gehen, sagt er. Das Luftabwehrfeuer über London beschreibt er als »ganz schön heftig«.

3. Die deutschen Nachtbombermannschaften, erzählt er, seien müde. Sie seien überarbeitet. Die Luftwaffe habe angenommen, die RAF ebenso durch Operationen bei Tage zerstören zu können, wie ihr das mit den polnischen, holländischen, belgischen und französischen Luftstreitkräften gelungen sei. Deshalb habe sie versäumt, genug Personal für die nächtlichen Operationen auszubilden. Derzeit flögen die Mannschaften, verrät er, in vier Nächten pro Woche. Anders als Doktor Goebbels, dessen Propagandamaschinerie den Leuten einhämmert, die britischen Flieger seien Feiglinge, soweit sie nicht Rohlinge seien, gibt mein Freund ganz offen zu, die deutschen Piloten hegten die größte Achtung für ihre britischen Gegner und bewunderten deren Können und Mut. Besonders habe es ihnen ein bestimmter britischer Kampfflieger angetan, erzählt er, der mit lässig zwischen die Lippen geklemmter Zigarette in den Kampf brause. Wenn dieser Mann je über deutschem Gebiet abgeschossen werde, dann, so hätten sich die deutschen Flieger geschworen, werde man ihn verstecken und nicht in Kriegsgefangenschaft gehen lassen.

4. Er versichert, die britischen Bomber deckten nachts die französische und belgische Küste mit einem höllischen Bombenhagel ein. Und oft kämen sie im Sturzflug herunter und bedächten die deutschen Bomberstützpunkte mit Maschinengewehrfeuer, während dort die deutschen Flugzeuge gerade abheben oder landen wollten.

5. Göring habe tatsächlich London überflogen, bestätigt er. Diese Meldung wurde hier der ausländischen Presse übermittelt, den deutschen Zeitungen hingegen vorenthalten, was uns an ihrer Glaubwürdigkeit zweifeln ließ.

6. Er berichtet, die Briten hätten eine Reihe von Scheinflugplätzen eingerichtet und mit hölzernen Flugzeugattrappen bestückt, aber die meisten von ihnen hätten die Deutschen mittlerweile entdeckt.

7. Er bestätigt, daß die deutschen Bomber von ihren Flügen über Großbritannien normalerweise nicht zu den Flugplätzen zurückkehrten, von denen sie losgeflogen seien. Die

Bomber höben von weit verstreuten Plätzen in Frankreich, Belgien und Holland ab, allerdings streng nach Zeitplan, um Kollisionen in der Dunkelheit zu vermeiden. Der genaue Kurs für den Rückflug von London werde immer im voraus festgelegt, so daß die einfliegenden Maschinen nicht mit den abfliegenden zusammenstießen. Für die gewaltigen Prügel, die Sonntag vor einer Woche die Deutschen während eines am Tage geflogenen Angriffs auf London einsteckten, bei dem nach britischen Angaben 185 deutsche Flugzeuge, hauptsächlich Bomber, abgeschossen wurden, hat er eine interessante Erklärung. Der deutsche Zeitplan, sagt er, sei durcheinandergeraten, und die deutschen Jagdflieger, die zum Schutz der Bomber abgestellt waren, hätten bei ihrem Eintreffen an einem verabredeten Treffpunkt vor der britischen Küste keine Bomber vorgefunden. Nach fünfundzwanzigminütigem Warten hätten sie heimfliegen müssen, weil ihnen das Benzin ausgegangen sei. Die Bomber seien dann von der Nordsee aus eingetroffen, hätten aber keinen Jagdflieger-Geleitschutz vorgefunden und seien von den britischen Abfangjägern niedergemacht worden.

8. Die Nachtbomber, sagt er, flögen in Siebenerstaffeln hinüber. Er bestand auch darauf, die einzelnen Luftwaffenstützpunkte gäben ihre Verluste korrekt an; manipuliert würden die Zahlen ausschließlich im Hauptquartier oder in Berlin.

Er bestätigt, daß es die Luftwaffe bislang nicht geschafft hat, die Lufthoheit über Großbritannien zu erringen, obwohl vor fünf Wochen, als ich am Ärmelkanal war, die Deutschen erklärt hatten, das werde binnen vierzehn Tagen der Fall sein.

Tatsache ist, daß die Deutschen es seit ungefähr zwei Wochen aufgegeben haben, am Tage großangelegte Angriffe gegen England zu fliegen, und daß sie sich weitgehend auf Nachtbombardements verlegt haben. Damit gestehen sie eigentlich schon ihre Niederlage ein.

## Radiosendung, Berlin, 24. September 1940, 24 Uhr 50

Die Hauptstadt hat das bisher schwerste Bombardement erlebt. Elf Personen kamen um, vierzehn wurden verwundet, und mehrere hundert Menschen mußten ihre Häuser räumen. [...]

Im Anschluß an das Bombardement forderte der hiesige Rundfunk seine Hörer auf, ihre Häuser sorgfältiger zu verdunkeln. Es wurde auch wieder der dringende Hinweis gebracht, daß jeder beim Sirenengeheul die Straße verlassen und sich in den Keller begeben müsse und nicht in den Eingängen oder am Fenster stehen bleiben dürfe.

## Tagebuch, Berlin, 24. September 1940

Letzte Nacht haben die Briten wirklich ganze Arbeit in Berlin geleistet. Exakt vier Stunden lang veranstalteten sie ein heftiges und äußerst zielgenaues Bombardement. Sie trafen einige wichtige Fabriken im Norden der Stadt, eine große Gasanstalt und das Rangiergelände nördlich des Stettiner und des Lehrter Bahnhofs.

Aber wir durften nichts darüber berichten. Die Behörden erklärten, es sei kein Schaden von militärischer Bedeutung entstanden, und das Propagandaministerium, durch die Zerstörungen der letzten Nacht äußerst nervös geworden, warnte uns Korrespondenten allesamt, wir dürften nur berichten, was das Militär gemeldet hatte. Goebbels' Ministerium strich sogar die nach Luftangriffen sonst übliche Führung durch die Stadt und entschuldigte sich damit, es gebe so viel zu sehen, und die Zeit reiche dafür einfach nicht aus.

Noch nie sind Presse und Rundfunk so dreist zum Lügen angehalten worden. Selbst die schwer zu erschütternden Berliner sind, nach ihren Gesprächen zu urteilen, offenbar über die Lügen, die ihnen ihre eigenen Zeitungen auftischen, irritiert. Dem offiziellen Bericht war zu entnehmen: »Trotz massivem Abwehrfeuer gelang es einigen britischen Bombern gestern nacht, die nördlichen und östlichen Vororte

Berlins zu erreichen und einige ihrer Bomben abzuwerfen. Die Einschlagsgebiete, fernab aller militärischen oder industriellen Ziele, lieferten einen erneuten Beweis dafür, daß die britischen Flieger aus freien Stücken Wohngebiete angreifen. Es gab keine militärisch wichtigen Zerstörungen.«

Sogar das Oberkommando, von dessen Glaubwürdigkeit viele Berliner nach wie vor überzeugt sind, wiederholte in seinem Tagesbericht diese Lüge. Hunderttausende von Pendlern aus den nördlichen Vororten, die heute dreimal ihre Züge verlassen und sich an drei Abschnitten einer wichtigen Bahnstrecke, wo britische Bomben die Schienen zerstört hatten, in Bussen vorbeifahren lassen mußten, staunten nicht schlecht über das, was sie in ihren Zeitungen lasen.

Zweimal verfehlten die Briten um Haaresbreite die Hochbahntrasse der in ostwestlicher Richtung durch das Stadtzentrum führenden S-Bahnlinie. An beiden Stellen schlug die Bombe nur wenige Meter neben den Gleisen ein und beschädigte angrenzende Häuser. Über diese Trasse fahren nicht nur die meisten elektrisch betriebenen Vorortbahnen, sondern auch eine große Zahl von Passagierzügen. Innerhalb des Stadtgebiets ist das die wichtigste Strecke. Die Trümmer der getroffenen Gebäude brachten den Bahnverkehr zum Erliegen, aber heute war die Linie schon wieder in Betrieb.

[Ramón] Serrano Suñer, Schwager und Innenminister Francos, ist von einem Besuch der Westfront zurückgekehrt, gerade rechtzeitig, um seinen ersten britischen Bombenangriff zu erleben. Das mag hilfreich gewesen sein. Wir Korrespondenten stellten uns immer wieder den nach Madrid heimgekehrten Suñer vor, wie ihn Franco, der von seiten Berlins und Roms massiv gedrängt wird, auf den Achsenzug aufzuspringen, nach diesen britischen Angriffen auf Berlin fragt – und wie Suñer antwortet: »Was für Angriffe? Angriffe habe ich keine erlebt. Ich war zehn Tage in Berlin. Die Briten haben es nicht ein einziges Mal herübergeschafft. Die Briten sind am Ende, *generalísimo,* und für Spanien ist es jetzt Zeit, sich an der Beute der Achsenmächte seinen Anteil zu sichern.«

Goebbels und die meisten anderen großen Tiere der Nationalsozialistischen Partei saßen letzte Nacht beim Dinner im Adlon, als das Bombardement begann. Das Bankett endete abrupt vor dem Dessert, und alle Anwesenden verfügten sich in den geräumigen Luftschutzkeller des Adlon neben dem Friseurladen. Als ich um vier Uhr nachts vom Rundfunk zurückkehrte, kamen sie gerade heraus.

Ich höre, daß am Donnerstag [Galeazzo] Ciano herkommt. Zwischen Berlin und Rom wird über den Abschluß des Krieges in Afrika im kommenden Winter und über die Aufteilung des Schwarzen Kontinents verhandelt. Aber sie müssen sich erst Spaniens versichern und bestehen darauf, daß Franco Gibraltar entweder selber einnimmt oder die Deutschen das besorgen läßt.

In Berlin herrscht heute abend Zufriedenheit darüber, daß die Franzosen, die Indochina den Japsen ohne jede Gegenwehr überlassen haben und der Achse ohne einen Mucks täglich neue Zugeständnisse machen, heute das Feuer auf [Charles] de Gaulle und die Briten eröffnet haben sollen, die Dakar einnehmen wollen.

Das Bombardement der letzten Nacht erinnert mich daran, daß der beste Luftschutzkeller in Berlin Adolf Hitler gehört. Experten bezweifeln, daß er darin je umkommen könnte. Der Bunker ist tief, geschützt durch Eisenträger und eine gewaltige Masse armierten Betons, und besitzt seine eigene Stromerzeugung für Ventilation und Licht, ein Privatkino und einen Operationsraum. Würden die britischen Bomben das Reichskanzleramt in Schutt und Asche legen und alle unmittelbaren Ausgänge des Kellers verschütten, der Führer und seine Mitarbeiter könnten den Keller sicher verlassen, indem sie einfach durch einen der Tunnel marschierten, die von seinem Schutzraum zu mehrere hundert Meter entfernt liegenden Ausstiegen führen. Hitlers Keller ist auch mit geräumigen Schlafquartieren ausgestattet, eine wichtige, aber in den meisten Schutzräumen vernachlässigte Einrichtung, da der Schlafentzug der deutschen Bevölkerung weit stärker zusetzt als die britischen Bomben.

Wenn Hitler den besten Bunker in Berlin hat, dann haben die Juden den schlechtesten. In vielen Fällen haben sie überhaupt keinen. Wo es die Umstände erlauben, ist für sie ein eigener *Luftschutzkeller** eingerichtet, gewöhnlich ein kleiner Bereich neben dem Hauptteil des Untergeschosses, in dem sich die »Arier« versammeln. In vielen Berliner Kellern aber gibt es nur einen Raum – der den »Ariern« vorbehalten bleibt. Die Juden müssen im Erdgeschoß Zuflucht suchen, gewöhnlich in dem Flur, der von der Eingangstür zum Fahrstuhl beziehungsweise zur Treppe führt. Dort ist es einigermaßen sicher, wenn eine Bombe das Dach trifft, denn die wird im Zweifelsfall nicht bis ins Erdgeschoß durchschlagen. Die Erfahrung hat freilich gezeigt, daß es im ganzen Gebäude nirgends einen gefährlicheren Ort gibt, wenn eine Bombe draußen auf der Straße auftrifft. Da, wo die Juden kauern, spürt man die Gewalt der Einschläge am stärksten; hier, im Eingangsflur, in dem die Juden sich aufhalten, schlagen die meisten Bombensplitter ein.

## Radiosendung, Berlin, 26. September 1940, 24 Uhr 05

Vergangene Nacht hat die Hauptstadt hier ihren längsten Luftschutzalarm seit Kriegsbeginn erlebt. Ob es der umfangreichste war, das zu beurteilen hinderte mich mein Beobachtungsposten in einem tiefen, gut geschützten Keller, in den ich unmittelbar nach meiner Sendung geleitet wurde.

Von Freunden, denen es dagegen gelang, einen Blick auf die Vorgänge zu erhaschen, habe ich erfahren, daß über der Innenstadt wenig los war und der Angriff sich zum größten Teil auf die Ränder der Hauptstadt konzentrierte. Einer offiziellen Erklärung zufolge wurden einige Häuser und Schuppen zerstört und andere beschädigt.

Die Briten kamen früher als erwartet. Die Cafés, Nachtklubs und Restaurants in Berlin schließen mittlerweile um elf Uhr abends, so daß die Leute um elf Uhr dreißig, noch vor Eintreffen der feindlichen Flugzeuge, zu Hause sind.

Vergangene Nacht freilich erwischten die Briten viele Menschen, während sie noch unterwegs waren. Die Flugzeuge erschienen Punkt elf Uhr – so früh wie noch nie seit Beginn der Bombardements. Tausende befanden sich in Untergrundbahnen, Straßenbahnen und Bussen auf dem Heimweg und mußten in den öffentlichen Luftschutzräumen Zuflucht suchen.

Der Alarm dauerte genau fünf Stunden, gut eine Stunde länger als der bisherige Rekord in der Nacht vom letzten Montag. Fünf Stunden in einem Keller zu verbringen bedeutete für die meisten Menschen, daß sie um die Hälfte ihrer Schlafzeit gebracht wurden. Und letzte Nacht in meinem Keller habe ich zum ersten Mal beobachtet, daß viele Menschen Decken und Kissen mitbrachten und ein bißchen zu schlafen versuchten. Die Entwarnung kam um vier Uhr heute morgen, was dem Arbeiter nicht viel Schlaf läßt, bevor er in die Fabrik muß.

Übrigens hat man mir erzählt, Herrn Hitlers Luftschutzkeller im Reichskanzleramt stehe neuerdings allnächtlich fünfhundert Kindern und hundert werdenden Müttern offen. Es wird sogar berichtet, während des Bombardements gestern seien dort zwei Kinder geboren worden.

## Tagebuch, Berlin, 26. September 1940

Wir hatten den bisher längsten Luftangriff des Krieges, von elf Uhr abends bis heute morgen vier Uhr. Wer eine Arbeit hatte, mit der er um sieben oder acht Uhr morgens anfangen mußte, wie das bei Hunderttausenden der Fall ist, bekam nur sehr wenig Schlaf. Die Briten sollten das jede Nacht machen. Wenn nicht viel zerstört wird, spielt das keine Rolle. Der Schaden war nicht groß. Aber der psychologische Effekt war ungeheuer.

[...] Das erste Ergebnis des frühen Eintreffens der Briten – theoretisch können sie schon um zehn Uhr abends, zwei Stunden nach Einbruch der Dunkelheit, da sein – besteht darin, daß alle Theater heute neue Anfangszeiten verkündet haben: sechs Uhr abends statt sieben Uhr dreißig oder acht Uhr. Und das Erziehungsministerium hat bekanntgegeben, daß bei Luftangriffen, die bis nach Mitternacht dauern, die Grundschulen am nächsten Morgen geschlossen bleiben, damit die Kinder sich ausschlafen können.

Es macht mich rasend, daß ich keinen Luftangriff erwähnen darf, der während meiner Übertragung stattfindet. Letzte Nacht machten die Kanonen, die den Rundfunk schützen, einen solchen Krach, während ich auf Sendung war, daß ich mein eigenes Wort nicht verstehen konnte. Das Lippenmikrophon, das wir jetzt nachts benutzen müssen, verhindert, daß das Kanonengeräusch mit meinen Worten nach Amerika gelangt, was jammerschade ist. Vergangene Nacht fiel mir auch auf, daß die RRG [Reichsrundfunkgesellschaft] nicht mehr, um die Aussteuerung des Sendegeräts zu gewährleisten, während der letzten fünf Minuten vor meinem Beitrag einen Studiosprecher mit New York Kontakt halten ließ, sondern daß statt dessen laute Orchestermusik übertragen wurde. Das geschah, um das Geräusch der Geschütze zu übertönen.

Die *BZ am Mittag* beginnt ihren Bericht über den Angriff der vergangenen Nacht mit den Worten: »Der größte Kriegstreiber aller Zeiten, Winston Churchill, hat gestern nacht erneut seine Mörder nach Berlin ausgesandt ...«

Kaum hatte ich um ein Uhr meine Übertragung beendet, zwangen mich die Nazi-Luftschutzwarte, in den Luftschutzkeller zu gehen. Ich versuchte, Carl Crows ausgezeichnetes Buch *Four Hundred Million Customers* [*Vierhundert Millionen Kunden. Gute und schlechte Erfahrungen eines Amerikaners in China,* 1937] zu lesen, aber die Beleuchtung war schlecht. Ich langweilte mich tödlich. Schließlich schlugen Lord Haw-Haw und seine Frau vor, wir sollten uns hinausstehlen. Wir schlichen an den Wachen vorbei und fanden einen menschenleeren Tunnel, in dem wir uns daranmachten, einen Liter Schnaps zu vertilgen, den »Lady« Haw-Haw mitgebracht hatte. Haw-Haw nimmt es im Trinken mit jedem auf, und wenn man seinen anfänglichen Widerwillen gegen den Verräter überwindet, stellt man fest, daß er ein amüsanter und sogar intelligenter Typ ist. Als die Flasche geleert war, fühlten wir uns zu aufgekratzt, um in den Keller zurückzukehren. Haw-Haw fand eine geheime Treppe, und wir stiegen hinauf zu seinem Zimmer, öffneten die Jalousien und betrachteten das Feuerwerk. Im Süden der Stadt ballerten die Geschütze wie wild drauflos und erleuchteten den Himmel.

## GALEAZZO CIANO
### Tagebuch

Sein Vater war ein Kampfgefährte Benito Mussolinis im Ersten Weltkrieg. Galeazzo Ciano wurde in den zwanziger Jahren italienischer Diplomat. Nach der Machtergreifung der Faschisten geadelt, heiratete er 1930 Mussolinis älteste Tochter, Edda. 1935 avancierte er zum Propagandaminister. Als Bomberkommandeur nahm er am Krieg in Abessinien teil. 1936 ernannte ihn sein Schwiegervater zum Außenminister. In dieser Funktion besuchte Galeazzo Ciano mehrfach das verbündete Deutschland, um die Politik und die Kriegführung der beiden Diktaturen abzustimmen. Seine privaten Aufzeichnungen sprechen nicht selten verächtlich von den übermächtigen »Achsen«-Partnern.

#### 26. September 1940

Auf der Reise nach Berlin. In München wird auf Befehl Hitlers der Zug angehalten. Die Angriffe der RAF bedrohen die Bahnlinie. Und der Führer will mich nicht einem längeren Aufenthalt auf dem freien Felde aussetzen. Ich übernachte in München und werde morgen weiterfliegen.

## 27. September 1940

Unterzeichnung des Dreierpaktes [zwischen Italien, Deutschland und Japan]. Sie spielt sich mehr oder weniger im gleichen Rahmen ab wie die Unterzeichnung des Stahlpaktes [zwischen Italien und Deutschland, Mai 1939]. Aber die Atmosphäre ist kühler. Auch die Menge auf der Straße, eine relativ kleine Menge, zum größten Teil aus Schulkindern bestehend, demonstriert mechanisch und ohne Begeisterung. Japan ist weit weg und seine Hilfe problematisch. Nur eines ist gewiß, der Krieg wird noch lange dauern. Und das gefällt den Deutschen nicht, die sich an den Gedanken gewöhnt hatten, daß mit dem Sommer zugleich auch der Krieg enden würde. Ein Kriegswinter ist hart. Um so mehr, als in Berlin jetzt viele Waren selten werden, und man braucht nicht lange zu suchen, um zu erfahren, daß die Schaufenster mehr versprechen, als die Geschäfte wirklich geben können.

Und dann trägt noch ein anderer Faktor dazu bei, die Bevölkerung in Berlin zu deprimieren, das sind die sich unaufhörlich wiederholenden Luftangriffe. Jede Nacht verbringt man vier oder fünf Stunden im Luftschutzkeller. Schlafmangel, Kälte und das erzwungene Zusammensein mit anderen Menschen, das alles trägt nicht dazu bei, die Laune zu verbessern. Unglaublich die Zahl der erkälteten Menschen. Die Bombenschäden sind sehr gering. Die Nervosität enorm. Um zehn Uhr abends schaut jeder auf die Uhr. Man will heimkehren, bei den Seinen sein. All das rechtfertigt aber nicht den Pessimismus gewisser Kreise, die sich an den vorigen Krieg erinnern und das Schlechteste erwarten. Aber es ist eine Tatsache, daß der Ton in Deutschland heute nicht mehr derselbe ist wie im Juni und August.

## WILLIAM SHIRER

William Shirer litt unter der Atmosphäre der Diktatur, in einem Krieg, dessen Verlauf ihm zunächst wenig Anlaß zur Zuversicht gab. Die Arbeitsbedingungen, denen er unterworfen war, stellten den Sinn und Zweck seiner Tätigkeit immer mehr in Frage. Seine Aufzeichnungen wurden zusehends bitterer. Am 6. Dezember 1940 verließ Shirer das Land. Im Oktober 1945 sollte er nach Berlin zurückkehren und die Stadt in Trümmern wiederfinden. Als zweiten Teil seiner Aufzeichnungen veröffentlichte er das *Ende eines Berliner Tagebuches* (1947). Nach seinem Ausscheiden bei *CBS* wurde der Journalist zum Historiker. Er schrieb eine Geschichte vom *Aufstieg und Fall des Dritten Reiches* (1960). Im zweiten Band seiner Memoiren, *Die Jahre des Alptraums* (1984), blickte Shirer aus dem Abstand von drei Jahrzehnten ein weiteres Mal auf seine Zeit in Deutschland zurück.

### Radiosendung, Berlin, 29. September 1940, 2 Uhr 08

Als ich heute durch eine Wohngegend in der Nähe der Berliner Innenstadt schlenderte, fielen mir zwei Häuser auf, die durch ein vorangegangenes Bombardement schwer beschädigt worden waren. Menschen standen herum und glotzten, als handele es sich um eine Sehenswürdigkeit. Und in Berlin ist es das tatsächlich auch noch. In der Innenstadt sind nur sehr wenige Häuser von Bomben getroffen. In Köln wurden vergangene Nacht bei einem britischen Angriff vier Personen getötet und zwölf verwundet.

### Tagebuch, Berlin, 30. September 1940

Letzte Nacht war ein zweistündiger Alarm, aber wir haben nichts gehört. Offenbar haben die Briten Brandenburg westlich von Berlin angegriffen. Obwohl die Schäden, die das britische Bombardement anrichtet, noch geringfügig sind, haben die Behörden, wie ich höre, angeordnet, daß alle Kinder unter vierzehn aus Berlin evakuiert werden.

## Tagebuch, Berlin, 8. Oktober 1940

Obwohl ich erst um Viertel vor zwei Uhr morgens nach Amerika übertrage, muß ich schon um zehn Uhr abends im Rundfunk sein, weil es theoretisch möglich ist, daß die Briten dann bereits über Berlin sind. Sobald sie kommen, halten die Deutschen sämtlichen Verkehr an und gestatten nicht einmal mehr, daß man zu Fuß durch die Straßen geht. Das bedeutet, daß ich nicht senden kann, wenn mich ein Alarm anderswo erwischt. Letzte Nacht half ich auf einer Party bei den Heaths [Erster Botschaftssekretär Donald Heath und seine Frau Louise Heath] mit, den Abschied von [Henry] »Butch« Leverich, dem Zweiten Sekretär der Botschaft, der nach Amerika heimkehrt, zu feiern. Es wurde zehn Uhr. Die Versuchung war groß, länger zu bleiben. Alle Anwesenden waren sich sicher, daß die Briten nicht kommen würden. Ich machte mich trotzdem auf den Weg, verirrte mich irgendwo südlich des Wittenbergplatzes hoffnungslos in den verdunkelten Straßen, konnte mich aber schließlich wieder zurechtfinden und steuerte meinen Ford durch die pechschwarze Nacht zum Rundfunk. Als ich gerade den Motor abstellte, heulten die Sirenen, und bevor ich noch das Gebäude erreichen konnte, hagelte es ringsum Schrapnellsplitter von der Luftabwehr. Der britische Angriff dauerte bis vier Uhr morgens und war der bislang heftigste. Einmal mehr wurden die Eisenbahnanlagen nördlich des Lehrter und Stettiner Bahnhofs demoliert. Eine junge Deutsche, die ich kenne, verdankt ihr Leben dem Umstand, daß ihr sechs Meter fehlten, um ihren Vorortzug noch zu erreichen. Sie bestieg fünfzehn Minuten später den nächsten, der aber nicht weit kam. Der erste war von einer britischen Bombe voll getroffen und in Stücke gerissen worden; fünfzehn Fahrgäste verloren ihr Leben!

Die deutsche Presse reitet derart penetrant darauf herum, daß die Angriffe der Luftwaffe auf Großbritannien nur Vergeltungsschläge für Angriffe seien, wie wir sie letzte Nacht erlebt haben, daß der Öffentlichkeit der Begriff schon zum Hals heraushängt – und dabei vertragen Deutsche eine ganze Menge. In der Stadt kursiert der Witz, der Berliner reiche dem Zeitungsjungen die zehn Pfennig für die Abendzeitung mit den Worten: »Gib mir für zehn Pfennig Vergeltung.« Interessant ist übrigens, wie wenige Menschen die Abendzeitungen kaufen. Man steige während der abendlichen Stoßzeiten in eine U-Bahn oder einen Bus ein. Nicht einmal einer unter zehn Deutschen liest eine Zeitung. So denkträge und leidensfähig sie auch sind, ich glaube, sie fangen an zu kapieren, daß ihre Zeitungen ihnen wenig Information bieten und daß dieses wenige dermaßen propagandistisch aufbereitet ist, daß es sich nur schwer erkennen läßt.

## MARIE WASSILTSCHIKOW

### Berlin, 10. Oktober 1940

In London ist Tante Katja [Prinzessin Katherina] Galitzin von einer Bombe getötet worden, die den Bus, in dem sie fuhr, traf. Heute morgen war ein Gedenkgottesdienst für sie hier in Berlin. [...]

Heute abend war ich auf einer Party, als es Fliegeralarm gab. Die Schießerei war sehr laut, und der arme Mäxchen [Baron Maximilian von] Kieckebusch, dessen Nerven seit einer Rückgratverletzung in Frankreich zerrüttet sind, wälzte sich auf dem Boden und stöhnte in einem fort: »Ich kann das nicht mehr hören.« Nach meinem Fortgang feierten die andern noch weiter, und ein betrunkener Schweizer gab einen Schuß ab, der Mäxchen um ein Haar getroffen hätte.

## WILLIAM SHIRER

In den letzten Wochen vor seiner Abreise aus Deutschland zog William Shirer eine Bilanz seiner Erfahrungen. Als Reporter aus dem demokratischen Ausland hatte er beobachtet, wie sich die Mehrheit der deutschen Bevölkerung an der totalitären Gesellschaft willig beteiligte. Seine Ablehnung des Nationalsozialismus ging über in eine feindselige Haltung gegen die Deutschen als solche. »Das Nazi-Regime«, schrieb er, »hat etwas zum Ausdruck gebracht, das sehr tief in der deutschen Natur liegt, und es ist in diesem Sinne repräsentativ für das Volk, das es beherrscht.« – »Die Deutschen sind, individuell, bestimmt das häßlichste Volk in Europa.« Noch im Nachwort zu einer Neuausgabe sprach Shirer 1990, in Anbetracht der deutschen Wiedervereinigung, eine Warnung aus: »Europa wird wieder mit dem deutschen Problem zu tun haben.« In seinem Tagebuch bezog sich Shirer nur selten auf einzelne Deutsche, die eine kritische Haltung einnahmen.

### Tagebuch, Berlin, 9. November 1940

Hier zwei Witze, die sich die Deutschen derzeit erzählen:

Der Präsident des Luftschutzbundes in Berlin gab kürzlich der Bevölkerung den Rat, früh ins Bett zu gehen, um vor Beginn des Bombardements schon einmal zwei, drei Stunden Schlaf zu bekommen. Manche folgen dem Rat, die meisten tun das nicht. Die dem Rat folgen, kommen, so die Berliner, beim Alarm in den Keller und begrüßen ihre Nachbarn mit »Guten Morgen!« Das heißt, sie haben schon geschlafen. Andere kommen und sagen: »Guten Abend!« Das heißt, sie haben noch nicht geschlafen. Ein paar sagen beim Eintreffen *»Heil Hitler!«** Das heißt, sie haben die ganze Zeit geschlafen.

Noch einer: Ein Flugzeug, in dem Hitler, Göring und Goebbels sitzen, stürzt ab. Alle drei kommen um. Wer überlebt? – Antwort: Das deutsche Volk.

## Tagebuch, Berlin, November 1940 (ohne Datum)

Ungefähr um zehn Uhr abends kamen die Briten, und wir traten auf den Balkon, um das Feuerwerk zu beobachten, das beachtlich war. Einmal hörten wir das vertraute Pfeifen einer Bombe, bevor sie in der Nähe einschlägt. Automatisch stürzten wir alle durch die offene Balkontür ins stockdunkle Schlafzimmer, wo wir in einem Haufen auf dem Fußboden landeten. Die Bombe erschütterte das Haus, aber wir bekamen keine Splitter ab. Traurig, wie wenige Flugzeuge die Briten für das Berliner Unternehmen abstellen können. Heute abend waren es nicht mehr als ein Dutzend.

## Tagebuch, Berlin, 23. November 1940

Genoß gerade ein hervorragendes Dinner und angenehme Tischgespräche bei Diplomat G., als ungefähr um zwanzig Uhr fünfundvierzig der Butler mich ans Telephon rief. Eines der Mädchen im Rundfunk teilte mir mit, die britischen Bomber würden in rund zehn Minuten eintreffen, und wenn ich in dieser Nacht noch senden wolle, müsse ich mich beeilen. Ich raste hinaus zu meinem Auto. Ein Luftschutzwart, der ebenfalls eine Vorwarnung erhalten hatte, versuchte, mich an der Abfahrt zu hindern, aber ich entwischte ihm. In den verdunkelten Straßen in diesem Viertel kannte ich mich nicht aus; zweimal wäre ich fast in den Landwehrkanal gerast. Als die Sirenen heulten, befand ich mich am *»Knie«** [heute: Ernst-Reuter-Platz], etwa drei Kilometer vom Rundfunk entfernt. Sollte ich anhalten, mich gesetzestreu verhalten, das Licht ausmachen, parken und vorschriftsgemäß einen Schutzraum aufsuchen? Das hätte bedeutet: keine Sendung. Dann hätte ich besser daran getan, bei dem Dinner zu bleiben und zur Abwechslung einmal einen Abend zu genießen. Noch nie hatte ich wegen der Luftangriffe einen Sendetermin versäumt. Ich beschloß, mich über die Vorschrift hinwegzusetzen. Ich trat aufs Gas und fuhr mit abgeblendetem Licht weiter. Entlang dem Kaiserdamm tauchte ein

Polizist nach dem anderen aus dem Dunkel auf, ein kleines rotes Lämpchen schwenkend. Ich raste mit mehr als siebzig Stundenkilometern an ihnen vorbei. Was ich tat, war töricht, weil ich mehrfach bloß um Haaresbreite andere Autos verfehlte, die in der Dunkelheit angehalten und ihre Lichter ausgemacht hatten, wie es die Vorschrift verlangt. Man konnte sie nicht sehen. Wie durch ein Wunder krachte ich mit keinem von ihnen zusammen, aber etwa drei Querstraßen vom Rundfunk entfernt, entschied ich, daß ich das Glück genug herausgefordert hatte, parkte mein Auto und sprintete ins Studio, ehe die Polizei mich in einen öffentlichen Schutzraum verfrachten konnte.

## Tagebuch, Berlin, 1. Dezember 1940

Was die britischen Luftangriffe auf Deutschland betrifft, so waren sie bislang hauptsächlich von psychologischem Wert, weil sie der erschöpften Zivilbevölkerung den Krieg ins Haus trugen, ihre bereits arg mitgenommenen Nerven noch weiter strapazierten und ihr den Schlaf raubten. Der tatsächliche materielle Schaden, den die Bomben nach sechsmonatigen nächtlichen Angriffen hinterlassen haben, ist insgesamt nicht sehr groß. Das genaue Ausmaß der Schäden kennen wir natürlich nicht. Wahrscheinlich wissen nur Hitler, Göring und das Oberkommando Bescheid, und die hüllen sich in Schweigen. Aber ich glaube, wir haben eine ungefähre Vorstellung davon. Generell gesehen, sind im Ruhrgebiet, wo sich Deutschlands Schwerindustrie konzentriert, die Zerstörungen am größten. Würde diese Region durch Luftangriffe richtiggehend verwüstet, Deutschland könnte den Krieg nicht fortsetzen. Aber bis jetzt ist es bei Nadelstichen geblieben. Tatsache ist, fürchte ich, daß die deutsche Rüstungsproduktion durch die Angriffe der RAF nach wie vor nicht ernsthaft beeinträchtigt worden ist. Wahrscheinlich fällt im Ruhrgebiet nicht der tatsächliche materielle Schaden, der Fabriken oder dem Transportwesen zugefügt wurde, am meisten ins Gewicht, sondern etwas anderes. Und zwar zweierlei:

Erstens sind Millionen von Arbeitsstunden verlorengegangen, weil die Arbeiter gezwungen waren, ihre Abende zum Teil in Luftschutzkellern zu verbringen. Zweitens wurde durch Schlafmangel die Leistungskraft der Arbeiter vermindert.

Nach dem Ruhrgebiet haben die Häfen Hamburgs und Bremens und die Flottenbasen in Wilhelmshaven und Kiel die heftigsten Bombardements abbekommen. Aber außer Gefecht sind sie nicht gesetzt worden. Ohne Frage blieb das erbarmungsloseste britische Bombardement den von Deutschland besetzten Häfen am Ärmelkanal vorbehalten. Der Anflug dorthin ist für die RAF kürzer, und sie kann größere Bomben und mehr davon mitführen. Von den Docks in Ostende, Dünkirchen, Calais und Boulogne ist wenig übriggeblieben.

Berlin selbst hat durch die Nachtangriffe vergleichsweise geringe Schäden erlitten. Ich glaube, ein Fremder, der hier zum ersten Mal hinkäme, könnte stundenlang durch die Geschäfts- und Wohnviertel wandern, ohne ein beschädigtes Gebäude zu sehen. Wahrscheinlich sind nicht mehr als fünfhundert Wohngebäude getroffen worden, und da die Briten kleine Bomben verwenden, konnten die meisten binnen Monatsfrist wieder instand gesetzt und neu bezogen werden. Die meisten britischen Angriffe richteten sich gegen die Fabriken, die den Stadtrand säumen. Einige von ihnen sind natürlich getroffen worden, aber mit Ausnahme von zwei oder drei kleineren Anlagen wurde keine ernsthaft demoliert, soweit uns bekannt. Die großen Siemens-Elektrizitätswerke am nordwestlichen Rand von Berlin wurden getroffen und hie und da eine Werkstatt oder eine Lagerhalle zerstört. Dennoch dürfte äußerst zweifelhaft sein, ob deshalb auch nur an einem einzigen Tag die Rüstungsproduktion um mehr als fünf Prozent gesunken ist. Als ich kürzlich um das Werk herumfuhr, brummten seine großen Maschinen, und Schäden waren von außen keine zu sehen.

Aus irgendeinem Grund haben die Briten während der letzten sechs Wochen ihre Luftangriffe auf Berlin stark vermindert. Das ist ein großer Fehler. Denn als sie fast jede Nacht herüberkamen, sank die Moral dieses Nervenzentrums, das Deutschland zusammenhält, merklich. Die Deutschen, davon bin ich überzeugt, sind der Art von schwerem Beschuß, wie ihn Großbritannien durch die Luftwaffe aushalten muß, nicht gewachsen. Eingestandenermaßen können die Briten es ihnen noch nicht richtig geben, vorläufig nicht; aber sie können ohne Frage fünf oder sechs Nächte in der Woche eine Handvoll Flugzeuge herüberschicken, um die Berliner in den Kellern zu halten. Das hätte große Auswirkungen auf die Moral.

Warum hat die RAF Deutschland nicht größeren Schaden zugefügt? Weil die Briten mit zu wenigen Flugzeugen angegriffen haben und ihre Bombenladungen zu leicht waren. Die Schätzungen neutraler Luftwaffenattachés über die Anzahl der beim Bombardement Berlins eingesetzten britischen Flugzeuge weichen voneinander ab, aber am glaubwürdigsten dürfte sein, daß es im Höchstfall dreißig Flugzeuge pro Nacht und im Durchschnitt etwa fünfzehn sind. Die Gesamtzahl der britischen Flugzeuge, die in einer guten Nacht über Deutschland im Einsatz sind, schwankt von sechzig bis achtzig.

Die britischen Bombenlasten sind zu leicht, weil die RAF-Flugzeuge Strecken zurücklegen müssen, die es nötig machen, daß der größte Teil der Ladung aus Benzin und Öl besteht. Für den Hin- und Rückflug nach Berlin sind mehr als 1600 Kilometer zurückzulegen. Die in Amerika gebauten ›fliegenden Festungen‹ könnten die großen, sprengkräftigen Bomben nach Berlin schaffen und sicher wieder zurückkehren. Aber bis jetzt haben wir von ihnen noch nichts zu sehen bekommen. Nach jetzigem Stand haben die britischen Flieger – ohne Frage die tapfersten Männer der Welt – nur äußerst wenig Zeit, ihre Ziele in Berlin aufzusuchen. Wahrscheinlich nicht mehr als fünfzehn Minuten. Den Leuten von der Luftwaffe zufolge schaffen manche von ihnen es gar nicht mehr nach England zurück; mangels Treibstoff müssen sie in der Nordsee notlanden.

Wie viele Flugzeuge hat Deutschland? Ich weiß es nicht. Ich bezweifle, ob das mehr als zwanzig Leuten in der Welt bekannt ist. Aber ich weiß etwas über die deutsche Flugzeugfertigung. Im Augenblick schwankt sie zwischen 1500 und 1600 Flugzeugen pro Monat. Im Höchstfall beläuft sich die deutsche Produktionskapazität auf 3000 Maschinen monatlich. Das heißt, Göring könnte die Produktion auf diese Zahl hochschrauben, wenn er die erforderlichen Zulieferungen bekäme und alle verfügbaren Werke vierundzwanzig Stunden täglich sieben Tage in der Woche arbeiten ließe. Übrigens hat Deutschland seit Beginn des Krieges seine Flugzeugfabriken um keinen einzigen Quadratmeter erweitert. Göring, [Erhard] Milch und [Ernst] Udet bemühen sich verzweifelt um einen neuen Typ von Kampfflugzeug – einen Jäger, der den Spitfires und Aircobras, die Großbritannien aus Amerika bezieht, eindeutig überlegen ist.

Nach anderthalb Jahren eines praktisch totalen Krieges ist die Moral der Deutschen immer noch gut. Das läßt sich nicht leugnen. Die Öffentlichkeit begeistert sich nicht für den Krieg. Das hat sie nie getan. Und nach acht Jahren Entbehrungen wegen der Kriegsvorbereitungen der Nazis sind die Menschen müde und erschöpft. Sie sehnen sich nach Frieden. Sie sind unglücklich, niedergeschlagen, enttäuscht darüber, daß der für diesen Herbst versprochene Friede ausgeblieben ist. Aber während der Krieg in seinen zweiten, dunklen, langen Winter geht, beweist die Bevölkerung nach wie vor eine ziemlich hohe Moral. Wie läßt sich dieser Widerspruch erklären? Man darf dreierlei nicht vergessen:

Erstens, daß die ein Jahrtausend alte Sehnsucht der Deutschen nach politischer Einheit erfüllt worden ist. Hitler hat das erreicht, was allen anderen in der Vergangenheit – den Habsburgern, Hohenzollern, Bismarck – versagt blieb. Wenige Menschen außerhalb dieses Landes sind sich im klaren darüber, wie sehr diese Vereinigung die deutsche Nation zusammengeschweißt, den Leuten Selbstbewußtsein und ein Gefühl der historischen Sendung verliehen und sie dazu gebracht hat, ihre persönliche Abneigung gegen das Naziregime, seine Führer und seine barbarischen Untaten zu vergessen. Zusammen mit der Wiedergeburt des Heeres und der Luftwaffe und der totalitären Reorganisation von Industrie,

Handel und Landwirtschaft in einem Maße, wie diese Welt es noch nie erlebt hat, verleiht das den Deutschen überdies ein Gefühl der Stärke. Für die meisten Deutschen ist das ein absoluter Wert; stark zu sein, darauf läuft nach ihrer Lebensanschauung alles hinaus. Hier taucht das primitive Stammesbewußtsein der frühen heidnischen Germanen in den weiten Waldregionen des Nordens wieder auf, denen rohe Kraft nicht nur als Mittel zum Überleben, sondern als letzter Zweck des Lebens galt. Es ist dieser primitive Rasseinstinkt des »Blut und Boden«, den die Nazis in der deutschen Seele erfolgreicher wiedererweckt haben als ihre modernen Vorgänger und der bewiesen hat, daß der Einfluß des Christentums und der westlichen Zivilisation auf Leben und Kultur der Deutschen nur ein dünner Firnis war.

Zweitens ist die Moral gut, weil das deutsche Volk der Überzeugung ist, diesen Sommer die schreckliche Niederlage von 1918 gerächt und eine Reihe von militärischen Siegen errungen zu haben, die ihm endlich seinen Platz an der Sonne sichern – heute die Herrschaft über Europa, morgen vielleicht über die ganze Welt. Und der deutsche Charakter ist nun einmal von der Art, daß der Deutsche entweder herrschen oder beherrscht werden muß. Eine andere Beziehung zwischen menschlichen Wesen auf dieser Erde kennt er nicht. Die goldene Mitte der Griechen, zu der es die westliche Welt bis zu einem gewissen Maß gebracht hat, ist eine Vorstellung, die sein Fassungsvermögen übersteigt. Darüber hinaus glaubt die große Masse der Arbeiter, Bauern und kleinen Händler – wie auch die großen Industriellen –, daß, wenn Hitler seine Neue Ordnung durchsetzt – und sie sind mittlerweile zuversichtlich, daß ihm das gelingt! –, ihnen mehr von der Milch und dem Honig dieser Welt zufließen wird. Daß dies notwendig auf Kosten anderer Völker – Tschechen, Polen, Skandinavier, Franzosen – gehen muß, kümmert den Deutschen nicht im geringsten. In diesem Punkt kennt er keinerlei moralische Skrupel.

Drittens ist einer der Hauptbeweggründe, der das deutsche Volk zur vollen Unterstützung eines Krieges antreibt, für den es sich keineswegs begeistert und den es morgen beenden würde, wenn es könnte, die wachsende Angst vor den Folgen einer Niederlage. Langsam, aber sicher beginnen die Menschen zu begreifen, welch schreckliche Saat der Gewalt ihre gestiefelten Truppen und ihre Gestapomänner seit der Einnahme Österreichs in Europa gesät haben. Sie beginnen zu sehen, daß ein mit dem Nazi-Regime errungener Sieg, wie wenig er vielen auch behagen mag, besser ist als eine weitere Niederlage, die dieses Mal, wenn es zu ihr kommt, Versailles wie einen von schierer Vernunft diktierten Frieden erscheinen lassen und nicht nur den Nationalstaat, sondern die Deutschen als Volk zerstören wird. Etliche Deutsche haben mir in letzter Zeit diese Besorgnis anvertraut. Wenn Deutschland verliert, dann müssen seine Bewohner erleben, wie die von bitterem Haß erfüllten Völker Europas, die sie brutal versklavt, deren Städte sie erbarmungslos zerstört, deren Frauen und Kinder sie in Warschau, Rotterdam und London in großer Zahl kaltblütig ermordet haben, in wütenden, rachsüchtigen Scharen über ihr schönes, wohlgeordnetes Land herfallen, es in tausend Stücke sprengen und diejenigen, die dem Gemetzel entgehen, dem Hungertod in einer vollständigen Ödnis überlassen werden.

Nein, mag sich dieses Volk durch die skrupelloseste Bande von Machthabern, die das moderne Europa bis heute erlebt hat, auch noch so geknechtet und betrogen finden, es wird in diesem Krieg lange, lange durchhalten. Nur die irgendwann dämmernde Erkenntnis, daß sie nicht gewinnen können, zusammen mit der Versicherung der Alliierten, daß Kapitulation nicht gleichbedeutend mit Untergang ist, wird diese Menschen in ihrer Entschlossenheit wanken lassen, bis zur vollständigen Vernichtung der einen oder der anderen Seite weiterzumachen.

# 1941

## MARC AUGIER
## Ich habe Deutschland gesehen

Der Franzose Marc Augier war zunächst Winter- und Motorsportler, Bergsteiger und Reisender. Ein Aufenthalt jenseits des Rheins (1929) und die Lektüre von Alphonse de Châteaubriants *Die Garbe der Kräfte* (1937) nahmen ihn für Deutschland ein. Augier wandte sich dem Faschismus zu. Nach der Niederlage Frankreichs tat er sich in der Gruppe »Collaboration« hervor. Als die Deutschen die Sowjetunion überfielen, meldete er sich freiwillig, um an der Ostfront zu kämpfen, zur *LVF,* der »Legion der französischen Freiwilligen gegen den Bolschewismus«. Später ging er zur französischen Division der Waffen-SS, »Charlemagne«. 1944 hielt sich Augier vorübergehend in Sigmaringen auf (wo sich auch Louis-Ferdinand Céline auf seiner Flucht einfand). 1945 tauchte Augier unter. Er entkam nach Südamerika und wurde in Argentinien Berater der Armee – und Ski-Lehrer der Diktatorengattin Eva Perón. Das Pseudonym, das sich Augier zulegte, Saint-Loup, spielt auf den Bischof Lupus von Troye an. Dieser soll sich beim Hunnenkönig Attila für seine Stadt eingesetzt haben und dafür, wie Augier im Hinblick auf seine eigene Rolle ausgeführt hat, der Zusammenarbeit mit dem Feind bezichtigt, später jedoch heiliggesprochen worden sein. Der unter diesem Pseudonym publizierte Roman *Die Nacht beginnt am Kap Horn* galt als aussichtsreicher Kandidat für den renommierten *Prix Goncourt* im Jahr 1953. Nachdem die Identität des Verfassers enthüllt worden war, kam eine Vergabe an ihn indes nicht mehr in Frage. In Abwesenheit zum Tode verurteilt, wurde der

Kollaborationsautor schließlich amnestiert. Marc Augier verfaßte eine Reihe von Kriegsbüchern über die ausländischen Verbände, die auf deutscher Seite gekämpft hatten: *Die Freiwilligen, Die Ketzer* und andere. In *Götterdämmerung* schilderte er das letzte Kriegsjahr. – Augiers schmaler Band *Ich habe Deutschland gesehen,* der 1941 in Paris herausgekommen war, enthält Zeichnungen, die unter anderem eine Fabrikanlage zeigen, über der Sperrballons schweben. (Die Leipziger Frühjahrsmesse, von der dieser Reisebericht handelt, fand vom 2. bis 7. März 1941 statt.)

Leipzig an einem Samstagabend. Die hohen Häuserreihen ragen wie Geister in den nachtklaren Himmel. Zehntausende von Besuchern haben ihr Abzeichen »Leipziger Messe« bekommen. Die kleinen Kreise aus Galalith leuchten phosphoreszierend in der vollkommenen Dunkelheit der Straßen, so daß man die Scharen von Ansteckern schon von sehr weit sehen kann. Sie kommen und gehen, springend und hüpfend verraten sie die Gemütslage oder die Sorgen ihres Trägers. Ein beeindruckendes Schauspiel, Statisten im Kabarett des Nichts. Hier, der eilige Herr, das ist der kleine grünliche Kreis, der die Mauern entlanghuscht … Ach, und dort, der kleine Punkt, der jetzt zu sehen ist, verschwindet und wieder zu sehen ist … das ist ein Herr, der sich alle zwei Meter umdreht und gewiß eine Gattin schilt, die der Gruppe hinterherhinkt. Und dort jetzt, den ganzen Gehsteig entlang, zehn Lichter in einer Reihe, Glühwürmchenpizzicati vor nächtlichem Hintergrund, welche die Straße hinuntertanzen … eine Gruppe junger Männer und Frauen, die näher kommen und singend vorüberziehen … […]

*

[…] Zur selben Zeit sind, vom Nordkap bis zu den Pyrenäen, von Brest bis Konstanza, die Nachtjägerpiloten auf ihren Posten, die Flakscheinwerferhelfer an ihren Stellrädern. Von Zeit zu Zeit fegen sie mit ihrem riesigen Lichtkegel über den Leipziger Himmel. Die an den Horchgeräten lauschen ins

Dunkel der Nacht. Von einer auf die andere Sekunde feuern die Geschütze los, die in den Messerschmitt-109 stürzen sich mit fünfhundert Stundenkilometern auf die in den Blenheims oder den Lockheads. Auf beiden Seiten sind es wahrhafte Ritter, die sterben werden.

Drinnen im Saal, wo der Tabakrauch über die Tische zieht wie Herbstnebel auf feuchten Wiesen, geht das Leben weiter und sinnt auf neue Leben.

Denn eine Leipziger Nacht ersetzt die Verluste wieder, die den Schlachten, die man sich am Himmel liefern wird, anheimfallen ...

*

Ich kehre heim aus Deutschland. Einige Leute in meinem Bekanntenkreis befragen mich mit einem schelmisch-vergnügten Augenzwinkern:

»Na, die haben da ganz schön 'was abgekriegt in Berlin!«

»So?«

»Und in Köln erst! Die haben denen ganz schön eins übergebraten. Klare Sache, die Fabriken für synthetisches Benzin – die sind hin.«

Was diese französischen Fabelgeschichten anbelangt, möchte ich einmal einiges richtigstellen. In Leipzig oder Berlin bin ich vielleicht an den famosen Zerstörungen einfach vorbeigelaufen. Das ist möglich. Ich spreche von dem, was ich gesehen habe, schlicht und ehrlich.

Ich habe fast ganz Leipzig durchquert. Nicht die kleinste Spur von Bombardierungen. Nicht ein Fenster ohne Scheibe. Die Royal Air Force kam an Weihnachten und warf ein paar Bomben, die ein paar Häuser beschädigten, die seitdem wieder repariert sind. Das war der einzige Besuch, den die Einwohner der Stadt jemals bekommen haben.

Wir durchquerten Berlin in einem Bus, der für die Presse bereitgestellt worden war. Ja, ja! Festgelegte Reiseroute, Schminke und Puder, Propaganda, Bluff. Die Wahrheit ist: Der Bus wurde von einem Soldaten in Begleitung eines Unteroffiziers gesteuert. Weder der eine noch der andere kannten Berlin. Zwei Stunden lang irrten wir auf der Suche nach den A.E.G.-Werken durch die Stadt und die Vororte und mußten alle Naselang anhalten, um nach dem Weg zu fragen. Das war eine ziemliche Lachnummer! Wir fuhren durch Moabit, das durch die Bomben »schwer in Mitleidenschaft« gezogen sei, wie es in der englischen Propaganda hieß. Wir sahen nichts. Im Zentrum haben wir allerdings eine anderthalb Meter lange Schramme auf dem Brandenburger Tor gesichtet. Den Dresdner Bahnhof, der »dem Erdboden gleichgemacht« worden war, entdeckten wir auch und rieben uns die Augen, denn er sah, mit Verlaub, recht ordentlich aus. Auf der Eisenbahnstrecke durch das Saarland, Hessen und Thüringen sperrten sechshundert Franzosen die Augen auf und verrenkten sich auf der Suche nach Zerstörungen die Hälse. Sie sahen nichts. Wir sind alle zusammen und auch jeder für sich vielleicht ziemliche Dummköpfe, aber Tomaten auf den Augen haben wir nicht ... Vor ihnen zogen die zahllosen deutschen Städte vorüber, rauchende Fabriken. Tausende von Dörfern, und all dies völlig intakt, mitten in der Arbeit, fast hätte ich geschrieben: mitten im Frieden.

Die Franzosen sind schon außergewöhnlich, sie wollen um jeden Preis, daß die Wahrheit von einer Meinung abhängt. Sind Sie Gaullist? Dann hat die Royal Air Force Deutschland dem Erdboden gleichgemacht. Behaupten Sie das Gegenteil? Oh, wie deutschenfreundlich Sie doch sind! Nun, könnte der Krieg durch allgemeine Wahlen entschieden werden, hätten wir ihn schon lange gewonnen.

Ich werde trotz allem die »Anhänger« der Royal Air Force in Verlegenheit bringen. Persönlich halte ich die englischen Flieger wohlgemerkt für ehrenhafte und tapfere Leute. Nun zur Leipziger Messe. Deutschland hat in ganz Europa und in Übersee mächtig Werbung für diese Veranstaltung gemacht. Es möchte zeigen, daß trotz des Krieges das Leben auf deutschem Gebiet ganz normal weitergeht, daß der Handel floriert, daß die deutsche Politik des Austauschs Erfolg hat. Besucher aus aller Welt strömen nach Leipzig. Was für eine wunderbare Gelegenheit für die Royal Air Force, den

Gegner damit zu ärgern, einige Torpedos auf die Stadt und auf die Messehallen abzufeuern. Die ausländischen Besucher zu zwingen, in die Luftschutzräume zu rennen und die Nacht in den Kellern zu verbringen, was für ein weltweiter Reklamefeldzug für die englischen Streitkräfte!

Ganz im Ernst rechnete ich vom ersten Abend an mit dem Besuch der Royal Air Force. Die Messe schloß ihre Pforten, von der Royal Air Force aber keine Spur.

Es kommt noch besser. Goebbels eröffnete die Veranstaltung in Leipzig am 2. März vormittags um 11:30 Uhr! Wir waren zu dieser Feierlichkeit eingeladen, von der alle deutschen Zeitungen seit vierundzwanzig Stunden sprachen. Ich würde meinen, der Intelligence Service müßte zu etwas anderem dienen denn als reine Vorlage für Romanautoren… Ein kleiner Funkspruch über den heimlichen Sender, und am Tage T zur Stunde S bombardiert die Royal Air Force die große Halle, wo der kleine Doktor [Goebbels] seine Rede hält. Wir waren da, um die Rede zu hören, von der Royal Air Force aber keine Spur.

Selbst wenn der Reisende in den Aufgaben der Luftabwehr nicht sehr bewandert ist, kann er sehen, daß sich Deutschland eine Siegfried-Linie gegen Luftangriffe geschaffen hat. An überaus vielen friedlichen Orten, in Tausenden von unschuldigen Dörfern richten die Flakgeschütze ihre Salvenfeuer in den Himmel. Deutschland hat für den Aufbau einer Abwehr in der dritten Dimension die gleiche Energie, die gleiche Präzision angewandt wie für die Ausrüstung seines Heeres.

Und noch lange werde ich mich an dieses Schauspiel erinnern: Eines Abends, in Sichtweite einer großen Fabrik für synthetisches Benzin, irgendwo in Süddeutschland, sahen wir im Sonnenuntergang die Sperrballons aufsteigen. Sie tauchten aus verschiedensten Stellen im Erdboden auf, jeweils ein paar Meter voneinander entfernt, und zogen ihr tödliches Seil hinauf in die kalte Weite des Himmels.

## MARIE WASSILTSCHIKOW

Um in Deutschland, noch dazu im Kriegszustand, überleben zu können, mußte sich Marie Wassiltschikow eine Beschäftigung suchen. Aufgrund ihrer Mehrsprachigkeit konnte sie zunächst für den Drahtlosen Dienst des Reichsrundfunks tätig werden. Anschließend fand sie eine Anstellung im Auswärtigen Amt. Dort arbeitete Marie Wassiltschikow für die Informationsabteilung (Januar 1941 bis November 1944) bei Adam von Trott zu Solz. Ihr Chef war einer der Köpfe der Verschwörung, die in Claus Graf Schenk von Stauffenbergs mißlungenem Anschlag auf Adolf Hitler am 20. Juli 1944 gipfeln sollte.

### Berlin, 25. April 1941

Unsere Wohnung liegt in der Nähe des Zoobunkers, der gerade aus schwerem Eisenbeton gebaut worden ist. Er ist sehr hoch, mit Flakgeschützen bestückt und gilt als der sicherste Luftschutzkeller des Stadtteils. Wenn die Geschütze zu feuern anfangen, erzittert die Erde, und selbst in unserer Wohnung ist der Krach dann ohrenbetäubend.

### Berlin, 26. April 1941

Gestern wurden nur zwei Bomben abgeworfen, aber beide wogen je 500 Kilo. Wir haben eine Tür entdeckt, die auf einen Hinterhofgarten hinausführt. Sie könnte als Notausgang nützlich sein, falls uns der Weg durch Feuer versperrt wird. Allerdings ist der Garten auf allen Seiten von Mauern umgeben. Meine Gymnastikstunden erweisen sich dann vielleicht als nützlich, wenn ich in der Lage sein werde, über diese Mauern zu klettern.

**Berlin, 8. Mai 1941**

Fliegerangriff. Meine Angst vor ihnen wächst. Mein Herz schlägt schneller, sobald die Sirenen heulen. Josias [von] Rantzau neckt mich deswegen.

## HARRY FLANNERY
### Auftrag in Berlin

Harry Flannery wurde als Nachfolger für seinen Landsmann William Shirer von *CBS* nach Berlin entsandt. Von November 1940 bis September 1941 hielt er sich in Deutschland auf. Flannery heuerte Howard Smith an, der zunächst sein Assistent und dann sein Nachfolger wurde. Er durfte den Boxer Max Schmeling interviewen und den als englischer Zivilist zeitweise unter Arrest gestellten Schriftsteller P. G. Wodehouse. Sein Bericht *Auftrag in Berlin* erschien 1942 in London. Später veröffentlichte Harry Flannery noch ein weiteres Buch über das Land, das er im Krieg erlebt hatte: *Wohin, Deutschland?* (1968). – Die durch die Royal Air Force bedrohte Leipziger Herbstmesse, auf die Flannery am Ende seines Berichts zu sprechen kommt (und deren Vorgänger-Veranstaltung Marc Augier besucht hatte), wurde vom 31. August bis 4. September 1941 durchgeführt. Der US-amerikanische Flugpionier Charles Lindbergh, in dessen Wohnung Flannery ein Gespräch über die militärisch-politische Lage führte, hatte sich vor dem Krieg mehrfach in Deutschland aufgehalten. In den USA vertrat Lindbergh die Ansicht, sein Land solle sich aus dem Konflikt in Europa heraushalten.

Während meiner letzten beiden Monate in Deutschland habe ich in der Hauptsache versucht, zweierlei herauszufinden: das Ausmaß der Bombenschäden im Reich und die Reaktion der Menschen auf den Krieg.

Überall trug ich die Ansicht vor, der Krieg könne höchstens noch zwei weitere Winter dauern. Ich äußerte diese Ansicht in der Unterhaltung mit Beamten der Ministerien nach den Pressekonferenzen, beim Plausch mit den Zensoren in den Rundfunkstationen, beim Cocktail in den Häusern der Reichen, in der Wohnung Lindberghs am Spreeufer und in einer anderen am Kurfürstendamm, bei mittelständischen Familien, in Restaurants, in Zügen, auf Schiffen und in Kaufhäusern.

Überall die gleiche Reaktion.

»Zwei Jahre?« fragten alle. »Ausgeschlossen. Dieser Krieg dauert noch mindestens fünf Jahre oder länger.« [...]

Keiner zweifelte daran, daß Deutschland auf einen langen Krieg vorbereitet sei, daß man große Vorräte an Getreide und Konserven angelegt habe und daß der europäische Kontinent über genug Ressourcen verfügte, um den Nachschub an Rüstungsgütern und Munition sicherzustellen. Im Herbst 1941 fühlte sich Deutschland gerüstet für einen Krieg, der fünf Jahre oder länger dauern mochte.

Davon waren die Deutschen in Berlin, Hamburg, Leipzig, Dresden, Frankfurt am Main, Köln, Wiesbaden, Heidelberg, Mannheim und in anderen Städten, wo ich während meiner letzten Monate mit Menschen sprach, überzeugt. [...]

Eine meiner ersten Reisen führte mich nach Leipzig, während dort die Messe stattfand. Die RAF hatte die Stadt während der vorjährigen Messe jede Nacht bombardiert, aber seitdem hatte es kaum Angriffe gegeben. Ich würde also wenig Gelegenheit haben, Bombenschäden zu besichtigen, aber zur Messe, der größten in Deutschland, würden Menschen aus allen Teilen des Reichs zusammenströmen.

Trotz des Krieges war Leipzig voller Menschen; die Bürgersteige quollen von ihnen über, so daß Lastwagen, Autos und Fahrräder gezwungen waren, sich unter ständigem Hupen und Klingeln ihren Weg durch die Massen zu bahnen. An diesem Abend mußte ich zehn Lokale abklappern, ehe ich einen Platz fand und etwas zu essen bekam. Die Stadt glich einem Irrenhaus.

Die Messe war ein einziger Schwindel. Die Exponate, die eine große Halle und eine Reihe weiterer Gebäude füllten und die aus Deutschland und den versklavten Staaten kamen, bildeten nichts weiter als ein eitles Sammelsurium von Erzeugnissen, die allesamt aus der Zeit vor Kriegsbeginn stammten. Zwei südamerikanische Länder tauchten im Katalog auf, Chile und Brasilien. Die meisten Leute drängten sich um die Kaffeekrüge im brasilianischen Ausstellungsraum, wo das Personal Bestellungen für »nach dem Krieg« entgegennahm. Auf dem Augustusplatz konnte man an Verkaufsständen aus Zelttuch Rasierklingen, Haarwickler, Vitamintabletten, Schnürsenkel und Gummiband kaufen – alles Dinge, die in Geschäften normalerweise nicht zu bekommen waren. Nicht weit entfernt standen Flugzeuge, Erste-Hilfe-Zelte und Sanitätswaggons des Roten Kreuzes; diese Exponate hatte man offenbar wegen der Kriegsverluste im Rußlandfeldzug aufgenommen. Am interessantesten waren die Sanitätswaggons, der eine, ein umgerüsteter Güterwagen, vollgestopft mit Tragen, wurde als französisch vorgestellt, der andere, eine umgerüstete Art von Salonwagen, elegant ausgerüstet mit bequemen Liegen, fließendem Wasser und jeder anderen denkbaren Annehmlichkeit, war angeblich die deutsche Version.

Die Einwohner von Leipzig, provinzieller als die von Berlin, wo es von Fremdarbeitern wimmelt, standen an den Straßenecken und glotzten.

## HOWARD SMITH
## Abschied von Walhalla

Howard Smith aus Louisiana hatte in Oxford und zeitweise in Heidelberg studiert. Als Mitarbeiter von *United Press* in London (1939) wurde er über Kopenhagen nach Berlin geschickt. Am 1. Januar 1940 traf er in der deutschen Hauptstadt ein. Er hielt sich fast zwei Jahre dort auf. Im Frühjahr

1941 wechselte Smith von *United Press* zu *CBS.* Er wurde der Assistent von Harry Flannery, dessen Nachfolge er antrat, als dieser in die USA zurückkehrte. Howard Smith erkannte, daß der Überfall auf die Sowjetunion bevorstand, als russische Bücher aus den Auslagen der Berliner Buchhandlungen verschwanden. Der genaue Beobachter gestand jedoch später ein, daß er zu Beginn seiner Korrespondentenlaufbahn beinahe aufgegeben hätte: Denn als er im Frühling 1940 in Berlin Soldaten in der Uniform der Gebirgsjäger gesehen hatte, war er nicht auf die Idee gekommen, daß eine Invasion Norwegens bevorstand. Für den Gemütszustand der Journalisten, die aus der siegessicheren Diktatur zu berichten hatten, prägte Smith den Begriff des »Berlin Blues«. Denn ihre Arbeitsbedingungen waren durch Druck, Einschüchterungen und Drohungen bestimmt. Als William Shirers Tagebuch über dessen Zeit in Deutschland erschienen war, wurden die Maßnahmen verschärft. So tauchte die Gestapo in Smiths Büro auf und durchsuchte seine Wohnung, ehe man ihm im November 1941 schließlich die Arbeitserlaubnis entzog. Am 6. Dezember 1941, ein Jahr nach Shirer, reiste Howard Smith im Nachtzug in die Schweiz aus. Er hatte das Glück, buchstäblich mit dem »letzten Zug« zu entkommen, bevor er (wie zum Beispiel sein Kollege Louis Lochner) als Journalist einer verfeindeten Nation, der Adolf Hitler den Krieg erklärte, festgesetzt worden wäre. Anders als Shirer veröffentlichte Smith kein Tagebuch. Da er keine Aufzeichnungen aus Deutschland ausführen konnte, faßte er seine Erfahrungen unmittelbar nach der Ausreise zusammen. 1942 geschrieben, erschien sein Buch *Letzter Zug aus Berlin* noch im selben Jahr. Im Gegensatz zu seinem Vorgänger war Smith bemüht, nicht zu verallgemeinern. Er unterscheidet zwischen *den* Deutschen und deutschen Nazis. Einzelne Kapitel seines Buches wurden übersetzt und in Form von Broschüren über den besetzten Gebieten abgeworfen. Der davongekommene Korrespondent blieb während des Krieges in der Schweiz und sendete aus Bern. Im Mai 1945 kehrte er zurück nach Berlin – zur deutschen Kapitulation. Nach dem Krieg trat

Howard Smith die Nachfolge von Edward Murrow in London an (1946). Später wechselte er das Medium und wurde zu einem bekannten Fernsehjournalisten. Er moderierte das erste »TV-Duell« der Präsidentschaftskandidaten (Kennedy gegen Nixon, 1960). Von 1962 an war er *News Anchor* bei *ABC*. – In seinen Memoiren, *Ereignisse, die zu meinem Tod führen,* erinnert sich Howard Smith, daß ihm in Berlin (im Herbst 1940) ein Luftangriff vorgekommen sei wie »ein Licht in der Dunkelheit«. Als englische Flugzeuge Bomben abwarfen, habe er Unter den Linden ausgerufen: »Mehr davon! Größere!«

Ich hätte es nie für möglich gehalten, daß ein Land in so kurzer Zeit auf allen Gebieten zu Schrott werden kann.

Einzig und allein ihre Kanonen sind kein Schrott, sie sind eindrucksvoll und bedrohlich. In Berlin sieht man jetzt auch viel mehr von ihnen als früher, vornehmlich auf den Gebäudedächern im Zentrum und auf freiem Feld in den Vororten. Die größten und eindrucksvollsten stehen nur 200 Meter vom Theaterzentrum am Kurfürstendamm entfernt im ausgedehnten Tiergarten. Es sind Flugabwehrkanonen (Flak genannt), und sie sind auf einem Gefechtsturm montiert, der für sich schon wie ein phantastisches Ungeheuer aus einer versunkenen Welt oder von einem anderen Planeten aussieht. Dieser Turm ist ein riesiges Ding, dessen bloßer Anblick einen in Angst und Schrecken versetzt. (Die Nazis hören solche Beschreibungen gern, sie sind Spezialisten für Horror-Propaganda. Aber die Welt ist heute über den Punkt hinweg, wo sie durch etwas, was die Nazis tun oder erschaffen, noch durchschlagend erschreckt werden kann.) Er ist ein riesiger viereckiger Zementklotz, rund dreißig Meter, also fünf bis sechs Stockwerke hoch. Er ist grün angemalt, damit er zwischen den Bäumen von oben nicht allzu deutlich zu erkennen ist. An jeder seiner Ecken reckt sich ein langes, mächtiges Geschützrohr in den Himmel. Diese Flaks werden von einem zweiten Turm aus ferngesteuert, der etwa 100 Meter weiter im Wald steht; er trägt ein großes Radar-

»Ohr«, das das Aussehen eines Fischernetzes und die Ausdehnung eines großen Bombenkraters hat. Und der Krach, wenn dieses Monstrum bei einem Luftangriff in Aktion tritt! In meiner Wohnung, die einen knappen Kilometer entfernt liegt, hört sich das an, als würden alle vier Kanonen direkt auf mein Fenster zielen. Im letzten Sommer, als sie bei einem Luftangriff Premiere hatten, suchte ich zum ersten Mal einen deutschen Luftschutzkeller auf, denn ich hatte offen gestanden die Hosen voll. Meine Fenster erzitterten, als ob sie zerspringen würden, und der Fußboden unter mir bebte unablässig, als alle vier Flaks gleichzeitig in den Himmel fauchten. Später gingen sie zu Einzelfeuer über – ein nicht enden wollendes Sperrfeuer, das nach Aussagen eines Soldaten, der in Frankreich gekämpft hatte, stärker an den Nerven zerrte und härter aufs Trommelfell schlug als alles, was er an der Front mitgemacht hatte. Gegen die Bomben hatte ich gar nichts, jede einzelne von ihnen wertete ich als ein persönliches Geschenk von den Tommies. Aber die Geschütze waren mir zuviel. Auch merkte ich nach zehn Minuten, daß ich es nicht im Keller aushielt, denn die Nachbarn reagierten schon damals gegenüber Amerika und den Amerikanern mit Bitterkeit. So stopfte ich mir Watte in die Ohren und setzte mich in meinen Flur.

In anderen Teilen Berlins werden noch mehr derartige Türme gebaut. Auch aus dem alten Reichstagsgebäude haben sie einen gemacht, indem sie die Eckpartien auf dem Dach verstärkt und Geschütze darauf montiert haben. Die Nazis rechnen noch mit einem längeren Feuerwerk, bevor das Stück zu Ende geht; und da ihnen klar ist, wie solch ein Feuerwerk auf ihr eigenes Volk wirkt, arbeiten sie Tag und Nacht daran, Berlin verteidigungsbereit zu machen.

So haben sie das riesenhafteste Tarnunternehmen aller Zeiten begonnen und überall in der Stadt die großen Objekte abgedeckt, die aus der Luft zu deutlich ins Auge fallen. Das augenfälligste Objekt ist die »Ost-West-Achse«, eine acht Kilometer lange, fast hundert Meter breite Straße, die sich vom Brandenburger Tor im Zentrum bis zum Adolf-

Hitler-Platz [heute: Theodor-Heuss-Platz] erstreckt, wo der Rundfunksender mit meinem Büro liegt. Letztes Frühjahr begannen sie, die ganze Straße mit weitgespannten Tarnnetzen aus Maschendraht zu überdachen, in die sie in bestimmten Abständen grüne Stoffetzen hineinflochten, die wie kleine Bäume aussehen sollten. Die große Siegessäule mitten auf dieser Achse, ein Denkmal für den Sieg im deutsch-französischen Krieg von 1870/71, wurde mit Netzen überspannt, und der goldglänzende Siegesengel auf ihrer Spitze, der in einer mondhellen Nacht wie ein Leuchtfeuer strahlt, wurde mit Bronzefarbe angemalt, so daß er kein Licht mehr reflektieren konnte. Am anderen Ende der Achse wurde auch der Sender grün überzogen, bis auf einen grauen Streifen Netzgeflecht genau in der Gebäudemitte, der aus der Luft wie eine Asphaltstraße aussehen sollte. Mit Nazi-Gründlichkeit deckten sie sogar einen ganzen See im Westen Berlins [den Lietzensee in Charlottenburg] mit grünen Netzen ab und legten diagonal darüber ebenfalls eine graue, künstliche Straße. Das war alles sehr hübsch und schlau ausgedacht. Bis die ersten Winterstürme einsetzten, die – wie die meisten Unglücksboten, die dieser Tage die Deutschen heimsuchen – direkt aus den Steppen Rußlands kamen. Der erste Windstoß riß klaffende Löcher in die Tarnnetze und wehte die falschen Bäume von den Straßenlaternen; für den Rest des Winters hingen sie im Tiergarten als formlose Klumpen aus Stoff und Draht in den Ästen der Bäume. Die Nazis müssen nun für teures Geld die ganze Aktion von vorn beginnen.

Im vergangenen Jahr ist Berlin wahrscheinlich zu der am besten gegen Luftangriffe verteidigten Stadt auf der ganzen Welt geworden. Ich nehme kaum an, daß in und um London so viele Flak-Batterien aufgestellt sind wie in Berlin. In klaren Nächten konnte ich vom Dach des hohen Columbus-Hauses am Potsdamer Platz den Anflug der britischen Bomber beobachten. Je näher sie kamen, desto mehr Suchscheinwerfer tasteten den Himmel ab, und die nadelfeinen Blitze von explodierenden Granaten zuckten nicht mehr zu Dutzenden, sondern zu Hunderten durch die Luft. An einem kleinen Horizontausschnitt zählte ich 75 Lichtbündel: 75 Suchscheinwerfer und viele Hunderte Flaks allein in diesem kleinen Sektor. Um Berlin herum müssen folglich Tausende von solchen Geschützen stationiert sein. Ein Offizier, der in einer der Flak-Stellungen im Berliner Raum eingesetzt war, meinte eines Tages zu mir, die ganze Gegend sei mit viel zuviel Feuerkraft ausgestattet, hier würden die Geschütze schlicht verschwendet. Als ich ihn nach den Gründen fragte, meinte er, im Gegensatz zum deutschen Volk, das zu den uninformiertesten Völkern der Welt gehöre, sei die deutsche Führung ganz sicher diejenige, die am besten über ihr eigenes Volk informiert ist. Diese Verschwendung müsse man im Zusammenhang mit der Volksstimmung sehen. Die Deutschen würden so etwas wie den Londoner Blitz einfach nicht durchstehen, und die Nazis hätten Angst davor. Ich glaube es ihm. Genau dasselbe habe ich von vielen Deutschen gehört. Und nach allem, was ich gesehen habe, kann ich es nur bestätigen. Man kann es ihnen auf der Straße ansehen, heute deutlicher als je zuvor: Sie würden es einfach nicht durchstehen, wenn der Große Blitz käme.

## ARVI KIVIMAA
## Dichterreise durch Deutschland

Der finnische Schriftsteller Arvi Kivimaa nahm teil an einer von den Nazis organisierten Rundfahrt, die in einem Schriftstellerkongreß im Oktober 1941 in Weimar gipfelte. Ein Jahr später fand eine zweite Herbstreise statt (bei der unter anderem der Franzose André Thérive mit von der Partie war). Seit ihrem Überfall auf die Sowjetunion betrieben die Nazis eine kulturelle Außenpolitik, die dem Ziel diente, ein Europa unter nationalsozialistischer Führung gegen den »Bolschewismus« in Stellung zu bringen. Die deutsche Übersetzung von Kivimaas *Europäischer Dichterreise durch Deutschland* erschien im Jahr 1944, als diese aufwendigen Propaganda-Projekte längst eingestellt waren. Kivimaas ideologisch gefärbter Text enthält nur wenige Passagen, die über die Wirklichkeit im Dritten Reich im Herbst 1941 konkret Aufschluß geben. Immerhin bemerkt der Finne in Weimar die Zeichen des Krieges. Als Sympathisant versucht er, sie künstlerisch zu bewältigen.

Der Krieg hat einstweilen die Pilgerfahrten der europäischen Völker nach dem grünenden Park an der Ilm, Goethes eigenstem Reich, abgeschlossen. Um Goethes Gartenhaus ist es stille an diesem Novembersonntag, an dem ich in Gesellschaft seines finnischen Interpreten und geistigen Waffenbruders V[eikko] A[ntero] Koskenniemi zu den Pforten dieses Hauses hinaustrete. Die von Goethe gepflanzten Kastanien rauschen im melancholischen Herbstregen, der leise auf den von herabgefallenen Blättern bedeckten Rasen tropft. Auf der anderen Seite des arkadischen Gefildes dieses Parkes hat ein Bombensplitter eine mächtige Buche gefällt: Noch vor wenigen Jahren schickte man aus dem Lande Shakespeares Lorbeerkränze und keine Brisanzbomben zur Ehrung von Goethes Gedächtnis.

# 1942

## GALEAZZO CIANO
### Tagebuch

Im Sommer 1942 drangen deutsche und italienische Verbände in Richtung Kaukasus vor. Die Luftwaffe bombardierte Stalingrad. Während die Schlacht an der Wolga die Wende des Krieges bedeutete, wurde Galeazzo Ciano als Botschafter Italiens zum Vatikan abgeschoben (Februar 1943). Als der faschistische Großrat Mussolini absetzte (Juli 1943), sprach sich auch Ciano gegen ihn aus. Nachdem die Deutschen den *Duce* jedoch befreit und wieder eingesetzt hatten, wurde Ciano gefangengenommen (September 1943). Auf Geheiß seines Schwiegervaters hat man ihn nach einem Schauprozeß hingerichtet (Januar 1944).

### 1. Mai 1942

Man sieht keine kräftigen Männer mehr in den deutschen Städten und Straßen, nur Frauen, Kinder und Greise. Oder Fremdarbeiter, Leibeigene. [...]

Die englische Luftwaffe teilt schwere Schläge aus. Rostock und Lübeck sind buchstäblich dem Erdboden gleichgemacht worden. Köln ist schwer getroffen worden. Die Deutschen antworten und greifen die englischen Städte an, aber weniger heftig. Das beruhigt die deutsche Bevölkerung nur teilweise, denn sie war daran gewöhnt, nur Schläge auszuteilen und keine einzustecken. Das führt viele dazu, nachdem sie halb Europa verwüstet haben, über die englische Brutalität zu jammern, die viele unschuldige preußische Familien ihres Heims beraubt. Und was schlimmer ist, sie sind guten Glaubens, wenn sie das sagen.

## LOUIS LOCHNER
## Was ist los mit Deutschland?

Als Nachfahre deutscher Auswanderer in einer deutschsprachigen Umgebung in Milwaukee (Wisconsin) aufgewachsen, berichtete Louis Lochner zwei Jahrzehnte lang als Korrespondent aus Deutschland. Bereits 1924 war er bei *Associated Press* in Berlin beschäftigt, schon vor der Machtübernahme interviewte er Adolf Hitler. 1939 erhielt er den Pulitzerpreis für seine Auslandsreportagen aus Berlin. Daß seine Arbeit nicht einfach war, läßt sich dem Tagebuch von Joseph Goebbels entnehmen. Am 2. Juni 1940 notierte der Propagandaminister: »Ich lasse Lochner ernsthaft verwarnen.« Anders als sein Kollege Howard Smith konnte Louis Lochner nicht rechtzeitig vor Hitlers Kriegserklärung an die USA das Land verlassen. Im Dezember 1941 wurden die US-amerikanischen Korrespondenten unter Hausarrest gestellt. Fünf Monate lang war Lochner in Bad Nauheim (bei Frankfurt) interniert. Im Mai 1942 schließlich hat man ihn zusammen mit den übrigen Journalisten im Austausch gegen Deutsche aus den USA freigelassen. Als Lochner und seine Kollegen nach ihrer Freilassung Erklärungen abgaben, ärgerte sich Joseph Goebbels (am 19. Mai 1942) wie folgt: »Bei den amerikanischen Journalisten benimmt sich besonders gemein der *United-Press*-Vertreter Lochner. Er polemisiert vor allem gegen die deutsche Propaganda und nimmt mich persönlich aufs Korn. Ich habe niemals viel von Lochner gehalten. Er ist bei uns ein wenig stark hofiert worden. Was dabei im Ernstfall herauskommt, das sieht man hier.« *Was ist los mit Deutschland?* Diese Frage hörte der Zurückgekehrte in Amerika häufig. Sein gleichnamiges Buch erschien im November 1942. Im Ersten Weltkrieg hatte Lochner als Pazifist gegen die Kriegsbeteiligung seines Landes gekämpft, nun stand auf dem Umschlag: »Hitler muß besiegt werden, Hitler kann besiegt werden, Hitler wird besiegt werden!« Fortan berichtete Lochner von der anderen Seite: Als Kriegskorrespondent ging er mit den alliierten Truppen nach Deutschland zurück. Nach dem Krieg wurde Louis Lochner Deutschland-Spezialist im US-Außenministerium. In seinen Erinnerungen, *Stets das Unerwartete* (1955), blickte er auf seine Erfahrungen als Auslandskorrespondent zurück. Im Alter zog Lochner nach Wiesbaden, wo er 1975 verstarb.

In Berlin habe ich beobachtet, wie sich Luftangriffe auf die Produktion in dieser riesigen Stadt auswirken. Nehmen wir bloß etwas so Nebensächliches wie das Schild am Tor einer Uniformfabrik: »Von 8 bis 17 Uhr geöffnet, außer nach Luftangriffen, wo wir eine Stunde später öffnen.« Sie können sich selbst ausrechnen, was in einer Stadt mit über viereinhalb Millionen Einwohnern, in der es von kriegswichtigen Betrieben nur so wimmelt, bereits der Verlust einer einzigen Stunde für die Kriegsproduktion ausmacht.

Mehr noch weiß ich aus persönlicher Erfahrung, wie »ausgelaugt« wir nach einem Nachtangriff waren. Am nächsten Tag arbeiteten wir im Schneckentempo. Wir fühlten uns schläfrig, träge. Es fehlte uns an Energie und Initiative. Der Leiter einer großen Fabrik für Präzisionsinstrumente erzählte mir, nach jedem Luftangriff könne man den folgenden Arbeitstag praktisch vergessen, da die Männer außerstande seien, genaue Berechnungen durchzuführen.

Wir, die wir in Berlin lebten, konnten nie die auftrumpfenden Versicherungen des regierungsamtlichen Sprechers akzeptieren, der Luftangriff der RAF habe nur geringen Schaden angerichtet. Wir wußten, daß zumindest die Produktion wirksam beeinträchtigt worden war. Wir konnten damals nicht verstehen, warum die Briten so selten kamen und warum sie ihre Besuche nicht »bündelten«, statt jeweils vor ihrem neuerlichen Auftauchen mehrere Tage verstreichen zu lassen, in denen die Berliner versäumten Schlaf nachholen konnten. [...]

Was die sechs Millionen Fremdarbeiter betrifft, die – egal, ob Kriegsgefangene oder Zivilisten – mehr oder weniger Zwangsarbeiter sind, so arbeiten sie natürlich allesamt, Männer wie Frauen, ohne jede Begeisterung für die Sache der Nazis. Alle sehnen inständig die Stunde ihrer Befreiung herbei. Alle streuen mit Vergnügen Sand ins Getriebe der Nazi-Maschinerie, soweit das ohne große Gefahr für sie selbst geschehen kann. Nach einem »Störangriff« ist es für sie natürlich leicht, ihrem Nazi-Arbeitgeber plausibel zu machen, warum sie mit ihrer Tagesproduktion den Erwartungen einfach nicht genügen konnten. Niemand wird sie der Sabotage verdächtigen. Es ist geradezu unheimlich, wie schnell sich Untergrundinformationen verbreiten, und wenn die »Störangriffe« erst einmal regelmäßig stattfinden, werden die Fremdarbeiter zweifellos aus eigenem Antrieb ihre Leistungskurve mehr und mehr absenken und damit die Kriegsanstrengungen der Vereinten Nationen unterstützen.

Die Politik der verbrannten Erde, die von den Russen so erfolgreich angewandt wird, muß ihr Gegenstück in einer Politik der unablässigen »Störangriffe« auf die Hitlersche Kriegsmaschinerie finden, jetzt, da die Vorbereitungen für den mit Sicherheit zu erwartenden Generalangriff auf den von den Nazis beherrschten europäischen Kontinent getroffen werden.

Nach den Beobachtungen, die ich in Deutschland gemacht habe, ist es nicht nötig, mit der »zweiten Front« zu warten, bis die Vereinten Nationen in der Lage sind, auf den europäischen Kontinent vorzudringen. »Front« stellt in der modernen Kriegsführung nichts mit Händen zu Greifendes dar. Die »Front« ist überall.

Persönlich glaube ich, daß es in diesem Stadium ebenso wichtig ist, Hitler die Reserven, die ihm noch bleiben, in der

Abwehr von Störangriffen verbrauchen zu lassen, wie tatsächlich die Hürde der gewaltigen »Siegfried-Linie« zu nehmen, die mittlerweile das umfassende System der atlantischen Küstenbefestigungen in den besetzten Ländern mit einschließt.

Hitler leidet Mangel an Benzin, Öl und Transportmitteln, um nur einige seiner Bauchschmerzen zu nennen. Jeder »Störangriff« auf deutsches Gebiet zwingt ihn, seine Flugzeuge aufsteigen zu lassen, um den Preis großer Mengen von Kraftstoff und Öl, wie jeder Luftfahrtexperte bestätigen kann. Jede Bombe, die auf Lokschuppen oder Eisenbahnknotenpunkte fällt, ist den dringend benötigten Transporteinrichtungen des Reichs abträglich. Jede erfolgreiche Störung des Eisenbahnverkehrs bedeutet wiederum, daß wichtige Güter mit Lastwagen statt auf der Schiene transportiert werden müssen – und abermals wird weit mehr Kraftstoff und Öl verbraucht als geplant.

In diesem Zusammenhang könnte sich die Überraschungstaktik, die Hitler selbst bevorzugt, sehr vorteilhaft auswirken. Es wäre keine schlechte Idee, einige Tage lang Bomber an die abwegigsten Orte zu schicken, damit Hitler gezwungen ist, Ausrüstungen und Mannschaften dorthin zu verlegen und seine Reserven an Menschen und Material zu strapazieren.

## CURZIO MALAPARTE
### Kaputt

Der Sohn eines deutschen Vaters und einer italienischen Mutter, der eigentlich Kurt Erich Suckert hieß, hatte sich 1914 auf französischer Seite als Freiwilliger gemeldet. Kurzzeitig Diplomat, betätigte er sich in den zwanziger Jahren als Journalist. Unter seinem Pseudonym Curzio Malaparte (»der schlechte Teil«, im Gegensatz zu *Bona*parte: »der gute Teil«) wurde er zu einem der wichtigsten Schriftsteller der italienischen Moderne. Malapartes Verhältnis zum Faschismus war wechselhaft und kompliziert. Noch vor Mussolinis Machtergreifung in die Partei eingetreten (1922), verließ er diese nach einigen Jahren wieder (1931). Der Teilnehmer am »Marsch auf Rom«, der diese Beteiligung später bestritt, wurde zeitweise sogar verbannt (1933–1934 nach Lipari), auf Fürsprache von Galeazzo Ciano jedoch wieder begnadigt. Als Korrespondent des *Corriere della Sera* berichtete Malaparte vom Rußlandfeldzug. (Seine Reportagen erschienen gesammelt unter dem Titel *Die Wolga entspringt in Europa,* 1943). Fünf Jahre lang war er zwischen zahlreichen Schauplätzen des Zweiten Weltkrieges unterwegs. Gegen Ende wurde Malaparte Verbindungsoffizier der US-Streitkräfte. Nach dem Sturz der faschistischen Regierung in Italien veröffentlichte er 1944 in Neapel sein Buch *Kaputt.* (1949 folgte, gewissermaßen als Fortsetzung, *Die Haut,* worin er die Befreiung von Neapel darstellt.) Schon der deutsch-hebräische Titel (kaputt/*kapparoth,* Opfer) deutet an, daß hier grelle Schock- und Kontrasteffekte erzielt werden. Im Sinne von Boccaccios *Decamerone* verortet Malaparte eine Reihe von Erzählungen aus dem Krieg in einer Rahmenhandlung, welche die Elite des kriegführenden Nazi-Reiches in Szene setzen. So findet die Schilderung eines Luftangriffs auf Neapel ausgerechnet in Gegenwart einer Prinzessin von Preußen im ebenfalls von Bombardements betroffenen Potsdam statt. Dokumentation und Erfindung sind bei diesem Autor, dessen künstlerische Stilisierung sich auch auf sein eigenes Leben erstreckte, kaum voneinander zu unterscheiden. So soll sogar die Redaktion des *Corriere della Sera* zu einem bestimmten Zeitpunkt davor gewarnt worden sein, Artikel von Malaparte über die Kämpfe an der Ostfront zu veröffentlichen, da der Verfasser eigentlich gerade auf der Insel Capri sei. Luise von Preußen, Großnichte des letzten deutschen Kaisers, Wilhelms II., erinnert sich jedoch tatsächlich an die Begegnung mit dem schillernden Italiener in Potsdam, den ihre Freundin, die Modephotographin Ilse Reyer, ihr vorgestellt hatte und der damals angab, er sei auf dem Weg nach Finnland. – Die Art und Weise, wie in Malapartes Geschichte ein Vater seinem Sohn die

Schrecken des Bombenkrieges zu ersparen versucht, machte Roberto Benigni zur Grundidee seines Films *Das Leben ist schön* (1997). Malapartes Villa auf Capri (ab 1938 erbaut), in der er *Kaputt* vollendete, bildet die Szenerie von Jean-Luc Godards Film *Die Verachtung* (1963).

Prinzessin Luise von Preußen, Großnichte *Kaiser** Wilhelms II. – ihr Vater war Prinz Joachim von Hohenzollern, ein vor einigen Jahren verstorbener jüngerer Bruder des Kronprinzen –, wollte mich diesen Abend mit Ilse am Bahnhof in Potsdam erwarten. »Wir kommen von Lietzensee mit dem Rad hinüber«, hatte mir Ilse am Telefon gesagt.

Es war ein feuchtwarmer Frühlingsabend. Als ich aus dem Berliner Zug stieg, streute ein leichter Regen silbrigen Staub in die grüne Luft. Die Häuser auf der anderen Seite des Platzes schienen aus Aluminium zu sein. Soldaten und Offiziere standen in Gruppen auf den Gehsteigen vor dem Bahnhofsgebäude.

Während ich ein Propagandaplakat der *Leibstandarte** Adolf Hitler betrachtete, das in der Schalterhalle des Bahnhofs aushing – das Plakat zeigte zwei SS-Männer mit Maschinenpistolen: das nordische Gesicht glatt und kantig, die Stirn durch den großen Stahlhelm verdeckt, ein kaltes, grausames Licht in den grauen Augen, so standen sie scharf abgesetzt gegen eine Landschaft brennender Häuser, verkohlter Baumgerippe und bis zu den Achsen im Schlamm versunkener Kanonen –, fühlte ich eine Hand sich auf meinen Arm legen. »Guten Abend«, sagte Ilse. Ihre Wangen waren von der Anstrengung der Radfahrt gerötet, die blonden Haare vom Wind zerzaust. »Luise wartet draußen auf uns«, sagte sie, »und hütet die Räder.« Sie lachte und setzte hinzu: »She's very sad, poor child, be nice to her.«

Luise hatte die beiden Räder an einen Laternenpfahl gelehnt, ihre eine Hand ruhte auf der Lenkstange, während sie uns erwartete. »Comment allez-vous?« fragte sie mich in jenem besonderen harten und zaghaften Potsdamer Französisch. Sie sah mich von unten her an, lächelnd, den Kopf leicht auf die Schulter geneigt. Sie fragte mich, ob ich vielleicht eine Stecknadel bei mir hätte. Oh, ich hatte nicht einmal eine Stecknadel? »In ganz Deutschland ist kaum mehr eine Nadel zu bekommen«, sagte sie lachend. Sie hatte einen kaum sichtbaren Riß in den Rock bekommen und schien sehr bekümmert über diesen kleinen Unfall. Sie trug, in den Nacken geschoben, ein grünes Tiroler Filzhütchen, einen Rock aus tabakfarbenem Tweed; eine leichte Lederweste von männlichem Zuschnitt lag eng um ihren Busen und ließ die schlanke Taille, die weich geschwungene Hüfte in Erscheinung treten. Sie trug kurze Söckchen, die Beine waren nackt. Es freute sie, mich wiederzusehen. Weshalb wollte ich nicht mit ihnen nach Lietzensee hinüberfahren? Sie würde sich bestimmt irgendwo ein Fahrrad für mich ausleihen können. Ich könnte im Schloß übernachten. Es war mir unmöglich, ich mußte am nächsten Morgen nach Riga und Helsinki weiterfahren. Ob ich die Abreise nicht verschieben könne? Es sei sehr schön in Lietzensee, es sei nicht eigentlich ein Schloß, sondern ein altes Landhaus, von schönen Wäldern umgeben. Ganze Familien von Hirschen und Damwild gebe es in den Lietzenseer Forsten, die Natur sei sehr schön dort, sehr unberührt.

Wir machten uns auf den Weg in die Stadt hinein, ich ging neben Luise her, die ihr Rad führte. Es hatte aufgehört zu regnen, der Abend war mild und klar und mondlos. Mir war, als ginge ich neben einem Mädchen durch die Vorstadtstraßen meiner Heimatstadt, mir war, als sei ich wieder ein Junge, wieder in Prato, wenn abends die Arbeiterinnen aus den Fabriken kamen und ich auf Bianca wartete, draußen vor der Porta del Serraglio, um, das Rad führend, sie nach Hause zu begleiten. Es war schmutzig auf dem Pflaster, und Luise schritt aus, ohne auf den Schmutz achtzugeben, sie lief mitten durch die Pfützen, gerade so, wie es die Fabrikmädchen meiner Heimatstadt tun, genau wie es Bianca machte. Die ersten Sterne zeigten sich blaß und fern an dem noch leicht beschlagenen Himmel, die Vögel machten im Geäst der Bäume einen süßen, fröhlichen Lärm, die Stimme des

Flusses flatterte im Hintergrund der Straße wie ein großes Zelt im Wind. Auf der Brücke blieben wir stehen, wir beugten uns über das Geländer und schauten ins Wasser hinab. Ein Boot mit zwei Soldaten glitt in diesem Augenblick unter den Bogen hindurch, sie ließen sich von der Strömung treiben. Luise, an das Marmorgeländer gelehnt, sah sinnend dem Wasser nach, das ruhig und träge zwischen den grasbewachsenen Uferdämmen dahinfloß. Sie beugte sich über die Brustwehr, indem sie sich auf die Zehenspitzen stellte, genauso wie es Bianca machte, um auf der Mercatalebrücke das Wasser des Bisenzio die hohe rote Mauer entlanggleiten zu sehen, welche die Stadt umschließt. Ich kaufte eine Tüte Lupinen- oder Kürbiskerne, und Bianca vergnügte sich damit, die Schalen in den Fluß zu spucken.

»Wenn wir in Italien wären«, sagte ich, »würde ich Ihnen für zwei Fünfer Lupinen- oder Kürbiskerne kaufen. Aber nicht einmal ein Kürbiskern ist in Deutschland zu haben. Mögen Sie Lupinen, Luise, und gesalzene Kürbiskerne?«

»Als ich in Florenz war, kaufte ich alle Tage eine Tüte Kürbiskerne an der Ecke der Via Tornabuoni. All das kommt mir heute vor wie ein Märchen.« [...]

Wir hatten inzwischen das Restaurant erreicht, das nicht sehr weit von der Brücke abliegt, und traten ein. Der Saal war voller Leute. Wir setzten uns weiter zurück in ein kleines Nebenzimmer, wo einige Soldaten schweigend um einen Tisch saßen, und zwei junge Mädchen, beinahe noch Kinder, in Gesellschaft einer älteren Dame, vielleicht ihrer Erzieherin, zu Abend aßen. Ihre langen blonden Haare hingen in Zöpfen über die Schultern, der weiße gestärkte Kragen war über ihr graues Schülerinnenkleid zurückgeschlagen. Luise schien verlegen, sie blickte um sich, als ob sie jemanden suche, und schaute immer wieder zu mir auf, mit einem traurigen Lächeln. Plötzlich sagte sie: »Je n'en peux plus.« In ihrer einfachen Anmut lag ein Schatten kühler Strenge, jener selben kühlen Strenge, die das Wesen Potsdams ausmacht, seiner barocken Architektur, seiner klassizistischen Ansprüche, der weißen Stukkaturen seiner Kirchen, seiner

Paläste, seiner Kasernen, seiner Erziehungsanstalten, seiner höfischen und zugleich bürgerlichen Häuser vor dem Hintergrund des feuchten und dichten Grüns der Bäume.

Gegenüber Luise fühlte ich mich frei und schlicht wie gegenüber einem Mädchen aus dem Volke, einer Arbeiterin; die ganze Anmut Luises lag in ihrer Unbekümmertheit eines einfachen Mädchens, in ihrer etwas schüchternen Traurigkeit, jener Trauer, die einem freudelosen Leben entstammt, der ewigen Mühe und Plage des endlosen Alltags, dem Dunkel eines harten, farblosen Stolzes, eines betrübten Verzichts; nichts von jener falschen Bescheidenheit und Demut, jener prahlerischen Zurückhaltung, jener unvermittelten Empfindlichkeiten, in denen die Menschen gewöhnlich die Zeichen verfallener Größe sehen. Nein, es war eine traurige Schlichtheit, eine Art empfindlicher, unbewußter Geduld, ein schwach verhülltes Glimmen, eine alte, vornehme Unschuld, eine dunkle, geduldige Kraft, diejenige, die der Urgrund des Stolzes ist. Ich fühlte mich ihr gegenüber frei und unbekümmert wie gegenüber einem jener Arbeitermädchen, die man des Abends in den Wagen der *U-Bahn** trifft oder auf den nebeligen Straßen der Berliner Vorstädte, in der Umgebung der Fabriken, um die Zeit, wenn die deutschen Arbeiterinnen gruppenweise die Gebäude verlassen, gedrückt und ernst dahingehend, gefolgt in einigem Abstand von der düster schweigenden Menge der notdürftig bekleideten, ungekämmten Mädchen, welche die Deutschen auf ihren Razzien nach weißen Sklaven in Polen, Weißrußland, der Ukraine als Gefangene eingebracht hatten.

Luises Hände waren fein und zart, mit blassen, durchscheinenden Nägeln. Sie hatte schmale Handgelenke, mit jenem Spiel blauer Adern, die sich in die Handlinien hinein verzweigen. Die eine Hand auf dem Tischtuch, betrachtete sie die Drucke von Pferdebildern, welche die Wände des Zimmers schmückten. Es waren die berühmtesten Reinblüter der Wiener Hofreitschule, von Vernet und von Adam gezeichnet, manche in Stellungen des spanischen Paradeschritts, andere durch eine Landschaft mit blauen Bäumen und grünen Gewässern galoppierend. Ich beobachtete Luisens Hand. Es war die Hand der Hohenzollern, deren Hände berühmt waren wegen ihrer gedrungenen Kürze, ihrer ziemlich provinziellen Zartheit: eher etwas plump, mit auswärts gebogenem Daumen, mit einem sehr kurzen kleinen Finger, einem Mittelfinger, der nur knapp über die anderen vorstand. Doch Luisens Hand war gerötet und rauh von Waschlauge, war mit feinen Runzeln überzogen, mit kaum die Haut angreifenden Rissen und Sprüngen: ähnlich den Händen der polnischen und ukrainischen Arbeiterinnen, die ich ein Stück schwarzgrauen Brotes verzehren sah, während sie an der Umfassungsmauer einer Gießerei hockten, an jenem Tage, als ich in den Vorort Ruhleben hinausgefahren war – ähnlich den Händen der »weißen Sklavinnen« aus dem Osten, der russischen Metallarbeiterinnen, die gegen Abend die Straßen der Industrieviertel von Pankow und Spandau bevölkerten.

»Könnten Sie mir nicht aus Italien oder Schweden etwas Seife mitbringen?« fragte mich Luise, ihre Hand vom Tische nehmend. »Ich muß selbst die Wäsche besorgen, Strümpfe und Unterwäsche waschen ... etwas Küchenseife.« Und sie fügte nach einer verlegenen Pause hinzu: »Ich würde lieber als Arbeiterin in eine Fabrik arbeiten gehen. Je n'en peux plus de cette existence de petite bourgeoise.«

»Sie werden bald an die Reihe kommen«, sagte ich, »man wird Sie ebenfalls in eine Gießerei arbeiten schicken.«

»O nein, man will von einer Hohenzollern nichts wissen. Wir sind die Parias in diesem Deutschland. Sie wissen nicht, was sie mit uns tun sollen«, und sie schloß mit einer verächtlichen Spitze: »Sie wissen nicht, was anfangen mit einer kaiserlichen Hoheit.«

In diesem Augenblick betraten zwei Soldaten den Raum, die Augen mit einer schwarzen Binde verdeckt. Eine Krankenschwester führte sie an der Hand. Sie setzten sich an einen Tisch in der Nähe des unseren und blieben reglos schweigend sitzen. Dann sagte die Schwester mit leiser Stimme etwas zu den beiden blinden Soldaten, die ihr Gesicht uns zuwandten.

»Wie jung sie sind!« flüsterte Luise. »Sie sehen fast aus wie Schuljungen.«

»Sie haben Glück gehabt«, sagte ich. »Der Krieg hat sie nicht verschlungen. Der Krieg verschlingt keine Leichen, er verschlingt nur lebende Soldaten. Er verschlingt die Beine, die Arme, die Augen lebender Soldaten, fast immer wenn sie schlafen: wie es die Ratten machen. Aber Menschen sind kultivierter: Sie verzehren nie lebende Mitmenschen. Sie ziehen es vor, wer weiß warum, Leichen zu verzehren. Vielleicht weil es sehr schwierig sein muß, einen lebenden Menschen zu verzehren, selbst wenn er schläft. In Smolensk habe ich einige russische Gefangene die Leichen ihrer an Hunger und Kälte gestorbenen Kameraden essen sehen. Die deutschen Soldaten standen da und sahen schweigend zu, mit der höflichsten und freundlichsten Miene der Welt. Aber es war nicht ihre Schuld, sie hatten nichts, was sie den Gefangenen zu essen geben konnten, deshalb standen sie dort und schauten kopfschüttelnd zu und sagten: *arme Leute**. Die Deutschen sind ein gefühlvolles Volk, sie sind das gefühlvollste und kultivierteste Volk der Welt. Das deutsche Volk ißt keine Leichen. Es ißt lebendige Menschen.«

»Ich bitte Sie, seien Sie nicht so grausam, sprechen Sie nicht von solchen Greueln«, sagte Luise, ihre Hand auf meinen Arm legend. Ich spürte, wie ein Schauer sie überlief, und ich empfand eine plötzliche Regung zornigen Mitempfindens. [...]

»Lassen Sie mich Ihnen wenigstens eine Geschichte von Kindern erzählen.«

»Oh, ich bitte Sie, schweigen Sie«, sagte Luise. »Sehen Sie nicht, daß ich zittere? Vous me faites peur.«

»Es ist eine Geschichte von neapolitanischen Kindern und englischen Fliegern«, sagte ich, »eine freundliche Geschichte. Auch der Krieg bringt gewisse freundliche Züge hervor.«

»Das, was am gräßlichsten am Kriege ist«, sagte Luise, »ist eben das, was die freundlichen Züge an ihm sind. Je n'aime pas voir sourir les monstres.«

»Zu Beginn des Krieges befand ich mich in Neapel. Es war die Zeit der ersten Luftangriffe. Eines Abends war ich zum Essen im Hause eines Freundes eingeladen, der auf dem Vomero wohnt. Der Vomero ist jener hohe Hügelrücken, der die Stadt beherrscht, aus dem sich der Posillipo-Hügel ablöst und ins Meer hinabsteigt. Die Lage ist zauberhaft, bis vor wenigen Jahren war hier ein Dorf, ganz ländlich, mit kleinen Landhäuschen und im Grün verlorenen Villen. Jedes Haus hatte seinen Nutzgarten: etwas Weinbestand, ein paar Olivenbäume, und Terrassen, auf denen Auberginen, Tomaten, Erbsen wuchsen, wo Basilikum, Rosen, Rosmarin dufteten. Rosen und Tomaten vom Vomero standen an Schönheit und Ruf den alten Rosen von Paestum und den Tomaten aus Pompeji nicht nach. Heute sind die Nutzgärten in Ziergärten verwandelt. Doch zwischen den neuen Riesenbauten aus Zement und Glas haben sich noch einige alte Villen und bescheidene Bauernhäuser am Leben erhalten, und hin und wieder hebt sich das Grün eines vereinsamten Gemüsegartens vor dem blassen, endlosen Blau des Golfes ab: Dort gegenüber steigt Capri in silbrigem Nebel aus dem Meer, zur Rechten Ischia und sein hoher Monte Epomeo, zur Linken erscheint die Sorrentiner Küste über dem durchsichtigen Spiegel des Meeres und des Himmels, und ganz links herüben der Vesuv, der freundliche Götze, diese Art von großem Buddha, der auf dem Gesims des Golfes hockt. Wer durch die kleinen Straßen des Vomero geht, dort, wo der Vomero den Namen wechselt und sich mit dem Hügel des Posillipo vermählt, kann zwischen den Bäumen und Häusern hindurch die uralte Pinie erkennen, die dem Grabe Vergils Schatten spendet. In jenem Teil der Stadt hatte mein Freund sein ländliches Häuschen und seinen kleinen Gemüsegarten.

Während wir darauf warteten, zu Tisch zu gehen, saßen wir im Garten unter einer Weinlaube und rauchten und unterhielten uns friedlich. Die Sonne war bereits gesunken, der Himmel verlosch nach und nach. Ort, Landschaft, Stunde, Jahreszeit waren so, wie sie Sannazzaro besingt, der milde Hauch der Luft war jene ländliche Luft Sannazzaros, in welcher der Geruch des Meeres und der Geruch der Gärten sich mit dem zarten Ostwind vermischen. Und als der Abend aus dem Meer heraufzusteigen begann mit seinen großen Veilchensträußen, die schon feucht waren vom nächtlichen Tau – das Meer legt abends auf den Fenstergesimsen große Veilchensträuße nieder, welche die ganze Nacht hindurch duften und die Zimmer mit willkommenem Meeresatem füllen –, da sagte mein Freund zu mir: ›Es wird eine klare Nacht. Sicherlich werden sie kommen. Ich muß die Geschenke der englischen Flieger im Garten verteilen.‹ Ich verstand nicht und wunderte mich, als ich meinen Freund ins Haus gehen und mit einer Puppe, einem Holzpferdchen, einer Kindertrompete und zwei Säckchen Zuckerwerk zurückkommen sah, die er, ohne mir etwas zu sagen und vielleicht boshaft meine Verwunderung genießend, mit sehr behutsamen Bewegungen da und dort zwischen Rosenbüschen, Salatstauden, auf dem Kies des kleinen Baumwegs und am Rande eines Beckens, in dem eine Goldfischfamilie leuchtete, versteckte.

›Was tust du denn?‹ fragte ich ihn.

Er sah mich mit ernstem Gesichtsausdruck an, trotzdem lächelte er. Er erzählte mir, daß seine beiden Kinder – sie waren bereits schlafen gegangen – während der ersten Luftangriffe von so großem Schrecken ergriffen wurden, daß die Gesundheit des Jüngeren sehr darunter gelitten hatte, und daß er deshalb darauf verfallen war, die heftigen Bombenangriffe auf Neapel in ein Kinderfest zu verwandeln. Sobald die Alarmsirenen in die Nacht hinauszuheulen begannen, sprangen mein Freund und seine Frau aus den Betten, nahmen die beiden Kleinen auf die Arme und stiegen unter Begeisterungsausbrüchen, ›oh, wie schön, oh, welche Freude, die englischen Flieger kommen, um ihre Geschenke abzuwerfen!‹, in den Keller hinunter, der ihr elender und völlig nutzloser Schutzraum war, und dort in einer Ecke dicht beieinander kauernd, verbrachten sie die Stunden voll Tod und Grauen, lachend und fröhlich, ›oh, was für eine große Freude, Kinder‹, bis die Jungen glückselig wieder einschliefen und von den Geschenken der englischen Flieger träumten. Wenn dann das Krachen der Bomben sich näherte und die beiden Kleinen aufweckte, sagte der Vater: ›Da, da, jetzt werfen sie eure Geschenke ab.‹ Die Kinder klatschten vor Freude in die Händchen: ›Ich will eine Puppe, ich will ein Schwert! Papa, meinst du, daß mir die Engländer ein Boot bringen werden?‹ Gegen Morgen, wenn der Lärm der Motoren verhallte und am schon klaren Himmel erlosch, nahmen Vater und Mutter die beiden Kinder an der Hand und führten sie in den Garten: ›Sucht, sucht, sie müssen ins Gras gefallen sein‹; die Kleinen bogen die taufeuchten Rosenbüsche auseinander, die Tomatenstauden, die Salatköpfe und fanden hier eine Puppe, dort ein Holzpferdchen und weiter drüben ein Säckchen Zuckerwerk. Jetzt hatten die Kinder keine Angst mehr vor Bombenangriffen, sondern erwarteten sie aufgeregt, begrüßten sie mit Begeisterung; und an manchem Morgen fanden sie, im Grase suchend, auch ein kleines Aufziehflugzeug, das sicherlich irgendein armes englisches Flugzeug war, welches die bösen Deutschen mit ihren Kanonen abgeschossen hatten, während es Neapel bombardierte, um den neapolitanischen Kindern eine Freude zu machen.«

»Oh, how lovely!« rief Luise, in die Hände klatschend.

## GÖSTA BLOCK
### Ein Sommersonntag am Stößensee

Am Ersten Weltkrieg hatte er freiwillig auf deutscher Seite teilgenommen. Dann kehrte er nach Schweden zurück und wurde Journalist. In den zwanziger Jahren war Gösta Block Chefredakteur der Boulevardzeitung *Gnistan (Der Funke).* Er wandte sich von den Sozialdemokraten, denen er zeitweise nahegestanden hatte, ab und engagierte sich politisch für die schwedischen Nationalsozialisten, die er lokal sogar als Abgeordneter vertrat. Von 1940 bis 1942 arbeitete er für die Pressestelle der deutschen Vertretung in Stockholm.

Anschließend ging Block nach Deutschland (Februar bis September 1942), um als Reporter und Sprecher für das schwedische Programm des Reichsrundfunks in Berlin zu arbeiten. Durch Repression, Krieg und Bonzentum desillusioniert, kehrte er nach einem halben Jahr in seine Heimat zurück und veröffentlichte auf eigene Kosten einen kritischen Bericht über seine Zeit im Dritten Reich, *Deutschland von innen* (1943). Ein Kritiker höhnte: Noch mehr schwedische Nazis sollten nach Deutschland gehen, wenn sie gewendet zurückkommen. – Der Umschlag des Buches zeigt Gösta Block mit seiner Frau und seinen Kindern (die er im folgenden Auszug erwähnt) vor dem Hintergrund mit Tarnnetzen überzogener Gebäude auf dem Messegelände beim Reichsrundfunk.

Um eine Badestelle ausfindig zu machen, wo sich meine Kinder einigermaßen ungezwungen austoben könnten, befragte ich den Straßenbahnschaffner. Er empfahl mir den Stößensee, einen ziemlich großen See zwischen Berlin und Spandau, der bei den Berlinern sehr beliebt ist. Dort gibt es genügend Platz, und es herrscht nicht diese hoffnungslose Enge wie andernorts. Außerdem fährt die Straßenbahn direkt zur Stößensee-Brücke, die von mehreren Linien überquert wird. So kommt man etwas bequemer hin und wieder zurück als beispielsweise zum Wannsee.

Was Badestrände und dergleichen angeht, braucht man sich in Berlin und Umgebung keine Sorgen machen. Der Boden besteht aus feinem Sand, so daß es überall, wohin man auch kommt, Strände gibt. Sonntag morgens packten wir also unsere Badesachen und den kriegsbedingt einfachen Proviant zusammen und machten uns frohen Mutes auf den Weg. Nachdem zwei vollbesetzte Straßenbahnen an uns vorbeigerauscht waren, kamen wir mit der dritten endlich mit. Natürlich mußten wir in dem vollbesetzten Wagen den ganzen Weg über stehen, aber jedenfalls kamen wir hinein und an der Stößensee-Brücke auch wieder hinaus.

Es war nicht nötig, jemanden nach dem Weg zu fragen. Entlang des schönen Sees folgte man auf einer asphaltierten

Landstraße einfach dem Strom der Menschen. Hohe Linden spendeten Schatten, und eine leichte Brise brachte vom See her Kühlung. Alles war sehr verheißungsvoll. Zunächst war der Strand durch Villengrundstücke und Clubhäuser aller möglichen Segelgesellschaften und Anglervereine unzugänglich. Aber schließlich kamen wir an einen offenen Strand, auf dem sich das Badeleben abspielte.

Auch hier waren ungeheuer viele Menschen, aber es gab bedeutend mehr Raum als im Strandbad Wannsee, wo große Teile des Strandes durch Verwaltungsgebäude, Restaurants und dergleichen verbaut sind. Dies hier war ein echtes Freibad, und die Leute schienen sich wohl zu fühlen. Das Wasser war ganz gewöhnliches Binnenseewasser, aber es machte doch einen bedeutend saubereren Eindruck als das im Wannsee. Der Strand war stellenweise von Gras bedeckt. Dort hielten sich die Leute überwiegend auf, ist doch der Reiz, sich angekleidet in feinem Sand zu wälzen, recht begrenzt. Allmählich bildete man eine einzige große Familie, und bald spielten die Kinder zusammen an Land und beim Baden. Die Sonne schien, das Wasser glitzerte, und alles war das reinste Friedensidyll. Da ertönten urplötzlich aus der Ferne sehr schwach und undeutlich einige eigentümliche Signale. Wir Schweden wußten natürlich nicht, was es war, aber augenblicklich kamen die Badenden aus dem Wasser. Einige begannen sich anzuziehen, andere verließen den Uferbereich und zogen sich in den dahinter liegenden Wald zurück. Das war Flugalarm! Wir sahen keine Flugzeuge, aber wir bemerkten, wie sich in der Ferne kleine, weiße Wolken bildeten. Das war die Luftabwehr, die dort schoß! Wir konnten nichts hören, denn das Ganze spielte sich sehr weit entfernt ab, und die Granaten krepierten in großer Höhe.

Explosionen von Bomben waren nicht zu hören. Und es dürften wohl auch keine Bomben abgeworfen worden sein. Das alles galt offenbar der Aufklärung für kommende, nächtliche Überraschungsangriffe. Als die Badegäste sahen, daß es in so großer Entfernung geschah und sie praktisch nichts anging, nahm das Strandleben ziemlich bald wieder seinen normalen Lauf. Dabei vermied man es aber offensichtlich, sich ins Wasser zu begeben. Vermutlich fühlte man sich sicherer an Land, nicht allzu weit entfernt vom schützenden Wald. Augenscheinlich führten die Ereignisse die Ausflügler noch näher zueinander. Überall sah man Grüppchen, in denen die Wogen der Diskussion hochgingen. Man sprach über den Krieg und darüber, wann er wohl enden würde, man tauschte Gedanken zu früheren Bombenangriffen aus und entwickelte Theorien über den Zweck der laufenden Operation. Aber alles in allem nahm man die Sache ziemlich gelassen.

Daß nicht alles so war, wie es an einem lieblichen Sommersonntag in Gottes herrlicher Natur eigentlich sein sollte, merkte man am ehesten daran, daß keine neuen Badelustigen mehr eintrafen. Bis dahin hatte ihr Strom nicht nachgelassen, aber nun kam kein einziger mehr. Da in Berlin Luftalarm gegeben geworden war, war der gesamte Verkehr zum Erliegen gekommen. Straßenbahnen und Busse waren stehengeblieben und die Fahrgäste in die nächstgelegenen Schutzräume hinabgejagt worden. Hätte jemand versucht, zu Fuß weiterzugehen, so wäre er oder sie nicht weit gekommen. Denn Spaziergänger, die während eines Bombenangriffs nicht das nächtliche Dunkel einhüllt, bleiben auf den Straßen nicht lange unbehelligt.

Da demzufolge der Zustrom versiegte und der eine oder andere sich anzog und nach Hause aufmachte, lichteten sich die Reihen der Badenden. Als nach etwa einer halben Stunde Entwarnung gegeben wurde, fluteten die Menschen zurück aus dem Wald. Jung und Alt begannen sofort, ihren Spaß nachzuholen, und gingen ins Wasser. Nach einiger Zeit kamen wieder Leute dazu, und das Treiben am Strand verlief von neuem in den gewohnten Bahnen. Es herrschte wieder vollständiger Friede. Niemand hätte mehr merken können, daß Krieg und Not für einen Augenblick ihre tödliche Hand über dem Badevergnügen ausgestreckt hatten.

## MARIE WASSILTSCHIKOW

Marie Wassiltschikow führte ihr Tagebuch regelmäßig. Sie hat es in englischer Sprache verfaßt. Die maschinengeschriebenen Seiten bewahrte sie in ihrem Büro auf. Später ging sie vorsichtshalber dazu über, ihre Einträge zu stenographieren. Nach dem Krieg tippte sie die Aufzeichnungen ab. Größere Abschnitte sind leider verlorengegangen; so fehlt der größte Teil der Zeit von Juli 1941 bis Juli 1943. – Marie Wassiltschikow beobachtete und berichtete sachlich. Gleichwohl wirkt vieles, was sie festhielt, bizarr. Vormals mondäne Geschäfte, Lokale und Bars der Metropole, in denen die junge Russin verkehrte, wirkten zusehends gespenstischer. Ausgerechnet Austern waren erhältlich, während die Grundnahrungsmittel rationiert wurden. Die »ekelhaften Wasserschlangen« aus dem Aquarium des Berliner Zoos, so fürchtet die Tagebuchschreiberin, könnten nach einem Bombardement in die Stadt entweichen. Skurrile Details nehmen eine symbolische Bedeutung an. Wenn Wassiltschikow beispielsweise am 16. August 1942 vermerkte, wie abgerissene Pelzfetzen nach einem Angriff durch die Luft flogen: ist dies eine zufällige Notiz – oder ein Sinnbild für den Untergang einer alteuropäischen Kultur, der sie sich zugehörig fühlte? Wenn sie am 31. März 1945 beschrieb, wie ihre Bekannten in den Trümmern des Palais Schönborn in Wien nach ausgestopften Affen und Schützen-Trophäen stöberten: beobachtete sie das Verhalten von Menschen, die traumatisiert waren – oder gestaltete sie als Schriftstellerin ein Bild des Wahnsinns? – Im englischen Original ihres *Berliner Tagebuches* verwendet Marie Wassiltschikow zweimal das Wort *holocaust.* Bevor es den Völkermord an den europäischen Juden bezeichnete, bezieht es sich hier (im Wortsinn) auf die Opfer eines Brandes.

## Königswart, 16. August 1942

Nach der Kirche wurde Tatiana aus Berlin angerufen. Das Gespräch dauerte eine Stunde. Unterdessen saß ich im Garten und stopfte Strümpfe. Als sie erschien, war sie kreideweiß im Gesicht. »Johannisberg existiert nicht mehr«, sagte sie mit belegter Stimme.

Offenbar war Paul [Fürst von] Metternichs Mutter Isabel Donnerstag nacht von einem fürchterlichen Krach geweckt worden: eine Bombe war auf das Schloß gefallen. Sie und ihre Kusine [Gräfin] Marischa Borkowska zogen sich Morgenmantel und Pantoffeln an und hasteten zusammen mit dem Stubenmädchen die Treppe hinunter, über den Hof und in einen Keller. Inzwischen hagelte es Bombe um Bombe auf Haus, Kirche und Nebengebäude. Im ganzen sind über dreihundert abgeworfen worden von jeglicher Sorte – sogenannte Lufttorpedos, Sprengbomben, Brandbomben und so weiter. Ein Torpedo traf die Kirche, die sofort in Flammen aufging – ein junger Mann stürzte hinein, ergriff die Hostie und trug sie ins Freie, wobei er sich die Hände schwer verbrannte. Fünfzig Flugzeuge nahmen an dem Angriff teil, der zwei Stunden dauerte. Ein über Mainz abgeschossener Flieger trug, wie sich später herausstellte, eine Karte bei sich, auf der drei Ziele klar eingezeichnet waren: Mainz selbst, Schloß Johannisberg und Schloß Assmannshausen. Alle drei sind pflichtbewußt ausradiert worden. Als die Feuerwehr erschien, konnte sie fast nichts mehr ausrichten. Das Gutspersonal, einschließlich des Verwalters, Herrn Labontes, benahm sich fabelhaft, eilte immer wieder ins Haus, bemüht, Bilder, Porzellan, Silber, Wäsche und so weiter zu retten. Die [von] Mumms, die in der Nachbarschaft wohnen, hatten die Flammen gesehen und waren herbeigeeilt. Olili [Freifrau von] Mumm, den Stahlhelm in einem feschen Winkel von 45 Grad auf dem Kopf, sprang auf die Stühle und schnitt mit der Schere die Bilder aus ihren Rahmen. Aus dem Parterre konnte eine ganze Menge gerettet werden, aber oben ist alles vernichtet worden, einschließlich der Kleider, Pelze und persönlichen Sachen von Isabel. Um es Tatiana leichter zu machen, hatte sie taktvollerweise darauf bestanden, ihre Sachen von Königswart nach Johannisberg schaffen zu lassen, wo sie ihren Wohnsitz nehmen wollte. Die beiden letzten Kisten sind vor zwei Wochen abgegangen, und wir hoffen, daß sie noch unterwegs sind. Zum Glück hatte sie ein Paar Schuhe ins Dorf zur Reparatur gebracht, und die trägt sie jetzt. Paul, der am nächsten Morgen aus Rüdesheim zu Fuß heraufkam, fand in den Weinbergen kleine Pelzfetzen, die durch den von den Explosionen verursachten Luftdruck über die Gegend verstreut worden waren. Mit Ausnahme eines der Pavillons, die den Schloßeingang flankieren, sind von den verschiedenen Gebäuden nur die Außenwände stehen geblieben, alle Dächer und Obergeschosse sind eingestürzt. Die Mehrzahl der Kühe und Pferde hatte man in die Felder gejagt, aber zwölf Tiere kamen um in dem *Holocaust.* Vor fünf Jahren waren offenbar zwischen allen Zimmern feuerfeste Türen angebracht worden, die natürlich gegen einen Luftangriff gar nichts nutzten.

### Schloß Nordkirchen, 27. August 1942

Heute nacht nach dem Abendessen, als ich noch im Bett las, war plötzlich das Gebrumm vieler Flugzeuge über uns zu hören. Die Flak der benachbarten Stadt begann zu schießen, und plötzlich war die Hölle los. Der Vollmond glänzte auf den Wassergräben, und Scheinwerferstrahlen fuhren über den Himmel; ich lehnte mich aus dem Fenster und war von der beängstigenden Schönheit des Anblicks vorübergehend gebannt. Dann aber erinnerte ich mich an die jüngsten Ereignisse in Johannisberg und lief auf den Flur hinaus, wo ich mit der gesamten Familie meiner Gastgeber zusammenstieß, die im Begriff war, mich zu holen. Wir trotteten alle in den Haupthof hinunter, wo wir auf einer Kellertreppe saßen, Pfirsiche aßen und Milch tranken, während Enkar [Fürst von Arenberg] durch das Haus ging und sämtliche Fenster öffnete, um zu verhindern, daß sie durch den Luftdruck explodierender Bomben zu Bruch gingen. Nach ungefähr einer Stunde nahm der Krach ab, und wir kehrten in unsere Zimmer zurück. Antoinette Croy und ich standen noch am Fenster und schwatzten, als es plötzlich einen fürchterlichen Krach gab, der uns in das Zimmer zurückwarf, so als ob man uns die Tür vor der Nase zugeschlagen habe. Später erfuhren wir, daß es eine Bombe war, die in zwanzig Kilometer Entfernung explodierte; trotzdem war der Luftdruck so stark, daß es uns fast umgeworfen hätte. Ein sehr sonderbares Gefühl! Ein benachbartes Schloß wurde bei diesem Angriff zerstört.

### Schloß Sigmaringen, 29. August 1942

Die Reise verlief zunächst glatt, das Abteil war überraschenderweise fast leer. Wir kamen durch das Ruhrgebiet, wo jetzt eine Stadt an der andern ein kilometerlanges Trümmerfeld bildet. In Köln stand nur noch der Dom. Wir fuhren das Rheintal entlang, an vielen bekannten mittelalterlichen Burgen vorbei, deren Ruinen fast schön wirken im Vergleich zu der grauenvollen Zerstörung, die der Mensch heutzutage allerorten anrichtet. Jemand machte mich auf Schloß Johannisberg aufmerksam (ich war bisher noch nie dort); aus der Ferne sah es fast unversehrt aus, nur das Dach fehlte. In Wirklichkeit ist jedoch nichts übriggeblieben. Dann kam Mainz; es heißt, daß achtzig Prozent der Stadt zerstört seien. In Frankfurt mußte ich abermals umsteigen. Dieses Mal reiste ich weniger bequem, nämlich mit drei andern Mädchen in das WC der ersten Klasse gezwängt, während uns zwei italienische Studenten mit Pflaumen, Erdnüssen und englischen Zigaretten traktierten.

### Berlin, 2. September 1942

Nach einem hastigen Frühstück mit Tatiana ging ich ins Büro; ich machte mir gewisse Sorgen, da ich meinen Urlaub um drei Tage überzogen hatte. Aber heutzutage, bei der ständigen Bombardierung der Eisenbahnen, kann man sich in dieser Beziehung einiges leisten.

## ANDRÉ THÉRIVE
## Hinter den Kulissen

Der französische Schriftsteller André Thérive nahm (ebenso wie Marc Augier und Arvi Kivimaa) an Gruppenfahrten teil, welche die Deutschen organisiert hatten. Als einer von fünf Franzosen ließ er sich auf die zweite »Herbstreise« ein, die im Oktober 1942 durchgeführt wurde. Die internationalen Schriftstellertreffen, die 1941 und 1942 in Weimar stattfanden, waren für die Nazis von propagandistischem Wert. Die Lageberichte des Sicherheitsdienstes (SD) vom 19. Oktober 1942 stellten zufrieden eine *»außerordentlich starke Anteilnahme«* fest. Es war den Deutschen gelungen, etwa zweihundert Autoren aus vierzehn Ländern in ihrer *Europäischen Schriftsteller-Vereinigung* zu organisieren, von denen jeweils etwa fünfzig an den beiden Kongressen teilnahmen. (Thérive bezog sich in seinem Text auf die Schweizer Charles-Ferdinand Ramuz und John Knittel.) Einige der Teilnehmer veröffentlichten anschließend entsprechende Reiseberichte oder Aufsätze. André Thérives tagebuchartige, poetische Zeilen geben Eindrücke aus Deutschland wieder, die mit Impressionen aus dem besetzten Frankreich verschwimmen. In seinem *Versuch über den Verrat* formulierte Thérive später (1951) sarkastisch: »Der Verrat ist eine Frage des Datums.«

### Oktober 1942

»Ich verlange einen Platz!« schreit der fahle Offizier in den Gang. »Ich komme von der Ostfront. Ich ...«

»Ich ... pfeif' drauf«, antwortet ihm die in Hosen gekleidete deutsche Angestellte.

Die Lokomotive trägt eine weiße Aufschrift: *»Alle Räder rollen für den Sieg!«*

Und in der Absicht, Zivilisten abzuhalten, lassen Hütten und Schrankenwärterhäuschen verlautbaren:

*»Erst siegen, dann reisen!«*

*

Da sich um das Straßennetz niemand mehr wirklich kümmert, sind die Bürgersteige mit Hundekot übersät; und man wäre ein schlechter Beobachter, würde man nicht bemerken, daß die Darmausscheidungen seltsame Farben angenommen haben: Orange, Zartviolett, Smaragdgrün, Kardinalslila … Die vegetarische Kost führt im Stoffwechsel der kleinen Lieblinge zu sonderbaren Effekten.

*

Ich plauderte mit John K. Der schillernde Schweizer Romancier, geboren in Kalkutta, ein Mann von Welt, leitet die alemannische Abteilung der Europäischen Schriftsteller-Vereinigung, wie man mir sagt, während Ramuz der romanischen Abteilung vorsteht. Er gilt als deutschenfreundlich, da er heftig antisowjetisch ist.

Über Politik sprachen wir denn auch nicht, doch befragte ich ihn zur Dauer des Krieges.

»Der Krieg?« erwiderte er mit einem fürchterlichen Grinsen, dem Lachen des Neutralen … »Der Krieg wird aufhören, wenn die Engländer Ratten fressen. Und die Deutschen Ratten*ersatz**!«

*

Der Frankfurter Bahnhof ist genauso überfüllt wie die in Lyon oder Marseille. Verstörte Familien, verschreckte Kinder, Berge von Gepäck, so sieht Europa fortan aus, ein verängstigter Ameisenhaufen.

Aus dem Schlafwagen steigen drei Herren mit großen Nasen, großen Lippen, großen Brillen, großen Zigarren, in auffälligen Mänteln, mit fahlgelben Lederkoffern. Sie dröhnen mit dem Akzent des Broadway: *Porter!*... oder auch *What a bore!*, weil die Gepäckwagen nicht schnell genug kommen. Dann beruhigen sie sich wieder: *Very nice today* etc.

»Was sind das für Leute?«

Der Angestellte im braunen Anzug antwortet voller Respekt: »Amerikaner, die über Lissabon hierher kommen.«

»Juden?«

Zu dieser heiklen Frage schweigt er.

## GALEAZZO CIANO
### Tagebuch

Als er sich zur Unterredung im Wald von Görlitz einfand, war Galeazzo Ciano auf dem Weg ins Führerhauptquartier »Wolfsschanze« in Ostpreußen. Die Mitarbeiter des Auswärtigen Amtes, über deren »Höhlenmenschendasein« der italienische Außenminister sich mokierte, wurden in einem Ausweichquartier im Riesengebirge untergebracht, weil das Ministerium in Berlin gefährdet war. (Marie Wassiltschikows Abteilung wurde nach Krummhübel verlegt, fünfzig Kilometer von Görlitz entfernt.) – Die Überlieferung von Cianos Tagebüchern hat eine abenteuerliche Geschichte. Mussolinis Tochter Edda floh mit einem Großteil der brisanten Aufzeichnungen ihres Mannes in die Schweiz, wo sie von dessen Hinrichtung erfuhr. Teile der Tagebücher Galeazzo erschienen noch während des Krieges.

#### 17. Dezember 1942

Auf der Reise zum Hauptquartier Hitlers.

## 18. Dezember 1942

Ich habe die Protokolle meiner Unterredung im Wald von Görlitz verfaßt und meine allgemeinen Eindrücke verzeichnet. Hier wie gewöhnlich nur einige Einzelheiten.

Die Atmosphäre ist lastend. Vielleicht tragen zu den schlechten Nachrichten noch der Eindruck dieses feuchten Waldes bei und auch die Unannehmlichkeiten des kollektiven Lebens in den Baracken des Hauptquartiers. Man sieht nicht einen einzigen farbigen Fleck, nicht einen einzigen lebhaften Ton. Die Vorzimmer sind voll von rauchenden, essenden und plaudernden Leuten. Geruch von Küchen, Uniformen, schweren Stiefeln. Alles ist zum größten Teil überflüssig, mindestens für eine große Menge von Leuten, die gar nicht hier zu sein brauchten. Vor allem Ribbentrop, der den größten Teil seiner Beamten zu einem Troglodytenleben zwingt, das zu nichts führt und sogar das normale Funktionieren des Auswärtigen Amtes behindert.

# 1943

## ARVID FREDBORG
## Hinter dem Stahlwall

Aus dem traditionellen Bildungsbürgertum im westschwedischen Skara stammend, hing Arvid Fredborg als Gymnasiast und Studierender nationalistischen Ideen an. Beim berüchtigten »Eid im Ballhaus« der Studenten von Uppsala stimmte auch er 1939 gegen die Aufnahme jüdischer Intellektueller in Schweden. Aber noch vor Kriegsbeginn war Fredborgs Begeisterung für die faschistischen Diktatoren in Europa abgeklungen. Er distanzierte sich von seinen Irrtümern. Der junge Mann wurde (im Februar 1941) Berichterstatter für *Svenska Dagbladet* in Berlin (wo er mit dessen Korrespondenten Jacob Kronika zusammenarbeitete). Im Mai 1943 verließ Fredborg Deutschland, und bereits im September 1943 veröffentlichte er *Hinter dem Stahlwall.* Hierin klärte er über die Massenmorde an den europäischen Juden auf. Das Buch wurde in Schweden fast 50000mal verkauft. Sofort ins Englische übersetzt, kam es im Januar 1944 in den USA heraus. (Seitdem sich die USA mit Deutschland im Krieg befanden, konnten US-amerikanische Journalisten keine aktuellen Nachrichten von dort mehr liefern.) Der Klappentext der US-amerikanischen Ausgabe versprach den Lesern: »Als würde man unsichtbar Unter den Linden entlanggehen.« Nach dem Krieg kehrte Arvid Fredborg als Korrespondent nach Deutschland zurück (Bonn, 1950–1952). Seinen Memoiren hat er den Titel *Destination: Berlin* (1985) gegeben.

Ausländer, die 1941 und 1942 nach Berlin kamen, erwarteten oft, eine Stadt in Trümmern vorzufinden. Statt dessen mußten sie sich auf die Suche machen, um Spuren von Luftangriffen zu entdecken. Zwar war auch Berlin vom Krieg nicht verschont geblieben, doch die Stadt ist groß, und die Folgen der Bombenangriffe im Zentrum waren gering.

Außerdem verfügte die deutsche Reichshauptstadt über einen Instandsetzungsdienst, der mit unglaublicher Geschwindigkeit arbeitete und oft schon nach wenigen Wochen die Spuren von Bombeneinschlägen und Bränden beseitigt hatte. Als die Engländer einen neuralgischen Punkt des U-Bahnnetzes unweit der Station Gleisdreieck getroffen hatten, wurde der Verkehr unterbrochen, und die Passagiere mußten auf Busse umsteigen. Doch ein paar Tage später waren die Schäden bereits behoben, und die Züge konnten die getroffene Stelle wieder in langsamer Fahrt passieren.

Während der ersten Kriegsjahre waren die Berliner Behörden außerordentlich bemüht, die Bombenschäden zu kaschieren. Viel Geld, Material und Arbeitskraft wurden in die Wiederherstellung des ursprünglichen Straßenbildes investiert. Zu Propagandazwecken war es damals wichtig, die englischen Angriffe wie Nadelstiche aussehen zu lassen. War eine Reparatur nicht mehr möglich, wurden die Häuser eingerüstet und mit Plakaten behängt, auf denen stand, daß der Neubau von dieser oder jener Firma ausgeführt wurde. Besucher wunderten sich oft über die lebhafte Bautätigkeit in der Stadt.

Nach und nach wurden die Schäden jedoch schwerer, und 1942 stellte man alle umfangreicheren Wiederherstellungsmaßnahmen ein. Statt dessen wurden die am schlimmsten betroffenen Straßen abgesperrt. Man beseitigte Schutt und Glas und ließ es damit bewenden. Seitdem hat sich das Erscheinungsbild Berlins grundlegend verändert. Das liegt größtenteils an den Folgen des schweren Angriffs vom 1. März 1943, der Berlin von einem Tag zum anderen in einen Kriegsschauplatz verwandelte.

Die Angriffe im März und April waren weitaus schwächer, aber bestimmte Stadtteile wurden dennoch schwer beschädigt. Im April begannen die zahlreichen Agenten des Secret Service in der deutschen Hauptstadt das Gerücht zu verbreiten, daß der 20. April, Hitlers Geburtstag, mit einem Angriff gefeiert werden würde, gegen den sich die vorherigen Angriffe wie eine Spielerei ausnehmen würden. Es begann ein fieberhaftes Entrümpeln der Dachböden, und wer konnte, reiste am 19. April ab.

Am 20. traf motorisierte Luftabwehrartillerie zur Verstärkung ein, ganz Berlin packte seine Luftschutzkoffer und bereitete sich auf die Ankunft der feindlichen Flugzeuge vor. Irgendwann nach Mitternacht wurde dann auch Alarm gegeben, gefolgt von 20 bis 30 Sekunden anhaltendem heftigen Flugabwehrfeuer. Aber nach ein paar Bombeneinschlägen hörte die Artillerie auf zu schießen, und schließlich wurde Entwarnung gegeben. Die meisten blieben trotzdem wach und warteten ein bis zwei Stunden, da sie glaubten, die Engländer würden sicher zurückkommen, was aber nicht geschah. Die britischen Flugzeuge hatten der deutschen Hauptstadt einen Streich gespielt.

Am nächsten Tag bekam ich eine Information, die das Geschehen in neuem Licht erscheinen ließ. Ein Bekannter hatte urplötzlich eine Einquartierung erhalten. Die Soldaten machten kein Geheimnis daraus, daß sie aus Stettin gekommen waren und daß praktisch die gesamte bewegliche Luftabwehr von dort und aus Rostock in größter Eile nach Berlin verlegt worden war. Offenbar war es das, was die Engländer erreichen wollten. Nachdem sie von ihren Agenten über Funk darüber unterrichtet worden waren, daß Stettin und Rostock ohne Luftabwehr waren, griffen sie diese Städte an und richteten katastrophale Schäden an, zumindest in Stettin.

Im Mai erfolgten hauptsächlich Attacken durch »Moskitos«, deren Aufgabe es war, die Bevölkerung zu stören und zu ermüden. Die Angriffe waren so zahlreich, daß die deutschen Behörden aufhörten, in ihren offiziellen Verlautbarungen überhaupt Mitteilung zu machen, wenn in Berlin Flugalarm gewesen war. Bis dahin hatte man es in der Regel am nächsten Tag bekanntgegeben. Die Engländer flogen außerdem tagsüber einige Angriffe, die allerdings ohne nennenswerte Folgen blieben.

Man unterschätzt häufig den Einfluß, den die Luftangriffe auf die physische Widerstandskraft der Bevölkerung haben. Oftmals haben die Engländer im Laufe ihrer Angriffe nur ein paar Bomben abgeworfen, sich aber so lange über Berlin oder in der Nähe aufgehalten, daß die Bevölkerung mitten in der Nacht eine oder mehrere Stunden in den Schutzräumen verbringen mußte. Früher war es fast ein Sport gewesen, nicht hinunter in die Keller zu gehen. Als Gründe dafür wurden die geringen Folgen der Bombardements und der schlechte Zustand der Luftschutzräume angegeben. Man riskiere, daß sie einstürzten und einen lebendig begraben würden.

Nun könnte man meinen, Berlin sei mit stabilen Kellern und anderen Schutzeinrichtungen gegen Angriffe aus der Luft gut ausgestattet. Zeitiger als in anderen Städten sah man dort Pfeile, die den Weg zu den Schutzräumen wiesen. Luftschutzmaßnahmen wurden in Berlin in einem frühen Stadium und in weit größerem Umfang als zum Beispiel in London ergriffen, von Stockholm ganz zu schweigen. Aber in Wirklichkeit war Berlin, gemessen an den Erfordernissen, nicht besonders gut vorbereitet. Man scheint nicht ernsthaft mit stärkeren Luftattacken gegen die Reichshauptstadt gerechnet zu haben.

Später hat man aufgrund des Mangels an Arbeitskräften und Material keine Verbesserungen mehr durchführen können. Daher lassen sich die Schutzräume in der deutschen Hauptstadt nicht mit den schwedischen vergleichen. Normalerweise hat man ganz einfach die Keller von Gerümpel befreit, eventuell noch ein paar Stützen eingefügt, und fertig war der Luftschutzraum. Die meisten Keller in Berlin sind viel schlechter gebaut als die in Stockholm. Hinzu kommt, daß die baulichen Maßnahmen zur Erhöhung der Sicherheit, die in Schweden Pflicht sind, in Berlin nur in begrenztem Umfang ausgeführt werden können. Man kann verstehen, daß sich derjenige, der in einem Keller sitzt, wo Wasserleitungen in der Decke, Gasleitungen und das Hauptfallrohr in den Wänden verlaufen, allein deshalb schon etwas unsicher fühlt. Weiß man außerdem, daß die Kellerdecke so schwach ist, daß sie es nicht aushalten wird, wenn das Haus durch den Luftdruck der Explosionen zusammenstürzt, kann man nachvollziehen, daß einer schwermütig wird.

Erst 1941 hat man damit begonnen, Verbindungsgänge zu graben und *Mauerdurchbrüche** zu anderen Gebäuden zu schaffen, um den Verschütteten eine größere Überlebenschance zu geben. Doch trotz dieser Maßnahmen ist die Gefahr, zu ersticken und lebend begraben zu werden, größer, als von einem Bombensplitter getroffen zu werden oder im Feuer umzukommen. Ganz in der Nähe unserer Wohnung, in der Zähringer Straße, stürzten zwei Häuser förmlich in sich zusammen. Rund einhundert Menschen wurden unter den Trümmern begraben. Es gelang, einige von ihnen zu retten, aber viele erstickten.

Die Rettungsarbeiten gestalten sich nämlich äußerst schwierig. Man könnte annehmen, daß es einfach sein müßte, sich mit großen Baggern einen Weg zu bahnen. In Wirklichkeit ist es aber nur in Ausnahmefällen möglich, große Maschinen einzusetzen. Denn unter ihrer Last kann sich das Haus oder dessen Ruine setzen und die Überlebenden, die sich eventuell noch im Keller befinden, zerquetschen. Daher müssen die Rettungsarbeiten häufig von Hand vorgenommen und das eingestürzte Haus Stein für Stein abgetragen werden. Bei einer Gelegenheit gelang es, die Eingeschlossenen zu befreien, indem man einen schmalen Teppich durch einen langen Schacht hinabließ, der zu einem Kohlenkeller gegraben worden war. Auf ihm konnte man einen nach dem anderen hinaufziehen.

Mittlerweile begibt sich die Bevölkerung, mit Gasmasken gegen den Staub ausgerüstet, trotz dieser Gefahren fast ausnahmslos in die Schutzräume. Mag sein, daß sie einsturzgefährdet sind und zu veritablen Todesfallen werden können. Bleibt man oben, muß man damit rechnen, durch Splitter oder Feuer versehrt zu werden. Die Luftabwehrgeschosse bersten in kleine, spitze Eisenstücke von bis zu fünfzehn Zentimetern Länge, die einen Menschen mühelos durchbohren, ja ohne weiteres sogar ein ziemlich stabiles Dach durchschlagen können. Schon deshalb geht man in jedem Fall in den Keller. Es beruhigt außerdem die Nerven, wenigstens scheinbar stabile Mauern zu sehen und in Gesellschaft anderer Menschen zu sein.

Die Schäden in Berlin sind mittlerweile recht gleichmäßig über die ganze Stadt verteilt. Am wenigsten betroffen waren noch im letzten Frühjahr die westlichen Bezirke. Im Zentrum gibt es seit den Angriffen von 1941 und 1942 etliche Spuren an der Straße Unter den Linden. Ein Teil davon wurde repariert. So wurde das Opernhaus wieder hergestellt oder besser gesagt wieder aufgebaut, denn es waren nur noch die nackten Mauern stehen geblieben. Außerdem wurden die Universität und die berühmte preußische Staatsbibliothek instand gesetzt. Dagegen hat man noch nichts für den Wiederaufbau der katholischen Hedwigs-Kathedrale getan. Geringere Schäden sind am Hotel Adlon und am Café Kranzler entstanden. Neben dem schwedischen Reisebüro stehen weiterhin Baugerüste, und Herr Hjärtsell muß in seinen Räumen eine Filiale der Deutschen Bank beherbergen, die sich einige Meter entfernt befand und schwer beschädigt wurde. Unter den übrigen Ruinen richtet sich das Interesse vor allen Dingen auf das hellgraue Gebäude der Schweizer Versicherung, dessen zwei Obergeschosse in derselben Nacht, in der die Oper und die Staatsbibliothek brannten, stark in Mitleidenschaft gezogen worden waren. Nördlich und südlich von Unter den Linden waren weitere Verluste zu beklagen. Einer der ersten Bombentreffer, die ich in Berlin erlebte, war am Hausvogteiplatz, wo ein großes Geschäftshaus vollständig zerstört worden war. Am Morgen sah ich zu meinem Entsetzen eine große Anzahl von Körpern auf der Straße liegen, die man mit Tüchern bedeckt hatte. Ein Passant stocherte in dem Haufen herum, und ich wollte gerade gegen dieses unwürdige Verhalten Einspruch erheben, als ich bemerkte, daß es sich bei den Gestalten um Schaufensterpuppen handelte.

Bei fast jedem Angriff haben die Engländer versucht, den Bahnhof Friedrichstraße zu treffen, stets ohne Erfolg. Die Bomben sind ringsherum eingeschlagen, jedoch nie im Bahnhof selbst. Bei einer Gelegenheit wurden lediglich ein paar Gleise in Mitleidenschaft gezogen, die allerdings schnell wieder repariert werden konnten. Der einzig erwähnenswerte Schaden am Bahnhof Friedrichstraße entstand nicht durch Fliegerbomben, sondern durch einen Sabotageakt.

Das Regierungsviertel entlang der Wilhelmstraße blieb vergleichsweise unbeschädigt. Die oberste Etage des Reichsverkehrsministeriums am Wilhelmplatz wurde verwüstet, und Görings Luftfahrtministerium erhielt einen wohlplazierten Luftminentreffer, der die Räume von siebenundzwanzig Abteilungen zerstörte. Goebbels ist bislang verschont geblieben.

Weiter im Süden und insbesondere im Südwesten sind indes größere Schäden zu verzeichnen. Schon wenn man auf der Potsdamer Straße und der Hauptstraße in Richtung Schöneberg fährt, sieht man zahllose Häuser, die ganz oder teilweise in Trümmern liegen. Noch weiter entfernt, in den Vororten Zehlendorf, Lichterfelde und Dahlem, sind die Villen sehr stark beschädigt, und die Häuser zahlreicher bekannter Persönlichkeiten sind in Schutt und Asche gelegt worden. Eine Reihe von SS-Kasernen, die sich in dieser Gegend befinden, sind getroffen worden, während in anderen Fällen die Häuser rund um die Kasernen das Nachsehen hatten. Ein typisches Beispiel befindet sich an der Kreuzung Kronprinzenallee und Königin-Luise-Straße. Dort sind eine Reihe Villen zerstört worden, während die Kaserne unberührt geblieben ist.

Auch das westliche Berlin, vor allem Wilmersdorf, ist sehr stark betroffen. Die Gegend um den Prager Platz und die Motzstraße ist in einem Ausmaß verwüstet wie keine andere. Es ist ein schauriges Erlebnis, nachts durch dieses Viertel zu gehen, wenn der Mond durch die Giebel ausgebrannter Dachstühle scheint und kein Laut zu hören ist. Wenn man die phantastischen Silhouetten sieht, glaubt man, vor einer Theaterkulisse zu stehen oder in eine andere Zeit versetzt zu sein. Eine Wildnis in der Hauptstadt anno 1943...

Unter den übrigen stark zerstörten Straßen sind die Nachodstraße, die Bamberger Straße und die Aschaffenburger Straße zu erwähnen, die man bis auf weiteres abgesperrt hat. In den weiter westlich gelegenen Gebieten rund um den Fehrbelliner Platz, wo die Engländer versucht haben, das palastartige Gebäude des Oberkommandos zu treffen, ist unter anderem die Zähringer Straße schwer getroffen worden. Mehrere der Großgaragen in diesem Viertel sind dem Erdboden gleichgemacht worden, so auch die der Auto Union, in der etliche Fahrzeuge ein Raub der Flammen wurden. Eine der großen Volksschulen in der Münsterschen Straße wurde ebenfalls beschädigt und mußte den Unterricht ausfallen lassen. Sie wurde provisorisch wiederhergestellt. Ziegel und Trümmer wurden weggeräumt und die leeren Fensteröffnungen mit Pappe verschlossen. Da bei schlechtem Wetter die Pappe wieder weggeblasen wurde, gab es keine andere Möglichkeit, als – zur großen Freude der Kinder – den Unterricht ganz aufzugeben.

Am Kurfürstendamm sah man noch im letzten Frühjahr nur vergleichsweise geringe Spuren. Erst ab dem Bahnhof Halensee nahmen sie wieder zu. Jenseits dieser Station wurden die Villen des Stadtteils Grunewald ruiniert. Haus für Haus ist dort niedergebrannt.

In den nördlichen Stadtteilen Berlins hat es bei der S-Bahn-Station Putlitzstraße etliche Einschläge gegeben, und das Arbeiterviertel in Richtung Siemensstadt ist arg verwüstet worden. Im Nordosten haben es zahlreiche Häuser abbekommen, in Pankow und Reinickendorf, teils entlang der Chausseestraße, teils weiter östlich in Weißensee, das im April und Mai 1943 schlimm gelitten hat. Die zentralen östlichen Stadtteile sind weitgehend verschont geblieben, wenn man von einer Anzahl schwerer Treffer absieht, die die Frankfurter Allee bereits 1941 erhalten hatte. Neukölln ist ziemlich unversehrt geblieben, außer in seinen westlichen Teilen, und selbst dort halten sich die Zerstörungen in Grenzen.

Durch die Angriffe Ende August 1943 sollen erhebliche Schäden rund um die Gedächtniskirche und an den Bahnhöfen Zoologischer Garten und Charlottenburg entstanden sein. Aber die sollen hier nicht weiter berührt werden, denn ich halte es für richtiger, mich auf das zu beschränken, was ich noch selbst gesehen habe.

Es gibt natürlich auch rein militärische Ziele in Berlin. Allerdings hatte ich noch im Frühjahr 1943 *nicht* den Eindruck, daß diese in größerem Umfang Schaden genommen hätten. Einige Fabriken und mehrere Kasernen sind während der Angriffe eingeäschert oder zumindest getroffen worden. Doch abgesehen davon haben die Bombardements vor allem nicht kriegswichtige Gebäude, öffentliche Einrichtungen und Wohnhäuser ereilt.

Von deutscher Seite wird natürlich behauptet, daß die Engländer und Amerikaner ihre Bomben vorsätzlich über zivilen Zielen abwerfen. Für einen neutralen Beobachter ist es sehr schwer, in dieser Frage Stellung zu beziehen. Bei den Angriffen, die ich miterlebte, hatte ich oftmals den Eindruck, daß zumindest die englischen Flugzeuge sehr darauf achtgeben, wo sie ihre Bomben niedergehen lassen. Allerdings hatte man bei anderer Gelegenheit das Gefühl, daß Brandbomben ohne genaues Ziel ausgeklinkt werden. Es muß allerdings betont werden, daß die Aktionen gegen Berlin keinesfalls unter einfachen Voraussetzungen stattfinden. Die Flugabwehr ist schlagkräftig und innerhalb der Stadt sowie rundherum gut postiert. Um zu verhindern, daß die Angreifer die Flugabwehrartillerie außer Gefecht setzen, hat man an verschiedenen Orten Türme gebaut, den größten im Tiergarten zwischen den S-Bahnhöfen Zoo und Tiergarten. Zusätzlich wurden starke Nachtjäger-Verbände in ihre Nähe verlegt. Außerdem haben die Deutschen versucht, den Flugzeugen durch Tarnung und Kulissenbauten die Orientierung zu erschweren. Einerseits darf man diese Maßnahmen nicht überbewerten. Alle größeren Anlagen dieser Art sind den Engländern natürlich recht genau bekannt, und neue kann man aufgrund der Arbeitskräfteknappheit und fehlenden Materials nicht errichten. Aus demselben Grund kann stellenweise auch die bereits vorhandene Tarnung nicht instand gehalten werden. Andererseits bieten solche Potemkinschen Dörfer, die nördlich und südlich von Berlin errichtet wurden, auch eine Erklärung für die englischen Verlautbarungen, wonach der Potsdamer Bahnhof getroffen worden sei. Dabei kann es sich um eine vorgetäuschte Anlage in einer dieser Scheinstädte gehandelt haben. Die Zeit, die den Flugzeugen zur Verfügung steht, ist aufgrund der Lichtverhältnisse und des knappen Treibstoffvorrats eng bemessen. Deshalb kann man mit den augenblicklich vorhandenen Mitteln Berlin nicht so systematisch bearbeiten, wie man es mit Städten in Westfalen getan hat; und ein zielgenaues Bombardement der Stadt dürfte ebenfalls unmöglich sein. Üblicherweise verwenden die Engländer mittelschwere Spreng- und Brandbomben. Die Phosphorbomben sind besonders gefürchtet. Sie können sich noch eine Woche nach dem Einschlag entzünden und sind ausgesprochen schwer zu löschen. Hier und da wurden Lufttorpedos und Luftminen mit Zeitzünder eingesetzt. Ein eindrucksvolles Schauspiel bieten die englischen Leuchtsprengkörper, die sachte herabsinken und die Millionenstadt von oben in ein warmes, rotes Licht tauchen.

Selbst wenn Berlin bei weitem nicht das erlebt hat, was andere deutsche Städte erfahren haben, ist es kein Zuckerschlecken, dort einen Luftangriff mitzumachen. Selbst bei einem kleineren Überfall ohne besondere Folgen können schwere Bomben herunterkrachen, gegen die nichts auszurichten ist. Im allgemeinen erträgt die Berliner Bevölkerung die Prüfungen mit großem Mut. Es gibt Helden und Feiglinge in der Stadt, doch auf einen allgemeinen Heroismus, wie Doktor Goebbels ihn als typisch für die Berliner Bevölkerung propagiert, wird man nicht rechnen können. Aber niemand sollte mit Steinen werfen, der nicht selber einen Luftangriff durchgemacht hat.

Das ist etwas, was man weder gerne beschreiben will noch wirklich beschreiben kann. Schon das unheimliche Geheul der Sirenen kann Menschen mit schwachen Nerven in Angst und Schrecken versetzen. Für die Dauer eines Jahres wohnten wir möbliert bei einer sehr nervösen älteren Dame. Sie konnte bereits zu Beginn eines Alarms hysterisch werden.

In der Dunkelheit geht man in den Schutzraum hinab, bepackt mit Garderobe, Wertsachen und Lebensmitteln für einen Tag. Den Aufzug trauen sich die meisten – in den seltenen Fällen, in denen er überhaupt funktioniert – höchstens in Ausnahmesituationen zu benutzen, um nicht zwischen zwei Etagen steckenzubleiben, wenn der Strom abgestellt wird. Unten am Eingang zum Keller gibt es vielleicht schon ein Gedränge. In der Finsternis müssen wir vorsichtig gehen, um nicht auf Pakete oder Koffer zu treten. Die Kleinkinder schreien auf, wenn der Himmel von den Explosionen der Luftabwehrgranaten erhellt wird und deren kurze, scharfe Detonationen zu hören sind.

Schließlich sind wir mit unseren sieben Gepäckstücken, die wir für gewöhnlich mitnehmen, und unserer kleinen Tochter unten im Keller angekommen. Hier ist es ziemlich warm und hell. Jeder hat seinen Platz, auf dem man es sich so bequem wie möglich macht. Alte Polstersofas und Gartenstühle sind wieder zu Ehren gekommen, und vereinzelt gibt es sogar mit Sackleinen bezogene Pritschen.

Im Luftschutzkeller merkt man, wie wenig doch die Bewohner eines Hauses voneinander wissen. Aha, so sieht die also aus, wenn sie keine Zeit hatte, sich herauszuputzen! Es herrscht eine angespannte, aber nicht ungemütliche Stimmung. Die Kinder haben sich angefreundet und spielen auf dem Boden. Die Eltern versuchen, sich die Zeit zu vertreiben, was das größte Problem im Luftschutzraum ist. Einfach nur herumzusitzen und abzuwarten ist eine ziemliche Belastungsprobe. Viel besser ist es, sich mit etwas zu beschäftigen, sei es auch noch so trivial. Ich habe in der Regel meine Schreibmaschine auf den Knien und klappere etwas herunter, was am nächsten Tag an die Zeitung gehen soll. Ein italienischer Kollege aus der Wohnung unter uns legt in der Regel eine Patience oder spielt Karten, wenn er einen Bekannten dabeihat. Andere lesen oder nähen.

Die älteren Frauen sprechen unaufhörlich, immer darauf bedacht, nur nicht den Faden zu verlieren. Manchmal möchte man sie bitten, still zu sein. Sie reden mit Vorliebe über Leute, die beim *letzten* Angriff getroffen wurden, und stacheln sich dabei gegenseitig auf.

Jetzt kommt das Luftabwehrfeuer näher. Ein Pfeifen ist vom Hof her zu hören – das sind Splitter, die herangeflogen kommen. Bumm! Das war eine Bombe. Das Haus wackelt und die Röhren unter der Decke ächzen. Einen Augenblick lang ist es still. Wo wird der nächste Einschlag liegen? Der folgende Bumms ist schwächer. Dem Himmel sei Dank, das Flugzeug entfernt sich.

Es ist seltsam, auf welche trivialen Gedanken man in einem Schutzraum kommen kann. Ich erinnere mich, daß ich oft dachte: »Gott sei Dank, daß ich meinen Text heute schon geschrieben habe.« Wenn meine Familie und ich durch einen Bombentreffer umkämen, sollte es mir doch eigentlich egal sein, ob das *Svenska Dagbladet* an diesem Abend eine Nachricht aus Berlin erhält oder nicht. Aber solche Gedanken sind nicht ungewöhnlich. Ein guter Freund, ein Schwede, erzählte mir, daß er in einer Bombennacht die ganze Zeit über daran gedacht hat, wie schade es doch wäre, wenn sein herrlicher Weinvorrat verlorenginge. Ein Kollege hatte seine Brieftasche mit 1000 Mark oben in der Wohnung vergessen und überlegte, ob er sein Leben aufs Spiel setzen und sie holen sollte. Jedes Mal, wenn er einen Anlauf dazu unternahm, wurde das Artilleriefeuer heftiger.

Unser Haus und unser Luftschutzkeller ähneln den meisten anderen. Hier könnte man sich ein gutes Bild vom Durchschnitt des deutschen Volkes machen. Vielleicht lernt man es sogar am besten in den Luftschutzkellern kennen. Die wirkliche Natur der Menschen zeigt sich dort am ehesten. In der Stunde der Gefahr sind die Bewohner nicht länger Nazis oder Nazi-Gegner, sondern Menschen. Es war oft wohltuend, sich daran zu erinnern. Hier kann man das wahre deutsche Volk erleben, seine positiven und negativen Seiten. Dabei bekommt man einen nachhaltigen Eindruck von der Affektiertheit, deren Stempel der Nationalsozialismus den Deutschen aufgedrückt hat. Das Antlitz eines ganzen Volkes hat sich zu einer Maske verfestigt, doch wenn die Bomben fallen, fällt sie ab. Ist der Angriff vorüber, ist die Maske wieder da, und das »normale« Leben geht weiter.

*

Luftangriffe sind für den Angreifer ein zweischneidiges Schwert, wenn es darum geht, die Moral der Bevölkerung zu beeinflussen. Viele Menschen reagieren mit tiefer Verbitterung, was sie noch unbeugsamer macht; andere versinken dagegen in Hoffnungslosigkeit. Es dürfte daher eine recht naheliegende Auffassung sein, daß die Moral der Bevölkerung durch die Luftangriffe in gewissem Umfang eher gestärkt wird. Fallen die Attacken allerdings zusammen mit politischen oder versorgungstechnischen Hiobsbotschaften, können sich die Verhältnisse durchaus ändern.

Hinzu kommt, daß die Luftangriffe für die Produktion kriegswichtiger Güter des angegriffenen Landes schon deshalb ihre Bedeutung haben, da sie sich auf die körperliche und seelische Verfassung der Arbeiter auswirken. Selbst wenn keine einzige Fabrik getroffen wird, wird das Produktionsergebnis vor allem durch die zunehmende Erschöpfung negativ beeinflußt. Ein Flugalarm von zwei bis drei Stunden Dauer mitten in der Nacht bedeutet eine physische wie psychische Belastung. Wer das zu ertragen hat, kann den Verlust nicht einfach durch ein paar Stunden mehr Schlaf in der nächsten Nacht wettmachen. Schon das bloße Warten ist außerordentlich anstrengend. Man ist stets im Ungewissen. Das gesamte Leben orientiert sich an den Fliegermeldungen. Die erste Warnung erhält man, wenn der Deutschlandsender verstummt. Dann ist Gefahr im Anflug – aber der Feind kommt vielleicht gar nicht.

Viele Berliner haben es sich zur Gewohnheit gemacht, nicht vor zwei Uhr nachts ihre Kleidung abzulegen, oder sie versuchen es so einzurichten, vor dieser Zeit gar nicht erst ins Bett zu gehen. Wieder andere legen sich schon um 20 Uhr hin, um vor einem möglichen Alarm wenigstens fünf Stunden geschlafen zu haben. Für die meisten gilt allerdings, daß ihnen nicht einmal eine störungsfreie Nacht absolute Ruhe beschert, da sie nicht in der Lage sind, wirklich abzuschalten. Es ist, als wäre das Unbewußte die ganze Zeit unter Hochspannung und darauf geeicht, beim Heulen der Sirenen den Schlaf zu unterbrechen.

Im Ausland macht man sich im allgemeinen keine Vorstellung davon, welche rein organisatorischen Probleme die Luftangriffe mit sich bringen. Durch das Bombardement werden Lebensmittelvorräte vernichtet, die ersetzt werden müssen. Bekleidung, Haushaltsgegenstände und Möbel werden unbrauchbar gemacht. Die Wohnungsnot verschärft sich. Hunderttausende müssen evakuiert werden. Dafür müssen die notwendigen Transportmittel zur Verfügung gestellt werden. Unterlagen der Verwaltung gehen verloren und sind notdürftig zu ersetzen. Wichtige Bücher gehen in Flammen auf. Zehntausende Fensterscheiben gehen zu Bruch. Elektrische Leitungen werden herabgerissen, Telephonmasten brechen um. Gasleitungen schlagen leck, und das Abwassersystem versinkt im Chaos. Das Verkehrswesen bricht zusammen, Eisenbahnwagen, Straßenbahnen und Busse werden zerstört, die Schienen herausgerissen.

Man kann sich kaum eine richtige Vorstellung davon machen, was für Kraftanstrengungen erforderlich sind, um diesen Schäden entgegenzuwirken. Die Bombenangriffe beeinflussen das gesamte gesellschaftliche Leben, die Moral der Bevölkerung, die Produktion kriegswichtiger Güter, die Organisation des Gemeinwesens und die Versorgungslage. Andererseits bleibt es weiterhin fraglich, ob die Attacken aus der Luft entscheidend den Sieg erzwingen können, wenn die Gegner abgehärtet und vorbereitet sind.

Die zunehmende Verwüstung schuf fortwährend neue organisatorische Probleme, die indirekt auch die Kriegsführung beeinflußten. Aber es lag nahe, daß auch der direkte militärische Schaden beachtlich sein mußte. Ein deutscher Journalist gab an, daß bereits im März 1943 ein Drittel der Krupp-Werke in Essen zerstört war. Die Schäden verteilten sich nicht gleichmäßig, aber ein Drittel der Fläche war durch die Bomben so stark in Mitleidenschaft gezogen worden, daß das, was sich darauf befunden hatte, als Totalverlust angesehen werden konnte.

Betrachtet man die gesamte deutsche Schwerindustrie, hielt sich der Ausfall trotz allem in Grenzen. Vor der Sprengung der beiden großen Staudämme an Möhne und Eder im Mai 1943 schätzten neutrale ausländische Beobachter den durchschnittlichen Verlust für die westdeutsche Produktion auf nicht wesentlich mehr als zehn Prozent. Seither nahmen die Schäden zu. Vor allem den Aktionen gegen die beiden Dämme kam eine besondere Bedeutung zu, ja man kann ohne Übertreibung behaupten, daß es sich dabei um einen der schwersten Schläge handelte, die Deutschland im Verlauf des Krieges hinnehmen mußte. Dieser Angriff hatte nicht nur zur Folge, daß sehr viele Menschen ertranken, Lebensmittelvorräte, Textilien und vieles mehr vernichtet wurden, das gesamte Steuer- und Einwohnermeldewesen in einem großen Gebiet durcheinandergeriet, da die Wassermassen Kirchenbücher, Polizeiregister und Dokumente aller Art mit sich rissen. Die Sprengungen hatten auch für das Militär schwerwiegende Konsequenzen, denn elektrischer Strom wurde knapp, und der Pegel der großen, lebenswichtigen Kanäle sank. Dadurch konnten die Schiffe nur noch geringere Lasten befördern, so daß sich die Transportzeiten verlängerten. *Selbst wenn* die Dämme repariert werden können, ist die große Wassermenge nur schwer zu ersetzen. Rein militärisch gesehen, waren diese Kommandos und die Angriffe auf den Industriebezirk im Westen von größerer Bedeutung als die Bombardierung Berlins. Allerdings hatten die Attacken gegen die Stadt, die ein Sinnbild des Nationalsozialismus ist, schon allein aus psychologischen Erwägungen eine große Tragweite, ganz unabhängig von den Zerstörungen, die sie tatsächlich verursachen.

## MARIE WASSILTSCHIKOW

Vom Hamburger »Feuersturm«, den die »Operation Gomorrha« in der Nacht vom 24. auf den 25. Juli 1943 ausgelöst hatte, erfuhren die Menschen in ganz Deutschland durch Gerüchte, Erzählungen und Flüchtlinge. Vom nervenaufreibenden Leben in Berlin erholte sich Marie Wassiltschikow im böhmischen Königswart auf dem Gut ihres Schwagers, Paul von Metternich, der Tatiana Wassiltschikow im Jahre 1941 geheiratet hatte.

### Berlin, 28. Juli 1943

Hamburg wird täglich bombardiert. Es hat unzählige Opfer gegeben, und die Stadt ist inzwischen so schwer beschädigt, daß sie fast ganz evakuiert werden soll. Es werden Geschichten erzählt von kleinen Kindern, die durch die Straßen irren und nach ihren Eltern rufen. Die Mütter sind vermutlich umgekommen, die Väter an der Front, so daß niemand sie identifizieren kann. Die NSV [Nationalsozialistische Volkswohlfahrt] scheint die Dinge in die Hand genommen zu haben, aber die Schwierigkeiten sind gewaltig.

### Berlin, 1. August 1943

Das Schicksal Hamburgs hat hier große Sorge ausgelöst, denn gestern nacht haben die Alliierten Flugblätter abgeworfen, die alle Frauen und Kinder auffordern, Berlin sofort zu verlassen.

Das gleiche war vor den Angriffen auf Hamburg geschehen. Es klingt bedrohlich. Berlin könnte leicht das nächste Ziel sein.

### Berlin, 2. August 1943

In allen Häusern ist eine Verordnung angeschlagen worden, wonach sämtliche Kinder und alle Frauen, die nicht kriegswichtige Arbeit tun, sofort zu evakuieren sind. Der Ansturm auf die Bahnhöfe ist gewaltig und die Verwirrung heillos, da viele der aus Hamburg Evakuierten auf ihrem Weg durch Berlin kommen. Überdies gehen Gerüchte um, daß ganze Ministerien aus Berlin verlegt werden sollen, und wir [im Auswärtigen Amt] haben Befehl zu packen; ich nehme die Sache nicht sehr ernst.

### Königswart, 9. August 1943

Loremarie [Prinzessin Eleanore-Marie von] Schönburg half mir, einen riesigen Koffer zu schleppen, in den ich alles gepackt hatte, was ich in Sicherheit bringen wollte, hauptsächlich Fotoalben. Der Zug war voller Hamburger, die sich, in verbrannte Lumpen gekleidet, auf dem Heimweg befanden, da sie lieber ein hartes Leben in ihren Ruinen fristen wollen, als sich von den Einwohnern anderer Städte, die sich ihnen gegenüber wenig freundlich gezeigt hatten, herumstoßen zu lassen. Es war eine wilde Gesellschaft, ganz furchtlos und sehr offenherzig. In den Zügen sagen die Leute heutzutage ziemlich deutlich, was sie von dem Regime halten. In Neustadt hatte ich gerade genug Zeit, meine Fahrkarte zu kaufen und in einen Zug nach Berlin zu springen, wo ich abermals Bahnhof und Zug wechseln mußte. Wiederum stammten die meisten Reisenden aus Hamburg. Ein kleines Mädchen mit einem schwer verbrannten Arm lachte die ganze Zeit hysterisch.

**Königswart, 14. August 1943**

Es ist überraschend, wie wenig man von allem erfährt, wenn man auf dem Lande lebt.

## BEIRNE LAY
## Ich habe gesehen, wie Regensburg zerstört wurde

Als Co-Pilot nahm Beirne Lay am Luftangriff auf Regensburg am 17. August 1943 teil. Lay hatte die Aufgabe, einen offiziellen Bericht für seinen Befehlshaber zu verfassen. In der Zeitschrift *Saturday Evening Post* beschrieb er die Operation aus der Perspektive der Angreifer. Im Mai 1944 wurde Beirne Lay über Frankreich abgeschossen. Es gelang ihm, sich zu retten und sich zu den gelandeten alliierten Truppen durchzuschlagen. Hiervon berichtet er in seinem Buch *I've Had It* (1945). Beirne Lay ist Co-Autor des Romans *Twelve O'Clock High* und des Drehbuches für den gleichnamigen Film mit Gregory Peck, *Der Kommandeur* (1949), der zwei Oscars erhielt. Bereits Lays Buch über seine Pilotenausbildung bei der US-Luftwaffe, *Ich wollte Flügel* (1937), war 1941 verfilmt worden.

Bei der Einsatzbesprechung zog der Nachrichtenoffizier der Bombergruppe das Abdecktuch zurück, hinter dem eine riesige Wandkarte hing. Jeder einzelne der 240 schläfrigen Kampfgruppenmitglieder in dem überfüllten Raum beugte sich nach vorn. Man hörte leises Pfeifen. Ich spürte, wie Erregung in mir aufkeimte, während ich auf die rote Kordel starrte, die sich von unserer Basis in England zu einem Nadelpunkt tief im südlichen Deutschland erstreckte, weiter nach Süden über die Alpen, durch den Brennerpaß zur italienischen Küste, dann vorbei an Korsika und Sardinien und über das Mittelmeer, bis zu einem Flugplatz in der Wüste

Nordafrikas. Man hätte eine Sauerstoffmaske fallen hören können.

»Ihr erstes Ziel«, sagte der Nachrichtenoffizier, »ist Regensburg. Ihr Zielpunkt sind die Maschinen-und-Motor-Montagewerke für die Messerschmitt 109 G. Das ist das wichtigste Objekt, hinter dem wir jemals her waren. Wenn Sie es zerstören, dann zerstören Sie dreißig Prozent der Produktion einmotoriger Jäger. Ihr Jungs wißt, was das für euch persönlich bedeutet.«

[...] Im Büro sah ich mir den Mannschaftsbogen an, auf dem für jede Mission festgelegt wird, in welcher Formation das Geschwader fliegt, welche Staffeln die Spitze übernehmen, welche unten, welche oben fliegen. Ich war für einen Co-Pilotensitz eingetragen. Während ich dort stand, strich aufgrund der beiläufigen Anregung eines Staffelführers, der die Aufstellung durchsah, der Einsatzoffizier meinen Namen durch und verschob mich als Co-Pilot in die obere Staffel, in die Mannschaft eines zuverlässigen irischen Leutnants namens Murphy, mit dem ich bereits geflogen war. Keiner von uns wußte das damals, aber dieser Einsatzoffizier rettete mir in diesem Augenblick mit dem Radiergummi an seinem Bleistift das Leben. [...]

Um sieben Uhr dreißig durchbrachen wir die Wolkendecke, in das gleißende Licht der aufgehenden Sonne. Unter unserer B-17 lagen die Felder Englands, noch zugedeckt von dem dicken Nebel, aus dem wir gerade emporgestiegen waren. Wir setzten unseren langsamen Steigflug fort, im Rumpf unter den breiten Tragflügeln eine schwere Last Brandbomben und in den Haupttanks und den Tokio-Tanks in den Flügelspitzen [spezielle Treibstofftanks für Langstreckenbomber] eine Ladung Treibstoff, die uns in der dünnen oberen Atmosphäre elf Stunden lang in der Luft zu bleiben erlaubte. [...]

Während wir die Ausbuchtung East Anglias hinter uns ließen, hatten wir einen klaren Blick auf die glitzernde Fläche des Ärmelkanals und der Nordsee. Wir wußten, daß wir bereits auf dem deutschen Radar erschienen und daß die

Abschnittsüberwachung der Jägerstützpunkte der deutschen Luftwaffe in Westeuropa schon eifrig dabei war, ihre *Staffeln** aus Focke-Wulf- und Messerschmitt-Maschinen zu alarmieren. Ich warf noch einen verstohlenen Blick zurück auf das wolkenverhangene England und sah, wie ein Dutzend B-17-Ersatzmaschinen enttäuscht den Sinkflug zurück zur Basis antraten. Sie hatten uns begleitet, um bei eventuellen Ausfällen wegen mechanischer Defekte, bedingt durch den mühsamen Anstieg, einzuspringen. Ich zog meine Sauerstoffmaske fester und sah nach der kleinen Kugel in dem Glasröhrchen auf der Instrumententafel, die anzeigt, ob die Sauerstoffzufuhr funktioniert. Die Kugel bewegte sich wie ein sichtbar gemachter Herzschlag im Einklang mit meinem Atem auf und ab – alles normal.

Die Bordschützen waren bereits auf Objektsuche. Gelegentlich zitterte die Maschine, wenn sie die Geschütze mit kurzen Salven testeten. Von der Gruppe direkt vor und 300 Meter über uns konnte ich blaue Rauchwölkchen aufsteigen sehen, als dort die einzelnen Schützen ihre Feuerbereitschaft überprüften. Die Küste von Holland tauchte als scharf umrissene schwarze Linie auf. Ich nahm einen kräftigen Zug aus der Sauerstoffflasche.

Ein paar Kilometer vor uns sah man deutsche Jungs in Einsitzern, die uns voraussichtlich so engagiert empfangen würden, wie unsere Jungs sie, wenn deutsche Bomber auf die Pratt & Whitney-Motorenfabrik in Hartford oder das Liberator-Werk in Willow Run zuhielten. Es bahnte sich ein Todeskampf zwischen dem unaufhaltsamen Objekt und der unerschütterlichen Abwehr an, sämtlicher Abwehr, über die das Reich verfügte, denn dies war ein tödlicher Vorstoß gegen eine bis dahin unerreichbare und entscheidend wichtige Waffenschmiede des *Vaterlands**.

Um zehn Uhr acht überflogen wir in 6000 Meter Höhe die Küste Hollands, südlich von Den Haag, unsere Gruppe von Fliegenden Festungen gut gedeckt durch die Gruppe über uns und in einer Entfernung zu ihr, die raschen Beistand ermöglichte. Allerdings wirkte unsere lange, locker aufgereihte Kolonne zu sehr auseinandergezogen, und die Lücken zwischen den einzelnen Kampfgruppen erschienen zu groß. Während ich in die Sonne blinzelte und unseren Abstand zu den kaum sichtbaren Pünktchen der führenden Gruppe zu schätzen versuchte, hatte ich das gleiche Gefühl in der Magengrube wie vor dem Abheben – die Ahnung kommenden Unheils, die jemanden beschleichen mochte, der als letzter durch eine von Morgensternen gesäumte Gasse Spießruten laufen muß. Die Ahnung war wohlbegründet.

Um zehn Uhr siebzehn, in der Nähe von Woensdrecht, sah ich das erste Flakfeuer in unserer Nähe aufblühen, schwach und ungenau. Ein paar Minuten später, ungefähr um zehn Uhr fünfundzwanzig, rief ein Schütze: »Jäger von zwei Uhr unten.« Ich sah sie, wie sie vor uns zur Rechten über den Horizont stiegen – ein Paar. Einen Moment lang hoffte ich, daß es sich um P-17-Thunderbolts vom Begleitschutz handelte, der sich in unserer Nähe befinden sollte; aber lange währte die Hoffnung nicht. Die zwei FW-190 schraubten und katapultierten sich in einem Frontalangriff durch die Formation vor uns, wobei sie bei zwei B-17 Treffer in die Tragflächen erzielten und dann direkt über unserer Gruppe in einer Halbrolle zur Seite ausscherten. Den Kopf hoch und nach hinten verrenkend, sah ich einen von ihnen durch das Glasdach der Kabine, wie er mit 900 Stundenkilometer Annäherungsgeschwindigkeit vorbeisauste; seine gelbe Nase rauchte, und nahe der Tragflügelwurzel flogen kleine Teile davon. Die Geschütze unserer Gruppe feuerten. Der durchdringende Gestank brennenden Kordits erfüllte die Kanzel, und die B-17 erzitterte unter dem Rückstoß der Geschütze im Bug und im Kugelturm. Die getroffenen B-17 zogen sofort eine Rauchspur hinter sich her, hielten aber ihre Positionen.

Die Jäger reagierten diesmal früh. Unsere Mannschaft spürte, daß etwas in der Luft lag. Die Art, wie diese beiden Jäger sich sofort nach ihrem Aufstieg ohne weitere Umstände auf uns gestürzt hatten, hatte etwas verzweifelt Tollkühnes. Unsere eigenen Jäger waren irgendwo weiter vorne auf der Marschroute beschäftigt. Ein paar Sekunden lang konnte man ihren Bordfunk hören, mit knappen Anweisungen: »Mehr Führung.« – »Kurze Salven.« – »Verschwende keine Munition.« – »Unteroffizier an Schützen Mitte links, brüllen Sie nicht. Reden Sie langsam.«

Drei Minuten später berichteten die Schützen, daß aus allen Richtungen des Ziffernblatts Jäger aufstiegen, einzeln und paarweise, sowohl FW-190er als auch Me-109-G-Maschinen. Die Menge von Jägern, die ich auf meiner Seite sah, ließ Schlimmes befürchten. Eigene Thunderbolts waren nicht zu sehen. Von jetzt an waren wir in Todesgefahr. Ich bekam einen trockenen Mund und kniff den Hintern zusammen. Ein koordinierter Angriff begann, wobei die vordersten Jäger von schräg oben auf uns herabstießen, die Angreifer aus den Richtungen neun und drei Uhr sich uns ungefähr auf gleicher Ebene näherten und die hinteren Angreifer von schräg unten kamen. Die Geschütze aus sämtlichen B-17 in unserer Gruppe und der Gruppe vor uns feuerten gleichzeitig und durchpeitschten den Himmel mit orangefarbenen Leuchtspurgeschossen, passend zu den Serien von Feuerstößen, die aus den 20mm-Geschützmündungen in den Flügeln der deutschen Einsitzer herausspritzten.

Ich sah mit Schrecken, daß ein großer Teil unseres Feuers hinter dem Ziel landete – besonders die Schüsse aus den Handfeuerwaffen vom Bug und von mittschiffs. Trotzdem erlitten beide Seiten Verluste: Das ganze aus drei B-17 bestehende zweite Element der unteren Staffel und eine B-17 aus der Gruppe vor uns fielen brennend aus der Formation und wurden von den Besatzungen geräumt, während mehrere Jäger in Flammen das Weite suchten oder die Piloten hinter ihnen zurückblieben, unter den Baldachinen von schmutziggelber Farbe, durch die sich einige ihrer Fallschirme von unseren unterschieden. Unser vierundzwanzigjähriger Gruppenführer, der erst seinen dritten Kampfeinsatz flog, ließ uns noch dichter zur vorderen Gruppe aufschließen, damit wir uns wechselseitig Hilfe leisten konnten.

Während wir mit unserer Staffel in einem leichten Ausweichmanöver zur Seite ausschwenkten, bekam ich die Lücke in der unteren Staffel, wo die drei B-17 geflogen waren, gut zu sehen. Plötzlich biß ich mir heftig auf die Lippe. Die Führungsmaschine dieses Elements war in Flammen ausgeschert und explodiert, ehe irgend jemand sie verlassen konnte. Es war die Maschine, der ich ursprünglich zugeteilt worden war.

Ich blickte zu Murphy hinüber. Es war kalt in der Kanzel, aber ihm rann Schweiß von der Stirn und über die Sauerstoffmaske, so groß waren die Anstrengung, die es ihn kostete, sein Element dicht im Verband zu halten, und die Anspannung wegen der Warnungen, die brummend über den Bordfunk kamen, ganz zu schweigen von dem, was er aus den Augenwinkeln selber sehen konnte. Er bemerkte meinen Blick und überließ mir für ein Weilchen das Steuerpult. Für mich war es eine enorme Erleichterung, mich aufs Fliegen konzentrieren zu können, statt dazusitzen und zuzusehen, wie einem die Jäger zwischen die Augen zielten. Die Angriffe von hinten kümmerten mich aus irgendeinem Grund nicht weiter, obwohl ich sie über den Bordfunk mitbekam. Wahrscheinlich war der Grund dafür die Tatsache, daß sich in meinem Rücken eine Panzerplatte befand, und ich die Attacken ohnehin nicht beobachten konnte.

Ich wußte, wir befanden uns in einem heftigen Gefecht. Alle Alarmglocken in meinem Gehirn und meinem Herzen schrillten laut. Aber nervlich war ich ruhig, und mein Gehirn funktionierte. Die Angst war unangenehm, aber erträglich. Ich wußte, ich würde umkommen und viele andere auch. Was ich nicht wußte, war, daß der eigentliche Kampf, der Beschuß mit Granaten aus den 20mm-Geschützen der Luftwaffe, noch gar nicht richtig begonnen hatte. Die größte und grimmigste Jagdgeschwaderabwehr aller Zeiten war aufgestiegen, um uns um jeden Preis zu stoppen, und unsere Gruppe bildete das am meisten gefährdete Ziel.

Ein paar Minuten später traf uns die erste Welle eines Hagelsturms von Jägerattacken, die uns in ein solches Gewitter von Geschossen und Granaten hüllten, daß eine chronologische Schilderung der Ereignisse schwerfällt. Um zehn Uhr einundvierzig, über Eupen, blickte ich nach einer kurzen

Kampfpause aus dem Fenster und sah zwei ganze Staffeln, zwölf Me-109 und elf FW-190, wie auf einer steilen Rolltreppe parallel zu uns aufsteigen. Die erste Staffel hatte unsere Höhe erreicht und preschte voraus, um zu wenden und sich auf uns zu stürzen. Die zweite kam nicht weit dahinter. Viele hundert Meter unter uns sah man zahlreiche weitere Jäger, die Nasen im maximalen Steigflug nach oben gerichtet. Über den Bordfunk kamen Meldungen, daß sich eine ebenso große Zahl von feindlichen Flugzeugen auf der anderen Seite der Formation befand.

Zum ersten Mal bemerkte ich eine Me-110, die rechts von uns auf unserer Höhe außer Schußweite mitflog. Sie sollte uns den ganzen Weg bis zu unserem Ziel begleiten, offenbar, um unsere Position und unsere Schwachstellen an die neuen *Staffeln**, die uns unterwegs noch erwarteten, per Funk zu übermitteln.

Beim Anblick all dieser Jäger überkam mich das deutliche Gefühl, in der Falle zu sitzen – daß der Hunne einen Tip bekommen hatte oder jedenfalls ahnte, wohin wir wollten, und auf unser Kommen vorbereitet war. Den deutschen Jagdabwehrgürtel hatten wir hinter uns. Offensichtlich hatten sie zwecks einer beweglichen Raumverteidigung viele Staffeln zurückverlegt; sie mußten auch über etliche Reserven für die innere Verteidigung verfügen, von denen wir nichts wußten. Die Lebenserwartung unserer Gruppe schien definitiv begrenzt zu sein, zumal deutlich geworden war, daß die Jäger, statt mit einem die ganze Kolonne umfassenden Überholmanöver Treibstoff zu verschwenden, bereit waren, sich kurz entschlossen auf uns zu stürzen.

In einer weiten Drehung um 180 Grad ihre gelben Nasen uns zuwendend, stürmte die aus zwölf Maschinen bestehende Me-190-Staffel paarweise aus dem Sektor zwölf bis zwei Uhr auf uns los. Der Hauptangriff begann. Ich kämpfte gegen die Versuchung an, die Augen zu schließen, und überwand sie.

Ein silbern schimmerndes Metalldreieck segelte über unseren rechten Tragflügel. Es handelte sich, wie ich erkannte, um die Tür eines Hauptausstiegs. Sekunden später kam ein schwarzer Klumpen durch die Formation gesaust und verfehlte nur knapp mehrere Propeller. Es war ein Mann, den Kopf an die Knie gepreßt, der sich wie ein Turmspringer in einem Dreifachsalto überschlug und so dicht bei uns vorbeiflog, daß ich sah, wie ein Blatt Papier aus seiner Lederjacke herauswehte. Er zögerte offenbar den Zug an der Reißleine hinaus, denn ich sah nicht, wie sein Fallschirm sich öffnete.

Eine B-17 scherte langsam aus der Formation nach rechts aus, während sie noch die Höhe hielt. Im Bruchteil einer Sekunde verschwand sie vollständig in einer gleißenden Explosion, aus der als einzige Überreste vier Feuerkugeln, die Treibstofftanks, auftauchten, die rasch ausbrannten, während sie zur Erde stürzten.

Ich sah blaue, rote, gelbe und aluminiumfarbene Jäger. Ihre Taktik entsprach so ziemlich dem Lehrbuch: Die Angriffe von vorne richteten sich auf die untere Staffel, während die Angriffe von hinten auf die Staffeln vorne und oben zielten. Einige der deutschen Jäger beschossen uns mit Raketen; und mit kleinen schwarzen Zeitzünderstangen, die sie von oben abwarfen und die neben der Formation und ein Stück von ihr entfernt in kleinen grauen Wölkchen explodierten, unternahmen sie den Versuch eines Luftbombardements. Einige der FW [Focke-Wulf] nahmen die obere Gruppe aus 150 Meter Entfernung ganz schön unter seitlichen Beschuß und feuerten dann beim Wegtauchen aus größerer Nähe auf die untere Gruppe, wobei sie in seitlicher Abrutschbewegung die Nase schräg aufrichteten, um die Formation während des Wendemanövers länger im Visier zu behalten. Bei mindestens zwei der Staffeln sah man unter dem Rumpf oder den Tragflügeln der Maschinen außen angebrachte Treibstofftanks – eine wenig tröstliche Auflösung des Rätsels, warum sie sich so weit entfernt von ihren Stützpunkten an unsere Fersen heften konnten.

Die Art und Weise der Angriffe sprach dafür, daß die Piloten wußten, wo wir hinwollten, und von einer fanatischen Entschlossenheit erfüllt waren, uns den Weg dorthin zu versperren. Viele rückten uns bei ihren Angriffen bis auf 200 Meter nahe oder rasten im weiten Bogen direkt durch unsere Formation, wobei sie zwanzig Sekunden lange Salven abfeuerten und beim Wegtauchen oft Kernschußziele abgaben. Viele begingen den fatalen Fehler, die Maschine hochzuziehen, statt nach unten wegzutauchen. Erfahrenere Piloten flogen mit merklich geringerer Annäherungsgeschwindigkeit Frontalangriff, wobei das gedrosselte Tempo ihnen größere Zielgenauigkeit ermöglichte. Keine Taktik aber vermochte den dicht gedrängten Schwerlastzug unserer Fliegenden Festungen zum Stehen zu bringen beziehungsweise den Einsitzern die schrecklichen Verluste zu ersparen, mit denen sie ihre Angriffe bezahlten.

Unser Flugzeug war durch allerlei Trümmer gefährdet. Notausstiegsluken, zu früh geöffnete Fallschirme, menschliche Körper und vielerlei Bruchstücke von B-17-Maschinen und Jägern der Hunnen wehten im Luftschraubenstrom an uns vorbei.

Ich sah, wie zwei Jäger nicht weit entfernt unter uns explodierten und hinter orangefarbenen Feuerwänden verschwanden; ich sah B-17-Maschinen mit den unterschiedlichsten Schäden aus der Formation herausfallen, angefangen mit brennenden Motoren bis hin zu weggeschossenen Leitwerken; ich sah Fallschirme der eigenen Leute und des Feindes hinabschweben und auf dem grünen Teppich unter uns rauchende Scheiterhaufen aus abgestürzten Jägern, als unsere Wegmarkierungen.

Wir flogen weiter durch das strudelnde Durcheinander einer verzweifelten Luftschlacht, in dem es von zertrümmertem Fluggerät wimmelte und der Anblick von sechzig Fallschirmen, die gleichzeitig durch die Luft schwebten, kaum einen zweiten Blick wert war. Das Spektakel, das sich vor meinen Augen abspielte, nahm so bizarre Züge an, daß mein Gehirn all den Tod und die Zerstörung um uns gar nicht mehr als wirklich wahrnahm. Wäre da nicht der Druck in meinem Darm gewesen, der sich gern entleert hätte, ich hätte genausogut Zuschauer eines Zeichentrickfilms im Kino sein können.

Aus den sich hinschleppenden Minuten wurde eine Stunde. Und noch immer kamen die Jäger. Unsere Schützen verständigten sich kurz und kaltblütig untereinander, teilten sich die Ziele auf, kämpften mit jeder Salve um ihr Leben – und um unseres und das der Formation. Der Schütze im Heck rief, er habe keine Munition mehr. Wir schickten ihm einen neuen Patronengurt nach hinten. Hier tat sich ein weiteres Problem auf. Unter Umständen ging uns die Halbzoll-Munition aus, ehe wir unser Ziel erreichten.

Ich blickte nach beiden Seiten hinaus. Unsere zwei Flügelmannschaften waren verschwunden. Und das galt auch für die Maschine vor uns – alle drei waren weg. Wir rückten vor in die Position hinter dem führenden Element der oberen Staffel. Ich blickte auf meiner Seite erneut hinaus und sah, wie sich eine demolierte Maschine mit einem der Propeller auf Segelstellung hinter unserem rechten Flügel hochkämpfte, während aus ihrem kaputten Motor eine Rauchfahne in den Luftschraubenstrom wehte. Die Maschine fiel wieder ab, und unser Schütze im Heck hatte freies Blickfeld. Hinter uns befanden sich keine B-17 mehr. Wir waren die letzten.

Ich übernahm erneut für eine Weile das Steuer. Das erste, was ich sah, als Murphy mich wieder ablöste, war eine B-17, die langsam nach rechts ausscherte, ihre Kanzel ein einziges Flammenmeer. Der Co-Pilot kroch aus seinem Fenster, hielt sich mit einer Hand fest, langte durchs Fenster hindurch nach seinem Fallschirm, schnallte ihn sich an, ließ los und wurde hinten gegen die Stabilisierungsflosse des Leitwerks gefegt. Den Aufprall dürfte er nicht überlebt haben. Sein Fallschirm blieb geschlossen.

Ich blickte nach vorn und hätte mich fast geduckt, als der Heckschütze einer B-17 vor uns genau in Richtung unserer Windschutzscheibe zielte und eine Salve Rauchspurgeschosse abfeuerte, die uns um ein, zwei Meter verfehlten; er feuerte auf einen Jäger, der uns von sechs Uhr unten angriff. Fast hätte ich mich wieder geduckt, als dreißig Zentimeter über meinem Kopf die zwei Maschinengewehre in unserem eigenen Geschützturm direkt nach vorne losdonnerten und den authentischen Eindruck von in der Kanzel explodierenden Geschützgranaten erzeugten, während ich den nicht minder authentischen Eindruck eines Mannes erweckte, den es nicht mehr auf seinem Sitz hielt.

Noch immer ließ der Druck nicht nach. Die Jäger rückten wie in einer Warteschlange vor und zeigten es uns. Jede Sekunde brachte eine Granate. Unsere Rolle als Tontaube am falschen Ende des luftigen Schießstands war fast nicht mehr auszuhalten. Unsere »Piccadilly Lilly« erbebte ständig unter dem Feuer der Halbzollgeschütze, und die Luft im Innern war rauchgeschwängert. Zum tausendsten Mal kontrollierte ich die Instrumente. Alles normal. Noch keine Verletzten unter der Besatzung. Vielleicht erreichten wir ja doch unser Ziel, trotz verminderter Feuerkraft. Sieben Fliegende Festungen aus unserer Gruppe waren bereits abgestürzt, und von den übrigen hatten viele starke Schäden erlitten und verfügten über zuwenig Mannschaft, weil Mitglieder der Besatzung verwundet waren.

Fast gleichgültig beobachtete ich, wie eine B-17 aus der Gruppe vor uns ausscherte und auf eine Position neben uns, etwa siebzig Meter von unserer rechten Flügelspitze entfernt, zurückfiel. Ihre rechten Tokio-Tanks standen in Flammen, und das schon seit einer halben Stunde. Jetzt wurde der Rauch dichter. Flammen züngelten aus der geschwärzten Außenhaut des Tragflügels. Während der Pilot die Maschine stabil hielt, sah ich vier Mitglieder aus dem Bombenschacht springen und zeitverzögert die Fallschirme öffnen. Ein anderer stürzte sich aus dem Bug, öffnete seinen Fallschirm zu früh und hätte sich um ein Haar im Heck verfangen. Ein anderer verließ die Maschine durch die Geschützöffnung Mitte links und wartete lange genug, um gefahrlos die Reißleine ziehen zu können. Der Schütze im Heck stürzte aus seiner Luke und zog offenbar die Reißleine, bevor er genug Abstand von der Maschine hatte. Sein Fallschirm öffnete sich im Nu, verfehlte um Haaresbreite das Heck und riß so heftig an ihm, daß ihm beide Schuhe abfielen. Er hing schlaff in den Gurten, während die anderen sofort Lebenszeichen gegeben und sich in ihren Gurten bewegt hatten. Die Festung fiel dann in einer Halbspirale zurück, und ob die Piloten absprangen, konnte ich nicht erkennen. Ich sah aber die Maschine; unmittelbar bevor sie mit dem Bauch nach oben aus meinem Blickfeld trudelte, bot sich ihr Tragflügel als eine einzige gelbe Flammenwand dar.

Nachdem wir nun bereits über eine Stunde lang ständigen Angriffen ausgesetzt waren, schien unsere vollständige Vernichtung beschlossene Sache zu sein. Der Himmel war nach wie vor gefleckt von aufsteigenden Jägern. Bis zu unserem Ziel brauchten wir noch fünfunddreißig Minuten. Ich zweifle, ob irgendeiner in der Gruppe sich vorstellen konnte, daß wir bis zum Totalverlust noch sehr viel weiter kommen würden. Die ständige Anspannung und nervliche Belastung hatte die Schützen erschöpft – jene Belastung, die Schützen und Piloten ins Pflegeheim bringt. Wir hatten offenbar dem Gros der Luftwaffe als Zielscheibe gedient. Der Rest, so mußten wir annehmen, erwartete uns gefechtsbereit am Zielpunkt.

In diesem hoffnungslosen Moment erlebte ein junger Staffelführer in der unteren Staffel seine Sternstunde. Seine Staffel hatte schon früh, südlich von Antwerpen, ihr aus drei Maschinen bestehendes zweites Element verloren, aber er hatte beharrlich und unbeirrt seine prekäre und exponierte Stellung in der Formation beibehalten, um mit den weitgehend ungedeckten Geschützen seiner drei verbleibenden Maschinen die Unterseite der Formation zu schützen. Jetzt, da wir uns dem Ziel näherten, schien er kurz davor zu stehen, den Treffern aus der Schlacht zu erliegen. Eine 20mm-Granate schlug in der rechten Seite seiner Maschine ein und explodierte unter ihm, wobei sie die Elektrizitätsversorgung beschädigte und dem Mann im Geschützturm eine Schnittwunde im Bein verpaßte. Eine zweite 20mm-Granate drang in den Funkraum und tötete den Funker, ihm wurden die

Beine über den Knien abgerissen. Eine dritte 20mm-Granate drang links in den Bug, schlug eine Fläche von etwa einem Fünftel Quadratmeter heraus, schlug die Halterungen des rechten Buggeschützes weg und verletzte den Bombenschützen an Kopf und Schulter. Eine vierte 20mm-Granate drang durch den rechten Tragflügel in den Rumpf und zertrümmerte das hydraulische System; in der ganzen Kanzel verspritzte Flüssigkeit. Eine fünfte 20mm-Granate durchlöcherte das Kabinendach und durchtrennte auf einer Seite des Seitenruders die Seilverbindung. Eine sechste 20mm-Granate explodierte im Motor Nummer 3 und zerstörte alle seine Regler. Der Motor fing Feuer und gab seinen Geist auf, aber das Feuer sah ich schließlich wieder ausgehen.

Angesichts der Beschädigungen von Bauteilen, des teilweisen Verlusts von Steuervorrichtungen, der Brände in der Luft und der ernsthaften Verwundungen von Besatzungsmitgliedern, dabei konfrontiert mit neuen Wellen von Jägern, die immer noch zum Angriff aufstiegen, hätte dieser Kommandant mit Fug und Recht seine Maschine aufgeben können. Seine Besatzung, von der viele noch vergleichsweise jung und unerfahren waren, bereitete sich auf den Absprung vor. Der Co-Pilot drängte ihn mehrfach, das Flugzeug zu räumen. Er aber lehnte schroff ab. Seine Antwort war über den Bordfunk zu hören und übte eine magische Wirkung auf die Besatzung aus. Die B-17 hielt durch.

In der Nähe unseres Zielgebiets, um elf Uhr dreißig, anderthalb Stunden nach dem ersten von mindestens 200 Einzelangriffen, ließ der Druck nach, obwohl sich immer noch feindliche Flieger in der Umgebung herumtrieben. Mich überkam ein merkwürdiges Gefühl. Ich war immer noch am Leben. Man konnte das Ziel ins Auge fassen. Nordafrika. Die Rückkehr nach England. Fast entspannt sah ich zu, wie eine beschädigte B-17 nach außen abdrehte, ihre Räder ausfuhr, den Bombenschacht öffnete und ihre Bomben abwarf. Drei Me-109 umkreisten sie in dichtem Abstand und ließen die Besatzung abspringen, ohne zu feuern. Da erinnerte ich mich, daß ich ein Weilchen vorher beobachtet hatte, wie andere Hunnenjäger nicht zurückgefeuert hatten, obwohl sie aus einer B-17, aus der die Mannschaft gerade absprang, beschossen wurden. Ich bezweifle allerdings, daß Sportsgeist der Grund für dieses Verhalten war. Sie hofften, eine B-17 einigermaßen unversehrt auf die Erde herunterzubringen.

Und dann schwenkte unsere erschöpfte, gebeutelte Kolonne, um vierundzwanzig Maschinen reduziert, aber nach wie vor in der eng geschlossenen Formation, in der die Übriggebliebenen dank schierer fliegerischer Disziplin und Schußkraft durchgehalten hatten, in den Zielanflug ein. Ich wußte, daß unsere Bombenschützen mit grimmigem Eifer ihre Visiere auf die großen Me-109 Werkshallen ausrichteten, die unter uns in einer Schlaufe der sich durch die Landschaft windenden blauen Donau lagen, dicht am Rand von Regensburg. Unsere B-17 hob sich leicht, und auf dem Schaltpult erlosch ein rotes Licht. Unsere Bomben waren raus. Wir drehten in Richtung der schneebedeckten Alpen ab. Ich blickte zurück und sah etwas Wunderbares – eine quadratische Rauchsäule, die aus dem Me-109-Werk aufstieg. Nur ein Abwurf hatte das Ziel verfehlt und die Stadt getroffen. Selbst aus so großer Höhe konnte ich sehen, daß wir das Zielobjekt erwischt hatten. Der Preis? Nicht der Rede wert. 200 Mann Flugpersonal.

Ein paar weitere Jäger piesackten uns auf dem Weg zu den Alpen, und zwei rauchende B-17 glitten hinunter, der etwa sechzig Kilometer entfernten sicheren Schweiz entgegen. Eine Stadt am Brennerpaß schickte uns eine wirkungslose Flak-Salve herauf. Flak? Von der hatte es in den vergangenen zwei Stunden jede Menge gegeben, aber erst jetzt erinnerte ich mich daran, sie bemerkt zu haben, als eine Art Randerscheinung zu den Jägern. Oberst [Curtis] Le May, der sich den ganzen Flug über hervorragend um uns gekümmert hatte, ließ die Luftdivision über einem großen See kreisen, um den beschädigten Maschinen, von denen einige mit nur drei Motoren flogen und viele Rauchfahnen hinter sich herzogen, den *Anschluß** zu ermöglichen. Um Treibstoff zu sparen, näherten wir uns in langsamem Sinkflug dem Mittelmeer. Draußen über dem Wasser flogen wir in geringer Höhe, ohne daß uns Flieger von Sardinien oder Korsika belästigten. Die langen, heißen Nachmittagsstunden hindurch warteten wir auf das Auftauchen der nordafrikanischen Küste. Die Aussicht, mangels Treibstoff im Meer zu landen, und der Anblick anderer B-17, die tatsächlich in den großen Teich fielen, schienen Bagatellen nach dem schrecklichen Alptraum des langen Spießrutenlaufs durch Süddeutschland. Wir hatten ein Schattental des Todes durchflogen, und es gab kein Übel mehr, vor dem ich mich hätte fürchten können.

Mit rot leuchtenden Warnlampen für alle unsere Treibstofftanks landeten wir auf dem vorgesehenen Stützpunkt in der Wüste, nach elf Stunden Flug. Ich schlief auf der Erde neben dem Tragflügel; gelegentlich wachte ich auf und sah in den Sternenhimmel. Meinen Kopfhörer für den Funkempfang hatte ich in der Maschine gelassen, und dennoch vernahm ich die gewaltigen Akkorde großer Musik.

## PAUL STÄMPFLI
### In Deutschland zum Tode verurteilt

Aufgrund einer Denunziation wurde der Schweizer Paul Stämpfli bei einer Geschäftsreise nach Deutschland von der Gestapo in Berlin verhaftet (31. März 1942) und vom Volksgerichtshof wegen »Landesverrats« zum Tode verurteilt (am 21. Juli 1942). Mehr als ein Jahr verbrachte er im Gefängnis Plötzensee (laut Häftlingskarteikarte vom 22. Juli 1942 bis zum 24. September 1943). Dort erlebte er die schweren Luftangriffe auf Berlin im Herbst 1943. Beim Bombardement vom 3./4. September 1943 mußten Hunderte zum Tode Verurteilter befürchten, in ihren Zellen getroffen zu werden. Daß Paul Stämpfli freigelassen wurde und in die Heimat zurückkehren konnte (29. Oktober 1943), ist einem bereits seit März verhandelten Austausch gegen in der Schweiz gefaßte deutsche Spione zu verdanken. Stämpflis Bericht erschien 1945 in der Schweiz. Die Zensoren sahen in seiner kunstlosen Darstellung das Indiz einer wahrheitsgetreuen Schilderung, und sie begründeten ihre Freigabe damit, daß die geschilderten Verbrechen des gefährlichen Nachbarlandes keine Polemik darstellten, sondern hinlänglich bekannt waren. Beanstandet wurden lediglich eine Szene, in der Stämpfli die sadistische Behandlung der Gefangenen durch die Gestapo beschreibt; und ein Hinweis auf die diplomatische Vermittlung seiner Befreiung.

Die Bombardements vom 25. August und 1. September richteten sich gegen den Süden von Berlin; Sprengbomben und Brandgranaten fielen in der Hauptsache auf Lichterfelde. In der Nacht vom 3. auf den 4. September, es war vom Freitag auf den Samstag, morgens um halb ein Uhr, drohte das Schicksal unserm kummervollen Dasein ein rasches Ende zu bereiten. Das Bombardement hat nicht, wie im Ausland geschrieben wurde, Siemensstadt und Borsig vernichtet, sondern es traf den Waffenplatz Döberitz sowie Plötzensee und richtete Zerstörungen an bis in die Nähe von Moabit. Durch die täglichen Einflüge fremder Flugzeuge war man an das Aufheulen der Sirenen längst gewöhnt, niemand unter uns machte sich jedoch bis jetzt von der Vernichtungskraft eines Großbombardements eine richtige Vorstellung.

All die armen Tschechen, vor allem die tschechischen Offiziere und auch die zum Tode verurteilten Franzosen hofften bei jedem Fliegeralarm, daß nun Berlin endlich zusammengeschlagen werde und sich dadurch die Aussicht auf unsere Rettung verbessere. Alle Gefangenen hatten derartige Hoffnungen. Jeder versuchte sich in seiner Todesnot an einen Strohhalm zu klammern, und mancher sah einen Hoffnungsschimmer für seine Rettung, obwohl ein solcher gar nicht sichtbar war; denn die Hoffnung auf eine Verbesserung unserer Lage infolge eines Bombardements war eine große Illusion.

Kurz nach Mitternacht ertönten die Alarmsirenen. Wie dem Donnerrollen gleich war aus der Ferne das Schießen der Fliegerabwehr zu vernehmen. Es dauerte ungefähr 20 Minuten. In dieser Zeit wurde das Bellen und tiefe Rollen der Abwehrbatterien immer gewaltiger. Die großen Flakbatterien von Döberitz und Plötzensee traten selten in Aktion; doch diese Nacht begannen sie heftig zu feuern. Wir wußten bald, daß der Angriff unserer Gegend galt, in der unser Gefängnis lag. Aus dem Flugzeug gesehen, konnte das Gefängnis sehr leicht mit einer riesigen Fabrik verwechselt werden; denn mit seinen vielen Gebäuden, dem hohen Schornstein und seiner eigenen Kirche bildete es eine ganze Stadt für sich. Das Gebäude mit der Anstaltsküche hatte schon bei einem früheren Angriff Treffer durch Brandbomben erhalten; das Feuer konnte jedoch damals rasch lokalisiert und niedergekämpft werden. Die Fenster der Kirche waren längst durch die in der Nähe niedergehenden Bomben eingedrückt, und sie war auch bereits seit einiger Zeit für das Abhalten von Gottesdiensten unbenutzbar und unbrauchbar geworden.

Wir hörten plötzlich zwischen dem Dröhnen der Abwehrgeschütze in unserer nächsten Nähe das Singen und Heulen von Hunderten abgeworfener Brandbomben. Sofort ertönten auch die furchtbaren Schreie getroffener und durch das Feuer bedrohter Menschen aus der Umgebung. Es wurde taghell. Ein Sturm von Feuergarben raste dem Flügel meines Gefängnishauses zu. Das Schreien der Menschen wurde immer fürchterlicher. Der papierne Verdunkelungsvorhang meiner Zelle kam herunter, und kurz nachher flogen die Glassplitter der zerbrochenen Fensterscheiben herein. Es sah aus, als ob unmittelbar das Ende der Welt bevorstünde. Der Friedhof uns gegenüber und die große Brauerei in der Nähe standen in hellen Flammen. Es war, als ob ein Orkan losgebrochen wäre. Durch die Eisengitter meiner Zelle warf ich einen letzten Blick hinaus und konnte dabei sehen, daß der Nordflügel des Gefängnisgebäudes in Flammen stand. Zwischen dem Heulen der Brandbomben hörte man jetzt auch die Detonationen der Sprengbomben. Offenbar richtete sich der

Großangriff gegen die Gefängnisstadt und deren Umgebung. Einige Blindgänger sausten durch das ganze Gebäude hindurch, ohne zu krepieren. Nur wenige Zellen von der meinigen entfernt hörte ich einen Blindgänger einschlagen. Gleichzeitig ertönten die furchtbaren Schreie der gefesselten Gefangenen, die wehr- und hilflos in ihren Zellen dem Bombardement ausgeliefert waren. Verzweifelt stellte ich mich an die Zellentüre und schlug die Wolldecke um mich, so gut das mit den gefesselten Händen eben möglich war. Jeden Moment erwartete ich einen Volltreffer und das bevorstehende Ende. Wer es nicht selbst miterlebt hat, kann sich wohl kaum eine Vorstellung machen, wie fürchterlich es ist, im Gefängnis zu sitzen, in verschraubten Handfesseln, während das Gefängnis einem Großangriff ausgesetzt ist. In Fesseln zu liegen, jeden Augenblick das Zusammenbrechen des Gebäudes zu erwarten bedeutete für jeden Gefangenen eine furchtbare Marter. Wir, die auf unsere Errettung durch ein Bombardement gehofft hatten, erzitterten jetzt vor dem uns bedrohenden Untergang.

Endlich, nach entsetzlichen, langen und bangen Minuten hörte man die Schlüssel rasseln und das Öffnen von Zellentüren. Das Feuer griff bereits auf unsern Flügel über. Jetzt klirrten auch die Schlüssel vor meiner Türe, Schloß und Riegel wurden geöffnet.

»Heraus, rasch heraus!« rief mir ein Wachtmeister zu. Der Schweiß rann dem Manne von der Stirne. Er war einer von den ganz wenigen Gefängnisbeamten mit menschlichem Mitgefühl. Er holte uns heraus, als das Gefängnis schon lichterloh brannte.

Die Gefängniskleider mußten jede Nacht auf unserm Sitzbock in den Gang hinausgelegt werden. Wir konnten uns also in der Zelle während des Bombardements nicht anziehen. Zudem wäre es auch unmöglich gewesen, mit den gefesselten Händen die Kleider anzuziehen. So rannten wir alle nur mit dem Hemd bekleidet und mit den Holzlatschen an den Füßen – viele sogar nur barfuß – aus unsern Zellen. Vorsichtshalber hatte ich noch die Wolldecke um mich gehängt.

Wie ich erst jetzt sehen konnte, waren einige Zellentüren herausgeschlagen. Zwei Zellen von der meinigen entfernt, stützte ein Gefangener einen unserer Kameraden. Das elektrische Licht war erloschen, nur noch einige Notlampen brannten. Wir zum Tode verurteilten und an den Händen gefesselten Gefangenen rannten um unser Leben; denn der Brand dehnte sich rasch aus, und schon löste sich infolge der großen Hitze die Gipsdecke. Wir kamen in den Keller hinunter, der jedoch keine Sicherheit gegen Bomben bot, sondern höchstens vorübergehend gegen das Feuer einigen Schutz zu bieten vermochte. Der Keller bestand aus einem langen Betongang, doch war er nicht zum Schutze der Gefangenen gegen Fliegerangriffe gebaut worden. Immerhin fühlten wir Todeskandidaten uns doch etwas geborgen. Andauernd erzitterte das Gewölbe von dem Einschlagen der Bomben. Zwei Flügel des Gefängnisgebäudes standen in Flammen.

Hier unten im Keller konnten wir miteinander sprechen, und es kamen einige meiner lieben Kameraden zu mir. Da ich als Dolmetscher den zum Tode verurteilten Franzosen den Lebenslauf niederzuschreiben hatte, kannten mich die meisten. Sie wußten auch von mir, daß ich bereits fünfzehn Monate in Handfesseln lag. Wir erzählten uns gegenseitig die letzten Erlebnisse. Es bestätigte sich, daß drei Zellen von mir entfernt zwei Brandbomben eingeschlagen hatten. Die Eisentüre der Zelle wurde vom Luftdruck herausgedrückt und die beiden gefesselten Insassen zu Boden geschleudert. Keiner hatte größere Verletzungen erlitten. Auch die Gefangenen von andern Flügeln hatten Verletzungen, doch nur unbedeutende. Soviel man bis jetzt wußte, waren noch keine Todesopfer unter den Gefangenen zu beklagen.

Wir Gefangenen boten unten im Keller einen bedauernswerten Anblick. Die meisten waren vor Aufregung völlig erschöpft. Was soll nun mit uns geschehen? Alle waren ohne Kleider. Offenbar mußte damit gerechnet werden, daß alle unsere wenigen Habseligkeiten, die ganze Wäsche und die Gefangenenmonturen, verbrannt waren. Eine Anzahl meiner Leidensgenossen hatte in ihrer Todesangst die Handfesseln aufgeschlagen, indem sie mit der Fessel so lange auf den Betonboden schlugen, bis diese aufsprang und es gelang, mindestens eine Hand frei zu bekommen. In Hemd und Handfesseln erwarteten wir das Ende des Bombardements. Als die Bombenexplosionen aufhörten und die Fliegerabwehr verstummte, wurden wir aus dem Keller herausgeholt. Der gleiche Wachtmeister, der unser Leben gerettet hatte, führte uns hinaus. Unter den hohen Gefängnisbeamten, die alle Stahlhelme trugen, war eine große Aufregung zu bemerken. Keiner wußte recht, was zu tun war, Befehle und Gegenbefehle lösten einander ab. Jene Beamten, die mit größter Grausamkeit Menschen folterten und töteten, waren im Moment der Gefahr von Panik und Hilflosigkeit befallen. Es fehlte an Wasser, um dem rasenden Feuer Einhalt zu gebieten, mit dem Funktionieren oder Weiterbestehen der ganzen Organisation war es aus.

Als wir ins Freie kamen, erblickten wir rings um uns ein Trümmerfeld. Etliche große Gebäude der Gefängnisstadt waren vollständig zerstört. Überall loderten die Flammen gegen den nächtlichen Himmel. Die erste und wichtigste Frage, die sich jeder von uns Todeskandidaten stellte, war: »Liegt das Schlachthaus auch in Trümmern?«

Nach einiger Zeit des Herumstehens und des Herumkommandierens wurden wir auf drei andere, vom Feuer verschonte Gebäude verteilt. Es war bereits halb vier Uhr morgens. Immer und immer wieder wurden wir gezählt. Jeder der großen mit Goldtressen geschmückten Herren wollte befehlen. Es benötigte längere Zeit, die zirka 400 gefesselten Menschen zu zählen und wieder unterzubringen.

Der Hauptteil der Gefangenen wurde je zu viert den kleinen Einzelzellen zugeteilt. Für den Rest, unter dem ich mich befand, wurden noch zwei größere Räume gefunden. Die Fensterscheiben fehlten, und die Luft war dick von bissigem Rauch. Ich wurde in einem dieser beiden Räume mit fünfzehn anderen Gefangenen untergebracht. [...]

Nach dieser grauenvollen, schweren Nacht lebte ein jeder von uns in der Hoffnung, daß nun das Schlachthaus mit der Guillotine zusammengestürzt und verbrannt sei. Jeder hoffte, es würden einige Tage der Ruhe und Entspannung kommen, da keine Hinrichtungen vorgenommen werden könnten. Viele hofften in ihrer großen Todesnot, daß das Eintreffen der alliierten Bomberformationen die baldige Rettung bringen würde. Doch dies alles waren leere Hoffnungen, die schon in den nächsten Tagen von entsetzlichen Enttäuschungen abgelöst wurden.

Das Bombardement hatte in der Umgebung 1500 Zivilisten das Leben gekostet, wie ich aus dem Mund eines Oberwachtmeisters erfuhr. Unter den 2500 Gefangenen der Gefängnisstadt Plötzensee gab es weder einen Toten noch einen Schwerverletzten. Wir sahen darin die schützende Hand, die der Himmel gnädig über uns gehalten hatte. Keiner war unter uns, der sein Ende durch dieses Bombardement gewünscht hätte. Ein jeder war dankbar dafür, in dieser Nacht der Todesgefahr entronnen zu sein, obwohl uns ja der Tod mit dem neuen Tage wieder drohend entgegentrat. Auch in der größten Not klammert sich der Mensch an das Leben, und bis zum letzten Atemzug hofften wir, dem grauenvollen Schicksal unter der Guillotine entgehen zu können.

Das Zusammensein war für uns nach den Schreckensstunden des nächtlichen Bombardements ein wahres Glück. Nach langen Wochen und Monaten der Erniedrigungen konnte hier ein jeder sein Herz öffnen und sich aussprechen.

Ein deutscher Gefangener war unter uns, der als linksstehender Politiker dem Nationalsozialismus Opposition gemacht hatte. Er saß bereits fünf Jahre ohne Untersuchung und ohne Aburteilung im Gefängnis. Jetzt erst, nach 59 Monaten Haft, hatte ihn der Volksgerichtshof zum Tode verurteilt.

Alle diese Kameraden sehe ich heute noch vor mir. Hätte nur die Weltöffentlichkeit diese armen Menschen, die leider fast alle wenige Tage später zum Schafott geführt wurden, sprechen und hören können! Die Gedanken und Worte dieser schwergeprüften Menschen, die in dieser Nacht in diesem Raum ausgetauscht wurden, werden für alle Zeiten unvergeßlich für mich bleiben. Alle diese Gefangenen, die aus verschiedenen Staaten Europas stammten und durchweg hochgebildete Menschen waren, gaben ihrem Abscheu gegenüber der nationalsozialistischen Gewaltherrschaft in unverblümter Form Ausdruck. Sie hatten am eigenen Leib erfahren, welcher Grausamkeiten dieses Regime fähig ist. Mehrere gaben der Befürchtung Ausdruck, es könnten bei der Organisierung des zukünftigen Friedens wiederum wirklichkeitsfremde Menschen mitsprechen und die Befreiung Europas von der deutschen Vorherrschaft verhindern. Vor allen Dingen war man sich darin einig, daß nicht allein der preußische Militarismus und nicht nur die Nazis an allen diesen fürchterlichen Verbrechen schuld sind. Leider habe auch der Großteil der deutschen Nation diese Verbrechen gutgeheißen und unterstützt. Wäre das nicht der Fall gewesen, so hätten diese Verbrechen nicht in diesem Umfang geschehen können. Die Menschen aller Kontinente hätten die Geschehnisse hier in diesem Gefängnis mit ansehen müssen, um die volle Wahrheit begreifen und verstehen zu können. Ich betrachte es als meine Pflicht, diese geäußerten Gedanken meiner Mitgefangenen, die alle den letzten Gang zum Schafott antreten mußten, der Welt mitzuteilen.

Die wenigen glücklichen Stunden unseres Beisammenseins waren rasch vorüber. Wir hatten in unserer Zelle einige Säcke und Matratzen gefunden und dazu noch einige Wolldecken. So war es uns möglich, ein wenig auszuruhen. Um sechs Uhr morgens wurde die Türe geöffnet. Ein Hilfsbeamter, der zu diesem Dienst gezwungen worden war und alle die entsetzlichen Verbrechen verabscheute, rief uns zu:

»Ihr habt großes Glück, denn das Schlachthaus mit der Guillotine ist vollständig vernichtet!«

*

Am Montag, dem 6. September 1943, trat Heinrich Himmler sein Amt als Innenminister an. Damit begann ein neues Schreckensregiment, das alles Bisherige in den Schatten stellte. Wir hofften, daß das zerstörte Schlachthaus ein

Fingerzeig unserer Rettung werde. Diese Hoffnung erwies sich als eine trügerische Illusion; denn an diesem 6. September begann das große Abschlachten der 400 aus dem durch Feuer zerstörten Gefängnisgebäude geretteten Menschen. Was jetzt geschah, übertraf die allerschlimmsten Befürchtungen.

[...] Da die Gebäude in Trümmern lagen und viel zuwenig Platz war, sollte aufgeräumt werden. [...]

Es gibt keine Strafe, die groß genug ist, um diese Verbrechen, die ich mit eigenen Augen gesehen habe, zu sühnen. Ein tschechischer Offizier – er ist ebenfalls hingerichtet worden – erklärte mir, als er über das Unglück seines Landes sprach:

»Zwanzig Jahre sollte die deutsche Nation die Schutt- und Trümmerhaufen in ihren Städten nicht beseitigen dürfen, damit die zu Bestien gewordenen Menschen dauernd und ständig erkennen müssen, wieviel unsagbares, grauenhaftes Elend ein zum Größenwahn aufgeblähter Nationalismus über ganz Europa, über Millionen von Menschen, gebracht hat.«

[...] Die Greueltaten sind nicht nur von einer kleinen Clique ausgeführt worden. Hätten sich die kleinen Leute, also die Mehrheit des deutschen Volkes, ernsthaft den Verbrechern widersetzt, wäre das Entsetzliche niemals möglich gewesen! Doch ich sah selbst im Gefängnis, daß bis zum kleinsten Beamten hinunter die Grausamkeit und die Verachtung des Menschenlebens dominierten. Gerade die kleinen Beamten, die nicht über die geringste Bildung verfügten, waren von einem maßlosen Ehrgeiz besessen und taten alles, um Karriere machen zu können.

[...] Die Hinrichtungen fanden jetzt am laufenden Bande statt, ohne jegliche Formalität und ohne von den Hinzurichtenden noch irgendwelche Niederschrift ihres Lebens zu verlangen. [...]

Vor dem Bombardement vom 4. September konnte täglich mit etwa vierzig Hinrichtungen gerechnet werden. Nachdem Himmler sein Amt angetreten hatte, wurde diese Zahl pro Tag verdoppelt, so daß täglich ungefähr achtzig Menschen zum Schafott geführt wurden. Jede Nacht erwartete uns der Tod. Fast täglich gab es neue Luftangriffe, und wir hörten in unserer Nähe sehr oft Brandbomben niedergehen. Hatten wir einmal eine Nacht vor dem Henker und den Luftangriffen Ruhe, so galt es, in der Zelle den Kampf gegen die Ratten aufzunehmen. Während der drei Wochen unseres Aufenthaltes in diesen Zellen nahm die Rattenplage ein solches Ausmaß an, daß wir selbst während des Schlafes von diesen Tieren angegriffen wurden. Da es in der Zelle kein Licht gab, war es nicht so leicht, sich dieser Nagetiere zu erwehren. Dazu hinderten uns auch die Handfesseln stark in der Bewegungsfreiheit.

Zellenwände und Boden wiesen viele Löcher und Risse auf, aus welchen beim Dunkelwerden ganze Rudel Ratten und Mäuse hervorkamen, in der Nähe des Klosetts gab es richtige Höhlen, die ihnen als Schlupfwinkel dienten. Durch das Bombardement waren die Ratten aus den niedergebrannten Gebäuden vertrieben worden und suchten uns jetzt in Scharen auf. Mit unsern Handfesseln war es nachts nur möglich, sich auf den Rücken zu legen und in dieser Stellung zu schlafen. Waren wir eingeschlummert, so kamen die Ratten aus ihren Verstecken heraus, kletterten an der Pritsche hoch und liefen uns über Arme, Hände und Beine. Durch diese ekelhafte Berührung mit den Ratten wurden wir immer wieder geweckt, wenn uns endlich nach aufregenden Stunden der Todesangst der Schlaf übermannte. Es stand uns nur eine Waffe zur Verfügung, das war Aufstehen, das trieb die lästigen Ratten zurück. Da wir während der Nacht auch die Holzlatschen in den Gang hinausstellen mußten, verfügten wir über keinen einzigen Gegenstand in der Zelle, womit die Tiere bekämpft werden konnten. Die Ratten schienen unsere Schwäche genau zu kennen; denn sie ließen sich nur bis vor ihre Löcher zurücktreiben. Dort blieben sie, pfiffen laut und sprangen unsere nackten Füße an. In der Dunkelheit konnten wir die Tiere meistens kaum sehen und deshalb auch nicht wirkungsvoll verfolgen. Es war ein scheußliches Gefühl, diesen Tieren fast wehrlos ausgeliefert zu sein. Das Morgengrauen wurde nach einer solchen Nacht von uns jeweils mit großer Erleichterung begrüßt. Obwohl auch nicht angenehm, so war die Mäuseplage im Vergleich zur Rattenplage harmlos und erträglich.

Früher konnte ich vom Gefängnishof und vom Fenster meiner Zelle aus die große Brauerei und eine lange Häuserreihe der Nachbarschaft sehen. Das war gewissermaßen ein Ausblick in die Welt außerhalb des Gefängnisses. Nach dem Bombardement befand sich dort nur noch ein wüster Trümmerhaufen.

Von einem Beamten wurde mir mitgeteilt, daß eine Unterbrechung der Exekutionen, infolge der Zerstörung des Schlachthauses und der Guillotine durch das Bombardement, nicht notwendig gewesen sei, da diese Hinrichtungsmaschinen in Deutschland serienweise hergestellt werden.

## KONRAD WARNER
## Eine Weltstadt stirbt

Der Schweizer Helmuth Grossmann erlebte die Zerstörung Berlins im November 1943. Sie bildet den dramatischen Höhepunkt seines »Tatsachenberichts« *Schicksalswende Europas?*, den er 1944 unter dem Pseudonym Konrad Warner in der Schweiz veröffentlichte. Der Untertitel macht deutlich, daß er nicht nur eigene Erfahrungen erzählt, sondern auch immer wieder Gespräche mit Einheimischen wiedergibt: *Ich sprach mit dem deutschen Volk.* Je direkter sich Konrad Warner auf die Schrecken des Luftkrieges bezieht, um so literarischer wird seine Darstellung. Die Ebene realistischen Berichtens verläßt er dabei an keiner Stelle. Metaphorisch jedoch zieht er verschiedene Deutungsmuster in Betracht, die sich allesamt als unzureichend erweisen: das Bombardement als Naturereignis, als Apokalypse, als Schauertheater... »Wir sehen die Zeichen des Untergangs«, bemerkte Warner, »aber wir können sie noch nicht deuten.« Im Kernstück seines Buches beschreibt Warner, wie er den verheerenden Angriff auf Berlin im Luftschutzraum des Flakturms am Zoo erlebte.

»Mein Gott, das war sicher ein Treffer«, sagte jemand. »Muß ein ganz schöner Angriff gewesen sein«, sagte eine trockene Stimme aus dem Dunkeln. »Bist du's oder bist du's nicht?« fragte eine Mädchenstimme, und gleich melden sich drei, vier Männer. Gelächter. Endlos zieht sich die Zeit in die Länge. Die Zeiger schleichen über das Zifferblatt. Nach einer Ewigkeit stellt man mit Hilfe eines Streichholzes fest, daß erst fünf Minuten vergangen sind.

»Ach Gott, ach Gott, meine alten Eltern sind ganz allein zu Hause, wenn ihnen nur nichts passiert ist!« wimmerte die Stimme einer jungen Frau. »Na, wird schon nicht so schlimm sein«, beruhigt sie jemand. Auch ich denke an meine Frau, und meine Kehle schnürt sich zusammen. Man hat ja hier so viel Zeit dazu, sich Bilder grausiger Vernichtung auszudenken, die Goya in den Schatten stellen. Ersticken, Ertrinken, Zerquetschtwerden, Verbrennen im eingeschlossenen Raum, Verrücktwerden vor Angst unter den Trümmern des eingestürzten Hauses, furchtbare Verletzungen durch Flaksplitter, die aussehen wie Meteoriten, abgerissene Gliedmaßen oder zerfetzte Organe und vom Luftdruck aufgerissene Bäuche.

»Ob sie noch lebt? Ob sie noch lebt?« schreit das Herz bei jedem Schlag. Und die Vernunft beruhigt: »Es hat keinen Zweck, sich aufzuregen, bis du die Wirklichkeit kennst. Und die Phantasie narrt dich wieder mit ihren scheußlichen Grimassen und abscheulichen Bildern, die du aus anderen Städten, aus Berichten und Briefen, aus Erzählungen und aus eigenem Augenschein kennst. Aber hier bist du eingeschlossen, wehr- und tatenlos, du kannst nicht nach Hause eilen, weil dich die Wachen nicht hinauslassen, du kannst nicht helfend Hand anlegen, wo es nötig wäre. Du bist ein armseliger Mensch in einem Gefängnis und hast keine Macht über die Ereignisse, die sich mit härtester Unerbittlichkeit da draußen abspielen.

## MARIE WASSILTSCHIKOW

Die Darstellung der Verheerungen Berlins im November 1943 bildet die größten zusammenhängend erzählenden Einträge des Tagebuches von Marie Wassiltschikow. Geradezu verzweifelt erhält die russische Aristokratin inmitten der Zerstörung gewohnte Verhaltensweisen aufrecht. Der überwältigenden Erfahrung begegnet sie, indem sie an banalen Alltagsverrichtungen festhält und Reste von ›Normalität‹ zu wahren versucht (etwa indem sie einen – nicht rationierten – Hut kauft). Und auch das regelmäßige Aufschreiben mag dazu gedient haben, die Ereignisse sprachlich zu ›verarbeiten‹, um sie auf diese Weise auch psychisch bewältigen zu können.

### Berlin, 23. November 1943

In der letzten Nacht ist die Berliner Innenstadt zum größten Teil zerstört worden.

Am Nachmittag hatte es schwer geregnet. Ich war ausgeschickt worden, eine Urkunde abzuholen, die für die Konferenz gebraucht wurde. Unser neuer Chef Büttner hat eine Manie für derartige Besprechungen; sie finden fast täglich statt. Vermutlich will er nur seine Truppen »Revue passieren lassen«. In meinen Augen ist es komplette Zeitverschwendung. Auf dem Wege wurde ich triefnaß und kam verspätet zur Besprechung, die bis kurz nach sieben Uhr dauerte. Gerade eilte ich die Treppe hinunter, um nach Haus zu gehen, als mich der Portier mit den ominösen Worten »Luftgefahr 15« anhielt. Dies bedeutet, daß riesige Feindverbände im Anflug sind. Ich lief die Treppe, zwei Stufen auf einmal nehmend, wieder hinauf, um diejenigen meiner Kollegen, die weit draußen wohnen, zu warnen, im Büro zu bleiben, um nicht auf dem Heimweg auf freier Flur vom Fliegeralarm überrascht zu werden. Gerade als ich das Gebäude verließ, ertönten die Sirenen. Es regnete noch immer stark, und da vorauszusehen war, daß die Autobusse den Dienst sehr bald einstellen würden, beschloß ich, zu Fuß nach Haus zu gehen. Einen langen Brief, den ich gerade an Tatiana geschrieben hatte, steckte ich in den Postkasten an der Ecke.

Die Straßen waren voller Menschen. Viele standen einfach herum, denn durch den Regen war die Sicht so schlecht, daß niemand glaubte, der Angriff könne lange dauern oder großen Schaden anrichten. Zu Hause angekommen, sagte mir Maria [von] Gersdorff, ihr Mann [Heinz] habe sie gerade aus seinem Büro in der Stadtkommandantur angerufen, um ihr mitzuteilen, daß die feindlichen Verbände umfangreicher als gewöhnlich seien, der Angriff daher schwer werden könnte und er deswegen über Nacht im Büro bleibe. Da ich keine Zeit zum Mittagessen gehabt hatte, war ich ausgehungert. Maria bat Martha, die alte Köchin, etwas Suppe aufzuwärmen, während ich hinaufging, um mir lange Hosen und einen Pullover anzuziehen. Wie es heute in solchen Fällen üblich geworden ist, packte ich auch einige Sachen in ein kleines Köfferchen. Papa war in seinem Zimmer und gab zwei jungen Männern Sprachunterricht. Er erklärte mir, daß er nicht gestört zu werden wünsche.

Kaum hatte ich zu Ende gepackt, als die Flak das Feuer eröffnete. Es wurde sofort sehr wüst. Papa erschien mit seinen Schülern, und alle zusammen eilten wir in den Halbkeller hinter der Küche hinunter, wo wir die Luftangriffe jeweils abwarten. Schon hörten wir die ersten Maschinen. Sie flogen sehr niedrig; plötzlich wurde das Gebell der Flak von einem ganz andern Geräusch übertönt, dem Krach explodierender Bomben, zuerst in weiter Ferne, dann näher und näher, bis man den Eindruck hatte, daß sie buchstäblich über unsern Köpfen fielen. Bei jeder Explosion erzitterte das Haus. Der Luftdruck war schrecklich und das Getöse ohrenbetäubend. Zum ersten Mal begriff ich die Bedeutung des Ausdrucks »Bombenteppich«. Irgendwann regnete es Glasscherben, und dann flogen alle drei Kellertüren, aus ihren Angeln gerissen, in den Raum. Wir drückten sie an ihre Plätze zurück und lehnten uns dagegen, um sie verschlossen zu halten. Ich hatte meinen Mantel draußen vergessen, wagte aber nicht, hinauszugehen und ihn zu holen. Eine Brandbombe landete zischend im Eingang, und die Männer krochen hinaus, um sie zu löschen. Plötzlich wurde uns klar, daß wir kein Wasser parat hatten, um etwaige Brände zu löschen, und drehten eilig sämtliche Hähne in der Küche auf. Dies dämpfte den Krach draußen ein wenig, aber nicht für lange ... Die Flugzeuge kamen nicht wie sonst in Wellen, sondern dröhnten über eine Stunde lang unablässig über uns.

Mittendrin brachte mir die Köchin plötzlich meine Suppe. Ich glaubte, wenn ich sie äße, sie sofort wieder von mir geben zu müssen. Es war mir nicht einmal möglich, still sitzen zu bleiben, und bei jedem Krach sprang ich auf. Papa, unerschütterlich wie immer, verharrte die ganze Zeit in seinem Korbsessel. Als ich bei einer besonders ohrenbetäubenden Explosion abermals aufsprang, bemerkte er gelassen: »Setz dich! Dann bist du, wenn die Decke einstürzt, weiter davon entfernt ...« Die Explosionen folgten jetzt so dicht aufeinander und waren so entsetzlich laut, daß ich mich in den schlimmsten Augenblicken hinter ihn stellte und mich schutzsuchend an seine Schultern klammerte. Was für eine Familien-*Bouillabaisse* hätten wir abgegeben! Papas Schüler kauerten in einer Ecke, während Maria an der Wand lehnte, für ihren Mann betete und verzweifelt aussah. Immer wieder mahnte sie mich, nicht in der Nähe von Möbeln zu stehen, da sie zersplittern könnten. Die Bomben regneten weiter herab, und als ein Nachbarhaus einstürzte, murmelte Papa auf russisch: »Wolja Boschja!« (Gottes Wille geschehe!) Es sah wirklich so aus, als ob uns nichts retten könnte. Nach ungefähr einer Stunde wurde es ruhiger, Papa holte eine Flasche Schnaps hervor, und wir alle tranken in großen Schlucken. Aber dann begann alles noch einmal von vorn ... Erst gegen halb zehn verstummte das Gedröhn der Flugzeuge über uns. Es müssen viele Hunderte gewesen sein.

Just in diesem Augenblick klingelte, Wunder über Wunder, das Telefon in der Küche. Es war Gottfried [von] Bismarck, der aus Potsdam anrief, um festzustellen, ob wir alle unversehrt seien. Sie hatten Hunderte von Maschinen gehört, die in geringer Höhe über sie hinweggeflogen waren, aber wegen der schlechten Sicht nicht ausmachen können, wieviel Schaden sie angerichtet hatten. Als ich sagte: »Es war grauenhaft!«, bot er an, herüberzukommen und mich abzuholen, aber ich erwiderte, daß es sich nicht mehr lohne, denn das Schlimmste sei anscheinend vorbei. Er versprach herauszufinden, wo Loremarie Schönburg abgeblieben war, und zurückzurufen.

Die Entwarnung kam erst, eine halbe Stunde nachdem die letzten Bomber abgedreht hatten; lange vorher waren wir schon von einem uns unbekannten Marineoffizier herausgerufen worden. Plötzlich habe sich, wie er sagte, ein Wind erhoben, der die Feuersbrünste immer weiter trieb. Wir liefen auf unsern kleinen Platz hinaus: Auf drei Seiten glühte der Himmel blutrot. Dies, erklärte der Offizier, sei nur der Anfang; die wirkliche Gefahr werde erst in einigen Stunden kommen, wenn der durch die Brände hervorgerufene Wind richtig zu brausen anfange. Ehe wir das Haus verließen, hatte Maria jedem von uns ein feuchtes Handtuch gegeben, mit dem wir das Gesicht bedeckten – eine weise Maßnahme, denn unser kleiner Platz war bereits voller Rauchschwaden, und man konnte kaum noch atmen.

Wir kehrten ins Haus zurück. Papas Schüler kletterten auf das Dach, um ein wachsames Auge auf die Brände in der Nachbarschaft zu halten. Dann erschien der dänische Geschäftsträger Steenson, der nebenan wohnt, mit einer Flasche Cognac im Arm. Als wir im Salon standen, miteinander sprachen und gelegentlich einen Schluck tranken, klingelte das Telefon abermals. Wieder war es Gottfried, der äußerst besorgt klang. Er hatte Bernd Mumms [Mumm von Schwarzensteins] Wohnung angerufen, wo Loremarie mit Aga [Agathe von] Fürstenberg zu Abend gegessen hatte, aber nur erfahren, daß Loremarie sofort nach der Entwarnung fortgegangen sei; niemand wisse, wohin. Gottfried meinte, sie würde versuchen, zu mir zu stoßen, aber da wir inmitten eines Feuerkreises saßen, bezweifelte ich, daß es ihr gelänge.

Sobald er aufgelegt hatte, gab unser Telefon den Geist auf, das heißt, wir konnten zwar noch angerufen werden, aber selbst nicht mehr telefonieren. Elektrizität, Gas und Wasser funktionierten nicht mehr, und wir mußten uns im Lichte von Taschenlampen und Kerzen herumtasten. Zum Glück hatten wir noch rechtzeitig alle vorhandenen Badewannen, Waschbecken, Spülbecken und Eimer mit Wasser gefüllt. Inzwischen hatte sich der Wind beängstigend verstärkt und heulte wie ein Orkan auf hoher See. Als wir aus dem Fenster blickten, sahen wir einen stetigen Funkenregen auf unser Haus und alle benachbarten Gebäude niedergehen. Die Luft wurde immer heißer und dicker, und der Rauch drang in dichten Schwaden durch die zertrümmerten Fenster herein. Wir inspizierten das ganze Haus und stellten zu unserer Erleichterung fest, daß es außer zerbrochenen Fensterscheiben und den aus den Angeln gerissenen Türen keinen wirklichen Schaden erlitten hatte.

Gerade waren wir dabei, einige Butterbrote zu verschlingen, als die Sirenen schon wieder ertönten. Eine halbe Stunde lang standen wir in tiefem Schweigen am Fenster, überzeugt, daß das Ganze noch einmal von vorn beginne. Dann kam die Entwarnung. Offenbar hatten nur einige Aufklärungsflugzeuge die Stadt überflogen, um den Schaden zu begutachten. Maria, die sich bis dahin fabelhaft gehalten hatte, brach nun in Tränen aus, da sie von ihrem Mann noch immer kein Lebenszeichen erhalten hatte. Obgleich ich inzwischen schrecklich schläfrig war, beschlossen wir, daß ich neben dem Telefon Wache hielt. Ich stellte es auf den Fußboden und legte mich, in eine Decke gewickelt, auf ein Sofa daneben.

Gegen ein Uhr morgens riefen Loremarie und Gottfried aus Potsdam an. Die Verbindung wurde zwar sofort unterbrochen, aber wenigstens waren wir weiterer Sorgen um Loremarie enthoben. Gegen zwei Uhr früh beschloß ich, ein wenig zu schlafen. Papa kam und leuchtete mir mit der Taschenlampe, während ich mir die Schuhe auszog und versuchte, mich zu waschen. Gegen drei Uhr legte sich auch Maria hin. Etwas später hörte ich wieder das Telefon klingeln und dann Marias ekstatisches: »Liebling!«, was hieß, daß Heinz in Sicherheit war. Sehr bald schlief auch sie ein.

Ab und an wurde man durch die Geräusche eines einstürzenden Gebäudes oder die Explosion einer Zeitbombe wieder aus dem Schlaf gerissen, und ich schoß jedesmal mit klopfendem Herzen hoch. Inzwischen hatte der durch die Brände ausgelöste Sturm seinen Höhepunkt erreicht, und das Getöse draußen glich dem eines Zuges, der durch einen Tunnel braust. Dieser Feuersturm dauerte bis um sieben Uhr früh an.

## KONRAD WARNER

War das eigentlich die Wirklichkeit, oder war es ein absonderlicher Traum? Manchmal wußte ich es selbst nicht. Ich rannte weiter, klopfte mir die Funken von Mantel und Hut. Man rief sich gegenseitig zu: »Sie brennen, klopfen Sie aus!«, und war schon zehn Meter weiter, als man merkte, daß man selber gemeint war. Nun war ich beim Café »Josty« angelangt. Es stand vom Keller bis zum Dach in loderndem Brand, eine Sprengbombe hatte den oberen Teil des Hauses eingerissen. Dahinter, am Prager Platz, brannte es in den Ruinen des [Angriffs vom] ersten März [...].

Ein Feuerspritzenauto fuhr langsam über die von herabgeschleuderten Trümmern bedeckte Allee und bog in die Trautenaustraße ein. Dahinter her rannte eine Frau und schrie rasend: »Kommen Sie zu mir, da kann man noch löschen, kommen Sie, bitte, bitte, bitte, kommen Sie, bitte, bitte! Kommen Sie, bei mir können Sie noch löschen!« Kein Mensch kehrte sich nach ihr um, sie schwenkte ihr Taschentuch, stolperte über einen Ziegelstein und schlug auf die Straße hin.

In diesem Augenblick begannen die Sirenen von neuem zu heulen. Die Gestürzte sprang auf und rannte davon wie ein gehetztes Wild. Alle Menschen, die eben noch in die eine Richtung geeilt waren, kehrten um und rannten zurück zum Flakturm am Zoo. Nur wenige setzten ihren Weg fort. Ich beschleunigte mein Tempo, raste in die nächste Nebenstraße, um endlich zu meiner Frau zu kommen. Glücklicherweise erfolgten keine Bombenangriffe mehr. Es mochte ungefähr zehn Uhr sein. Der Hauptangriff mußte also etwa vierzig Minuten gedauert haben. Da bis zum Endalarm noch einige Zeit verstrichen war, konnte sich das Feuer überall ausbreiten, weiterfressen und einen Umfang annehmen, gegen den die Menschen nicht mehr aufkamen.

Ich näherte mich der Straße, in welcher meine Schwiegermutter wohnte. Die Brände wurden immer dichter, fast kein Haus, das nicht brannte. Links und rechts knisterte es laut, es krachte und splitterte, kleine Explosionen schallten aus den von Brand erfüllten Ruinen heraus. In der Nähe der Brände wurde es bedrohlich heiß. Dachziegel, Balken, Antennen, Asche, Gebäudeteile stürzten auf die Straßen herab, auf denen ein wüstes Durcheinander herrschte. Man blieb in Drähten hängen, mußte über ausgerissene Bäume und Leitungsmasten klettern, man fluchte, daß man nicht schneller vorwärts kam. Die Brände dehnten sich aus, die Hitze nahm immer mehr zu und drückte alle losen Gegenstände hinaus in die rauch- und brandgeschwängerte Atmosphäre. Ein eiskalter Luftzug fegte durch die Straßen, er war erfüllt von einem Funkenregen, der in seiner Dichte einem äußerst heftigen Schneegestöber entsprach.

Ich mußte mit weit vorgebeugtem Kopf gegen den Feuersturm ankämpfen, das Gesicht nach unten, da ich sonst keine Luft schöpfen konnte. Dabei stolperte ich über einen Ziegelstein und vertrat mir einen Fuß. Ich habe noch nie in meinem Leben so wütend und laut geflucht wie in diesem Augenblick. Mein Wutschrei übertönte den Orkan, der mich umgab, und brachte mich wieder zur Besinnung.

Endlich war ich da. Das Haus brannte im Dach und in den obersten Stockwerken, die Häuser links und rechts waren bereits halb eingestürzt. Kein Mensch war auf der Straße zu sehen. Ich stürmte durchs Haus hinauf in die Wohnung. Niemand war zu erblicken. Ich schrie in leere Räume hinein. Man hätte die Zeitung lesen können, so hell lohte der Feuerschein in die Zimmer. Ein ununterbrochener Funkenflug trieb durch die Fenster an der einen Wohnungsseite herein und durch die Öffnungen an der andern wieder hinaus. Ein Wunder, daß nicht schon alle brennbaren Gegenstände in Flammen aufgegangen waren. Dies umfaßte mein Blick im Bruchteil einer Sekunde, und schon stürzte ich in den Luftschutzkeller hinab. Dort fand ich meine Frau und Schwiegermutter. Sie waren im Begriffe, Möbel und Hausrat in den Keller hinunterzutragen. Im Kino hatte sie alle der Alarm überrascht. Sie waren nach Hause geeilt, aber sie glaubten auch, daß kein schwerer Angriff bevorstünde. Erst, als das starke Feuer der Flak und der dichte Abwurf der Bomben einsetzten, rafften sie ihre Sachen in die Koffer und eilten in den Keller. In der nächsten Umgebung hatten Minen und Sprengbomben eingeschlagen. Das ganze Stadtgebiet war mit Tausenden von Brandbomben überschüttet worden und stand in Flammen. Sie begannen nun zu löschen, und als der Wasserdruck nachließ und schließlich aufhörte, schleppten sie das Wasser in Eimern und Kannen aus dem Keller hinauf aufs Dach und in die Obergeschosse. Erst als sie einsahen, daß die Löscharbeiten keine Aussicht auf Erfolg boten, begannen sie mit der Rettung des Hausrates. Bald nachdem ich zu ihnen gestoßen war, stürzte über uns das brennende Treppenhaus zusammen. Der Weg nach oben war uns versperrt.

*

Der Keller füllte sich immer mehr mit Rauch. Wir mußten aus dieser höllischen Falle herauskommen. Die Menschen irrten aneinander vorbei, ohne sich zu sehen. Manchmal traf man ein fremdes Gesicht, man wußte nicht, gehörte es zum Haus, war es ein Nachbar oder ein Fremder, der auf Raub aus war. Andere saßen erschöpft und apathisch auf ihren Stühlen und Pritschen. Man tränkte Wolldecken, Schals und Taschentücher in den Wasserbecken, um sich gegen Brand und Funkenflug schützen zu können.

Wir krochen nun durch den Mauerdurchbruch in den Luftschutzkeller des Nachbarhauses, um auf unterirdischem Wege die nächste Querstraße zu erreichen, durch welche wir zu einem Untergrundbahnhof gelangen konnten. Das waren die Katakomben des zwanzigsten Jahrhunderts. So schleppten wir uns durch die verschiedenen Luftschutzkeller und krochen durch immer neue Durchbrüche, bis wir das letzte Haus an der nächsten Straße erreichten, von wo aus wir wieder auf der Erdoberfläche weiterkommen mußten. Die alten Leute gelangten nur mit Schwierigkeiten durch die kleinen Tunnels, Kinder und Säuglinge wurden hindurchgereicht, Koffer hinübergeschoben. Über uns brannten alle Häuser lichterloh, durch die Straßenzüge wären wir gar nicht mehr vorwärts gekommen.

Nun traten wir auf die Straße hinaus, wo sich der Funkensturm noch verstärkt hatte. Die Frauen hielten es für ausgeschlossen, da hindurchzukommen. Kraftlos und zerschlagen setzten sie sich auf ihre Köfferchen, um auszuruhen. Indessen verschlimmerte sich der Feuerorkan immer mehr. Die Hitze wurde unerträglich. Die Augen brannten, und das Atmen wurde schwieriger. Wir mußten vorwärts, um jeden Preis. Zum Glück hatte sich ein Hausbewohner zu uns gesellt, der uns tragen half. Viel Gepäck konnten wir nicht mitschleppen, da wir die Frauen mit einem Arm führen und mitreißen mußten. Im Laufschritt eilten wir gegen den nächsten Platz, um den U-Bahnhof zu gewinnen. Dort waren wir sicher, denn man mußte jeden Augenblick mit einem neuen Angriff rechnen. Aber immer wieder wurden wir dazu gezwungen, stehenzubleiben, um Atem zu schöpfen und die zitternden Glieder ein wenig auszuruhen. Weiter! Weiter! Sonst brauchte man zwei Minuten für den gleichen Weg, jetzt schien es eine Ewigkeit zu dauern. Nach etwa zehn Minuten waren wir im U-Bahnhof. Da die Strecke unterbrochen war, stand glücklicherweise ein Zug da. Wir brachten die Frauen darin unter, wo sie wenigstens sitzen konnten.

Unsere Koffer verstauten wir auf dem Bahnsteig, und nun traten wir den Rückweg in die Wohnung an, um noch zu retten, was zu retten war. [...]

Wir eilten zurück durch die Keller, zwängten uns durch die Öffnungen in den Brandmauern und erreichten wieder unsere Wohnung. Wir packten so viele Koffer, als uns möglich war, und traten den beschwerlichen Rückweg an. Das wiederholte sich noch einige Male. Als wir wieder die Straße entlangkeuchten, ertönte hinter uns plötzlich ein berstender Knall, wir blickten uns um und sahen die hohe Fassade eines großen Mietshauses auf den Weg herabstürzen, den wir soeben zurückgelegt hatten. Ein riesiger Haufen kahler Ziegelsteine, verkohlter Balken und verbogener Eisenteile füllte die ganze Breite der Straße aus, und wir mußten bei unserem nächsten Gang zweimal hinüberklettern. Als wir noch einmal zurückkehrten, war das Haus meiner Schwiegermutter eingestürzt, und es gab nichts mehr zu retten. Nun konnten auch wir uns ein wenig ausruhen. Gerade jetzt ging uns der Tabak aus, das war eine schöne Bescherung. Vom letzten Rest drehten wir ein paar Zigaretten. Für eine dieser Zigaretten bot uns ein Schicksalsgenosse seine Cognacflasche an, aus der wir zuerst die Frauen stärkten, um dann selber einen kräftigen Schluck zu tun.

Ab und zu donnerte über uns eine Fassade auf den Platz. Die Ruinen stürzten ein, weil der Druck der Hitze sie bersten ließ. Wir gingen abwechselnd hinüber zu einem Kino, in welchem eine Hilfestelle eingerichtet worden war. Einer blieb immer zurück und achtete auf das Gepäck, weil während der Angriffe und der nachfolgenden Verwirrung unglaublich viel gestohlen wird. Die Frauen in der Hilfestelle kamen von der NSV oder von der Frauenschaft. Sie hatten sich noch während des Angriffs in Bewegung gesetzt, eigenes Geschirr mitgebracht und damit begonnen, Kaffee zu kochen und Brote mit Leberwurst zu bestreichen. Jedermann konnte sich hier ohne Marken und Bezahlung stärken. Das nutzten natürlich auch viele aus, welche keinen Bombenschaden erlitten hatten. Diese Stellen wurden laufend mit Kaffee und Brot und Wurst versorgt, und die Frauen arbeiteten die ganze Nacht bis in den folgenden Tag hinein.

In den frühen Morgenstunden machte ich mich auf den Weg, um meine Wohnung in Charlottenburg aufzusuchen. Immer wieder traf ich auf Absperrungen und mußte große

Umwege machen. Verkehrsmittel gab es natürlich keine. Wo ich ging, brannten die Häuser, ganze Straßenzüge standen in Flammen. Immer wieder sanken Ruinen in sich zusammen. Feuerlöschpolizei und Bergungstrupps fuhren durch die Straßen, Meldefahrer flitzten vorüber, Menschen irrten mit verängstigtem Blick und verweinten Augen umher, Stimmen schrien und kommandierten, und ich wurde mehrmals angehalten, um löschen zu helfen.

Man konnte wirklich glauben, Berlin sei in dieser Nacht völlig zerstört worden. Immer wieder mußte ich über eingestürzte Häuser klettern. In den Trümmern brannte es noch, aber was machte das schon aus. Ich traf einen Geschäftsherrn, der am gleichen Tage seinen 60. Geburtstag gefeiert hatte. Er mußte mit seinen Gästen mitten während des Essens in den Keller. In die gegenüberliegenden Häuser war eine Mine gefallen, die auch seine Wohnung demolierte. Brandbomben taten das Ihre, das Haus brannte nieder bis auf die Grundmauern. Er hatte nur zwei Köfferchen bei sich. Das war alles, was er aus seiner reichen Wohnung hatte retten können. Einer seiner Freunde, der ein paar Häuser weiter gewohnt hatte, war beim Löschen einem Herzschlag erlegen. Ein anderer war von einem herabstürzenden Balken erschlagen worden. Das erzählte und hörte man, als ob es die alltäglichste Sache von der Welt wäre. »Ich wollte, mich hätte es auch getroffen. Ich habe genug, ich bin mürbe«, sagte er beim Abschied zu mir.

Als ich die Straße betrat, in der meine Wohnung lag, glaubte ich zuerst, ich hätte mich geirrt und sei in eine falsche Richtung geraten. Aber es stimmte, ich war »zu Hause«. Vor mir gähnte ein riesengroßes Loch, ein Trümmerfeld, aus dem Brände emporschwelten. Hier mußte eine ganze Reihe von Sprengbomben niedergegangen sein. Eben erst trafen die Bergungskommandos ein, Militär und Hilfskräfte, um zu versuchen, die Verschütteten aus ihren Kellern zu holen. Ich konnte nicht mehr feststellen, wo unser Haus gestanden hatte. Wie ein Film rollte die Erinnerung an jahrelange Erlebnisse in Sekundenschnelle vor meinem inneren

Blicke ab, wie es angeblich Ertrinkenden geschehen soll, die vor dem Tode ihr Leben noch einmal auf diese Weise nacherleben. »Stehen Sie hier nicht rum, fassen Sie mit an!« brüllte mich einer an. Ich kam wieder zu mir selbst, faßte mich und setzte einen Punkt unter dieses Kapitel.

Der Tag graute, als ich nach Stunden wieder zu meiner Frau zurückkam. Es war acht Uhr früh, und die Menschen gingen zur Arbeit. Sie mußten ihre Arbeitsstätten zu Fuß aufsuchen, weil kein Verkehrsmittel funktionierte. Nun konnte man sich den Schaden erst richtig besehen. Die Brände waren zum Teil eingedämmt, oder sie hatten sich ausgebrannt. Man begann bereits, den Schutt von den Straßen wegzuräumen, und nun sah alles schon nicht mehr ganz so schlimm aus, obgleich es arg genug war. Ich hatte unterwegs einen Telefonapparat gefunden, der nicht gestört war, und hatte Bekannte angerufen. »Wir sind total ausgebombt, beide Wohnungen verloren; können wir zu euch kommen?« Natürlich waren sie einverstanden.

Nun holten wir erst noch einmal Frühstück, und dann schleppten wir uns und unser Gepäck durch den Untergrundschacht bis zur nächsten Haltestelle, von wo aus der Verkehr bis zum nächsten Bahnhof im Gang war. Von Schwelle zu Schwelle tappten wir vorwärts. Mit Schwielen und Blasen an den Händen langten wir dort an. Der Bahnsteig war angefüllt mit Menschen in schmutzigen und abgerissenen Kleidern, mit abgehärmten Gesichtern, rußig und verschmiert, müde, überanstrengt und in ihr Schicksal ergeben. Sie saßen auf ihren Koffern, hockten auf Stoffbündeln und Matratzen, die sie gerettet hatten. In Bettlaken hatten sie eilig einige Habseligkeiten eingeschlagen und aus den Flammen getragen. Viele standen mit leeren Händen da, sie hatten überhaupt nichts mehr als das, was sie auf dem Leibe trugen. Eine Frau mit blutverschmiertem Gesicht lag über ein paar Kissen gebreitet. Man hatte sie soeben aus einem verschütteten Keller geborgen. Ihre Angehörigen hatte man noch nicht finden können. Eine Mine hatte in der Nachbarschaft des Hauses eingeschlagen, und als man nach ein paar Tagen den Keller freigelegt hatte, stellte es sich heraus, daß drei Personen vollständig verschwunden waren. Offenbar hatte der enorme Luftdruck sie atomisiert. Das konnte festgestellt werden, weil die Frau alle kannte, die im Keller anwesend waren. Es war die Gemüsefrau meiner Schwiegermutter, die wir nach ein paar Tagen nochmals trafen. Sie erzählte uns dann ihre Geschichte.

## MARIE WASSILTSCHIKOW

### Berlin, 24. November 1943

Heute morgen sehr früh hörte ich Maria Gersdorff besorgt mit Papa sprechen. Ganz in der Nähe hatte ein Haus Feuer gefangen. Ich war jedoch so müde, daß ich wieder einnickte und mich erst gegen acht mühsam erhob.

Inzwischen waren Papas Schüler, nachdem sie die Nacht auf unserm Dach verbracht hatten, nach Haus zurückgekehrt, und Maria war ausgegangen, um Brot aufzutreiben. Sie kam mit einer alten, in einen weißen Schal gehüllten Dame am Arm zurück. Sie war ihr an der Straßenecke über den Weg gelaufen, und als sie ihr verschmutztes Gesicht näher betrachtete, hatte Maria erkannt, daß es ihre eigene achtundachtzigjährige Mutter war, die, um zu ihrer Tochter zu gelangen, die ganze Nacht durch die brennende Stadt gelaufen war. Ihre eigene Wohnung war völlig ausgebrannt, die Feuerwehr war zu spät gekommen und hatte alle ihre Anstrengungen der Rettung eines in der Nähe gelegenen Krankenhauses gewidmet, was gottlob auch gelang. Alle übrigen Gebäude in der Straße waren jedoch zerstört worden. Sehr bald erschien auch Heinz Gersdorff. Er habe nur einen flüchtigen Überblick über die Auswirkungen des Angriffs gewonnen, da er schnurstracks nach Haus gekommen sei, aber soweit er es beurteilen könne, habe die Gegend Unter den Linden (wo sein Büro liegt) ebenso gelitten wie unsere Nachbarschaft hier.

Die französische und britische Botschaft, das Hotel Bristol, das Zeughaus sowie Wilhelm- und Friedrichstraße seien alle sehr schwer beschädigt worden.

Gegen elf beschloß ich, mich auf den Weg zu machen und zu versuchen, mein Büro zu erreichen, in der – wie sich herausstellte, allzu optimistischen – Hoffnung, dort in ein heißes Bad springen zu können. In langen Hosen, meinen Kopf in einen Schal gewickelt und mit pelzgefütterter, militärischer Schutzbrille auf der Nase machte ich mich auf. Kaum hatte ich das Haus verlassen, war ich auch schon in Rauchwolken gehüllt, und Asche regnete auf mich herab. Ich konnte nur hinter einem vorgehaltenen Taschentuch Luft holen und segnete Heinz, daß er mir die Brille geliehen hatte.

Auf den ersten Blick sah die Woyrschstraße [wo Wassiltschikow 1943/1944 wohnte] gar nicht so schlimm aus; aber nur einen Häuserblock entfernt, Ecke Lützowstraße, waren alle Gebäude ausgebrannt. Die Lützowstraße entlang wurde die Zerstörung immer schlimmer. Viele Gebäude brannten noch, und ich mußte mich in der Mitte der Straße halten, was wegen der zahlreichen zerstörten Straßenbahnen schwierig war. Die Straßen waren voller Menschen, die sich, zumeist in Tücher eingehüllt und hustend, vorsichtig ihren Weg durch die Trümmerhaufen suchten. Am Ende der Lützowstraße, etwa vier Blocks von meinem Büro entfernt, waren die Häuser zu beiden Seiten eingestürzt, und ich mußte über rauchenden Schutt, geborstene Wasserleitungen und andere Trümmer hinwegsteigen, um auf die gegenüberliegende Seite zu gelangen. Bis dahin hatte ich kaum Feuerwehrleute gesehen, aber hier waren mehrere intensiv damit beschäftigt, in ihren Kellern verschüttete Menschen zu befreien. Um den Lützowplatz waren sämtliche Häuser ausgebrannt. Die Brücke über den Landwehrkanal war unversehrt, aber jenseits des Flusses waren alle Gebäude zerstört, nur noch die Außenmauern standen. Zahlreiche Autos suchten sich vorsichtig und laut hupend ihren Zickzackweg durch die Ruinen. Eine Frau packte mich am Arm, schrie, eine der Mauern schwanke, und beide fingen wir zu rennen an. Plötzlich fiel mein Blick auf den Briefkasten, in den ich am Vorabend meinen langen Brief an Tatiana eingesteckt hatte; er war noch da, wenn auch völlig zusammengeknickt. Dann sah ich meinen Lebensmittelladen Krause, oder vielmehr dessen Überreste. Maria hatte mich gebeten, auf dem Heimweg einiges Eßbare einzukaufen, da der Laden, bei dem sie mit ihren Lebensmittelkarten eingeschrieben war, bereits zerstört war. Aber der arme Krause konnte mir jetzt auch nicht helfen.

Noch immer vermochte ich mir nicht vorzustellen, daß auch unser Büro nicht mehr vorhanden sein könnte, aber als ich um die Ecke bog, sah ich, daß die Pförtnerloge und der noble Marmoreingang munter brannten. Davor stand [Heribert von] Strempel (ein hoher Beamter im Auswärtigen Amt), neben ihm der rumänische Botschaftsrat [Cajus] Valeanu, von einer kleinen Gruppe dunkelhaariger Landsleute umgeben. Valeanu warf sich mir an den Hals und rief: »Tout a péri, aussi l'appartement des jumelles! J'emmène mon petit troupeau à la campagne, à Buckow!« [»Alles ist verloren, auch die Wohnung der Zwillinge. Ich bringe meine kleine Gruppe nach Buckow aufs Land!«] Inzwischen haben nämlich alle ausländischen Missionen Ausweichquartiere außerhalb der Stadt. Und in der Tat standen die rumänische sowie die finnische Gesandtschaft etwas weiter unten als rauchende Ruinen da. Ich fragte Strempel, was wir tun sollten. Er knurrte: »Haben Sie denn für den Notfall keine Weisungen erhalten?« – »Gewiß«, antwortete ich ruhig. »Wir sollten, so hieß es wörtlich, nicht die Nerven verlieren und uns an der Siegessäule versammeln, wo wir abgeholt und aus der Stadt geschafft werden würden!« Er zuckte ärgerlich die Achseln und drehte mir den Rücken zu. Ich beschloß, nach Hause zurückzukehren.

Inzwischen begann mich der Anblick dieser endlosen Reihen ausgebrannter oder noch brennender Gebäude zu überwältigen, und Angst stieg in mir hoch. Den ganzen Bezirk, in dem mir so viele Häuser vertraut waren, hatte man in einer einzigen Nacht verwüstet! Ich begann zu laufen und rannte und rannte, bis ich wieder in der Lützowstraße anlangte, wo ein Gebäude einstürzte, gerade als ich vorbeikam. Ein Feuerwehrmann rief mir und einigen andern in der Nähe etwas Unverständliches zu; wir warfen uns alle zu Boden, und ich bedeckte meinen Kopf mit den Armen. Als das Donnern und Tosen einer weiteren eingestürzten Wand über uns weggerollt war und uns mit Mörtel und Staub bedeckt hatte, blickte ich auf und sah über eine Pfütze hinweg in das verschmutzte japanische Gesicht des Grafen C.-K. Tatiana und ich hatten ihn während der vier vergangenen Jahre sorgfältig gemieden, da er eine Schwäche für hübsche Mädchen besaß und sich nicht immer gut benahm, aber ich sagte mir im stillen, daß in Zeiten wie den heutigen alle Menschen Brüder seien. So setzte ich ein freundliches Lächeln auf und sagte auf englisch: »Hullo!« Er blickte mich kalt an und fragte: »Kennen wir uns?« Ich fand, daß dies nicht der Augenblick für formelle Vorstellungen war, stellte mich wieder auf die Beine und eilte weiter.

Als ich nach Hause kam, erwartete mich eine heiße Suppe. Papa nahm meine Schutzbrille und ging hinaus, um sich ebenfalls umzusehen. Dann rief Gottfried Bismarck an und sagte, er würde mich um drei Uhr abholen. Ich erklärte ihm, welche Straßen er meiden müsse, um nicht steckenzubleiben. Marias Schwester, Gräfin [von der] Schulenburg (die mit einem Vetter des Botschafters [Werner] verheiratet ist), erschien auf dem Fahrrad. Sie wohnt am andern Ende der Stadt, das offenbar nur geringen Schaden davongetragen hat. Ausgerechnet heute morgen seien drei Arbeiter bei ihr erschienen, um Fensterscheiben zu ersetzen, die während eines Angriffs im August zertrümmert worden waren, und obgleich das Zentrum von Berlin gestern nacht alle seine Fensterscheiben eingebüßt hat, haben sie die ihren repariert.

Der einzige materielle Verlust, den ich bisher erlitten habe, ist meine Monatsration Harzer Käse. Gestern erst hatte ich ihn gekauft und, da er ekelhaft roch und ebenso ekelhaft aussah, draußen auf das Fensterbrett gelegt; heute morgen war er verschwunden, vermutlich vom Luftdruck einer explodierenden Bombe auf ein benachbartes Dach geschleudert.

Als Papa zurückkehrte, setzte ich wieder die Brille auf und ging zu Fuß zu unserm Büro in der Kurfürstenstraße. Das frühere polnische Konsulat in dem Eckhaus, wo Tatiana, Luisa [Gräfin von] Welczeck und ich lange zusammen gearbeitet haben, brannte lichterloh. Ich machte einen Riesensprung daran vorbei und schoß in den Eingang des Botschaftsgebäudes nebenan, wo sich ein trauriges Häuflein Menschen versammelt hatte. Auf der Treppe saßen Adam [von] Trott und Leipoldt, beide mit rußigen Gesichtern. Sie hatten die Nacht hier verbracht, da sie der Angriff noch im Büro überrascht hatte. Da offensichtlich nichts los war, verabredeten wir uns für morgen um elf Uhr am gleichen Platz.

Pünktlich um drei Uhr erschien Gottfried mit seinem Auto. Wir luden mein Gepäck sowie einige Decken und ein Kopfkissen auf den Rücksitz. Da sein Haus in Potsdam voll ist von ausgebombten Freunden, werden wir, wie er uns erklärte, etwas notdürftig untergebracht werden. Außer Loremarie Schönburg sind auch noch die [von] Essens [Rudger, Diplomat; und Hermina] draußen, die ebenfalls mitten in der Nacht naß, zerrupft und erschöpft erschienen waren.

Als der Angriff begann, war Rudger Essen noch in seinem Büro, das nur ein paar Häuser von dem unseren entfernt ist. Hermina war zu Haus (sie erwartet bald ein Kind). Er rief sie an und riet ihr, schnell in die [schwedische] Gesandtschaft herüberzukommen, in deren Keller schwedische Bauarbeiter gerade einen soliden Betonbunker mit zweieinhalb Meter dicken Wänden gebaut hatten. Bis gestern nacht waren sämtliche ausländischen Missionen und Residenzen unversehrt geblieben, und so hatten sie vermutlich geglaubt, daß sich ihre diplomatische Immunität auch auf die Bomben erstreckte! Hermina erreichte den Bunker wohlbehalten. Als sie nach der Entwarnung wieder aus dem Keller stiegen, brannte die Gesandtschaft über ihnen wie eine Fackel. Sie verbrachten mehrere Stunden damit, die wichtigsten Dokumente zu retten, und setzten sich dann ins Auto, um in ihre Wohnung zurückzukehren. Diese war inzwischen ebenfalls nicht mehr zu retten; so stiegen sie abermals in ihr Auto und fuhren durch die brennende Stadt schnurstracks zu den Bismarcks nach Potsdam hinaus.

Nachdem wir erst Rudger aufgelesen hatten, fuhren wir bei der noch immer rauchenden schwedischen Gesandtschaft vorbei, um etwas von seiner übriggebliebenen Habe abzuholen. Während wir auf Rudger warteten, stiegen Gottfried und ich aus, um das Gepäck umzupacken. Mit einemmal wankte uns eine Gestalt in einem teuren Pelzmantel entgegen, und ich erkannte Ursula [von] Hohenlohe, eine berühmte Berliner Schönheit. Ihr Haar hing in Strähnen herab, ihr Make-up war verschmiert. Schluchzend machte sie vor uns halt: »Ich habe alles verloren. Alles!« Sie war auf dem Wege zu spanischen Freunden, die ihr versprochen hatten, sie aufs Land zu fahren. Wir sagten ihr, daß auch die spanische Botschaft zerstört worden sei. Darauf wandte sie sich wortlos ab und wankte in Richtung des brennenden Tiergartens weiter. Aus dem Rücken ihres Mantels war ein großes Stück Pelz herausgerissen.

Bald kam auch Rudger wieder zum Vorschein, und vorsichtig nahmen wir unsern Weg die Budapester Straße entlang, schlängelten uns zwischen Menschenreihen hindurch, die Kinderwagen hinter sich herzogen und Matratzen, diverse Möbelstücke und ähnliches mitschleppten. Brandl, der Antiquitätenladen, den Tatiana besonders liebte, brannte; die Flammen züngelten an den Vorhängen im Fenster empor und schlängelten sich um den Kristallüster. Da das Geschäft voller Seiden und Brokate hing, nahm sich der rosige Schein sehr festlich, geradezu üppig aus. Die ganze Budapester Straße war ausgebrannt, mit Ausnahme des Hotels Eden, das wir uns daher als Treffpunkt für den nächsten Tag auserkoren. Dann bogen wir in die Ost-West-Achse ein. Wir trauten unseren Augen nicht – auf beiden Seiten war nicht ein Haus übriggeblieben.

Als wir nach Potsdam hinauskamen, machte mich die Berührung mit der frischen, kalten Luft dort zuerst schwindlig. In der »Regierung«, der offiziellen Residenz der Bismarcks, war Gottfrieds Frau Melanie eifrig damit beschäftigt, Betten zu beziehen. Hermina Essen saß in ihrem Bett mit frisch gewaschenem Haar, das wie bei einem kleinen Mädchen steif abstand. Auch ich nahm ein Bad. Loremarie schrubbte mich ab; das Wasser wurde schwarz! Melanie ist angeekelt von dem Ruß und Schmutz, den ihr jeder Neuankömmling in das bisher so makellose Haus trägt.

Wir waren gerade mit dem Abendbrot fertig, als das Ferngespräch, das wir nach Königswart angemeldet hatten, durchkam; so konnten wir Tatiana und Mama beruhigen. Beide hatten den ganzen Tag versucht, sich mit uns in Verbindung zu setzen, ohne Erfolg. Unmittelbar nach diesem Gespräch erhielt Gottfried Nachricht, daß sich abermals riesige Feindverbände im Anflug auf Berlin befänden. Ich rief die Gersdorffs und Papa an, um sie zu warnen. Zwar hatte ich ein schlechtes Gewissen, ihnen eine so schlechte Nachricht zu geben, während ich hier in Sicherheit saß, aber wenigstens gewannen sie auf diese Weise Zeit, sich anzuziehen. Es dauerte nicht lang, und die Sirenen begannen zu heulen. Die andern blieben im Wohnzimmer, während Loremarie und ich in Jean-Georges' [Graf von Hoyos] Zimmer hinaufgingen, um Wache zu halten, da uns die Ereignisse der vorigen Nacht noch in den Knochen steckten. Eine Flugzeugwelle nach der andern flog über Potsdam hinweg, aber diesmal in westlicherer Richtung, auf Spandau zu; so brauchten wir uns weniger zu sorgen. Der Angriff dauerte ungefähr eine Stunde, danach fielen wir todmüde in die Betten.

## KONRAD WARNER

Schutzpolizei führte die Aufsicht in dem unterirdischen Bahnhof. Diese Leute kamen überhaupt nicht mehr zur Ruhe. Sie mußten immer bereit sein, und die Anforderungen, die an sie gestellt wurden, wuchsen ins Unermeßliche. Nach langem Warten kam endlich rückwärts ein U-Bahnzug eingefahren, in den wir uns mit unseren Koffern hineinpacken mußten wie in eine Sardinenbüchse. Aber es war ganz gleichgültig, wie wir davonkamen, wenn nur der Zug fuhr. Oft noch mußten wir umsteigen und unser Gepäck treppauf und treppab, über Straßen und zu anderen Haltestellen schleppen. Einen Teil mußten wir schließlich in einem Laden unterstellen, weil wir sonst nicht mehr weitergekommen wären. Gegen Abend erreichten wir dann in einem fast gar nicht betroffenen Stadtteil unser neues Quartier, ein Zimmer mit Küche, in welchem wir wochenlang zu viert hausen mußten. Aber wir waren zufrieden, denn uns ging es viel besser als den meisten andern. Zu zweit schliefen wir auf Sofas.

Das Gas kam nur spärlich, aber mit der nötigen Geduld ließ sich ein Kaffee erwärmen oder eine Suppe zubereiten. Wie viele mochten jetzt noch umherirren und für die nächste Nacht eine Unterkunft suchen. Aber nach sieben Uhr spannten sich unsere Nerven, alle warteten wieder auf die Heultöne der Sirenen. Wir machten uns auf einen neuen Angriff gefaßt. Wir hatten uns schon gewundert, daß in der vergangenen Nacht nicht noch ein zweiter Anflug stattgefunden hatte, als die Stadt brannte und ein weithin sichtbares Ziel geboten hätte.

Und richtig, sie kamen wieder. Die Sirenen heulten auf, und das Feuer der Abwehrgeschütze setzte mächtig ein. Dann hörte man das näher kommende Brummen der Flugzeuge. Ein schrecklicher Lärm schlug an unsere Ohren, obwohl sich dieser Angriff auf andere Stadtgebiete richtete. Fernher drang das dumpfe Plup-Plup-Plup der Einschläge. Das ganze Haus zitterte, und als auch in der Nähe einige Bomben niedergingen, wackelten sogar die Holzversteifungen des Luftschutzkellers. Das Licht begann zu flimmern, setzte dann aber wieder kräftig ein. Auch diesmal hatten wir es überstanden. Was hatten wir nicht seit gestern abend erlebt, was hatten die Frauen nicht alles durchgemacht und ausgestanden! Es waren 24 Stunden und es kam uns vor wie eine endlose Katastrophe. Am Mittwoch früh ging ich zur Fliegerschadenstelle, um für uns die Versorgungsnachweise abzuholen. Sie war in einem Theater untergebracht. Als ich hinkam, herrschte ein unbeschreibliches Gedränge. Die Menschen, die hier stundenlang anstehen mußten, erzählten alle von ihrem Schicksal. Den einen war das Haus oder die Wohnung durch Sprengbomben zerstört worden. Sie hatten überhaupt nichts retten können. Andern war die Wohnung so schnell verbrannt, daß auch sie nur das nackte Leben retten konnten. Dieser erzählte von Rohrbrüchen und Überschwemmungen, jener von Verschütteten und Verstümmelten, und aus allen Berichten sprachen Krieg, Tod und Vernichtung.

Die Drängerei wurde immer schlimmer, so daß schließlich der Krieg vergessen wurde und man zu schimpfen begann. Es kam zu einer richtigen kleinen Revolte. Der Mann an der Ausgabestelle erkletterte einen Stuhl und hielt eine Rede ans Volk, wie einst im Parlament. Zwischenrufe und Schmähungen unterbrachen ihn. Er begann immer wieder von vorn, um die Langsamkeit der Abfertigung zu erklären.

Auf dem Versorgungsnachweis wurden alle Familienmitglieder und die beschädigte oder zerstörte Wohnung eingetragen. Es stand darauf, daß der Ausweis bei Verlust nicht ersetzt werde und nur innerhalb eines Monats in der Reichshauptstadt gültig sei. Verantwortlich zeichnete der Oberbürgermeister. Auf der Innenseite stand in fetten Lettern: »Kein Berufstätiger verläßt Berlin! Er wird hier untergebracht und arbeitet weiter.«

Auf Grund dieses Scheines erhielt man bei seiner Kartenstelle die Lebensmittelmarken und die Sonderzuteilungen an Zigaretten, Obst und Bonbons, Wein und Suppe. Nun mußte man sich bei der Kartenstelle wieder einfinden. Viele gaben vor, alle ihre Lebensmittelkarten und Ausweise für die übrigen Einkäufe verloren zu haben, obwohl das gar nicht der Fall war. So lebten sie während zwei Wochen mit doppelten Rationen, bis wieder eine neue Kartenperiode begann. Nach den Strapazen konnte das jeder gebrauchen. In einem großen Tuch holte ich dann bei der Ausgabestelle belegte Brote sowie die Sonderzuteilungen, die es frei und kostenlos gab.

Für die Wege in der Stadt brauchte man die vier- bis fünffache Zeit als sonst, weil kein einziges Verkehrsmittel in Gang war, wenigstens in den von den Angriffen heimgesuchten Stadtteilen. Nun machte ich mich auf den Weg zur Wohnung meiner Schwiegermutter. Ich wollte sehen, ob ich noch etwas aus dem Keller herausholen konnte. Ich hielt ein dreirädriges Lieferauto an, setzte mich hintenauf und fuhr mit. Durch die Joachimsthaler Straße gelangten wir endlich auf den Kurfürstendamm. Überall sah es verheerend aus. In manchen Häusern brannte es noch. Der Gloria-Palast, ein Kino-Theater kurz vor der Gedächtniskirche, war völlig ausgebrannt. Am Vordach hing noch ein Reklametransparent, worauf geschrieben stand: »Reise in die Vergangenheit«.

Die Straßen lagen noch voller Trümmer. Wir holperten darüber hinweg und fuhren im Bogen um die Schutthaufen herum. Mehrmals drohte der Wagen umzukippen, die Pneus spuckten Steine und Mörtelteile in die Luft und auf die Fußgänger. Wir schleiften Drähte mit, und ein dichter Wirbel von Staub und Schmutz ging hinter uns hoch. Allmählich gewöhnte man sich an den Anblick der endlosen Reihen von Ruinen und an den Rauch und Dreck in der Luft. Die Augen litten allerdings stark darunter. Sie waren entzündet und rot umrändert, das Reiben verschlimmerte die Schmerzen, aber man achtete ihrer nicht. Ab und zu kamen Menschen vorbei mit Verbänden um den Kopf, mit verbundenen Augen oder mit schrecklichen Verbrennungen im Gesicht.

Nun mußte ich abspringen, weil das Auto eine andere Richtung einschlug. Zu Fuß erreichte ich die Wohnung, die wir vorgestern verlassen hatten. Ich konnte mich kaum mehr zurechtfinden. Die meisten Straßenschilder waren vom Luftdruck oder Brand vernichtet worden. Die ausgebrannten Häuserreihen sahen alle gleich aus. Ich kam an einem tiefen Bombenkrater vorbei, in welchem hochkant ein Rotkreuzwagen stand, der vermutlich vom Druck hineingeschleudert worden war. Etwas weiter stand ein Lastwagen zur Hälfte in einem Ladengeschäft. Dann kamen wieder die flachen Einbuchtungen auf der Straße, ein Zeichen, daß hier Luftminen niedergegangen waren. Links und rechts davon waren die Häuser vom Druck und Sog noch schlimmer zerstört worden als durch Sprengbomben. Die noch stehenden Fassaden waren von den Einschlägen der Splitter durchlöchert. Ich kam durch Straßen, in denen kein einziges Haus mehr eine Spur von Leben aufwies. An manchen Stellen wurden Ruinen, die einzustürzen drohten, durch Militär gesprengt. Bei jeder Detonation fuhren alle Menschen in der Umgebung erschrocken zusammen.

Man schluckte ungeheure Mengen von Staub und Rauch und Ruß. Die Taschentücher waren abends rabenschwarz. Der feine Schmutz konnte kaum aus den Augen entfernt werden. Das Schuhwerk litt unter den Millionen Glassplittern auf den Straßen, unter den Trümmern, die überall umherlagen. Hin und wieder kam ich an Trümmerstätten, an völlig in sich selbst zusammengefallenen Häusern vorbei, deren brennbare Teile noch immer schwelten und glühten. Militär und sonstige Hilfskräfte schaufelten Gassen, um zu den Luftschutzkellern zu gelangen. Ich sah manche Stellen, an denen mehrere Tage lang gebaggert und geschaufelt wurde. Mit Horchgeräten peilte man nach Klopfzeichen. Mit Sauerstoffapparaten wurde versucht, den Eingeschlossenen Atemluft zuzuführen. Die Berliner Wohnhäuser sind alle sehr hoch gebaut und bestehen aus Vorderhaus, Seitenflügeln und sogenannten Gartenhäusern. Wenn da ein Volltreffer landet, dann kann man sich vorstellen, welchen Schuttberg ein fünfstöckiges Haus bildet, wenn es in seine einzelnen Bestandteile aufgelöst wird. An vielen Stellen konnte man die Bewohner nur als Leichen bergen, manche fand man überhaupt nicht mehr vor.

In der Joachimsthaler Straße war ein Gebäude getroffen worden, in dem sich ein Polizeirevierposten befand. Der größte Teil der Mannschaft und Hausbewohner war verschüttet worden. Es wurden russische Kriegsgefangene unter Aufsicht eines deutschen Soldaten angestellt, um die Verschütteten auszugraben. Die Gefangenen schafften ganz langsam einen Stein nach dem andern weg und kamen überhaupt nicht vorwärts. Und unten im Keller klopften die Menschen, von denen kein einziger gerettet werden konnte.

Jene Gemüsefrau, von der bereits die Rede war, hatte mir erzählt, wie sie selbst verschüttet wurde. Sie saßen alle im Keller und hörten die Bombeneinschläge in der Nähe, das Haus zitterte und wankte bis zum Fundament hinab. Sämtliche Geräusche der Hölle schienen losgelassen. Und plötzlich, sie wußte nicht, wie, wurde sie von einem unheimlichen Druck zu Boden geschleudert und verlor die Besinnung. Es war finstere Nacht, als sie wieder zu sich kam, das Licht war verlöscht. Sie lag in einem Bett von Schutt, Steinen, Mörtel. Mit den Händen tastete sie sich zurecht, doch als sie sich aufrichtete, schlug sie mit dem Kopf an einen Balken. Nun hörte sie Wimmern und Gurgeln, die Laute des Todes und Entsetzens. Röchelnd verendete in der Nähe ein Mensch.

Jetzt kam ihr erst richtig zum Bewußtsein, was geschehen war. Sie schrie in wilder Angst und Not um Hilfe, um sofort in Husten auszubrechen. Das Loch, in welchem sie lag, war angefüllt mit dem durch den Einsturz des Gebäudes und durch den Luftdruck aufgewirbelten Staub. Er bohrte sich in die Augen und geriet durch die Atmungsorgane in die Lungen. Es knirschte zwischen ihren Zähnen, wenn sie den Kiefer bewegte.

Jetzt entdeckte sie, daß sie ihre Handtasche krampfhaft festhielt. Sie zog eine Schachtel Streichhölzer heraus und brannte ein Hölzchen an. Nur schwach glimmte das Feuer, aber es reichte hin, um ihr einen schrecklichen Anblick zu verschaffen. Die Decke war eingestürzt, doch schien an dieser Stelle eine Art Hohlraum übriggeblieben zu sein. Unter einem grauen Haufen starrte ein Kopf hervor. Die Augen waren weit aufgerissen, der Mund verkrampft. Darüber lag eine weiße Staubschicht. Der Leib war verschüttet.

An einer andern Stelle lag eine Leiche mit aufgeschlitztem Bauch. Glucksend sickerte irgendwo Wasser. Jetzt schrie sie wieder um Hilfe, sie ängstigte sich entsetzlich vor dem Ertrinken. Das Dröhnen in ihren Ohren ließ nach, und sie hörte endlich Scharren und Schieben. Mit einem Ziegelstein klopfte sie an einen verbogenen T-Balken und fuhr erschrokken zusammen, als der eingefangene Ton durch die Höhle irrte. Aber sie war eine resolute Frau, sie klopfte wieder und wieder. Und endlich, nach bangem Warten und der fürchterlichen Angst, vielleicht doch nicht gefunden zu werden, erblickte sie noch einmal das Licht der Welt, das aus den nächtlichen Großbränden bestand.

## MARIE WASSILTSCHIKOW

### Berlin, 25. November 1943

Heute morgen standen Loremarie Schönburg und ich zeitig auf. Die Essens hatten angeboten, uns in ihrem zerbeulten Auto mit in die Stadt zu nehmen, da Hermina nach Stockholm fliegen wollte. Die Wagentüren waren verklemmt, so mußten wir durch die Fenster einsteigen. Die Scheiben waren auch zerbrochen, und in den Rahmen steckten noch viele Splitter, die uns während der Fahrt fortwährend ins Gesicht geblasen wurden, so daß wir uns, so gut es ging, verhüllten. Wir sollten um elf Uhr im Büro sein, da aber Rudger seinen Wagen gegen einen andern, besser erhaltenen in einer Garage in Halensee eintauschen wollte, machten wir einen Umweg.

Sehr bald stellten wir fest, daß der Luftangriff der vorigen Nacht doch noch weitere Zerstörungen in der Stadt angerichtet hatte. Die Halenseebrücke stand zwar noch, die angrenzenden Häuser hingegen nicht mehr. Rudgers Garage sah ramponiert und verlassen aus. Wir fuhren die Pariser Straße entlang. Dieser Teil der Stadt sah etwas besser, wenn auch schäbig aus. Als wir aber das Hotel Eden erreichten, stellten wir zu unserm Erstaunen fest, daß es sich in den vergangenen vierundzwanzig Stunden gründlich verändert hatte. Die Mauern standen noch, aber sämtliche Fenster fehlten, und in ihren Öffnungen sah man Matratzen, zerbrochene Möbel und andere Trümmer. Später erfuhren wir, daß drei Sprengbomben das Dach durchschlagen und mit Ausnahme der Außenmauern alles zerstört hatten. Zum Glück hatte die Bar, die zugleich als Luftschutzkeller diente, standgehalten, denn sie war um diese Zeit voller Menschen. Der Zoologische Garten gegenüber war schwer getroffen worden. Eine Sprengbombe war auf dem Aquarium gelandet und hatte sämtliche Fische und Schlangen getötet. Die wilden Tiere sind heute morgen erschossen worden, da ihre Käfige beschädigt worden waren und Gefahr bestand, daß sie entkommen könnten. Ohnehin versuchten die Krokodile, in den Landwehrkanal zu springen. Sie wurden gerade noch rechtzeitig herausgefischt und erschossen. Welch ein Anblick das gewesen sein muß!

## Berlin, 26. November 1943

Wir nahmen die S-Bahn, stiegen in Wannsee um und fuhren bis zum Potsdamer Platz. Der Zug war gestopft voll; auf jeder Station zwängten sich neue Leute herein, da dies offenbar die einzige noch funktionierende Linie war. Der Bahnhof Potsdamer Platz liegt unter der Erde und sah noch makellos sauber aus, mit weißen Kacheln und so weiter. Der Kontrast, als wir auf die Straße kamen, war um so krasser, denn die ganze Umgebung ist ein einziger schwelender Trümmerhaufen; alle großen Gebäude um den Platz sind abgebrannt, mit Ausnahme des Hotels Esplanade, das zwar schäbig, aber noch verhältnismäßig intakt aussieht, obgleich es natürlich auch keine einzige heile Fensterscheibe mehr hat.

Wir machten uns auf den Weg zu den Alberts [mit einem Deutschen verheiratete US-Amerikanerin und ihre Tochter Irene] und zerrten unsere Koffer durch den Schlamm und die Asche im Tiergarten. Die Häuser rundherum waren geschwärzt und rauchten noch. Der Park sah wie ein französisches Schlachtfeld im Ersten Weltkrieg aus, die Bäume reckten sich nackt und kahl empor, überall lagen abgebrochene Zweige, über die wir klettern mußten. Ich fragte mich, was wohl aus den berühmten Rhododendren geworden sein mochte und wie es hier im Frühjahr aussehen würde. [...]

Loremarie und ich wanderten dann die Landgrafenstraße hinunter, da wir gehört hatten, daß Kicker [von] Stumms Haus getroffen worden sei. Obgleich sein einziger Bruder in Frankreich gefallen ist, kämpft er an der russischen Front. Kein Haus in der ganzen Straße stand mehr, und als wir uns dem seinen näherten, befürchteten wir das Schlimmste, denn nur die Außenmauern waren noch übrig. Wir fragten ein paar Feuerwehrleute nach den Bewohnern. Sie meinten, daß denen nichts passiert sei; die im Nebenhaus hingegen seien noch in ihrem Keller verschüttet. »Aber da drüben« – sie wiesen auf ein sechsstöckiges Gebäude auf der anderen Straßenseite –, »da sind alle tot, alle dreihundert!« Der Keller hatte einen Volltreffer erhalten. Wir gingen zur Kurfürstenstraße hinüber, wo fast in jedem Haus Freunde wohnten. Die meisten Gebäude waren ebenfalls getroffen worden. Die riesige, aus Granit gebaute Wohnung der Oyarzabals [Ignacio und María del Pilar, von der spanischen Botschaft] war nur noch ein Steinhaufen. Die Ecke Nettelbeckstraße, einschließlich unseres kleinen Lieblingsrestaurants »Taverna«, war buchstäblich zu Staub geworden, nur kleine Schutthaufen waren noch übrig. Wo immer wir hinblickten, waren Feuerwehr und Kriegsgefangene, zumeist »Badoglio-Italiener« [nach der Kapitulation Italiens internierte italienische Soldaten], emsig damit beschäftigt, Luft in die Ruinen zu pumpen, was bedeutete, daß in den verschütteten Kellern noch Menschen am Leben waren.

Vor einem andern zerstörten Gebäude beobachtete eine Menschenmenge ein etwa sechzehnjähriges Mädchen, das auf einem Schutthaufen stand, einen Ziegel nach dem andern aufhob, ihn sorgfältig abstaubte und dann wieder fortwarf. Anscheinend war ihre ganze Familie umgekommen und lag unter dem Schutt begraben, und sie war verrückt geworden. Dieser Teil der Stadt sah wirklich fürchterlich aus. An manchen Stellen war gar nicht mehr zu erkennen, wo die Straßen verliefen, und wir konnten uns nicht orientieren. […]

In den letzten Tagen sind überall mit Kreide zahllose Botschaften auf die geschwärzten Hauswände gekritzelt worden: »Liebste Frau B., wo sind Sie? Ich suche Sie überall. Kommen Sie zu mir. Ich habe Platz für Sie.« Oder: »Alle aus diesem Keller gerettet!« Oder: »Mein Engelein, wo bleibst Du? Ich bin in großer Sorge. Dein Fritz.« Wenn die Menschen zu ihren Wohnungen zurückkehren und diese Botschaften lesen, schreiben sie, ebenfalls mit Kreide, ihre Antworten darunter. Wir entdeckten auf diese Weise den Verbleib mehrerer Freunde, und als wir zur Ruine unseres Büros kamen, suchten wir uns im Schutt auch ein Stück Kreide und schrieben auf die Säule neben dem Eingang in großen eckigen Lettern: »Missie und Loremarie sind gesund, befinden sich in Potsdam bei B.« Unser oberster Chef hätte dies zweifellos mißbilligt, aber wir dachten dabei in erster Linie an unsere verschiedenen Verehrer, die die nette Angewohnheit hatten, uns zu jeder Tageszeit anzurufen, und auf der Suche nach uns hier vorbeikommen könnten.

## Berlin, 27. November 1943

Überall in der Stadt brennt es noch in den Hinterhöfen, und es ist offenbar nicht möglich, diese Brände zu löschen, da es sich hierbei um die erst vor kurzem für den Winter gelieferten Kohlenvorräte für Berlin handelt. Wir machen des öfteren halt, um uns die Hände zu wärmen, denn heutzutage ist es in den Häusern kälter als draußen. […]

Für den Morgen nach dem ersten Luftangriff hatte ich in einem kleinen Laden in der Nähe einen Termin zur Anprobe eines Hutes. Rundum brannten sämtliche Häuser, aber ich war sehr auf den Hut erpicht, und so versuchte ich es, klingelte und wurde – Wunder über Wunder – von einer lächelnden Verkäuferin empfangen: »Durchlaucht können anprobieren!« Ich tat es auch, aber da ich mit Schmutz bespritzte Hosen trug, war es schwierig, die volle Wirkung zu beurteilen.

## KONRAD WARNER

Eine nächtliche Bombardierung löste die andere ab. Zum Glück wurden wir in unserem Notquartier verschont. Die Frauen hatten sich wohnlich eingerichtet, soweit das eben möglich war. Auf der kleinen Gasflamme ging eine Suppe ihrer Vollendung entgegen. Die Schuhe waren wieder geputzt, die Haare frisiert, man hatte wieder begonnen, ein Mensch zu werden. Der Tag war mit den wenigen Besorgungen, für die man soviel Zeit brauchte, bald seinem Ende entgegengegangen. Wir aßen rechtzeitig zu Nacht, um zur kritischen Stunde bereit zu sein.

Doch an diesem Abend erfolgte der Angriff schon früher. Wir rasten mit vollem Gepäck die hohen Treppen hinab, über den Hof und über eine enge und gewundene Treppe in den Keller. Da saßen wir nun wieder in der Falle. Wir hockten da, unter fremden Menschen, verschluckten unsere Angst und verbissen unsere ohnmächtige Wut. Wir lauschten auf die Stärke des Abwehrfeuers und auf die Wucht der Einschläge, um auszurechnen, wie weit oder wie nahe von uns der Angriff seine höllische Vernichtung entfesselte. Aber das Unglück ging an uns vorbei.

Am andern Tage hatte ich einige Geschäfte zu erledigen und kam durch verschiedene Stadtteile. Die Verheerungen waren riesig, die Überraschung hatte sich ausgewirkt. Ganze Viertel waren ausgebrannt. Wenn in einer Straße noch ein, zwei unbeschädigte Häuser standen, dann starrte man sie an wie eine Fata Morgana. Die Menschen brachten alles wieder in Ordnung, soweit ihre Mittel dazu reichten. Die Läden waren überfüllt, weil viele andere zerstört worden waren.

Aber man erhielt alles, was einem auf Marken zustand, wenn auch manchmal mit Verspätung. [...]

Jetzt wurden an allen Plakatsäulen lilafarbene Aufrufe angeschlagen: »Kinder gehören nicht in Luftnotgebiete! Schickt Eure Kinder aufs Land, benutzt die Kinderlandverschickung der NSV!« Es war höchste Zeit, daß man sie aus der Stadt fortnahm. Allerdings hatte die Evakuierung schon früher eingesetzt. Aber viele Eltern wollten und konnten sich nicht von ihren Kindern trennen. Sie wollten zusammenbleiben, weil sie Angst hatten, einander nie mehr zu sehen, und weil sie nicht wußten, was in der Ferne mit den Kindern geschehen würde. Lieber wollten sie miteinander sterben. »In Berlin findet kein Schulunterricht mehr statt!« hieß es an allen Säulen. Dennoch sah man immer wieder Kinder. Sogar Säuglinge wurden mit in den Luftschutzkeller geschleppt, und manche Kinder fanden es lustig, nachts aus dem Bett geholt zu werden und im Keller spielen zu können.

Bei einer Portierfrau fand ich zwei kleine Kinder vor, einen Buben und ein Mädchen, vier und fünf Jahre alt. Der Junge schilderte, wie er mit zwei Koffern in der Hand in der Nacht vom 22. November durch das Feuer gelaufen sei. Der Vater hatte entdeckt, daß bei dieser Portierfamilie, die er kannte, nichts passiert war. Er schickte die Kinder allein dahin, denn sie kannten ja den Weg. Er selbst versuchte noch, etwas zu retten. »Und die Mutti hat er schon hingebracht, Mutti war ohnmächtig geworden, weißt du, und sie war hingefallen. Vati hat sie auf die Arme genommen und durchs Feuer getragen, und wir sind auch durchs Feuer. Da habe ich zwei Koffer getragen, und an der andern Hand hab' ich Elschen gezogen. Immer durch die Funken, und überall hat's gebrannt, oh, hat das gebrannt!« Und das erzählte er ganz sachlich, als ob es gar keinen so schrecklichen Eindruck auf ihn gemacht habe.

## MARIE WASSILTSCHIKOW

### Königswart, 29. November 1943

Verbrachte den ganzen Tag damit, unsere Abenteuer zu beschreiben. Es ist sehr schwierig, denen, die das Ganze nicht miterlebt haben, zu schildern, wie Berlin jetzt aussieht. [...]

Man muß sich an die absolute Stille hier erst gewöhnen.

## EDWARD MURROW
### Das Ziel war die große Stadt

Edward Murrow war Europa-Chef von *CBS* in London (seit 1937). Seine Premiere als Rundfunksprecher hatte er bei der Konferenzschaltung zum »Anschluß« Österreichs zusammen mit William Shirer. Als Pendant seiner Berliner Kollegen William Shirer, Harry Flannery, Howard Smith und Louis Lochner erlebte Edward Murrow den Krieg als Korrespondent in der britischen Hauptstadt. Von dort berichtete er seinen US-amerikanischen Hörern über die deutschen Bombenangriffe. Und er flog selbst mit bei einem nächtlichen Angriff auf Berlin am 2./3. Dezember 1943, um davon in einer Reportage zu berichten. (Insgesamt hat Murrow im Zweiten Weltkrieg an zahlreichen Flügen und Kampfeinsätzen teilgenommen.) Eine Aufzeichnung dieser Sendung ist als Tondokument erhalten.

Gestern nachmittag war das Warten zu Ende. Das Wetter paßte; das anvisierte Ziel war die große Stadt. Die Kommandeure marschierten in den Raum für die Einsatzbesprechung, sahen sich die Land- und Flugkarten an und saßen da mit den großen Schreibblöcken aus Zelluloid auf ihren Knien. Die Atmosphäre erinnerte an Schule und Kirche. Der Meteorologe gab den Wetterbericht. Die Piloten wurden daran erinnert, daß Berlin das größte Zentrum für die Rüstungsproduktion in Deutschland sei. Der Nachrichtenoffizier informierte uns, auf wie viele schwere und leichte Geschütze, auf wie viele Suchscheinwerfer wir gefaßt sein müßten. Dann erläuterte Jock, der Geschwaderkommodore, das Markiersystem, teilte mit, welche Leuchtsignale die Pfadfinder verwenden würden. Die Geschlossenheit der Formation, sagte er, sei bei diesen Angriffen das Geheimnis des Erfolgs; solange die Maschinen dicht beieinander blieben, böten sie einander Schutz. Die Kommandeure marschierten hinaus.

Ich beobachtete, daß der große Kanadier mit dem langsamen, unbeschwerten Lächeln auf seinen Block oben in Druckbuchstaben »Berlin« geschrieben und das Wort dann mit einem Schnörkel verziert hatte. Der rothaarige englische Junge mit dem zwei Wochen alten Schnauzbärtchen verließ als letzter den Raum. Am späten Nachmittag gingen wir in den Umkleideraum, um Fallschirme, Schwimmwesten und das übrige zu holen. Während wir uns anzogen, pfiffen zwei Australier vor sich hin. Als wir zum Bus hinausgingen, der uns zum Flugzeug bringen sollte, hörte ich, wie der Lautsprecher des Stützpunkts verkündete, abends könne sich jedermann kostenlos einen Film, *Star Spangled Rhythm,* ansehen.

Wir fuhren raus und standen um eine große, schwarze, viermotorige Lancaster, *D for Dog.* Ein kleiner Kombiwagen brachte eine Thermoskanne mit Kaffee, Kaugummi, eine Apfelsine und ein Stück Schokolade für jeden Mann. In diesem Teil Nordenglands dröhnt und vibriert die Luft den ganzen Tag vom Lärm der Flugzeugmotoren. Eine halbe Stunde vor dem Abflug aber ist der Himmel wie leer gefegt, still und erwartungsvoll. Ein einsamer Bussard schwebte über dem Flugplatz, absolut ruhig im Wind stehend. Jack, der Heckschütze, sagte: »Es wäre schön, wenn *wir* so fliegen könnten.«

*D for Dog* machte im Wendekreis am Ende des Rollfelds vorsichtig kehrt. Einen Augenblick lang verharrten wir dort. Das grüne Licht leuchtete auf, und wir rollten los – zehn Sekunden vor der Zeit! Wir hoben watteweich ab. Die

Räder wurden eingezogen, und *D-Dog* begann seinen Steigflug. Als wir durch die Wolken brachen, blickte ich nach rechts und nach links und zählte vierzehn Lancaster, die dorthin aufstiegen, wo Menschen Sauerstoff tanken müssen, um zu überleben. Die Sonne ging unter, und ihre rote Glut malte auf die Oberseite der Wolken Flüsse und Seen aus Feuer. Nach Süden türmten sich die Wolken auf und bildeten Burgen, Zinnen und Städte, allesamt in Rot getaucht.

Bald schon befanden wir uns über der Nordsee. Dave, der Navigator, fragte Jock, ob er beim Tempo nicht ein bißchen zulegen könne. Wir seien fast zwei Minuten hinter dem Zeitplan. Um diese Zeit hatten wir schon alle die Sauerstoffmasken auf. Der Austausch über den Bordfunk fiel kurz und knapp aus. Alle wirkten entspannt. Ein Weilchen flogen wir acht in unserer kleinen Exilwelt über das Meer dahin. Querab an Steuerbord stand ein Viertelmond. Jocks ruhige Stimme kam über den Bordfunk: »Das da vorne dürfte Flak sein.« Wir näherten uns der feindlichen Küste. Die Flak sah aus wie ein Feuerzeug in einem finsteren Raum – eines, das nicht anging. Funken, aber keine Flamme. Die Funken sprühten unmittelbar über der Wolkendecke. Wir flogen stetig geradeaus, und bald lag die Flakstellung unmittelbar unter uns.

*D-Dog* ruckte ein bißchen von rechts nach links, aber daran war nicht die Flak schuld. Wir befanden uns im Luftschraubenstrom von Lancaster-Maschinen vor uns und überquerten gerade die feindliche Küste. Und dann passierte etwas Merkwürdiges. Das Flugzeug schien kleiner zu werden. Jack im hinteren Geschützturm, Wally, der Schütze Mitte oben, Titch, der Funker – alle schienen irgendwie Jock in der Kanzel näher zu rücken. Es war wie ein allgemeiner Schulterschluß. Man verstand sich auf Anhieb. Der Bordfunk erwachte zum Leben, und man hörte Jock sagen: »Zwei Maschinen querab Backbord.« Jack im Heck erklärte: »Okay, Sir, es sind Lancs.« Die ganze Besatzung war wie ein Mann und verschwendete keine Worte.

Die Wolkendecke unter uns war dicht geschlossen. Der blaugrüne Strahl der Auspuffgase wand sich zurück und züngelte entlang der Flügelvorderkante; wir waren umgeben von anderen Maschinen. Die ganze große Luftflotte raste auf Berlin zu. So waren wir zwanzig Minuten lang geflogen, als Jock zu einem Kondensstreifen über uns hinaufsah und im Gesprächston bemerkte, in seinen Augen sehe das da oben wie ein Jäger aus. Gelegentlich brach das zornige Rot von Flakgeschossen durch die Wolken, aber es war weit entfernt, und wir brachten dafür höchstens ein akademisches Interesse auf. Wir flogen in der dritten Welle. Jock fragte Wally im Turm Mitte oben und Jack im Heckturm, ob ihnen kalt sei. Es gehe ihnen gut, sagten sie, und danke der Nachfrage. Sogar mich fragte er, wie es mir gehe, und ich antwortete: »Gut, bis jetzt.« Die Wolkendecke fing an, dünner zu werden. In nördlicher Richtung sahen wir Licht, und davor begann die Flak, wach zu werden.

Boz, der Bombenschütze, war knisternd durch den Bordfunk zu hören: »Querab an Steuerbord ist ein Kampf im Gang.« Das Flugzeug konnten wir nicht sehen, aber wir sahen die Feuerstrahlen der roten Leuchtspurgeschosse, die hin und her gingen. Plötzlich auflodernde gelbe Flammen, und Jock kommentierte: »Da geht ein Jäger runter. Position notieren.« Das Ganze war interessant, doch ohne uns zu betreffen. Dave, der Navigator, der hinten mit seinen Karten, Flugkarten und Kompassen saß, sagte: »In genau zwei Minuten müßte der Angriff beginnen.« Wir befanden uns immer noch über den Wolken. Plötzlich aber wurden diese schmutzig grauen Wolken weiß. Wir hatten die Suchscheinwerfer des äußeren Abwehrrings erreicht. Die Wolken unter uns waren weiß und wir schwarz. *D-Dog* wirkte wie ein schwarzer Käfer auf einem weißen Blatt Papier. Flakgeschosse drangen herauf, aber keines kam uns nahe. Der Weg nach Berlin war noch weit, weiter, als ich mir klarmachte.

»Direkt vor uns steht eine Kiste in Flammen«, bemerkte Jock. Wir sahen einen großen, goldenen Meteor, der langsam und schräg in Richtung Erde glitt. Um diese Zeit trennten uns noch ungefähr fünfundvierzig Kilometer von unserem Zielgebiet in Berlin. Diese fünfundvierzig Kilometer waren der längste Flug, den ich je gemacht habe. Exakt zum vorgesehenen Zeitpunkt meldete Boz, der Bombenschütze: »Zielanzeiger gehen runter.« Im gleichen Augenblick erhellten strahlend gelbe Flammen den Himmel vor uns. Seitwärts nach Steuerbord stürzte eine weitere Kiste brennend ab. Die Flammen – rote, grüne, gelbe – breiteten sich über den ganzen Himmel aus, und wir flogen mitten in das Feuerwerk hinein. *D-Dog* schien in der von den vier Propellern gepeitschten Luft stillzustehen und einfach nicht vorwärtszukommen. Die Wolken hatten sich verzogen, und seitwärts nach Steuerbord wurde eine Lanc von mindestens vierzehn Suchscheinwerferstrahlen erfaßt. Wir konnten sehen, wie die Maschine sich drehte und wand und schließlich aus den Lichtkegeln verschwand. Dennoch hatte das Ganze etwas Unwirkliches an sich. Niemand schien auf uns zu schießen, aber es wurde die ganze Zeit über immer heller. Plötzlich tauchte direkt vor uns ein riesiger gelber Lichtfleck auf, ein weiterer rechts und noch einer links. Wir flogen direkt auf sie zu.

Jock wies mich auf die Ablenkungsfeuer und Leuchtbomben links und rechts hin. In direkter Linie vor uns sah man eine ganze Kette roter Lichter, die aussahen wie Ampelleuchten. Querab an Steuerbord wurde eine andere Lanc vom Lichtkegel erfaßt. Das Licht schien sie zu tragen. Wieder konnten wir die Leuchtspurgeschosse sehen, die wie kleine Bläschen von zwei Seiten auf sie zurasten. Die deutschen Jäger rückten ihr auf den Pelz. Und dann, ohne jede Vorwarnung, war *D-Dog* plötzlich von einem ungesunden weißen Licht erfüllt. Ich stand direkt hinter Jock und konnte sämtliche Schweißnähte auf den Tragflügeln sehen. Jocks ruhige Stimme mit ihrem schottischen Akzent dröhnte in mein Ohr: »Ruhig Blut, Jungs, wir sind im Kegel.« Sein schlanker Körper hob sich halb aus dem Sitz, als er den Steuerknüppel heftig nach vorn und dann nach links drückte. Wir gingen hinunter.

Jock trug Wollhandschuhe, die seine Finger frei ließen. Ich konnte sehen, wie die Nägel weiß wurden, als er das Ruder umklammerte. Und dann fand ich mich auf dem Boden auf den Knien wieder, weil er den *Dog* jäh wieder hochgerissen hatte. Die Knie hätten eigentlich stark genug sein müssen, mich zu tragen, aber sie waren es nicht, und auch der Magen schien geneigt, mich im Stich zu lassen. Ich raffte mich auf und blickte wieder hinaus. Ein riesiger Suchscheinwerfer schien direkt auf unserer Tragflügelspitze montiert zu sein, statt sich sechstausend Meter unter uns zu befinden. *D-Dog* flog Spirale. Als wir uns auf die andere Seite wälzten, konnte ich erstmals sehen, was mit Berlin geschah.

Die Wolken waren verschwunden, und die Reihen von Brandbomben, abgeworfen von den vorausgegangenen Wellen, ließen die Stadt wie eine unvorteilhaft angelegte Ortschaft mit brennender Straßenbeleuchtung aussehen. Die kleinen Brandsätze fielen hinab, als schleudere jemand eine Handvoll weißer Reiskörner auf ein schwarzes Samttuch. Da Jock den *Dog* wieder hochzog, wurde ich auf die andere Seite der Kanzel geworfen, und von dort sah ich unten weitere Brandbomben, die weiß glühten und sich dann rot färbten. Die Cookies – zwei Tonnen schwere Sprengbomben – explodierten unten wie große, durchgeknallte Sonnenblumen. Und dann, als wir wieder hinuntergingen und immer noch im Licht der Scheinwerfer flogen, fiel mir ein, daß der *Dog* nach wie vor eines dieser Cookies und eine ganze Packung Brandbomben in seinem Schacht mit sich führte und die Scheinwerfer auf uns gerichtet waren. Mich packte schreckliche Angst.

Während Jock die Maschine in der Luft herumwirbelte, schnauzte er plötzlich in den Bordfunk: »Zwei Maschinen querab Backbord.« Ich blickte nach achtern und sah Wally, den Schützen Mitte oben, seinen Turm nach Backbord herumreißen und dann zu einem einmotorigen Jäger hochblicken, der unmittelbar über uns vorbeiglitt. Es war eine von unseren Maschinen. Endlich waren wir raus aus dem Lichtkegel und flogen wieder horizontal. Ich blickte hinab, und die weißen Feuer hatten sich rot gefärbt. Sie fingen an, miteinander zu verschmelzen und sich auszubreiten – wie Butter auf einer heißen Platte. Jock und Boz, der Bombenschütze, diskutierten über das Ziel. Unten verdichtete sich der Rauch. Boz erklärte die zwei grünen Leuchtbomben fast direkt vor uns für interessant. Er fing an, seine Richtungsanweisungen zu geben. Just da aber ging jenseits des Meers von Flammen und Leuchtbomben, das sich unmittelbar unter uns zu befinden schien, ein neuer Haufen von Leuchtbomben runter, und er fand den Zielpunkt besser. Jock stimmte zu, und wir flogen weiter. Die Klappen des Bombenschachts waren geöffnet. Boz gab seine Richtungsanweisungen. »Fünf links, fünf links.« Und dann unter meinen Füßen ein sanfter, Vertrauen erweckender Ruck nach oben, und Boz sagte: »Cookie ist weg.« Ein paar Sekunden später fielen auch die Brandbomben, und *D-Dog* wirkte leichter und besser zu steuern.

Ich glaubte, da unten die Konturen von Straßen ausmachen zu können. Der Bombenschütze aber bestritt das, und er mußte es wissen. Mittlerweile waren all die weißen Placken auf schwarzem Grund gelb geworden und begannen zusammenzufließen. Ein weiterer Scheinwerfer erfaßte uns, hielt uns aber nicht fest. Dann kam durch den Bordfunk die Meldung: »Eine der Brandbomben hat sich nicht gelöst. Wir führen sie immer noch mit.« Und Jock fragte: »Eine kleine oder eine große?« – »Ich glaube, eine kleine, bin aber nicht sicher. Ich prüfe es nach.« Noch mehr von den gelben Leuchtbomben fielen herunter und hingen um uns herum in der Luft. Seit Kriegsbeginn habe ich so viel Beleuchtung nicht mehr erlebt. Schließlich verkündete der Bordfunk, es sei nur ein kleiner Behälter mit Brandbomben da, und Jock erklärte: »Also, dafür lohnt es sich kaum, zurückzukehren und einen weiteren Angriff zu fliegen.« Wäre ein ordentlicher, dicker Packen übriggeblieben, er hätte glatt kehrtgemacht und alles ein zweites Mal durchgezogen.

Ich fing an, wieder zu atmen und mir Gedanken zu machen – darüber, wie tapfer wir alle wären, wenn wir nur unsere Mägen zu Hause lassen könnten. Dann gab es einen gewaltigen Rums, ein unverständliches Gebrüll vom Heckschützen, und *D-Dog* erzitterte und verlor an Höhe. Ich blickte nach Backbord hinaus und sah eine Lancaster, die so nahe war, daß man sie hätte berühren können. Sie war unmittelbar unter uns durchgewischt und hatte uns um zehn oder zwanzig Meter verfehlt – niemand wußte es genau. Der Navigator rief den neuen Kurs aus, und schon waren wir auf dem Weg nach Hause. Jock machte, was ich ihn so oft seinen Piloten hatte einbleuen hören – er hielt strikt Kurs. Er flog geradewegs in den riesigen grünen Kegel eines Suchscheinwerfers hinein und erklärte, während er die Motoren drosselte: »Aus dem hier rauszukommen, wird ein bißchen schwierig werden.« Und abermals ging die Maschine in den Sturzflug, stieg und wand sich, bis wir schließlich frei waren. Danach flogen wir auf gleicher Höhe. Ich blickte nach Backbord hinaus, zurück zur Abwurfzone. Ein trüber, abscheulicher Glanz hüllte sie ein. Die Feuer schienen einander gefunden zu haben – und wir flogen nach Hause.

Für kurze Zeit hatten wir ruhigen Flug. Wir sahen weitere Kämpfe. Dann ein anderes Flugzeug in Flammen, aber niemand konnte sagen, ob es eines von unseren oder von ihren war. Wir befanden uns immer noch nahe beim Zielbereich. Dave, der Navigator, sagte: »Halt sie ruhig, Käpt'n. Ich brauche eine Himmelsortung.« Und Jock hielt sie ruhig. Flak tastete sich zu uns hoch. Sie schien sehr nahe. Sie leuchtete beidseits der Tragflügel den Himmel ab. Aber Jock hielt den *Dog* ruhig. »Okay, Käpt'n, vielen Dank«, sagte Dave schließlich. Und die Flak knallte uns einen großen orangen Klecks direkt vor den Bug. »Ich glaube, sie schießen auf uns«, sagte Jock. Der Ansicht war ich schon seit längerem.

Wieder fing er an, *D for Dog* hochgehen, absacken und ausscheren zu lassen. Als wir das Sperrfeuer hinter uns hatten, fragte ich ihn, wie nah die Explosionen gewesen seien. »Nicht sehr nahe«, sagte er. »Wenn sie wirklich nahe sind, kann man sie riechen.« Das bewies mir gar nichts, denn ich hatte den Atem angehalten. Vom hinteren Geschützturm ließ sich Jack hören, er sagte, er kriege nicht genug Sauerstoff, vielleicht sei die Zuleitung eingefroren. Titch, der Funker, krabbelte mit einer neuen Maske und einer Sauerstoffflasche nach hinten. »Wir überfliegen die Küste«, sagte Dave, der

Navigator. Ich dachte zurück an 1938, als ich in einem Flugzeug, das in Prag gestartet war, die Küste überflog. Direkt vor mir saßen damals zwei Flüchtlinge aus Wien – ein alter Mann und seine Frau. Der Co-Pilot kam nach hinten und sagte ihnen, wir hätten das deutsche Gebiet hinter uns. Der alte Mann ergriff die Hand seiner Frau. Die Arbeit der vorangegangenen Nacht war ein massiver Vergeltungsschlag, die Rache für all jene, die aus Kontinentaleuropa hatten fliehen müssen, um ihr Leben zu retten und Mißhandlungen zu entgehen.

Über der Nordsee begannen wir mit dem Sinkflug. Wir erreichten die englische Küste. Das Land unter uns lag im Dunkeln. Irgendwo da unten waren vermutlich amerikanische Jungs damit beschäftigt, Fliegende Festungen und Liberator-Maschinen mit Bomben zu bestücken und für das Tagewerk vorzubereiten. Wir befanden uns über dem heimischen Flugplatz. Wir riefen den Kontrollturm, und die ruhige, klare englische Frauenstimme antwortete: »Willkommen, *D-Dog.* Sie werden auf Mule Bag umgeleitet.« Wir wendeten, nahmen Kontakt zu Mule Bag auf, schwenkten in den Leuchtpfad ein, setzten ganz sanft auf, rollten bis zum Ende der Landebahn und wendeten nach links. Und Jock, der beste Pilot der britischen Bomberverbände, teilte dem Kontrollturm mit: »*D-Dog* hat die Landebahn verlassen.«

Als wir zum Rapport hineingingen, sah ich auf die Tafel und stellte fest, daß der große Kanadier mit dem gemächlichen Lächeln und der rothaarige englische Junge mit dem zwei Wochen alten Schnauzbart nicht zurückgekommen waren. Sie wurden vermißt. An der Operation hatten vier Reporter teilgenommen – zwei kehrten nicht zurück. Es waren zwei Freunde von mir – Norman Stockton von *Australian Associated Newspapers* und Lowell Bennett, ein Amerikaner, der für *International News Service* arbeitete [er überlebte]. Unter Reportern existiert so eine Art ungeschriebenes Gesetz, daß für diejenigen, die umständehalber verhindert sind, ihre Beiträge zu bringen, die Kollegen einspringen. Das habe ich mich zu tun bemüht.

In der Maschine, die mich mitnahm, teilten mir die Männer, die sie flogen und in den Kampf führten, ihre Beobachtungen über Jäger, Flugabwehr und Leuchtfeuer in dem gleichen Ton mit, in dem sie über eine Blumenwiese gesprochen haben würden. Ich zweifle nicht daran, daß Bennett und Stockton Ihnen einen besseren Bericht von den Ereignissen der Nacht geliefert hätten.

Berlin war eine Art orchestrierte Hölle, eine Symphonie aus Licht und Flammen. Keine angenehme Weise, Krieg zu führen – die Männer, die damit befaßt sind, betrachten es als eine Art von Arbeit. Gestern nachmittag, als auf der großen Wandkarte der ganze Weg nach Berlin und wieder zurück mit dem Band markiert wurde, sagte zu mir ein junger Pilot mit alten Augen: »Wie ich sehe, gibt's heute nacht wieder Arbeit.« Das ist die Geisteshaltung, mit der die Männer ihre Aufgabe erfüllen. Der Job ist nicht angenehm, er ist schrecklich ermüdend. Am Himmel sterben Männer, während andere in ihren Kellern bei lebendigem Leibe verschmoren. Berlin letzte Nacht war kein schöner Anblick. In einem Zeitraum von etwa fünfunddreißig Minuten schlug in der Stadt etwa dreimal so viel Zeug ein wie jemals in London bei einem Angriff der deutschen Luftwaffe, der die ganze Nacht dauerte. Das hier ist eine kalkulierte, unbarmherzige Zerstörungskampagne. Jetzt, in diesem Augenblick, sind die Mechaniker vermutlich mit *D-Dog* beschäftigt und machen ihn fertig für einen weiteren Flug.

## KONRAD WARNER

Über die Person des Korrespondenten Konrad Warner erfahren seine Leser wenig: Er habe, schreibt Warner, »lange Zeit in Deutschland gelebt« und es am Ende verlassen müssen, weil seine »Firma vollständig vernichtet« worden sei. Im Fazit des Buches stellt Konrad Warner fest, daß die

Schwierigkeiten, die der Luftkrieg mit sich brachte, dazu beigetragen haben, die deutsche Bevölkerung davon abzuhalten, sich kritische Gedanken zu machen oder sogar Widerstand zu leisten. »Die zeitraubenden Alltäglichkeiten waren so ermüdend, daß schon der nächste Tag nicht mehr richtig überblickt werden konnte.« Im Frühling 1944 in die Schweiz ausgereist, brachte Konrad Warner einen Vorabdruck unter dem Titel »Eine Weltstadt stirbt« in der Zürcher *Weltwoche* heraus. Eine französische Fassung erschien kurz nach der deutschsprachigen Originalausgabe in Lausanne unter dem Titel *Dans la Cité mourante – In der sterbenden Stadt.*

Unter der Einwirkung der nächtlichen Alarme wurde unser Schlaf immer leiser. Unwillkürlich warteten wir auf das Ertönen der Alarmsirenen und auf das Dröhnen der Flugzeugmotoren über der dunklen Stadt. Unsere Träume waren unruhig und zerquält. Kamen die Bomber eine Zeitlang um drei Uhr früh, dann wachten wir pünktlich um diese Zeit auf, auch wenn sie ausblieben. Dafür wurden wir zu einer anderen Stunde von ihnen überrascht.

Wie oft wir in diesen Monaten in die Keller hinuntereilten, wie oft wir Angst um das Leben unserer Lieben haben mußten, wie viele Stunden wir in den kalten, winterfeuchten Luftschutzräumen uns zusammendrängten, wir wissen es nicht mehr. Wir gewöhnten uns daran. Dies war nun einmal die Wirklichkeit, und wir paßten uns ihr an, soweit dies eben möglich war. Wir lebten, wir schliefen und aßen, wir machten unsere Geschäfte, und wir freuten uns über jeden Sonnenstrahl.

Wir waren Menschen des 20. Jahrhunderts, von dem man sich so viel versprochen hatte und das man das Jahrhundert der Technik nannte, die jetzt wirklich mit allen Mitteln in Aktion getreten war. Es war das Jahrhundert der Cäsaren, hinter dem unbeachtet die Worte standen: »Nach Christi Geburt«.

Es floß kein Wasser, es brannte kein Licht, das Gas hatte zu strömen aufgehört, und das Radio konnte uns die traurigen Stunden nicht mehr vertreiben helfen. Im Treppenhaus war es finster wie im Schlund eines Walfisches. Wenn die Sirenen aufheulten, stolperten wir über die unsichtbaren Treppen hinunter. In der Ferne begann schon das Rollen der Geschütze. Am Himmel blitzte es weiß auf, plötzlich senkten sich die berüchtigten »Weihnachtsbäume« herab, und irgendwo in der Nähe setzte ein schweres Flakgeschütz mit seinem Feuer ein. Der Boden waberte leise, metallisch, und weltenweit erscholl das vielfältige Echo von Abschüssen und Einschlägen.

Wir achteten darauf, daß wir im Keller unter einem Türbogen oder einem sicheren Gewölbe sitzen konnten. Bei jeder Erschütterung und jedem Schlag zogen wir die Köpfe ein und sahen einander verstohlen an. Wir berührten den Nächsten, um ihn zu beruhigen und um selber Ruhe zu suchen. Und wir atmeten auf, wenn das Ungewitter in die Ferne entwich.

Jetzt ein, zwei, drei Einschläge in der Nähe! Sie kommen wieder, sie sind über uns, hörst du das Dröhnen der Motoren! Sie kommen im Sturzflug auf uns herab! Die Erde geht unter in Krachen und Splittern und Dunkelheit. Sie wird zu einem unsicheren Feuerball, zu einer Retorte scheußlicher Gase und Gifte.

Als wir aus den Löchern krochen, brannte das Haus bis ins Parterre. Die Menschen, die in dem Haus gewohnt hatten, liefen durcheinander. Sie jammerten und weinten und standen vor ihren Häusern, ohne diese Wirklichkeit begreifen zu können. Unaufhaltsam und unersättlich knisterte der Brand hinter den Fenstern und in den Räumen, wo die Kinder geboren und wo die Verlobung des Sohnes gefeiert worden war. Dort hatte man die Goldene Hochzeit begangen; jetzt war es für immer vorbei, jetzt stand man als heimatloser Bettler auf der Straße.

## MARIE WASSILTSCHIKOW

### Königswart, 22. Dezember 1943

Innsbruck ist wiederholt bombardiert worden, so daß die Hoffnung der Österreicher, Wien möge verschont bleiben, recht naiv scheint. Der alliierte Vormarsch in Italien kommt kaum voran. Es sieht fast so aus, als würde mit diesen entsetzlichen Luftangriffen beabsichtigt, das alliierte Vordringen zu fördern, indem sie die Kampfmoral der Deutschen brechen. Ich glaube aber nicht, daß sich auf diese Weise sehr viel erreichen lassen wird. Im Gegenteil, die Angriffe zeitigen die genau entgegengesetzte Wirkung. Denn angesichts derartiger Leiden und Schrecknisse rücken politische Betrachtungen an die zweite Stelle, und jeder ist nur noch daran interessiert, Dächer zu flicken, Wände zu stützen, auf einem umgedrehten Bügeleisen Bratkartoffeln zu braten – ich selbst habe auf diese Weise ein Spiegelei gebraten! – oder Schnee zu schmelzen, um Waschwasser zu gewinnen. Überdies kommt in solchen Zeiten die heroische Seite des menschlichen Charakters zum Vorschein, und alle zeigen sich erstaunlich freundlich und hilfsbereit – *compagnons de malheur.*

### Königswart, 26. Dezember 1943

Ich habe verschiedene Briefe aus dem Büro erhalten, einer davon ohne Unterschrift, in dem mir mitgeteilt wird, daß wir ins Gebirge evakuiert werden sollen (was kein Wunder ist, da alle unsere Gebäude zerstört sind). Sie fügen hinzu, daß dies meiner Gesundheit dienlich sein werde und sie daher mit meiner baldigen Rückkehr rechnen. Ich habe beschlossen, meiner Familie nichts davon zu erzählen, da ich meine Entscheidung bis zur Rückkehr nach Berlin hinausschieben möchte. Denn es ist durchaus möglich, daß ich im Zentrum des Geschehens bleiben will, und das ist natürlich Berlin.

## KONRAD WARNER

Wir mußten ein neues Notquartier suchen. Teilnahmslos lebten wir in den Tag hinein. Krieg, Politik und Zukunft interessierten uns nicht mehr. Und manchmal hofften wir, daß eine Bombe auf uns niedersausen und uns erlösen werde von der Qual dieses unbegreiflichen Daseins.

Mit Alarm, Bomben und Brand begann das neue Jahr.

# 1944

## MARIE WASSILTSCHIKOW

Infolge der zunehmenden Zerstörung wurde Marie Wassiltschikows Abteilung des Auswärtigen Amtes nach Krummhübel im Riesengebirge ausgelagert. Das ruhige Leben dort scheint Wassiltschikow indes nicht besonders genossen zu haben. Trotz aller Gefahr zog es sie zurück nach Berlin.

### Berlin, 3. Januar 1944

Alle sind gereizt; neulich kam es zwischen zwei Sekretärinnen unten sogar zu einem Handgemenge. Ich muß gestehen, daß ich die abgespannten Gesichter der Menschen noch deprimierender finde als den desolaten Anblick der Stadt. Es muß die ständige Schlaflosigkeit sein, die niemandem Zeit läßt, sich je auch nur ein bißchen zu erholen.

### Berlin, 7. Januar 1944

Der Stadtteil von Berlin, in dem früher die meisten von uns lebten, ist inzwischen unsäglich deprimierend. Nachts ist nicht ein Licht zu sehen, nur endlose Straßen mit ausgebrannten Häusern. Tatiana sagt, daß sich nach dem Bürgerkrieg in Madrid jugendliche Kriminelle in den Ruinen versteckt und nachts die Passanten überfallen hätten; hier ist dies unwahrscheinlich, aber die lautlose Leere ist dennoch unheimlich.

### Berlin, 11. Januar 1944

Auf dem Heimweg gelang es mir zum Glück, mir in einem der wenigen noch arbeitenden Friseurläden die Haare waschen und legen zu lassen. Ich kaufte auf Vorrat alle dort erhältlichen Kosmetika, denn es ist nicht wahrscheinlich, daß ich in Krummhübel derartiges finden werde.

Später machten sich Loremarie Schönburg, Paul, Tony [Anton] Saurma [von der Jeltsch] und ich in Tonys Auto auf, um alle noch existierenden Restaurants nach Austern abzuklappern – die zu den wenigen Nahrungsmitteln gehören, die nicht rationiert sind. Ein solches Umherirren am Abend ist alles, was im Jahre 1944 vom Berliner Nachtleben übriggeblieben ist. Wir versuchten es bei »Horcher«, in der Hoffnung, auch Wein zu bekommen, aber es war geschlossen. Schließlich wurden Loremarie und ich in der beschädigten Bar des Hotel Eden abgesetzt, während die Männer ihre Suche fortsetzten. Wir tasteten uns unsern Weg durch den Eingang in die Empfangshalle; dort herrschte ein totales Durcheinander: Kronleuchter lagen auf dem Boden, überall zersplitterte Möbel und Schutt. In den letzten Jahren waren wir so oft hier, daß es mir plötzlich vorkam, als seien wir selbst auch zu Gespenstern geworden. Und doch haben sie vor, es wieder aufzubauen.

## MIRJAM BOLLE
### Tagebuchbriefe

Nach einer Fremdsprachenausbildung arbeitete Mirjam Levie ab 1938 für das Komitee für jüdische Flüchtlinge in Holland. Seit März 1941 war sie als Sekretärin beim Amsterdamer »Judenrat« beschäftigt, den die Nazis eingerichtet hatten und in dem das Flüchtlingskomitee aufgegangen war. Im Juli 1942 begannen die Deportationen der holländischen Juden in Konzentrationslager. Zwischen Januar 1943 und Juli 1944 schrieb Mirjam Levie tagebuchartige Briefe, von denen sie wußte, daß sie sie nicht würde abschicken können. Sie richtete sie an ihren Verlobten, Leo Bolle, der als zionistischer Pionier bereits 1938 nach Palästina gegangen war. Im

Juni 1943 wurde Mirjam Levie ins Durchgangslager Westerbork deportiert; und von dort im Januar 1944 in das KZ Bergen-Belsen. Im Juni 1944 konnte sie Bergen-Belsen mit 221 weiteren Juden verlassen. Ihre Eltern waren die ganze Zeit bei ihr. Im Austausch gegen deutsche Templer aus englischen Gebieten gelangte sie nach Palästina, wo sie ihren Verlobten heiratete. Den ersten Teil ihrer Aufzeichnungen konnte Mirjam Levie Ende 1943 aus dem Lager schicken, so daß er in Holland versteckt wurde. Es ist ihr gelungen, die Tagebuchbriefe aus Bergen-Belsen bei der Ausreise hinauszuschmuggeln. – Der bekannteste jüdische Flüchtling, der aus Deutschland nach Holland entkommen war und nach Bergen-Belsen verschleppt wurde, dürfte Anne Frank sein, die 1933 mit ihren Eltern aus Frankfurt nach Amsterdam geflüchtet war, 1944 in ihrem Versteck entdeckt wurde und 1945 in Bergen-Belsen ums Leben kam.

### Bergen-Belsen, 18. Januar 1944

Der Zug fuhr im Schneckentempo, immer wieder hielten wir an, und ich versuchte, mir klarzumachen, daß wir jetzt über die Grenze fuhren, ins Ungewisse, aber nichts drang zu mir durch. Ich war nicht traurig, auch nicht für Vater und Mutter, war aber auch ohne Hoffnung, nur ein wenig neugierig. Bei Nieuweschans passierten wir die Grenze, an Leer vorbei, wo wir zum ersten Mal deutsche Häuser sahen. Der Zug hielt oft an, fuhr nicht schnell, wir schwatzten, aßen und lachten, manchmal mußten unsere Nachbarn zur Toilette und kletterten über Koffer usw. Von der Reise gibt es weiter nichts zu berichten. Im Zug brannte kein Licht, denn die Fenster waren nicht verdunkelt, wir konnten also nach draußen schauen. [...] Das einzig Besondere war, daß nahezu alle Bahnhöfe in Deutschland hell erleuchtet waren, während man in Holland nicht die Hand vor Augen sehen konnte.

Und dann ... Bremen. Wir fuhren an einem verlassenen Trümmerhaufen vorbei! Natürlich verlassen, denn es war Nacht. Aber in den Straßen großer, großer Viertel – minutenlang fuhr der Zug an ihnen vorbei – lag der Schutt haushoch, eingestürzte Häuser, Häuser ohne Dächer, Gebäude mit nur noch einem oder zwei Stockwerken. Manchmal gab es eine Lücke, dann waren dahinter weitere eingestürzte oder schiefe Häuser zu sehen. Noch stehende Häuser waren tür- oder fensterlos. Manchmal kam ein Viertel, das weniger zerstört war, in dem zum Beispiel eine Straßenbahn fuhr. Aber auch dort viele Häuser ohne Fenster. Bremen hat die ganze Reise wieder wettgemacht.

Um drei Uhr hielten wir an. Ich weiß bis heute nicht, wo. Wir versuchten, etwas zu schlafen, obwohl es viel zu eng war. Wir dämmerten ein wenig vor uns hin. Gegen sechs fuhren wir weiter, entfernten uns immer weiter von der bewohnten Welt. Wir sahen kein Haus mehr ... Heide, hin und wieder Wald. Kurz und gut, ans Ende der Welt. Bis irgendwo ein kleiner Bahnhof auftauchte... Celle!! Jemand sagte: Bis jetzt haben sie uns noch nicht beschissen. Wir sind nicht in Polen, sondern in Celle. Tatsächlich. In Celle rangierten wir, offensichtlich mußten wir auf ein anderes Gleis. Dann – es muß gegen halb neun gewesen sein, denn es war inzwischen vollkommen hell – setzten wir uns wieder in Bewegung. Und während der Zug langsam an einem kleinen Bahnsteig zum Stehen kam, sahen wir eine Kolonne grün Uniformierter – mein Nachbar meinte: *»Waffen-SS«** – auf den Bahnsteig marschieren und kurz darauf den Zug auf beiden Seiten sichern – alle dreißig Meter stand ein Kerl mit Bluthund. Wir schauten einander an ... Dann hielt der Zug, und die Abteile wurden geöffnet. *»Raus.«** Da war mir alles klar. Wir schleppten das Gepäck zunächst auf den Bahnsteig, dann zu einem Wagen, der dort stand. Wir gingen zu Fuß zum Lager. Es war herrliches Wetter, und wir waren überglücklich, daß wir unsere steifen Beine noch bewegen konnten. Wir kamen durch eine prachtvolle hügelige Allee – die Adolf-Hitler-Straße. Ich hätte nie gedacht, daß wir hier jemals laufen würden – an Kasernen vorbei, die in gutem Zustand waren. Nach ungefähr einer Stunde erreichten wir einen Schlagbaum, der hochging. Wir hindurch. Zu beiden

Seiten kleine Holzbaracken, grün, verfallen, armselig. Wir sahen viele Menschen in Anzügen mit einem roten Kreuz auf dem Rücken, die schlecht aussahen und offensichtlich hart arbeiten mußten. Was das für Leute waren, weiß ich bis heute nicht. Den Gesichtern nach zu urteilen, waren Russen darunter. Wir kamen an einem kleinen Feld vorbei, auf dem ein Schild mit einem Totenkopf über zwei Knochen stand – anstelle des Schriftzugs: »Zugang verboten«.

### Bergen-Belsen, 20. Januar 1944

Nach dem Essen haben wir uns alle zusammen an einen Tisch gesetzt, den Kiddusch [die Segnung] gesprochen und ein wenig gesungen, was aufgesetzt war, denn uns war überhaupt nicht nach Singen zumute. Doch wir wollten für die Kinder Haltung wahren. Mittendrin ... Licht aus. Luftalarm! Ich kann Dir nicht erzählen, wie schaurig das war. Im Stockdunkeln, mit Frauen, die Streit anfingen, weil sie die Nerven verloren. Ein Grüner kam hereingestürmt und brüllte, wir sollten ja keine Kerzen anzünden, denn bei einem Angriff würden wir genauso draufgehen wie sie. Später durften wir eine kleine Kerze anmachen. Die Kinder hatten Angst, manche weinten. Dann haben wir im Dunkeln noch etwas gesungen und Geschichten erzählt.

## OSCAR JACOBI
## Berliner Inferno

Seitdem sich die USA mit Deutschland im Krieg befanden (Dezember 1941), war eine Berichterstattung durch eigene Korrespondenten nicht mehr möglich. So erreichten Nachrichten Amerika auf Umwegen, zum Beispiel über das neutrale Schweden. Unter dem Namen Oscar Jacobi berichtete ein Journalist von der deutschen Reichshauptstadt »aus Stockholm« für das *New York Times Magazine.* Die Zeitschrift *Collier's*, für die zum Beispiel auch Ernest Hemingway schrieb, veröffentlichte im April 1944 sogar eine Titelgeschichte von ihm. Als Jacobi im Januar 1944 das »Berliner Inferno« beschrieb, hatte die deutsche Hauptstadt eine mehrwöchige Phase schwerer Angriffe hinter sich.

Ich habe einen der größten Luftangriffe auf Berlin miterlebt und will versuchen, zu erzählen, was man dabei empfindet. Die Bomben erwischten mich in einem Stadtbezirk, den bereits frühere Luftangriffe verwüstet hatten und wo keine modernen Schutzräume vorhanden waren. Ich rannte zur nächsten Stelle, die Schutz bot, und warf mich der Länge nach auf den Boden eines ehemaligen Kellergeschosses. Tatsächlich bot diese Stelle gar keinen Schutz, aber zum Nachdenken blieb mir keine Zeit, und dieses Loch war so gut wie alles andere in der Umgebung. Um mich herum fielen bereits Brandbomben, und bald erschütterte das entsetzliche Krachen explodierender Sprengkörper die Erde.

Hätte ich einen Photoapparat dabeigehabt, ich hätte Aufnahmen machen können, weil zwar die Nacht sternenlos war und eine dichte Wolkendecke über der Stadt hing, durch das Feuerwerk aber die Nacht zum Tag gemacht wurde. Ein einzelner Bomber wagte sich durch die Wolken und glitzerte wie ein riesiger silberner Fisch, als ihn hin und wieder die Kegel der Suchscheinwerfer erfaßten. Die übrigen Bomber blieben über den Wolken, unerreichbar für die Suchscheinwerfer; das infernalische Dröhnen ihrer Motoren freilich drohte einem das Trommelfell zu zerreißen. Ich traute mich kaum, nach oben zu blicken.

Unaufhörlich regneten jetzt Bomben herab. Eine schlug nicht einmal zweihundert Meter von meinem Loch entfernt ein. Ich wurde regelrecht aus dem Keller geschleudert und landete auf der Straße zwischen brennenden Trümmern. Unverletzt stürzte ich zu einer anderen Ruine, wo ich mehrere Leute antraf. Aus dem Keller hörte ich Weinen. Meine Taschenlampe funktionierte nicht, und niemand hatte Streichhölzer. Einer fragte, ob unten jemand verletzt sei, und aus den Trümmern kam die Antwort: »Ein Mann hat ein Bein verloren, und eine Frau ist tot.«

Der Angriff schien sich auf andere Teile der Stadt zu verlagern, und also entschlossen ein anderer Mann und ich uns zu dem Versuch, zu einem modernen städtischen Schutzraum zu gelangen, der einige Querstraßen entfernt lag. Indem wir uns jedes Mal auf den Boden warfen, wenn wir eine Detonation hörten, und dann über alle möglichen Trümmer und brennenden Sachen auf dem heißen Asphalt weiterstolperten, schafften wir es, den großen Luftschutzraum zu erreichen.

Erst wollten sie uns nicht hineinlassen, weil er bereits voll war. Während wir uns dann doch hineinzwängten, tobten im Umkreis von über einem Kilometer riesige Feuer auf beiden Seiten der breiten Straßen. Die Flakgeschütze begannen ihr fürchterliches Konzert, und das letzte, was wir durch die Tür des Schutzraums sahen, war ein brennendes Flugzeug, das in der Ferne in weiten Kreisen dem lodernden Flammenmeer entgegenstürzte.

Unsere Zuflucht war einer der fünfstöckigen Bunker aus Stahl und Beton, die man so ausgelegt hatte, daß sie rund 10000 Personen aufnehmen konnten. In den breiten Gängen regelten Polizisten den Verkehr und wiesen den Leuten das Stockwerk an, in das sie zu gehen hatten. Abgesehen von den Küchen, den Entseuchungs- und Sanitätsstationen sowie den Toiletten, war der Bunker in viele kleine Räume unterteilt. Sitzgelegenheiten gab es keine; die meisten saßen auf Woll- oder Steppdecken, die sie mitgebracht hatten, auf dem Fußboden, oder sie waren entlang den Wänden aufgereiht.

Als ich den Bunker erreichte, war ich erschöpft. Meine Kleider waren zerfetzt. Die Sohlen meiner Schuhe hatten sich gelöst, meinen Mantel hatte ich verloren, am ganzen Körper war ich schwarz und blau, aber das Leben hatte ich gerettet. Ich wurde zu einer Sanitätsstation geführt, wo ich mit Hunderten anderer dasaß und darauf wartete, versorgt zu werden. Viele hatten Verbrennungen erlitten und mußten verbunden werden. Viele stöhnten vor sich hin und gaben mir das

Gefühl, daß ich vielleicht gar nicht so übel dran war. Schwestern liefen mit Verbänden und Instrumenten zwischen den Bankreihen hin und her, und es roch intensiv nach Karbolsäure und Schweiß. Endlich war ich an der Reihe, bekam den Arm verbunden und wurde in einen anderen Raum geschickt, wo ich warten sollte, bis Entwarnung gegeben wurde.

Durch die Mauern, die einen Meter dick waren, hörte man schwach das Flakfeuer, als komme es von weit her. Hin und wieder hörten wir das Kreischen einer Luftmine – ein Geräusch, das einem das Blut gefrieren ließ. In einem stabilen Bunker wie diesem hört man die Detonation einer Minenbombe wie einen Donnerschlag. Die Mauern erzittern, das Licht flackert, und kleine Stücke Putz fallen von den Wänden – das ist alles.

In einem Anfall von Hysterie versuchte eine Frau, auf die Straße hinauszulaufen. Die Luftschutzwarte hielten sie zurück, und es war wieder still. Niemand hatte Lust zu reden. Alle starrten vor sich hin, manche verängstigt, andere teilnahmslos. Sobald das Krachen der Bomben und das Brüllen der Geschütze nachließen, fingen einige an, zu reden, um sich Mut zu machen. Andere begannen, Karten zu spielen. Ein Scherzbold bemühte sich, lustige Geschichten zum besten zu geben, und Mädchen turtelten mit ihren uniformierten Freunden.

Da die Angreifer noch über der Stadt waren und der Alarm daher andauerte, änderte sich die Stimmung im Bunker. Die Leute zeigten Anzeichen von Ungeduld. Viele von ihnen saßen hier schon drei oder vier Stunden lang unbequem herum und waren hungrig und müde. Aber bis zur Entwarnung mußten wir noch zwei weitere Stunden ausharren. In diesen zwei Stunden hörte ich viele Bemerkungen, die sich schlecht mit der Propaganda von Doktor Goebbels vertrugen.

Endlich die Entwarnung! Als ich durch die Gasfiltertür hinaustrat, trieb mir der dichte, beißende Rauch, der alles einhüllte, Tränen in die Augen. Die Straße vor mir war ein einziges Flammenmeer. Die Menschen, die drängelten, um so schnell wie möglich hinauszugelangen, stießen bei dem Anblick Angst- und Schreckenslaute aus.

Die brüllenden Feuer, die um uns herum tobten, machten es unmöglich, zu verstehen, was die Leute sagten. Fortwährend heulten die Sirenen der Feuerwehrwagen, die zwischen den Flammenwänden zu beiden Seiten der Straße, durch die mein Weg führte, entlangrasten. Es war heißer als in einem Dampfbad, obwohl wir uns mitten im Winter befanden und anderswo das Thermometer Minusgrade anzeigte.

Ich suchte einen nahe gelegenen Park zu erreichen, aber der Weg dorthin führte an brennenden Häusern vorbei und durch dichte Rauchwolken. Mir wurde plötzlich bewußt, daß ich meine Gasmaske zu Hause liegengelassen hatte. Ich verfluchte meine Nachlässigkeit, hielt mir ein Taschentuch vor den Mund und rannte los in Richtung Park. Ich hatte aber noch nicht einmal zweihundert Meter zurückgelegt, da wurde schon wieder Alarm gegeben! Ich machte kehrt und raste, so schnell ich konnte, zurück zu dem Bunker, den ich gerade erst verlassen hatte; Hunderte von anderen taten dasselbe, und am Eingang herrschte ein solches Gedränge, wurde so sehr gestoßen und geschoben, daß man regelrecht in Gefahr geriet, zu Tode getrampelt zu werden.

Die ersten Bomben des neuen Angriffs fielen, ehe noch alle im Gebäude waren. Die Menschen vor dem Bunker rannten in Panik in Deckung, die Gesichter verzerrt vor Angst. Wieder drinnen im Bunker, folgten die Berliner wie benommen den Anweisungen der Luftschutzwarte, die sie auf die Räume verteilten. Sie standen, saßen oder lagen mit aschgrauen Gesichtern da und wirkten völlig apathisch. Niemand sprach. Diesmal waren wir weniger zahlreich. Viele von denen, die zuvor dagewesen waren, hatten es wahrscheinlich nicht zurück geschafft; etliche von ihnen waren zweifellos unter einstürzenden Häusern und in Bombenkratern ums Leben gekommen.

Eine alte Frau neben mir weinte herzzerreißend. Sie hatte in der Nacht zuvor ihre ganze Familie verloren – ihren betagten Mann und zwei Töchter. Die Leute in ihrer Nähe suchten sie zu trösten. Eine Schwester bot ihr eine Tasse heißen Kaffee-Ersatz an, aber sie schob die Tasse mit einer Geste völliger Verzweiflung weg und weinte weiter. Es war zehn Uhr abends, und ich fragte mich, wie lange ich diesmal wohl gezwungen war, hier zu bleiben. Ich spürte, wie mir allmählich die Nerven durchgingen.

Tatsächlich mußten wir die ganze Nacht im Bunker ausharren, und auch dann, um sechs Uhr morgens, durfte den Bunker nur verlassen, wer zur Arbeit mußte oder wer auf eigene Verantwortung hinauswollte. Ich beschloß, es zu wagen und hinauszugehen, denn nach acht Stunden Aufenthalt war mir nichts schrecklicher als der Gedanke, noch weiter drinnen bleiben zu müssen. Draußen herrschte immer noch tiefe Finsternis. Riesige Rauchwolken verdunkelten den Himmel, aber die Feuer, die überall brannten, sorgten für Beleuchtung. Luftschutzhelfer und Personal der Freiwilligen Feuerwehr bemühten sich, die Brände zu löschen oder einzudämmen. Mannschaften der Berufsfeuerwehr sah ich auf meinem Weg nach Hause keine.

Nachdem ich mich zwei Stunden lang stolpernd und tastend vorangekämpft hatte, erreichte ich die Stelle, wo tags zuvor meine Pension gestanden hatte. Übrig waren von ihr nichts weiter als das immer noch glühendheiße eiserne Gerippe und eine eingestürzte Mauer. Rettungstrupps gruben bereits, um etwaige Überlebende aus dem verschütteten Luftschutzraum im Keller zu bergen, wenngleich das aussichtslos schien.

So gespenstisch meine Erlebnisse auch waren – sie sind heute in Berlin an der Tagesordnung. Millionen von Berlinern haben Ähnliches erlitten und erleiden es täglich weiter. Man kann sich unschwer vorstellen, in welche Verzweiflung sich diese Menschen nach solchen Nächten gestürzt finden, wenn sie feststellen müssen, daß ihr Heim und alles, was sie in ihrem Leben erworben haben, mit einem Schlag verloren ist.

Bis zum Beginn der Schlacht um Berlin konnten sie sich immer noch einreden, am Ende werde sich alles zum Besseren wenden – trotz der verschärften Lebensmittelrationierungen, der immer neuen Einberufungen, des behördlich verordneten Zwangs zur Einquartierung von obdachlos Gewordenen und der tausend anderen kriegsbedingten Widrigkeiten. Aber das Heim war für den Deutschen von jeher sein Halt im Leben, und ohne Heim erscheint alles hoffnungslos.

Um eine gewisse Vorstellung von den Zerstörungen zu vermitteln, die in der Reichshauptstadt angerichtet worden sind, kann ich sagen, daß bis zu 40 oder 50 Prozent der Stadt mit ihren mehr als fünf Millionen Einwohnern mittlerweile dem Boden gleichgemacht, daß weitere 25 Prozent schwer beschädigt sind und daß der Rest keine Dächer und Fensterscheiben mehr hat. Die Zahl der Toten ist erstaunlich niedrig; sie wird auf zwischen 20000 und 30000 geschätzt.

Die schlimmsten Augenblicke erleben die Einwohner Berlins zwar während der Luftangriffe, aber die wirklichen Probleme fangen für sie erst danach an. Dann sehen sie sich mit dem schieren Elend konfrontiert. Man schätzt, daß mehr als drei Millionen Menschen obdachlos und auf Hilfe angewiesen sind. Durch bestimmte Bezirke Berlins kann man eine halbe Stunde lang gehen, ohne etwas anderes zu Gesicht zu bekommen als Berge von Trümmern oder rauchgeschwärzte Häuser, die absolut unbewohnbar sind.

In Berlin – und in Deutschland – gibt es eine neue soziale Schicht, die Produkt der Luftangriffe ist und die ständig größer wird. Sie besteht aus notleidenden, verzweifelten Menschen, die mit der Zeit zu einer großen Gefahr für das Regime zu werden versprechen, soweit es letzterem nicht gelingt, sie entweder zu versorgen oder durch Terror niederzuhalten. Die Nazis sind sich dieser Gefahr voll bewußt, und die Behörden tun alles, was in ihrer Macht steht, um die vor einiger Zeit eingeleitete Evakuierung aller Personen zu beschleunigen, die nicht für die Arbeit in den Behörden und in den Rüstungsbetrieben der Stadt gebraucht werden. Den

Nazis ist klar, daß sie unter den Bedingungen immer neuer Luftangriffe, die fortgesetzt die Ordnung zunichte machen, die Gesamtheit der Berliner weder unterbringen noch mit Lebensmitteln versorgen können.

Gesundheitliche Rücksichten sind ein weiterer Grund, warum es die Nazis so eilig haben, möglichst viele Menschen aus Berlin hinauszuschaffen. Die sanitären Verhältnisse in der Hauptstadt stellen zur Zeit eine ständige Bedrohung für die öffentliche Gesundheit dar; die Gefahr von Epidemien ist allgegenwärtig. Das Trinkwasser ist verseucht. In vielen Bezirken gibt es kein Gas und keinen Strom. Brennstoff zu bekommen ist unmöglich, und die Lebensmittelversorgung liegt so im argen, daß die Menschen stundenlang anstehen müssen, um bei den Notläden, die geöffnet haben, ihre Brotrationen zu bekommen.

Tagsüber sind fortwährend Aufräumungs- und Instandsetzungsarbeiten im Gange, aber bei Einbruch der Dunkelheit werden sie eingestellt. Dann werden die Kriegsgefangenen, die man für diese Arbeit einsetzt, in ihre Lager zurückgeführt. Und in den Feldküchen, die man in den am schlimmsten betroffenen Bezirken aufgestellt hat, um die obdachlosen Berliner zu versorgen, löscht man die Feuer.

Bei Einbruch der Dunkelheit erlebt Berlin einen wahnsinnigen Sturm auf alle öffentlichen Verkehrsmittel. Um einen Stehplatz in einem Bus, der bereits völlig überfüllt ist, wird unter Umständen mit Fäusten gekämpft. Keiner der Passagiere weiß, wo der Bus hinfährt, da die Streckenschilder fehlen; aber die Leute nehmen einfach an, daß er sie auf ihrem Weg ein Stück weit voranbringt. Die meisten Berliner sind gezwungen, zu Fuß zu gehen; sie brauchen Stunden, bis sie in der mittlerweile völlig verdunkelten Stadt ihr Zuhause erreichen. Und um sieben Uhr abends ist das vom Bomben verwüstete Berlin eine tote Stadt.

# MARIE WASSILTSCHIKOW

Parallel zum *Berliner Tagebuch* ihrer Schwester Marie hat Tatiana von Metternich ihre eigenen Erinnerungen veröffentlicht, *Bericht eines ungewöhnlichen Lebens* (1976). Der Hauptteil ihrer Memoiren ist der Kriegszeit in Deutschland gewidmet. Auch andere Ausländerinnen, die im Dritten Reich gelebt hatten, haben aufschlußreiche Berichte verfaßt, mit denen sich Marie Wassiltschikows Tagebuchnotizen vergleichen lassen: Martha Dodd zum Beispiel, die als Tochter des US-amerikanischen Botschafters nach Deutschland gekommen war (1933–1937), veröffentlichte noch vor dem Krieg ein Buch, *Meine Jahre in Deutschland* (1939), in dem sie ihre Entwicklung vom naiven *party girl* zur entschlossenen Widerstandskämpferin nachvollzieht. Christabel Bielenberg, die ihrem deutschen Mann gefolgt war und das Dritte Reich bis zu dessen Ende erlebte, legt Zeugnis ab in ihren Erinnerungen, *Die Vergangenheit bin ich* (1968). (Marie Wassiltschikow begegnete den Bielenbergs in Berlin. Peter Bielenberg schlug ihr vor, das Gestapo-Hauptquartier zu überfallen, um Adam von Trott zu Solz zu befreien.) Einen vergleichbaren dokumentarischen Wert wie die Aufzeichnungen der Russin Marie Wassiltschikow haben die Tagebücher einiger deutscher Frauen wie beispielsweise die der jüdischen Gesellschaftskolumnistin Bella Fromm aus der Vorkriegszeit, *Blut und Bankette*, oder die der ›Anonyma‹ vom Kriegsende, *Eine Frau in Berlin*.

### Berlin, 6. Februar 1944

Fuhr nach Berlin zurück, ging in die Kirche und durchquerte die halbe Stadt zu Fuß. Ein großer Teil des Kurfürstendamms ist inzwischen zerstört. Wollte Sigrid [Schlitz von] Görtz besuchen, die früher um die Ecke wohnte. Ihr Haus war das einzige, das noch stand. Ich stieg die Treppe hinauf, aber plötzlich war sie zu Ende: Die Wohnung im obersten Stock war auch nicht mehr da. Niemand wußte, wo Sigrid war. Aß mit Hans [Johannes von] Flotow zu Mittag, dessen Wohnung zu guter Letzt auch schwer beschädigt worden ist. Er hat alle geretteten Möbel fortgeschafft, die wackeligen Wände provisorisch abgestützt und zeltet jetzt in der Wohnung, wie ein Beduine. Hinterher kehrte ich zu Maria Gersdorff zurück, die mir eine grauenhafte Geschichte erzählte:

Am 26. Dezember bekam unser alter Postbote, dem sie erlaubt hatte, mein schwer beschädigtes Zimmer im Dachgeschoß zu benutzen, Lungenentzündung. Seine Familie war aus Berlin evakuiert worden; so brachten Maria und Heinz den alten Mann nach unten und bauten ihm ein provisorisches Bett in der Küche. Ein Arzt war nicht aufzutreiben, und am 28. starb der Alte. Drei Tage lang kam niemand, den Leichnam abzuholen; er lag von Kerzen umgeben auf dem Küchentisch aufgebahrt. Als Professor Gehrbrandt Maria besuchte, war er entsetzt über den Anblick und rief die Behörde an. Noch immer holte niemand die Leiche ab. Am 30. hagelte es wieder Bomben auf unseren Platz, die Häuser rundum gerieten in Brand; das unsere ebenfalls, wurde aber dank der Anstrengungen von Kicker Stumm und einigen seiner Freunde gerettet. Beim Wasserholen zum Löschen des Feuers auf dem Dach stieß die Rettungsmannschaft jedesmal gegen den Leichnam, während Maria zu seinen Füßen saß und für die hungrigen Männer Brote schmierte. Einige Nachbarn erboten sich, den Toten in die Flammen eines brennenden Nachbarhauses zu werfen; Maria hingegen war dafür, ihm ein Loch im sogenannten Garten zu graben, der jetzt nur noch ein Schuttacker ist. Noch zwei weitere Tage mußte der arme Postbote im Haus bleiben, ehe man ihn endlich abholte.

## MIRJAM BOLLE
### Tagebuchbriefe

#### Bergen-Belsen, 12. Februar 1944

In Eile. Gestern ein schrecklicher Tag. Mußten von Viertel nach sieben bis halb elf und von halb zwölf bis Viertel nach drei beim Appell stehen. *Angeblich**, weil morgens zwei Baracken zu spät erschienen waren, doch in Wirklichkeit wohl, weil sie eine Sch...-Laune hatten, denn vorgestern und in der Nacht wurde ständig Luftalarm gegeben. Als eine Frau zusammenbrach und man sie in die Baracke bringen wollte, sagte der Kommandant: *»Laß sie kaputtgehen, bei uns gehen so viele kaputt.«**

## MARIE WASSILTSCHIKOW

#### Krummhübel, 20. Februar 1944

Auf dem Berg hörten wir die Alarmsirenen tief unter uns im Tal. Sie klangen ganz unwirklich. Es fällt einem hier zuweilen schwer, sich klarzumachen, daß Krieg ist.

#### Krummhübel, 6. März 1944

Wieder ein schwerer Angriff auf Berlin, dieses Mal am hellichten Tag. Inzwischen bombardieren auch die Amerikaner, deren Maschinen in größerer Höhe fliegen können als die der Briten. Tagesangriffe sind noch schlimmer als die nächtlichen, da alle Menschen in der Stadt und unterwegs sind. Es heißt, daß die UFA-Filmateliers in Babelsberg zerstört worden seien. Ich fürchte, daß dann auch Potsdam, das gleich nebenan liegt, getroffen worden ist.

**Krummhübel, 13. März 1944**

Ich saß mit mehreren Frauen in einem Abteil. Eine Frau, die ohne Unterlaß mit dem Kopf wackelte, stand noch unter dem Schock eines Luftangriffs. Eine andere hatte einen halben Arm verloren, schien aber guter Dinge zu sein. Sie war auf dem Wege in ein Krankenhaus auf dem Land. Ich fühlte mich verdreckt, und eine der Frauen zog Kölnisch Wasser hervor und verspritzte ein wenig im ganzen Abteil, so als habe sie meine Gedanken erraten.

## KONRAD WARNER
### Eine Weltstadt stirbt

Im Rückblick bezieht sich Konrad Warner auf Erlebnisse im nationalsozialistischen Deutschland seit den dreißiger Jahren, die der Zerstörung der Reichshauptstadt einen historischen Rahmen geben. Wie zahlreiche ausländische Beobachter berichtet auch Warner von der Verfolgung und Ermordung der Juden. Er schreibt, daß diese deportiert und »vergast« wurden. »In den Städten holte man sie bei Nacht und Nebel aus ihren Wohnungen und entführte sie auf Lastwagen. Die Kinder wurden von SS-Leuten an den Armen gepackt und hinaufgeworfen. Mit geschultertem Gewehr standen die SS-Leute umher.« Während ein Zensor der Schweizer Behörden (die das Buch vor dem Erscheinen auf politisch riskante Stellen überprüften) Warner eine »vorzügliche Analyse« bescheinigte, beanstandete ein anderer einige Formulierungen, die von der deutschen Führung als beleidigend verstanden werden könnten – wie beispielsweise eine Bemerkung über »diese Verbrecher«, die »an den verdienten Galgen« gehörten. Der Verlag hatte das Werk jedoch bereits gedruckt und ausgeliefert.

Ich hatte mir eine Infektion zugezogen, was bei dem überall herrschenden Schmutz kein Wunder war. Es kam sogar vor, daß Staub und feine Glassplitter ins Brot hineingebacken wurden, wenn in der Nähe der Bäckerei eine Bombe Schaden angerichtet hatte. Die öffentliche Hygiene wurde immer schlechter. Von Sauberkeit konnte schon längst keine Rede mehr sein. Man legte sich jetzt oft ungewaschen und ohne Kleiderwechsel aufs Bett, um bei Alarm sofort in die Keller eilen zu können. In diesen Tagen waren schon während einer Vorwarnung Minen auf die Stadt herabgefallen. Und da man nach dem Endalarm nie sicher war, ob nicht mitten in der Nacht oder gegen Morgen noch ein Angriff erfolgen würde, wickelte man sich, so wie man war, in die Decke und versuchte zu schlafen. Kalk und Gips waren auf die Betten gefallen, Staub und Rauch hatten die Wäsche durchdrungen, und die gerettete Habe war monatelang in die Koffer gepreßt.

Räume und Dinge betrachteten wir unter dem Aspekt der Zerstörung. Wir stellten uns unwillkürlich vor, wie dies alles eines Tages verbrennen und aus der Welt der Erscheinungen verschwinden würde. Dann bliebe nur noch ein Haufen Schutt und Asche übrig, vor dem die Menschen mit erstorbener Hoffnung und ausgeweinten Herzen stehen würden.

Alles trug das unsichtbare Zeichen der Vernichtung, kein Ding war mehr beständig. Man konnte an nichts anderes mehr glauben als an den Tod. Das Buch, das wir in Händen hielten, würde einst in Flammen aufgehen. Die Betten, in denen wir lagen, sahen wir bereits als einen Raub des Feuers an. Und wir wußten, daß die Ruinen dieser Wohnstätten einst von der größten Katastrophe aller Zeiten künden würden.

## MARIE WASSILTSCHIKOW

### Krummhübel, 30. März 1944

Ein Brief aus Berlin, in dem ich gebeten werde, nach Ostern dorthin zu kommen. Ich bin entzückt, denn es fällt einem schwer, so lang dem »Brennpunkt des Geschehens« fernbleiben zu müssen. Unsere ruhige Lebensweise hier dient lediglich der körperlichen Erholung.

Heute abend waren Madonna [Ilse] Blum und ich gerade damit beschäftigt, uns Kartoffeln zum Abendessen zu kochen, als Jeannette S. mit ihrer kleinen Tochter hereinwankte und einen riesigen Koffer hinter sich herzog. In der Nacht nach ihrer Ankunft in Berlin wurde ihr dortiges Haus von einer der schwersten Bomben aus dem Arsenal der Alliierten getroffen. Der Keller stürzte ein und begrub elf Menschen. Wie durch ein Wunder wurden sie selber gerettet, aber Jeannettes Mutter ist jetzt obdachlos, und ich muß hier ausziehen, um ihr Platz zu machen. In Berlin muß es einfach grauenhaft sein: kein Wasser – jede Familie erhält zwei Eimer pro Tag, die von Soldaten gebracht werden –, kein Licht, kein Gas ... Jeannette ist auf der Straße mehrmals angepöbelt worden, weil sie so »aufreizend« geschminkt sei, was heutzutage als »unpatriotisch« gilt. Hüte werden nicht mehr getragen, bestenfalls noch Schals, die man sich um das Gesicht schlägt als Schutz vor den Rauchschwaden.

## MIRJAM BOLLE
## Tagebuchbriefe

### Bergen-Belsen, 10. April 1944

Am frühen Sabbatmittag sahen wir eine Maschine herabschießen. Und ein paar Stunden später unwahrscheinliches Knattern! Ein Angriff auf das Lager! Alle mußten drinnen bleiben, die Flugzeuge tauchten beinahe bis zum Boden. Wir sahen zwei Maschinen mit sehr seltsamer Form, wie Segelschiffe. Alle suchten Deckung, flach auf dem Boden unter den Tischen. Es war schrecklich. Ein Höllenlärm. Auf der Hauptstraße sahen wir die Deutschen wegrasen. Auf Fahrrädern, Motorrädern und in kleinen Autos. Ich dachte kurz: So werden sie wegrennen, wenn sie einmal kapitulieren müssen. Irgendwann sahen wir Rauch im Schlafsaal. Eine Frau lag auf dem Boden. Sofort einen Arzt benachrichtigt, und kurz darauf wurde sie von Krankenträgern abgeholt. Nicht mehr zu Bewußtsein gekommen und später gestorben. Hand abgeschossen. Dutzende von Kugeln in der Baracke, durch die Decke, die Wände, ganze Betten durchbohrt. Es sind wieder Wunder geschehen: Es wurden Betten von Leuten getroffen, die gerade aufgestanden waren, Handtaschen durchlöchert. Und Vater war draußen, hat flach auf der Erde gelegen und später, als es vorbei war, vier Kugeln aufgelesen. Ich selbst habe schreckliche Angst. Ich weiß, daß geschehen wird, was geschehen muß, trotz meiner Hoffnung, hier lebend rauszukommen. Aber wenn ich daran denke, daß wir vielleicht verloren sind und was ich dann für ein Leben hatte ... ohne jeglichen Sinn, dann fühle ich mich so elend. Denn ein Deutscher hat gesagt, es seien Erkundungsflugzeuge gewesen, die Fotos gemacht hätten und bestimmt zurückkämen ... Vielleicht erkennen wir gar nicht, wie ernst unsere Situation ist, weil wir zu subjektiv sind. Eine siebenunddreißigjährige Krankenschwester ist gestorben, und man spricht von zweiundzwanzig toten *Häftlingen**. Wir haben den zweiten Seder [Zeremonie beim *Pessach*-Fest] nicht gefeiert, ich war nicht dazu in der Lage, und auch sonst gab es nirgends eine Feier. Gestern gab es wieder günstige Berichte über den Krieg und den *Austausch**. Ich tue mein Bestes, nicht mehr zu hoffen.

### Bergen-Belsen, 14. April 1944

Ich habe nichts Wichtiges zu erzählen. Für uns zählt nur, daß wir heute, nach drei Monaten, etwas anderes zu essen bekommen haben, nämlich eine Art Kartoffelsuppe mit Rübchen. Für uns ein Ereignis, obwohl ich zugebe, daß es im Rahmen des großen Weltgeschehens nicht gerade von großer Bedeutung ist. Dann gibt es hier jeden Augenblick Luftalarm. Das war früher auch so, aber damals haben wir uns im Lager nichts daraus gemacht. Aber jetzt sind die Deutschen äußerst nervös, und ständig haben wir Luftalarm und dürfen nicht aus der Baracke. Vor allem nachts ist das beklemmend, und ab und zu denke ich: Warum geben wir uns solche Mühe, munter zu bleiben und uns nicht unterkriegen zu lassen. Ein Außenstehender gibt doch keinen Cent mehr für unser Leben, nur wir selbst können nun einmal nicht anders als hoffen.

## MARIE WASSILTSCHIKOW

### Berlin, 26. April 1944

Verbrachte den Abend mit Maria Gersdorff. Ich sehe beide Gersdorffs nur selten, und dabei sind sie immer so reizend und fürsorglich zu mir. Sie haben das Parterre ihres Hauses etwas repariert, so daß man jetzt dort sitzen kann, aber es ist noch immer eiskalt. Der kleine Platz vor dem Haus sieht inzwischen auch besser aus; in den Ruinen blühen Pfirsichbäume und Hyazinthen – eine kleine Oase.

## Jahnsfelde, 29. April 1944

Der Morgen begann schön. Rudger Essen setzte mich im Zentrum am Büro der UFA in der Leipziger Straße ab, wo ich einige Photographien deutscher Schauspielerinnen abholen sollte. Ich hatte gerade angefangen, mich durch das Material zu wühlen, als die Sirenen heulten. Wir wurden eilig in einen tief gelegenen, geräumigen Keller gejagt. Dort waren über fünfhundert Menschen versammelt, alles Angestellte der UFA. Zwei Mädchen, neben denen ich in der Nähe des Ausgangs saß, lernten Gedichte auswendig, und ich vertiefte mich in Madame [Geneviève] Tabouis' Autobiographie *Ils l'ont appelée Cassandre* [*Sie nannten sie Kassandra,* New York 1942], als es einen lauten Krach gab und die Lichter ausgingen. Sofort setzten sich Behelfsgeneratoren in Bewegung. Trotz dieser anscheinend lückenlosen Organisation fand ich die Vorstellung, in diesem Keller lebendig begraben zu werden, ohne daß eine Seele wußte, wo ich war, ungemein deprimierend. Die Flak schoß wild, und in der Nähe explodierten ständig Bomben. Krankenschwestern flitzten mit Erste-Hilfe-Kästen herum, und alle zehn Minuten mußten zwei Männer freiwillig nach oben gehen, um frische Luft in den Keller zu pumpen.

Eine Stunde später war alles vorüber. Ich beeilte mich sehr, meine Auswahl unter den Photos hübscher Gesichter zu treffen, und ging dann zum Deutschen Verlag. Hier hatten seinerzeit die Vendeuvre-Jungens [Baron Henri und Baron Philippe de Vendeuvre] Fußböden gekehrt, aber inzwischen ist alles völlig chaotisch, da das Gebäude vor einigen Monaten von mehreren Bomben getroffen wurde.

Die Luft war bereits mit Rauch geschwängert, und meine Augen brannten unangenehm. Ich hatte gehofft, die Rückfahrt ins Büro mit der Straßenbahn machen zu können, gab diesen Plan aber beim Anblick eines Riesenkraters an der Kreuzung Leipziger und Mauerstraße auf. Dort war gerade eine Luftmine detoniert und hatte die Schienen zerstört. Das Loch war etwa vier Meter tief und ebenso breit, und ringsum brannten die Gebäude lichterloh. Da es heller Tag war, wirkte das Ganze jedoch weniger beängstigend.

Ich brauchte über eine Stunde, um zu Fuß in mein Büro zurückzukehren. Dieses Mal ist das Verwaltungsviertel der Stadt getroffen worden. Als ich am Karlsbader Hotel vorbeikam, in das unser Büro hatte umziehen wollen, herrschte große Aufregung. Das Gebäude selbst existierte nicht mehr: es hatte drei Volltreffer erhalten. Ich begegnete Frau von Carnap, die sehr mitgenommen aussah. Sie und Hannele [von] Ungelter hatten sich im Keller auf der rechten Seite des Korridors untergestellt, als der linke Keller getroffen wurde. Zwei Mädchen kamen dabei um, und viele Menschen wurden verwundet. Ich erfuhr später, daß es achtundvierzig Stunden dauerte, bis alle ausgegraben waren. Hannele erzählte, alles sei so schnell geschehen, daß sie nicht einmal Zeit zur Angst gehabt habe. Auch das Nachbarhaus, in dem sich Wehrmachtangehörige befanden, stürzte ein und begrub unter sich die Leute, die mit Wasserschläuchen davorstanden. Ein Mann im Innern des Gebäudes schrie noch stundenlang: »Wenn ich nur bewußtlos wäre!« Niemand konnte ihn erreichen.

Ich gab ein kurzes Gastspiel im Büro und ging dann zu Maria Gersdorff zum Mittagessen. Dort waren schon Gottfried [Freiherr von] Cramm, die Bagges [von Boo] und andere. Hans-Georg [von] Studnitz gesellte sich ebenfalls zu uns. Er sagte, in der Wilhelmstraße warte ein Auto, das uns nach Jahnsfelde zu den [von] Pfuels hinausfahren werde, bei denen wir das Wochenende verbringen wollen.

Wir machten uns mit der Untergrundbahn zur Wilhelmstraße auf, mußten aber unterwegs aussteigen und zu Fuß weitergehen, da die Strecke zerstört war. Die Rückseite des Anhalter Bahnhofs sah ziemlich arg aus. Während des Angriffs heute morgen war ein Schnellzug hineingerast und hatte wie eine Fackel gebrannt.

## Berlin, 1. Mai 1944

Am Abend mit Percy [Hans Peter] Frey [Schweizer Diplomat] in Mozarts *Entführung aus dem Serail.* Anschließend ein später Imbiß im Hotel Adlon. Percy ist ein angenehmer Gesellschafter; er ist objektiv und versteht vieles schon *à demi-mot.* Darin gleicht er mehr einem Angelsachsen als einem Schweizer. Er begleitete mich zu Fuß durch den Tiergarten nach Haus und war erschüttert von den Ruinen. Wir mußten über kleine Schutthügel klettern, und er war ganz fasziniert. Ich nicht. Es ist schon zu lange zu unbequem, dieses Leben wie in einem Kaninchenbau.

## Berlin, 7. Mai 1944

Stand früh auf, um in die kleine russisch-orthodoxe Kirche unweit vom Zoo zu gehen. Sie hat keinen Luftschutzkeller. Bereitete mich gerade auf die Beichte vor, als die Sirenen ertönten. Es waren nicht viele Menschen in der Kirche, zumeist Ostarbeiter, die mit unbeweglichem Gesicht laut beteten. Niemand rührte sich, und auch der Chor setzte seinen Gesang fort. Hier war man viel besser aufgehoben als in irgendeinem anonymen Keller! Alle Kerzen um die Ikone brannten, und der Gesang klang wahrhaft beseelt. Ich legte einem mir unbekannten Priester meine Beichte ab, der von Nächstenliebe und Heimkehr sprach – und all das, während die Sirenen heulten. Draußen herrschte zunächst völlige Stille, und ich glaubte schon, die Flugzeuge seien vertrieben worden, als sie plötzlich direkt über uns zu hören waren, in großen Pulks, eine Welle nach der andern. Da der Himmel bedeckt war, konnte die Flak nicht schießen, und die Maschinen flogen sehr niedrig. Das Getöse ihrer Motoren war ebenso laut wie der Krach der Bomben, und beides war nicht mehr voneinander zu unterscheiden. Es war, als stünde man unter einer Eisenbahnbrücke, über die ein Schnellzug donnert. Plötzlich hielt der Chor abrupt inne. Die Gemeinde versuchte tapfer, den Gesang fortzuführen, was jedoch nur zum Teil gelang. Nach einer Weile wurden mir die Knie weich, ich wankte zum Altar und setzte mich auf den Stufen nieder. Neben mir stand eine Nonne mit einem wunderschönen Gesichtsausdruck, und es tröstete mich ein wenig, in ihrer Nähe zu sein. Sie beugte sich herab und flüsterte: »Man muß sich nicht fürchten, denn Gott und alle seine Heiligen sind bei uns«, und als ich sie zweifelnd ansah, fügte sie hinzu: »Während einer Heiligen Messe kann niemals etwas passieren.« Sie schien so überzeugt, daß ich sofort beruhigt war. Pater Michael psalmodierte weiter, als höre er den Lärm draußen gar nicht, und als die Kommunion nahte, hatte sich das Getöse gelegt. Nach dem Gottesdienst fühlte ich mich um fünfzig Jahre gealtert und völlig verausgabt.

Später erfuhr ich, daß Berlin an diesem Morgen von fünfzehnhundert Bombern heimgesucht worden war. Am Anfang des Krieges waren uns schon dreißig gefährlich vorgekommen. Es ist merkwürdig, daß ich mich theoretisch mit der Vorstellung abgefunden habe, im Bombenhagel umzukommen, und dennoch vor Angst fast körperlich gelähmt bin, wenn das Gedröhn der Flugzeuge und das Krachen der Explosionen beginnt. Diese Furcht nimmt mit jedem Angriff zu.

Aß bei den Gersdorffs zu Mittag, nur mit Maria und Gottfried Cramm. Als er unlängst in einem Luftschutzkeller in Wilmersdorf festsaß, hatte er versucht, Schopenhauer zu lesen, sich aber das Lachen nicht verbeißen können, da er von lauter alten Damen umringt war, die alle Handtücher um ihr Kinn gewickelt hatten, aus denen feuchte Schwämme wie Bärte hervorstanden; dies soll angeblich vor Phosphorverbrennungen schützen.

Später machten wir einen Rundgang durch das Stadtzentrum. Unter den Linden, Wilhelmstraße, Friedrichstraße waren alle schwer getroffen. Es gab viel Rauch und eine große Anzahl neuer Bombenkrater, aber die amerikanischen Bomben – die Amerikaner kommen bei Tag, die Engländer bei Nacht – scheinen weniger Schaden anzurichten als die englischen. Diese explodieren horizontal, während jene tiefer eindringen und daher die Nachbarhäuser nicht so stark in Mitleidenschaft ziehen.

### Berlin, 8. Mai 1944

Nach einer Weile wurde mitgeteilt, daß die Flugzeuge eine andere Richtung genommen hätten. Kaum waren wir wieder an der Arbeit, als die Sirenen abermals heulten. Wir trabten in einen Bunker draußen auf dem Platz; es war ein komischer kleiner Betonkasten mit einer Treppe, die in das Erdinnere zu führen schien – die U-Bahnstation Nollendorfplatz. Sie hat endlose Korridore, die jedoch nicht sehr tief liegen; überall waren in verschiedenen Winkeln Kachelwände angebracht, die man hastig bis zur halben Höhe aufgezogen hatte – angeblich, um den Luftdruck aufzufangen, falls …

Wir vermieden es, dort stehenzubleiben, wo wir Häuser über uns vermuteten, und stellten uns nach Möglichkeit unter die Straßen, wo uns außer den Bomben selbst nichts auf den Kopf fallen konnte. Immer mehr Menschen drängten herein. Judgie [Dr. Johannes] Richter und ich blieben zusammen. Als die Explosionen näher kamen, wurde Judgie unruhig; überhaupt ist er mit den Nerven runter, sorgt sich um seine Familie und so weiter. Ich versuchte, ihn durch Plaudereien abzulenken, aber er unterbrach mich: »Wenn es durch die Decke hereinkracht, müssen Sie sich auf den Bauch werfen und Ihren Kopf in der Armbeuge verstecken …« Ein Kollege wählte ausgerechnet diesen Augenblick, um uns die blutrünstigen Einzelheiten zu erzählen, wie sein Haus in der vorangegangenen Nacht von einem Volltreffer gänzlich zerstört wurde. Der heutige Angriff schien schwer zu sein, aber dennoch erfolgte die Entwarnung erstaunlich bald.

Ins Büro zurückgekehrt, stellten wir fest, daß die Rohre geplatzt waren. Ich ging hinunter und holte bei der Pumpe an der Straßenecke eine Kanne Wasser, da wir uns mit einer weiteren Tasse von Alex' Kaffee aufheitern wollten.

Percy Frey, mit dem ich eine Verabredung zum Mittagessen hatte, erschien, und wir spazierten die Straße hinunter zum Hotel Eden. Hier waren drei Bomben in den Hof gefallen und hatten abermals das ganze Innere in Trümmer gelegt, nur noch die Außenmauern standen. Geschäftsführer und Kellner – letztere trugen noch ihre Serviette unter dem Arm – liefen auf der Straße umher und versuchten wenig erfolgreich, Ziegel und Mörtel wegzuräumen. In der Mitte der Straße ein riesiger Krater: eine Bombe war in der Nähe des Kellerausgangs niedergegangen. Da alle Wasserrohre geborsten waren, versuchten die im Keller verschütteten Menschen, sich in Sicherheit zu bringen, indem sie den Krater durchschwammen. In Berlin sind so viele Bomben gefallen, daß die Straßen halb verschwunden sind. Überdies riecht es in der ganzen Stadt stark nach Gas.

## Berlin, 27. Juni 1944

Diesmal war der Zug pünktlich. Aber eine halbe Stunde bevor wir Berlin erreichten, machte er mitten in einem Getreidefeld halt, da ein schwerer Luftangriff angekündigt worden war. Sehr bald waren auch Hunderte von Flugzeugen zu sehen, die über uns hinwegflogen – ein höchst unangenehmes Gefühl, denn leicht hätten sie einen Teil ihrer Ladung über uns ausleeren können. Alle wurden sehr still und schienen plötzlich die Farbe verloren zu haben. Luftangriffe auf Züge gehören zum Schlimmsten, was es gibt; man fühlt sich so völlig ausgeliefert, hilflos, in der Falle. Nur Paul Metternich schien unbesorgt. Zuerst hingen alle aus den Fenstern, bis ein aufgebrachter alter Herr schimpfte, daß »sie« auf all die gen Himmel gerichteten, in der Sonne glänzenden Gesichter schießen würden. Worauf ein junges Mädchen antwortete: »Erst recht, wenn sie Ihre Glatze sehen!« Bald erhielten wir Befehl, uns in den Feldern zu zerstreuen. Tatiana, Paul und ich saßen mitten im Getreide in einem Graben. Von unserm Platz aus konnten wir sehen, wie die Bomben auf die Stadt fielen, und auch den Rauch und die Explosionen. Sechs Stunden später setzte sich unser Zug endlich wieder in Bewegung, aber dann mußten wir einen Bogen um Berlin machen und in Potsdam aussteigen. [...]

Ich versicherte Dr. [Franz-Alfred] Six [SS-Oberscharführer, Marie Wassiltschikows Vorgesetzter], daß der Zug entgleist sei; der *Holocaust* des heutigen Tages schien ihn jedoch sanfter gestimmt zu haben, und so war er höflich. Wie ich öfter höre, tobt er hinter meinem Rücken, aber wenn ich ihm dann gegenüberstehe, ist er stets zuvorkommend. Adam Trott spricht über ihn mit eiskaltem Haß und erklärt, wir dürften nie vergessen, was er repräsentiert, einerlei wie freundlich er sich gebärde. Six für seinen Teil scheint widerwillig einzusehen, was für ein außergewöhnlicher Mann Adam ist; irgendwie ist er fasziniert von ihm, ja fürchtet ihn sogar. [...]

Um ein Uhr nachts ein weiterer Luftangriff. Ich drängte Tatiana und Paul zur Eile, denn die Schießerei war schon ziemlich heftig. Endlich waren sie angezogen, und wir gingen in den Luftschutzkeller, ein trostloses Loch wie ein alter Kerker mit engen, hohen Wänden, voller Heißwasserrohre, die einem gräßliche Bilder vor Augen führten, wie man bei einem Bombeneinschlag in kochendem Wasser ersaufen könnte. Luftangriffe jagen mir immer mehr Angst ein. Ich konnte mich nicht einmal mit Tatiana unterhalten, da überall auf den Wänden Schilder »Sprechen verboten« angeschlagen waren; wohl eine Vorsichtsmaßnahme, um Sauerstoff zu sparen für den Fall, daß man verschüttet wird. Im Grunde habe ich sogar mehr Angst, wenn ich mit Paul und Tatiana zusammen bin, als allein, was seltsam ist. Vermutlich wird die eigene Furcht durch die Sorge um andere noch gesteigert. Aber Paul ist im Augenblick, ebenso wie mir, daran gelegen, zur Stelle zu sein, und er erfindet ständig Vorwände, die ihn nach Berlin führen. Während all des Getöses, das laut und furchterregend war, vertiefte er sich in einen dicken Wälzer über seinen Vorfahren, den Kanzler.

## THEO FINDAHL
### Tragikomik im Tiergarten

Der Norweger Theo Findahl war Korrespondent der Osloer Zeitung *Aftenposten.* Als Journalist eines besetzten Landes unterlag Findahl der Zensur sowohl vor Ort in Deutschland wie auch in seiner Heimat, für die er berichtete. *Aftenposten* galt als konservative Zeitung, die den deutschen Besatzern besonders gefügig war. Die Atmosphäre, in der Findahls Buch nach dem Krieg erschien, war in Norwegen von einer Abrechnung mit den Kollaborateuren, den »Quislings«, bestimmt, als deren berühmtester der Literatur-Nobelpreisträger Knut Hamsun gilt. In seinem bereits 1945 erschienenen und 1946 ins Deutsche übersetzten Buch *Untergang* beschreibt Theo Findahl die Kriegsjahre im Zentrum des Dritten Reiches. Im April 1940 soll er versucht haben, die Norweger vor der bevorstehenden deutschen Invasion zu warnen. Sein Tagebuch ist später ebenfalls erschienen: *Lange Schatten* (1964). Neben dramatischen Schilderungen der Luftangriffe findet sich in *Untergang* eine Beschreibung der Zerstörung, die eine allegorische Dimension hat. Wenn Findahl wie ein Flaneur durch den verwüsteten Tiergarten spaziert, vorbei an den zertrümmerten Statuen der sogenannten Siegesallee, läßt er Elemente der deutschen Kultur und Tradition Revue passieren, die im Rückblick problematisch erscheinen (der Militarismus der Preußenkönige, der Antisemitismus Richard Wagners). Die Szenerie verwandelt sich in eine kritische Freiluftausstellung zur deutschen Geschichte.

Mitten in der Häuserwüste von Groß-Berlin hat immer eine riesige Oase gelegen, der Tiergarten, groß und weit mit grünen Tiefen wie in einem richtigen Walde, mit herrlichen Gartenanlagen, wo Wasserlilien auf stillen Teichen schwammen und Rosen in der Sommerwärme glühten. Eine Lust fürs Auge ist der Tiergarten immer gewesen, abgesehen von der Stelle, wo die Siegesallee Wilhelms II. ihren falschen Ton in die Stille schrie. Hier standen sie ja in straffer Reihe, alle die abscheulichen Bildwerke vergangener siegreicher deutscher Krieger und Herrscher in wagnerisch-theatralischer Haltung, eine seltsame Mischung von Kirchhof und Militärparade. Lange vor dem Fall des Kaiserreichs war die Kritik gegen diese Professoren-Skulpturen arg ins Feld gezogen, und als die Nazis begannen, Berlin aufs neue zu ordnen, versetzten sie das ganze Wachsfigurenkabinett ein Stück tiefer ins Gebüsch hinein, auf eine Straße, die diagonal vom Großen Stern ausgeht, dem großen kreisrunden Platz mitten im Park, und die weder breit genug noch auffallend genug ist, um den Namen Siegesallee übernehmen zu können. Hitlers weiterer Beitrag zur Verschönerung des Tiergartens bestand darin, die Siegessäule mit der großen, vergoldeten Viktoria an der Spitze von ihrem alten Platz vor dem Reichstag an einen zehnmal imponierenderen Ort zu versetzen, auf einen höheren Unterbau mitten auf dem Großen Stern, und die Charlottenburger Chaussee in der Längsrichtung des Parks, als Teil der kolossalen Ost-West-Achse erweitern und asphaltieren zu lassen, die sich schnurgerade durch die Metropole Groß-Deutschlands – Europas, vielleicht der kommenden Hauptstadt der ganzen Welt – ziehen sollte, eine Via triumphalis, hundertmal pompöser als Kaiser Wilhelms altmodische kleine Siegesallee.

Häßlicher war diese übrigens mit den Jahren nicht geworden – im Gegenteil. Die Zeit hatte einen mildernden Einfluß auf die arroganten kreideweißen Bildsäulen ausgeübt, die langsam grau geworden waren und allmählich gegen den sommergrünen und herbstbraunen Hinterteppich des Waldes harmonischer abgestimmt waren. Viele Male in den ersten Kriegsjahren, wenn man durch den Tiergarten streifte, um eine kleine Weile Frieden und Ruhe zu finden, und an dem neuen Aufenthaltsort der siegreichen Herren vorüberkam, ertappte man sich dabei, festzustellen, daß sie dennoch nicht so schlimm waren, wenn man sie ein wenig im Abstand sah, alle diese schnurrigen, halbalten hellgrauen Figuren. Jetzt waren sie viel bescheidener angebracht und standen da gar brav und ohne zu mucksen. Das Aufreizende war im Laufe der Jahre von ihnen gewichen, jetzt waren sie eher rührend anzusehen.

Aber heute! – Nachdem Bombenteppiche von Feuer und Phosphor über die ganze Gegend rund um den Tiergarten gelegt worden sind und der Park selbst wie ein Artillerieschlachtfeld aussieht mit Bombenkratern und geborstenen Baumstümpfen, sind die Marschreihen siegreicher Herrscher nicht mehr weder aufreizend noch rührend, sie sind so komisch, daß man bei ihrem Anblick nicht übel Lust verspürt, in ein schallendes Gelächter auszubrechen. Es ist für die Welt wahrlich kein Verlust, daß diese künstlerisch so zweifelhaften Werke zerstört oder beschädigt worden sind, warum also nicht mit gutem Gewissen lachen? Lustig ist einer, der Johann Sigismund heißt und laut Inschrift von 1608 bis 1619 regierte. Er hat einen Treffer mitten auf den Schnabel bekommen, so daß die halbe Nase und beide Augen weg sind, und das Profil ist nicht mehr, weder in Poesie noch in Prosa zu beschreiben. Glaubt aber nicht, daß dies dem alten Herrn den Mut genommen hat. Nein, er steht da ebenso steif und aufrecht wie vordem und trägt seinen Hut und seinen schwellenden Renaissancebauch, wie er will. Schlimmer ist es mit Joachim Friedrich dicht daneben; er ist völlig weggefegt worden, vermutlich in Atome zergangen, und hat nur ein Paar Schuhe hinterlassen, die auf der Höhe des Sockels stehen und gen Himmel gähnen, als ob sie erwarteten, geputzt zu werden. »Ingeborg ist dumm«, hat eine Kinderhand mit Kreide auf den Sockel gekritzelt. Noch gründlicher ist Joachim Friedrichs Gegenüber aus dem Dasein gestrichen, der Sockel mit dem Namen und den Regierungsjahren ist verschwunden, und auf der Anhöhe unten liegt nur ein abgeschlagener anonymer grauweißer Kopf und starrt einem entgegen, ohne die geringste Erklärung für dies alles geben zu können. Sonst ist die Mehrzahl der alten Fürsten mit dem Leben davongekommen. Sie haben nur größere oder kleinere Schrammen und Narben davongetragen – eine Nasenspitze ist weg, ein Hieb in den Bauch, ein Finger oder Zeh abgeschnitten, ein Arm oder Bein amputiert – genug aber, um die ganze stolze

Versammlung zu einer Parodie umzuwandeln. Es ist, als wären schlimme Jungens mit Hacke und Axt durch die Säle eines Skulpturenmuseums gerast und hätten sich damit unterhalten, die alten Bildsäulen zum Hohn und Gespött für die ganze Welt zu machen. Es ist wie eine Offenbachiade über den Olymp, aber auch wie ein Hohngelächter über den Wahnsinn des Krieges.

Es kommt vor, daß der Fürst selber ganz und unbeschädigt dasteht, während seine Trabanten kopfüber zu Boden gesunken sind, und die Adler – an denen nach den Traditionen in deutscher Monumentalkunst nicht gespart worden ist – sitzen hilflos und melancholisch mit gestutzten Krallen und ohne Schnabel dabei. In all ihrem Wagner-Pathos ist Kaiser Wilhelms Siegesallee gleichzeitig sehr pedantisch. Zu jedem Fürsten gehören zwei Trabanten und zwei Adler, und das Ganze ist so angeordnet, daß man, wenn man rechts vom Großen Stern angefangen die Allee hinuntergeht und links wieder hinauf, die ganze Fürstenserie in chronologischer Reihenfolge abschreiten kann, angefangen mit Albrecht dem Bären, 1100 bis 1170, bis zum ersten Kaiser in Berlin, Wilhelm dem »Großen«, 1861 bis 1888. Der erste hebt das Kruzifix hoch zum Himmel empor und hat als Trabanten die Bamberger und Brandenburger Bischöfe, der letztere, mit Moltke und Bismarck im Hintergrund, ist ausschließlich von militärischen Machtsymbolen umgeben. Auch über diese Seite der Entwicklung im Großdeutschen Reich haben die Professoren es nicht verabsäumt, uns einen Wink zu geben.

## RENÉ SCHINDLER
### Das Bombenproletariat

Der Schweizer Franz Wolfgang Rieppel hatte eine Zeitlang in München gelebt, bevor er sein Studium in Zürich mit einer Dissertation in Wirtschaftswissenschaften abschloß.

Sein Vater, Robert Reitz, und sein Stiefvater, Paul Rieppel, dessen Namen er annahm, waren Professoren in Deutschland. Wegen seiner Besuche bei den Eltern im nationalsozialistischen Nachbarland ohnehin für verdächtig gehalten, wurde Rieppel aufgrund einer wohl eher zufälligen Verbindung zur »Studiengemeinschaft für europäische Fragen« von der Schweizer Polizei und Bundesanwaltschaft als »politisch unzuverlässig« eingestuft. Er hatte daher 1942/1943 Schwierigkeiten, in der Schweiz eine Anstellung zu finden. Im Sommer 1944 reiste Rieppel durch Deutschland und verfaßte einen Reisebericht, *Ein Schweizer erlebt das geheime Deutschland.* (Die dargestellte Rundfahrt endet zum Jahreswechsel 1944/1945. Da der Verlag das Manuskript jedoch bereits im November 1944 bei den Schweizer Behörden einreichte, ist davon auszugehen, daß Rieppel schon früher zurückgekehrt war und seinen Bericht vor dem Hintergrund der sich rasant verändernden militärischen Lage nachträglich aktualisierte oder seine Reiseerzählung nachdatierte. Seine Hoffnung konnte Rieppel jedenfalls noch darauf setzen, daß der deutsche Widerstand einen Umsturz herbeiführen oder die Zwangsarbeiter sich erheben würden.) Weil seine Eltern, als er das Buch im Frühjahr 1945 veröffentlichte, noch in Deutschland lebten, wählte Franz Wolfgang Rieppel ein Pseudonym: René Schindler. Seinen schmalen Band illustrieren Photos ruinierter Häuser. In einem Kapitel über die Wirkung des Luftkrieges beobachtete der Schweizer Reisende, daß viele Menschen unter schwierigsten Bedingungen durchhielten, weil sie sich vor dem Ende des Krieges noch mehr fürchteten als vor dessen Fortdauern: »Und noch sagen die Münchner: ›Kinder, genießt den Krieg! Wer weiß, wie der Frieden aussieht!‹«

Von Zürich her daran gewöhnt, daß das Ertönen der Sirenen weiter nichts zu bedeuten habe, mußte ich in München rasch umlernen und schleunigst den nächsten Schutzraum aufsuchen, denn mit dem Ertönen der Sirenen fielen auch schon die ersten Bomben.

Viele Menschen waren hier auf engstem Raum zusammengepfercht. Die Luft war auch dementsprechend schlecht. Kinder heulten, Frauen und Männer saßen schweigend und mit ernsten Gesichtern auf Kisten und Notbänken herum. Eine Toilette war nicht vorhanden; sie wurde durch einen einfachen Eimer ersetzt. Näher und näher schienen die Einschläge zu kommen. Dazwischen das Bellen der Flak. Unter der unerhörten Wucht der Detonationen erzitterte das ganze Gebäude bis in die Grundmauern. Die Zeit schien stillzustehen, und man war sich ständig bewußt, daß, solange die Bomben fallen, auch unser Schicksal noch offen ist.

Endlich Entwarnung. Nur zögernd stiegen wir die Treppe des Schutzraumes hinauf.

Die Stadt stand in Flammen. Überall versuchten die Menschen, noch irgendeinen Gegenstand aus ihren Häusern zu retten. Löschzüge rasten durch die zerfetzten Straßen, aber nirgends sah ich sie in Tätigkeit treten. Langsam füllte sich die Fahrbahn mit geretteten Möbeln. Rauch und Qualm, vor allem aber der feine Staub zermahlener Mauern waren unerträglich. Die Menschen mußten untätig zusehen, wie ihre Häuser, ihr ganzes Besitztum verbrannte. Sie blieben bei den wenigen geretteten Habseligkeiten; damit ihnen diese wenigstens nicht gestohlen würden, blieben sie die ganze Nacht über bei dieser endlosen, alle Straßen verstopfenden Schlange hocken. Dazwischen rannten Sanitäter mit Bahren herum, legte ein Arzt einen Notverband an, versuchten Freiwillige zu helfen, wo immer es noch etwas zu helfen gab. In ohnmächtiger Verzweiflung sah ich hier erwachsene Männer weinen.

Am nächsten Tage kam ein neuer Angriff, und wie von einem Zauberstabe berührt, stand auf einmal diese endlose Möbelschlange, stand auch der letzte gerettete Rest einstmaligen Bürgertums in hellen Flammen. In Flammen, die sich erbarmungslos immer weiter fraßen, die nichts verschonten und keine Straße vergaßen.

Die Tage zwischen den Angriffen werde ich niemals vergessen.

Im Keller einer Klinik sah ich Chirurgen beim Licht einiger Kerzen operieren. Das Wasser wurde in Eimern herangeschleppt. Die Gänge lagen voll sterbender Menschen. Im Garten wurden Tote von barmherzigen Schwestern begraben.

Es gab weder Gas noch Wasser. An vielen Stellen war das Kanalisationsnetz aufgerissen, und die Luft war verpestet mit dem Geruch von Verwesung und Brand, Abwasser und Staub.

An vielen Stellen grub die Bevölkerung vergeblich und ohne Hilfe nach verschütteten Angehörigen, in der Hoffnung, den einen oder andern doch noch lebend bergen zu können.

## MARIE WASSILTSCHIKOW

Durch ihre Zusammenarbeit mit Adam von Trott zu Solz war Marie Wassiltschikow Mitwisserin der »Konspiration« geworden, die sie in ihren Aufzeichnungen zum ersten Mal am 2. August 1943 erwähnte. Als das Attentat Stauffenbergs am 20. Juli 1944 fehlschlug, wurden einige ihrer Freunde und Bekannten verhaftet. Marie Wassiltschikow nahm selbst Risiken auf sich und begab sich ins Gestapo-Gefängnis, um ihrem Chef Unterstützung zukommen zu lassen. Er wurde in Plötzensee hingerichtet (wo der Schweizer Häftling Paul Stämpfli ein Jahr zuvor dem Tod entronnen war). Marie Wassiltschikow erkrankte und zog sich aus Berlin zurück. Sie ging nach Königswart in Böhmen, auf das Anwesen der Metternichs (im September 1944).

### Berlin, 19. Juli 1944

Habe heute Krummhübel verlassen – ich nehme an für immer. Ich habe zwar alles eingepackt, aber sowenig wie möglich mitgenommen. Das übrige bleibt bei Madonna Blum, bis ich weiß, was aus mir wird.

Wir kamen um elf Uhr in Berlin an; aufgrund der jüngsten Luftangriffe herrschte auf sämtlichen Bahnhöfen totales Durcheinander. Lief dem alten Prinzen August Wilhelm, dem vierten Sohn des früheren Kaisers, über den Weg, der mir freundlicherweise half, mein Gepäck zu tragen. Schließlich fanden wir einen Bus. Die Stadt ist in Rauch gehüllt, überall liegt Schutt. Zu guter Letzt kam ich bei den Gersdorffs unter.

Jetzt im Sommer nehmen sie ihre Mahlzeiten oben im Wohnzimmer ein, auch wenn es dort noch immer keine Fenster gibt. Ich traf die übliche Freundesgruppe sowie Adam Trott.

Später hatte ich eine lange Unterredung mit Adam. Er sah sehr bleich und abgespannt aus, schien sich aber zu freuen, mich zu sehen. Er war entsetzt, daß Loremarie Schönburg wieder in Berlin ist, und sehr unglücklich über ihre unausgesetzten Bemühungen, Menschen zusammenzubringen, von denen sie annimmt, daß sie der *Konspiration**, wie ich es getauft habe, wohlwollend gegenüberstehen. Viele von ihnen sind längst in die Sache verwickelt und haben es schwer genug, Verdacht von sich abzulenken. Irgendwie hat sie erfahren, daß Adam beteiligt ist, und belästigt jetzt auch ihn und die ihm Nahestehenden. Sie haben ihr den Spitznamen »Lottchen« gegeben (nach Charlotte Corday, der Mörderin Marats). Für viele stellt sie ein lebensgefährliches Risiko dar. Adam erzählte mir, sie habe sich sogar über mich beklagt: ich sei nicht bereit, mich aktiv an den Vorbereitungen zu beteiligen.

Um ehrlich zu sein, es besteht zwischen ihnen allen und mir ein grundlegender Unterschied in der Einstellung: Ich bin keine Deutsche und habe daher dem, was danach geschieht, nie sehr große Bedeutung beigemessen. Da die andern aber Patrioten sind, wollen sie ihr Land vor der völligen Zerstörung bewahren und eine Art Interimsregierung aufstellen; mir hingegen geht es einzig und allein um die Beseitigung des Teufels. Überdies glaube ich nicht, daß eine provisorische Regierung für die Alliierten annehmbar wäre, da sie sich weigern, zwischen »guten« und »schlechten« Deutschen zu unterscheiden. Dies ist selbstverständlich ein fataler Irrtum, und wir werden vermutlich alle einen hohen Preis dafür entrichten müssen.

Adam und ich kamen überein, uns vor Freitag nicht mehr zu treffen. Nachdem er fortgegangen war, bemerkte Maria Gersdorff: »Ich finde, er sieht sehr blaß und müde aus; manchmal glaube ich, daß er nicht lange leben wird.«

## Berlin, 24. Juli 1944

Ein Luftangriff holte uns aus den Betten. Diesmal begann es in unserer unmittelbaren Nachbarschaft Bomben zu hageln, und wir suchten Zuflucht im Unterstand, einem lächerlichen Holzbau unter einem Grashügel. Ganz in unserer Nähe kamen zwei aneinandergekettete Minen herunter. Sie brauchten eine Weile, da sie an Fallschirmen hingen. Wir kauerten auf dem Boden, die Helme fest auf den Kopf gedrückt. Aga, die ihren Helm völlig schief aufhatte, sah so komisch aus, daß ich selbst in diesem schlimmsten Augenblick ein Kichern nicht unterdrücken konnte. Die rührende, alte, stocktaube Köchin hörte gar nichts von all dem Höllenlärm und warf sich nur auf den Boden, weil wir es taten.

## Berlin, 2. August 1944

Heute nacht gab es wieder einen Angriff. Wir waren zu müde, in den Keller zu gehen, aber plötzlich vernahmen wir zwei ganz laute Detonationen, zogen uns Hose und Pullover über und liefen wie die Hasen in den Bunker hinunter. Die anderen Hotelgäste [im Adlon, wo Wassiltschikow zu dieser Zeit wohnte] schienen sich ebenfalls in höchster Eile angezogen zu haben; der sonst so wie aus dem Ei gepellte [Herbert von] Karajan war barfuß, in einem Regenmantel, und seine Haare standen ihm zu Berge.

**Berlin, 5. September 1944**

Jetzt ist auch für mich die Zeit gekommen zu verschwinden. Ich habe noch etwas Krankenurlaub gut, den ich wohl aufbrauchen werde. Bei dem Gedanken an meine Abreise bin ich zugleich erleichtert und deprimiert. In den letzten Wochen standen wir unter einem derartigen Druck und waren so besessen von allem, was um uns herum geschah, daß daneben nichts anderes mehr wichtig schien. Andererseits habe ich mich trotz aller Widrigkeiten daran gewöhnt, in diesen Ruinen zu leben: mit dem ständigen Gasgeruch in der Luft, vermischt mit Schwaden von schwelendem Schutt und rostendem Metall, und gelegentlich sogar mit dem Gestank verwesenden Fleisches, so daß der Gedanke an die grünen Felder von Königswart, die ruhigen Nächte und die reine Luft dort mich fast beängstigt.

## OSCAR JACOBI
### Der Schutthaufen bei Potsdam

Nachdem er bereits im Januar 1944 seinen Lesern in den USA die Zerstörung Berlins beschrieben hatte, berichtete Oscar Jacobi im September 1944, als die Alliierten längst in Frankreich gelandet waren, im *New York Times Magazine* vom fortschreitenden Zusammenbruch aus der deutschen Hauptstadt. Es ist denkbar, daß es Olle Ollén war, der sich, während er sich noch in Deutschland aufhielt, hinter dem Pseudonym »Oscar Jacobi« versteckte, wenn er Artikel in den USA veröffentlichte. – Ollén war der letzte schwedische Journalist, der die deutsche Hauptstadt im Krieg verließ. Von ihm erschien in der *New York Times* im April 1945 eine Reportage über die Auflösungserscheinungen des Dritten Reiches. Ollén schrieb für die Zeitung *Socialdemokraten/Mor-*

*gontidningen,* arbeitete auch mit dem britischen *Secret Service* zusammen und sandte Informationen über die Kurierpost der schwedischen Botschaft nach draußen.

Ich komme direkt aus Berlin. Wer die Stadt vor dem Krieg gekannt hat, hätte die größten Schwierigkeiten, die einstmals blühende Hauptstadt Deutschlands in der jetzigen Ansammlung von Ruinen wiederzuerkennen. An die einstige Stadt erinnert praktisch nichts mehr. Berliner, die sich etwas von ihrem Humor bewahrt haben, sprechen von »dem Schutthaufen bei Potsdam«.

Und das können sie auch gut und gern, denn ganze Stadtbezirke sind dem Erdboden gleichgemacht, und das Verkehrsnetz ist zerrissen. U-Bahn, Bus und Straßenbahn verkehren nur sporadisch. Einen festen Fahrplan einzuhalten wird gar nicht mehr versucht. Am einfachsten und zweifellos auch zuverlässigsten gelangt man in Herrn Hitlers Hauptstadt heutzutage zu Fuß irgendwohin, aber auch der Fußmarsch erfordert eine ganze Menge Spürsinn. Eine bestimmte Stelle in der Stadt zu erreichen setzt außerdem eine gründliche Kenntnis des Stadtplans voraus, und nach Einbruch der Dunkelheit ist es unmöglich, seinen Weg zu finden.

Bombenkrater und Trümmer behindern überall das Vorwärtskommen, auch auf den breiten Boulevards, die einst dicht befahren und von Gebäuden gesäumt waren, die den Stolz Berlins ausmachten. Das gilt zumal für die Innenstadt.

Die ohnehin bereits katastrophale Wohnsituation wird noch durch den ständig wachsenden Flüchtlingsstrom aus Ostpreußen verschlimmert. Ebenso rasch, wie sie eintreffen, scheucht die Polizei sie weiter in ländliche Regionen, aber den meisten gelingt es, sich wieder zurückzuschleichen, womit sie die Behörden vor offenbar unlösbare Probleme stellen.

Die Ausgebombten und andere Obdachlose haben angefangen, in den Vororten Holzhütten zu errichten. Unzählige Tausende dieser Schuppen – denn sie sind nichts weiter als Schuppen – umringen bereits Berlin. Um Holz, Raum und Arbeitskraft zu sparen, hat man behördlich verordnet, daß die Grundfläche der Hütten zweiundzwanzig Quadratmeter nicht übersteigen darf – falls doch, reißt die Polizei das Ganze augenblicklich ein. Behördliche Verordnungen und Vorschriften sind im Reich nach wie vor sakrosankt, und wehe dem, der dagegen verstößt.

Da gut zwei Drittel der Wohnhäuser und Mietskasernen in Trümmern liegen oder unbewohnbar sind, leben die Berliner unter den primitivsten Bedingungen. Zwei oder drei Familien drängen sich in einem Raum zusammen und sind froh, ihn zu haben. Die Hauptsache ist, man hat ein richtiges und unversehrtes Dach über dem Kopf. Viele haben das nicht. Es leben auch welche in den Ruinen und richten sich, so gut sie können, in den Kellern ein. Andere sind in Barakken in der Nähe der Fabriken untergebracht, wo sie arbeiten.

Ein Familienleben, das nach Maßgabe zivilisierter Verhältnisse diesen Namen verdient, ist unter solchen Umständen natürlich unmöglich. Die meisten Frauen arbeiten in Rüstungsfabriken. Mittlerweile sind alle tauglichen Männer und auch viele weniger taugliche zum Kriegsdienst eingezogen. Die Außenwelt weiß bereits, daß auch schon Sechzehnjährige dieser allgemeinen Mobilmachung unterliegen, aber noch nicht bekannt ist draußen die Tatsache, daß sogar Buben bis hinunter zum Alter von zwölf eingezogen und an die Ostfront geschickt werden, um beim Ausheben von Schützengräben zu helfen.

Goebbels' Propagandaapparat stellt diese Buben als begeisterte Jugendliche dar, die darauf brennen, als Freiwillige Frontdienst zu leisten. Wer freilich die herzzereißenden Szenen gesehen hat, die sich abspielen, wenn schreiende Kinder mit Gewalt ihren weinenden Müttern entrissen werden, der weiß, daß es sich dabei um eine ebenso schreckliche wie zynische Lüge handelt. Bleich, dürr und unterernährt, bieten diese Halbwüchsigen mit ihren schon früh zerrütteten Nerven ein tieftrauriges Bild, Sinnbild der trostlosen Verfassung Nazi-Deutschlands im mittlerweile sechsten Kriegsjahr. Unterdes werden die Schwestern der Buben, kaum daß sie das gleiche

Alter erreicht haben, in die Rüstungsfabriken gesteckt, und zwar ausnahmslos.

Jeder in Berlin fürchtet eine Lebensmittelknappheit und ist in der Tat überzeugt davon, daß sie eintreten und in ihrem Gefolge Krankheit und Seuchen bringen wird. Armselig gekleidet, unzureichend ernährt, genötigt, in Unterkünften zu leben, die normalerweise als Viehställe gelten würden, gezwungen, unter ständigem Druck zu arbeiten, und fortwährend in Gefahr, aus dem Leben gebombt zu werden, existieren die Berliner unter Bedingungen, die schlimmer sind als ein Sklavendasein.

Kein Wunder deshalb, daß die Menschen immer lauter murren. Typisch für die derzeitige Geistesverfassung des deutschen Arbeiters ist die Äußerung eines Mechanikers, den ich kenne. Er sagte: »Ich arbeite sechzehn Stunden pro Tag in einer Munitionsfabrik. Die restlichen acht Stunden muß ich damit verbringen, ein bißchen Schlaf zu kriegen, in Luftschutzkeller zu rasen, oder mich in Parteibüros für dies oder jenes eintragen zu lassen und zur Arbeit und wieder nach Hause zu fahren. Ich bin mit meinen Nerven praktisch am Ende. Mir ist egal, wie der Krieg ausgeht – Hauptsache, die ständigen furchtbaren Luftangriffe hören auf und ich kriege wieder was Ordentliches zu essen und kann wieder ein normales, friedliches Leben führen. Alles lieber als dieses Hundeleben!«

So der Mechaniker.

Menschen, die so reden, riskieren ihren Kopf. Dennoch reden sie. Nachdem das Himmler-Goebbels-Gespann die »totale Mobilisierung« als eine Etappe im »heiligen Krieg des ganzen Volkes« – um den Propagandaminister zu zitieren – ausgerufen hatte, wiesen die Nazi-Oberen, weil sie Ärger befürchteten, alle Parteigenossen an, jede defätistische Äußerung sofort der Gestapo zu melden. Die Gestapo handelt rasch und forscht nicht lange nach.

Auf diese Weise sind gut hundert meiner Arbeiterfreunde und ihrer Bekannten in letzter Zeit verschwunden, »spurlos versenkt«. Ihre Verwandten haben nicht den leisesten Hinweis darauf, was mit ihnen passiert ist. Die Gestapo hat die Jagd auf die Opposition eröffnet, und häufig genug bringt sie ihr Wild zur Strecke.

Für Leute, die den Mund nicht halten können, gibt es nur eine Strafe – den Tod. Tausende sind in diesem Monat von der Gestapo liquidiert worden. Dieser Hohn auf die Gerechtigkeit, die sogenannten »Volksgerichtshöfe«, sie arbeiten rund um die Uhr und verkünden Todesurteile, die dann entweder durch Erschießen oder durch Erhängen vollstreckt werden – die letztere, schimpfliche Todesart wird von den Terrortribunalen der Nazis gezielt gegen »Defätisten« verhängt. Die Folge ist wachsender Haß gegen die Gestapo und die SS. Ich habe den Eindruck, daß sich der normale Deutsche nach dem Tag sehnt, an dem er mit der Himmler-Truppe abrechnen kann.

Himmlers Terrorherrschaft wird begleitet durch ständige Unkenrufe von Goebbels. Praktisch jede Minute am Tag und mit allen ihm verfügbaren Mitteln malt er an die Wand, welch schreckliches Schicksal die Deutschen erwarte, wenn die Alliierten, die jetzt auf deutschem Boden kämpfen, das Reich niederringen. Weit entfernt davon, die gewünschte Wirkung zu erzielen, scheint diese Kampagne auf viel Skepsis zu stoßen.

Tatsächlich läßt sich bei den Deutschen beobachten, daß sie überwiegend mit einer fairen Behandlung durch die Angloamerikaner rechnen. Unmittelbar vor meiner Abfahrt aus Berlin sprach ich mit einigen Leuten, die kürzlich aus Westdeutschland gekommen waren. Sie erklärten allesamt, die Stimmung dort sei bemerkenswert alliiertenfreundlich, ungeachtet der Tatsache, daß westdeutsche Städte zu denen zählen, die am gründlichsten von der amerikanischen Air Force und der RAF bombardiert wurden. Die Leute seien aber überzeugt davon, daß die Besetzung durch die Alliierten ein Ende der Luftangriffe und eine Lösung der Versorgungsprobleme bringen werde.

Was Berlin und Preußen ganz allgemein betrifft, so wird am häufigsten die Hoffnung geäußert, daß es der Wehrmacht gelingt, dem Vormarsch der Sowjetarmeen Einhalt zu gebieten, so daß so wenig Reichsgebiet wie möglich von den Russen besetzt wird. Die Deutschen haben gegenüber den Russen ein schlechtes Gewissen. Sie wissen, was die Wehrmacht den Russen angetan hat und welche Behandlung Weißrußland und die Ukraine unter deutscher Herrschaft erfuhren. Deshalb bin ich geneigt, die Berichte zu glauben, die ich in Berlin gehört habe und nach denen in Ostpreußen die Aussicht auf eine russische Besetzung Panik ausgelöst hat. […]

Der Befehl zur »totalen Mobilisierung« hat dem Vergnügungsleben im Reich den Garaus gemacht. In Berlin gibt es noch ein paar Theater und Kinos, die nur für Soldaten spielen. Aus dem hektischen Vergnügungszentrum, das sie vor gerade einmal zwei Jahrzehnten war, ist die Stadt mittlerweile zu einem Zwangsarbeitslager in einem Ruinenfeld geworden.

Da die meisten Berliner jetzt ihre Mahlzeiten dort bekommen, wo sie arbeiten – mit anderen Worten, in Werkskantinen –, war die Mehrzahl der Berliner Lebensmittelläden gezwungen zu schließen – und zwar bis hinab zum kleinsten Gemüsehändler in seinem Kellerladen. Sich zu Hause zu verköstigen, ist zumeist ausgeschlossen. Niemand hat die Zeit, in den noch vorhandenen Lebensmittelläden Schlange zu stehen. Es gibt nur noch Kantinen. Die großen Bierhallen und Musikrestaurants des alten Berlin gehören der Vergangenheit an: Entweder sind sie durch die Luftangriffe zerstört, oder man hat sie in kommunale Küchen umgewandelt.

Inmitten von alledem führen die Nazifunktionäre nach wie vor ein angenehmes und opulentes Leben. Das Hotel Adlon am Boulevard Unter den Linden beziehungsweise das, was von diesem berühmten internationalen Treffpunkt übriggeblieben ist, hat nach wie vor geöffnet, und das gilt auch für das Hotel Esplanade am Potsdamer Platz. Beide sind wie durch ein Wunder von den Luftangriffen verschont geblieben. In ihnen verkehren ausschließlich hohe Nazis und privilegierte Reisende, wie etwa Diplomaten, bekannte ausländische Kollaborateure und dergleichen.

Im Adlon kann man immer noch eine ordentliche Mahlzeit samt einer Flasche Wein bekommen. Dort wie auch im Esplanade – wo sich die ausländischen Korrespondenten, jedenfalls diejenigen, die in Berlin ausgeharrt haben, tummeln – bieten die Besitzer mittlerweile ihren Wein großzügig feil. Sie haben eine Lektion erteilt bekommen, als ein Luftangriff den Kaiserhof zerstörte und dazu Hunderttausende Flaschen guten Weins, die in seinen Kellern eifersüchtig für »bessere Zeiten« gehütet wurden.

In den beiden sogenannten Presseklubs von Berlin geben Nazifunktionäre und Beamte des Außenministeriums den Ton an; den einen unterhält das Propagandaministerium am Potsdamer Platz, und der andere steht unter der Schirmherrschaft des Außenministeriums und befindet sich in einer schicken Villa im Vorort Dahlem, die niemand anderem gehört als Joachim von Ribbentrop. Diese Klubs sind übrigens die einzigen, die es in der ganzen Stadt noch gibt, und sie werden von Nazifunktionären und deren Freunden so fleißig frequentiert, daß ein Journalist kaum noch dazwischenpaßt.

In von Ribbentrops Villa erklärte mir ein bekannter Beamter aus der Wilhelmstraße mit einem Augenzwinkern: »Das kann jedem passieren, daß er aufs falsche Pferd setzt.« Daß er diese Äußerung tat, als er schon ein paar Gläser intus hatte, ändert nichts an ihrem Aussagewert. Viele der Amtsinhaber im Propagandaministerium und anderswo in der Wilhelmstraße haben in letzter Zeit einen Gesinnungswandel durchgemacht. Meiner Beobachtung nach suchen etliche von ihnen sogar schon nach einem Land, in dem sie Zuflucht finden können, und treffen Vorbereitungen, sich abzusetzen.

## JĀNIS JAUNSUDRABIŅŠ
### Ankunft in Bielefeld

Jānis Jaunsudrabiņš wuchs als Sohn eines Landarbeiters in Lettland auf. Der begabte Junge lernte Deutsch und Russisch und besuchte eine Landwirtschaftsschule. Doch schon bald begann er zu malen und zu schreiben. Jaunsudrabiņš reiste nach München und studierte bei Lovis Corinth in Berlin Malerei. In seiner Literatur widmete er sich vorwiegend ländlichen Themen. Seine Bücher erlangten in Lettland große Popularität. Nach dem Einmarsch der Roten Armee im Juni 1940 infolge des Hitler-Stalin-Paktes trat Jaunsudrabiņš zunächst dem sowjet-lettischen Schriftstellerverband bei, nahm zum Stalinismus aber bald Distanz ein und erhielt Publikationsverbot. Als unabhängiger Sozialist mußte er fürchten, deportiert zu werden. Da fielen die Deutschen in seinem Heimatland ein (Sommer 1941). Im Herbst 1944 (am 3. Oktober) floh Jaunsudrabiņš zusammen mit seiner Frau vor den anrückenden sowjetischen Truppen aus seinem Wohnort Ropaži. Aus Riga erreichten die beiden mit einem Flüchtlingschiff zunächst Danzig; von dort fuhren sie mit dem Zug über Berlin nach Bielefeld, wo sie die Eltern ihres Schwiegersohns aufsuchen wollten. (Die Tochter von Jānis und Natalija/Nate Jaunsudrabiņš, Lilija, war mit Willi Stöppler verheiratet, Sohn von Anna und Wilhelm Stöppler – von dem im Text als »Vater« die Rede ist.) Als Jaunsudrabiņš und seine Frau am 9. Oktober 1944 in Bielefeld eintrafen, betraten sie eine Stadt, die gerade einem Bombenangriff zum Opfer gefallen war. In seinem Buch *Ich erzähle meiner Frau* (1951 in einem Exilverlag in Schweden erschienen) berichtet Jaunsudrabiņš von der Flucht aus Lettland und der Zuflucht in Deutschland. Indem der Erzähler die gemeinsamen Erlebnisse seiner Frau schildert und diese in der zweiten Person immer wieder anspricht, um sich ihrer Wahrnehmung zu versichern, stellt er die Frage nach der Individualität und Zuverlässigkeit der Erinnerung.

Vom Hauptbahnhof in Bielefeld ist mir etwas Verglastes in Erinnerung geblieben, hoch oben an der Decke, wie in Berlin. Und hier ebenso wie dort mehr leere Fassungen als Glas. Aus dem überfüllten Zug gestiegen, erfrischte uns die kühle Luft und ließ uns manchmal sogar erschauern. Es dauerte nicht lange, und die Menschen, die mit uns zusammen den Bahnhof bevölkert hatten, waren ins Freie geströmt wie Wasser durch ein Sieb, und wir beide blieben alleine zurück.

Ein Eisenbahner, vielleicht aber auch ein Postangestellter, den du gefragt hast, ob es weit sei zu der und der Straße, ließ durch die Nase ein jämmerliches *Hm!* hören und meinte, daß es die fragliche Straße wohl gegeben habe, doch nun würde es uns schwerfallen, sie zu finden. Auf jeden Fall wäre es besser für uns, die Nacht an Ort und Stelle zu verbringen, im Schutzraum des Bahnhofs. Erst am nächsten Tag solle sich einer von uns auf die Suche machen.

So stiegen wir in die Tiefe hinab. Hier war es noch dunkler als nachts im Zug, da wahrscheinlich die Stromleitungen zerstört waren. In der Tat, nun erinnerte ich mich deutlich daran, daß ich im Zug von starken Bombardements am Samstag nachmittag gehört hatte; nur hatte ich mir nicht gedacht, daß diese etwas mit Bielefeld zu tun hätten. Jetzt aber deutete alles darauf hin.

»Es ist Montag morgen«, sagte ich zu dir. »Wir sind einen ganzen Tag und zwei Nächte zu spät eingetroffen. Schade. Wir hätten dann gesehen, wie so etwas vor sich geht.«

»Halt den Mund, wenn du nichts Besseres zu sagen hast«, kam deine Erwiderung wie aus der Unterwelt.

Du hattest auf unserer schon platt gesessenen Habe Platz genommen und batest mich, hinaufzusteigen und zu versuchen, etwas darüber zu erfahren, was in der Stadt passiert sei. In deiner Stimme zitterte Verzweiflung, als du die Befürchtung äußertest, die Eltern unseres Schwiegersohnes könnten sich unter den Trümmern befinden. – Wo sollten wir dann in einem völlig fremden Land bleiben?

Ja, nun begann auch mir die Sache ziemlich düster zu erscheinen. Saßen wir denn hier nicht schon wie in einer Falle?

Für einige Minuten streckte auch ich mich aus, gleich auf dem nackten Boden; dann erhob ich mich, schulterte den Rucksack, nahm noch etwas in die Hände und tastete mich mit den Ellenbogen zurück in die Welt. Ich versprach, nicht eher zurückzukehren, bis ich einen Ort gefunden hätte, wo ich das Gepäck abstellen und wohin ich dich mit den anderen Sachen hinführen könnte.

Oben nahm ich die Außenwelt so scharf wahr wie nie zuvor. Irgendwo ging die Sonne auf. Ich sah ihre Strahlen an den höchsten Mauerecken. Die Straßen waren wie leere Flußbetten. Durch solche sah ich manchmal in meinen Träumen Krebse krabbeln. Kein einziger Mensch! Ein grauenerregender Morgen ... Ich blickte zu meinen Schultern, um wenigstens mich selbst zu sehen. Ja, dort waren die Riemen, die sich in das Tuch gegraben hatten. Ich hob eine Hand, hier die Angelrute. Die zweite ließ sich nicht so leicht heben. Na ja, dort die Schreibmaschine. Also hatte ich alles dabei, was ich brauchte. Sollte es dann noch gelingen, die Verwandten zu finden, waren wir gerettet.

Ich ging einige Schritte geradeaus, dann kehrte ich um. Ich wandte mich nach rechts. Überall lagen zusammengestürzte Mauern vor mir. Unter den Füßen Glas, Ziegelsteine. Gleich hier, mitten auf der Straße ein Bombentrichter von der Größe eines ordentlichen Flachsteiches. Gezackte Wände ragten in den Himmel. An den Wänden Treppen, Decken und Fußböden, die jeden Augenblick herabstürzen konnten. Nur selten ein Schornstein. Kein einziges Dach. – Da kam zum Glück ein Mann, ein wenig verschlafen, aber immerhin lebendig, und sprach mich an:

»Wie ich sehe – ein Reisender. Was suchen Sie in dieser Totenstadt?«

Nachdem ich dem Herrn einen guten Morgen gewünscht hatte, erwiderte ich, daß ich von weit her gekommen sei, um hier länger zu bleiben. Zumindest bis Kriegsende. Ich sagte, daß ich über eine sichere Adresse verfüge – *Breite Straße 20* –, und fragte, wo das wohl sei.

»Ich hätte keine Schwierigkeiten, es zu beschreiben, und ebenso wäre es für Sie ein leichtes, loszuziehen, doch wir finden uns selbst nicht mehr in unserer Stadt zurecht. Gehen wir, versuchen wir's zu finden. Ich habe 'ne Stunde Zeit. Ich möchte mal sehen, wie's dort aussieht.«

Wir gingen, krochen, kletterten. Befahrbar war von diesen Straßen keine einzige, doch hatte es während des gestrigen Tages schon regen Fußgängerverkehr gegeben, und so kamen wir auf gut ausgetretenen Pfaden bald zur gesuchten Straße. Der Herr redete unterwegs die ganze Zeit und erklärte, was hier gewesen sei und was dort, doch viel zu sehen gab es nicht mehr. Er hustete – sein Echo ertönte. Er nieste und wünschte sich selbst Gesundheit. Ach! – Er habe gestern und vorgestern Phosphordämpfe einatmen müssen. Achtzigtausend Brandbomben! Drei Teppiche Sprengbomben …

Als ich dies hörte, sah ich meinem Begleiter das etwas rauhe Benehmen nach; trotzdem beeilte ich mich, möglichst auf Abstand zu ihm zu gehen, was mir auch gelang. Sowieso hatte ich von seinem Gerede nur noch wenig mitbekommen, da plötzlich so viele eigene Gedanken auf mich einstürmten, daß ich fast in Verwirrung geriet.

Merkwürdigerweise waren einige Gebäude in dieser Straße noch auf ihren Grundfesten verblieben. In den Fenstern wehten sogar Vorhänge. Einige Aushängeschilder. Eine schöne Haustür. Und hier, auf einem qualmverschmierten Stück Mauer, war deutlich die Nummer 20 zu sehen.

Aber was sollte mir das nützen?

Doch halt – stand da an der Wand auf der anderen Seite der Türnische nicht etwas geschrieben? Tatsächlich! Mit allergrößter Freude las ich:

*Wilhelm Stöppler, jetzt Weißenburgerstraße 22.**

Jetzt war alles klar. Sie waren am Leben!

Nachdem ich erfahren hatte, welche Richtung ich einschlagen mußte, machte ich mich sofort auf den Weg dorthin.

*

Über diesen Teil der Stadt waren keine Teppiche gelegt worden. Es stellte sich heraus, daß Erich hier wohnte, der jüngere Bruder von Wilhelm Stöppler. Als ich an die Tür klopfte, streckte eine noch ziemlich junge Frau ihren sorgfältig gelockten Kopf durchs Fenster. Sobald sie erfuhr, daß ich aus Lettland bin, rief sie aus:

»Dann bist du ja der Vater von Lilija!«

Und verschwand sofort, um mich nach einigen Sekunden hereinzulassen.

»Ich heiße Friedel. Vielleicht hast du von mir gehört.«

»Natürlich! Ich bin bloß zu erschöpft, um mich an alles genau zu erinnern.« [...]

Als sie hörte, daß ich mit allem, was ich in den Händen und auf dem Rücken habe, in der Fremde auf der Straße stehe, brach sie in Tränen aus; ich mußte sie trösten, indem ich ein sorgloses Lächeln aufsetzte.

Sie verfügten über eine Drei-Zimmer-Wohnung. Ich konnte bei ihnen bleiben. Eines der Zimmer war im Sommer bei einem Bombenangriff eingestürzt, der allerdings bei weitem nicht das Ausmaß jenes Flächenbombardements erreicht hatte, das am letzten Samstag niedergegangen war. Ihr Mann, ein Büroangestellter, sei bereits zur Arbeit gefahren. Beide Kinder seien in Ungarn bei einer deutschen Familie, auf einem großen Bauernhof, und ihnen ginge es gut...

Ich hörte den Worten der freundlichen Verwandten nur mit einem Ohr zu. Das war normales Leben, sonst nichts. Dann paßte ich eine günstige Pause im Redefluß ab und fragte:

»Aber wo sind denn die Eltern meines Schwiegersohns? Sie sind doch hoffentlich noch am Leben? An der Wand neben der Haustür stand doch geschrieben...«

»Sie waren bei uns. Gleich nachdem der Bombenangriff aufgehört hatte, sind sie hierhergeeilt. Sie haben hier übernachtet. Gestern morgen, es war ja Sonntag, sind wir dann alle zu ihnen gegangen, um nachzusehen, ob man an den Keller herankommen könnte. Aber die ganze Stadt rauchte noch, und aus den Trümmern stieg ein höllischer Geruch auf. Anna schrieb dann unsere Anschrift an die Wand. Und sie tat gut daran. Sonst hättet ihr nicht gewußt, was ihr anfangen solltet. Ach, das kann man gar nicht in Worte fassen, was sie verloren haben. Aber das werden sie euch selber erzählen. Jetzt besitzen sie nicht mehr als das, was sie am Leib tragen. Vielleicht bohrt sich dort noch jetzt brennender Phosphor immer tiefer in den Keller hinein. Ich hatte Mühe, die Schwägerin davon abzuhalten, in die Trümmer zu kriechen. Sie glaubt immer noch daran, daß man dort noch etwas retten könnte.«

»Aber wo sind sie jetzt?«

»Sie sind nach Hillegossen gezogen. Eine Fahrt von zwanzig Minuten von hier aus. Wir haben einen großen Bunker in der Nähe, wir wohnen halbwegs sicher. Aber sie haben nichts mehr, was sie in der Stadt hält. Sie sind bei einem Verwandten untergekommen, der dort eine Bäckerei hat.«

»Vielleicht sollte ich die Sachen hierlassen und mich dorthin auf den Weg machen? – Aber zuerst möchte ich meine Frau verständigen, sie ist im Bahnhofsschutzraum zurückgeblieben.«

»Ach ja! Wie konnte ich das bloß vergessen! Nimm es nicht übel, Jānis – wir sind hier alle noch ganz durcheinander. Mir scheint, als würde der Boden jetzt noch gelegentlich unter den Füßen schwanken. – Selbstverständlich müssen wir sie hierherbekommen. Hat sie auch etwas zu schleppen?«

»Was denkst du denn? Ich habe ja nur das Allerleichteste mitgenommen.«

»Dann laß uns folgendes machen: Wir haben hier in der Nachbarschaft einen tüchtigen Jungen, der keinen Vater mehr hat. Er ist so um die zwölf Jahre alt und besitzt einen Wagen. Er soll mitfahren. Mit dem Tragen würdet ihr euch zu sehr abmühen. Aber zuerst werde ich einen Kaffee kochen …«

»Nein, nein – ich möchte weder essen noch trinken.«

»Gut. Dann also, wenn ihr beide hier seid.«

Das war's. – An das weitere Geschehen erinnerst du dich selbst möglicherweise besser. – Ich fand dich nicht dort vor, wo ich dich zurückgelassen hatte, sondern in der Gaststätte, die auch ziemlich gelitten hatte, aber trotzdem noch nach einem Raum aussah. Du saßest an einem kleinen Tisch zusammen mit einer jungen, adrett gekleideten Dame, und als ich herantrat, hast du uns miteinander bekannt gemacht:

»Hier ist er – mein Mann!«

Der Name der jungen Frau ist mir entfallen, ich erinnere mich nur, daß sie eine Handarbeitslehrerin aus einer ganz fremden Stadt war. Ihr hattet gerade beide eine große Tasse richtige Knochenbrühe ausgeschlürft, und du hast mich überredet, auch eine zu trinken, so heiß wie irgend möglich, denn ich sei dabei, meine Stimme zu verlieren. Nachdem ich ausgetrunken hatte, begann sich mein Blick auf Dinge und Menschen, sogar auf Ereignisse aufzuhellen. – Wahrlich, bislang hatte uns doch Laima [die lettische Glücksgöttin] selbst geführt. Egal wohin wir gingen: Entweder war dort noch nichts Schlimmes passiert, oder es war bereits vorbei.

Dann erhoben wir uns, denn draußen wartete der Junge mit dem *Bollerwagen** – ein Wort, das wir hier zum ersten Mal hörten. Du hast bezahlt und dich darüber gefreut, daß die Brühe ohne Marken abgegeben wurde. Nun verabschiedeten wir uns von der Dame, mit der du dich fast schon angefreundet hattest, packten unsere Sachen in den Wagen und folgten dem flinken Jungen.

Die Uhr zeigte die Mittagsstunde an, als Friedel dich in ihre Arme schloß. Wir nahmen ein richtiges Frühstück ein, das ihr beide zusammengebastelt habt; anschließend konnten wir uns ein wenig waschen und in ihre Betten legen, die weich waren, wie aus der Vorkriegszeit gewohnt, und mit dicken Daunendecken. Tatsächlich war dies das erste Mal seit Ropaži, daß wir die Oberbekleidung ablegen und uns richtig ausstrecken konnten. Wir waren wunschlos glücklich.

*

Um drei Uhr – nicht nachts, sondern am selben Nachmittag – wurden wir plötzlich geweckt. Weil Worte nichts genutzt hatten, zerrte uns die freundliche Friedel unbarmherzig die Decken weg. Die Sirenen hatten Alarm geheult.

»Zum Bunker, ihr Lieben, zum Bunker!« forderte sie uns auf.

Ich war ohne Zögern auf den Beinen. Mir schien, als müßten wir in einen anderen Zug umsteigen oder uns zumindest in einen anderen Waggon mit härteren Sitzen begeben. Ich zog mir die Hose und das Jackett an, griff mir den Rucksack, die Schreibmaschine, die Angelruten. Du hast dich mit geschlossenen Augen um das Bett getastet und bist schließlich zurück unter die warme Decke gekrochen – wie ein Flußkrebs unter einen Uferüberhang. Und hättest ruhig weitergeschlafen, wenn ich nicht losgeschimpft hätte, nachdem ich den Ernst der Lage begriffen hatte.

»Ausweise, Geld, alles besonders Wertvolle mitnehmen!« befahl Friedel.

Unsere Füße gaben nach, als wir über den glatten Fußboden gingen, und du hast dir ein Widerwort nicht verkneifen können – was das denn bloß für ein Leben sei, worauf Friedel sagte:

»Wir können uns glücklich schätzen. Wir haben einen Bunker ganz in der Nähe. Manchmal laufe ich erst nach der letzten Warnung hin. So auch am Samstag. Kaum aber war die Tür zu, begann es dicke von oben herunterzukommen. Wer einen oder zwei Kilometer zu laufen hat, der eilt bereits nach der ersten Warnung los. Und es kam nicht nur einmal vor, daß er, kaum angekommen, gleich wieder umkehren konnte, weil es zwischenzeitlich Entwarnung gegeben hatte.«

Friedel versuchte, unseren Marsch angenehmer zu gestalten, indem sie uns unterwegs dieses und jenes zeigte. Der Luftraum war noch leer. Der Bunker stand wie ein grauer Koloß auf freiem Feld. Wir konnten ihn innerhalb von fünf Minuten erreichen, deshalb gingen wir im Schritt. Von überall strömten Menschen herbei, wie Reisende zu einer Haltestelle, alle Hände voll, hat doch jeder Mensch etwas, was ihm teuer ist wie das eigene Leben. Für die Mütter standen natürlich ihre Kinder an erster Stelle, und für die Kräftigen – gebrechliche Verwandte. Alles eilte hinein. Ohne jede Aufsicht verblieben um den Bunker herum Fahrräder, Wägelchen, Karren. Der Bunker war hoch. Wir waren ziemlich früh angekommen und erhielten einen Platz im ersten Stock. Mein erster Eindruck war, als hätte ich freiwillig ein Massengrab betreten, so feucht und kühl war es. Aber bald wurde es in dem niedrigen Raum warm, sogar sehr warm. Die kleinen, schießschartenähnlichen Fenster waren nicht in der Lage, durch die dicken Mauern frische Luft zuzuführen. Bald schwitzte ich und suchte nach einem Halt; denn als Mann hatte ich zu stehen, während junge Frauen saßen und gemütlich strickten. Einige der Sitzenden begannen mich darauf hinzuweisen, daß ich einen unerlaubt langen Gegenstand in den Bunker mitgenommen hätte, worauf ich voller Demut erwiderte, man möge sich nicht aufregen, da es sich um mein Arbeitsgerät handle. Ich sei Fagottist und in dem Etui befinde sich die Flöte.

Der Aufenthalt im Bunker geriet recht lang, obwohl nichts passierte. Ihr beide habt mir abwechselnd euren Sitzplatz angeboten, wofür ich euch dankbar war und es noch heute bin. Andernfalls wäre ich nämlich umgefallen. Im Sitzen vermochte ich meine Gedanken halbwegs zu ordnen. Ich hätte mir gewünscht, daß hier Filme gezeigt werden. Filme, die ganz voller Sonne sind und bei denen man lachen muß. Es hätten auch Fachleute zu verschiedenen Themen Vorträge halten können, beispielsweise über die Gesundheitspflege zu Kriegszeiten. Auch hätte jemand darlegen können, wie schädlich Kriege im allgemeinen sind – und dieser im besonderen …

Plötzlich kam auf allen Bänken so etwas wie Unruhe, wie Freude auf. Von draußen war schwaches Sirenengeheul zu hören.

*»Entwarnung! Entwarnung!«** erschallten Hunderte Stimmen.

Alles eilte zum Ausgang. Aber so schnell gelangten wir dann doch nicht hinaus. Während sich alle Stockwerke leerten, schrappten die Menschen dicht gedrängt wie Schollen beim Eisgang an der Tür vorbei. Wir blieben beieinander und warteten geduldig darauf, daß es lichter wurde.

»Seit Samstag sind die Leute ängstlicher geworden«, sagte Friedel. »Früher sind sie mal gekommen, mal wieder nicht. Jetzt ist der Bunker mehr wie eine Kirche.«

Aufregung und Hast bestimmte nun das Bild. Als wir hinaustraten, stand unten ein Herr mit Schnurrbart und rief Fundgegenstände aus:

»Wer hat eine Strickjacke vergessen? Im dritten Stock ist ein Herrenmantel zurückgelassen worden!«

Der Herr, der diese Sachen anbot, hielt außerdem ein zwei Jahre altes Kind hoch, das schrie wie am Spieß. Die Menschen blieben stehen und wunderten sich – könnte es denn wirklich sein, daß eine Mutter ihr Kind im Bunker vergißt? Aber es war ja nicht die Mutter. Als wir noch dort standen, kam ein junger Vater atemlos herbeigestürzt und rief:

»Heul nicht, Therese, *Papi** ist doch hier!«

Der gute Mann nahm das Kind und entschuldigte sich:

»Verzeihung! Meine Frau konnte nicht mit uns Schritt halten. Ich bin vor Nervosität ganz zerstreut. – Meine Kleine!« Er küßte das Kind herzlich.

Auf dem Heimweg schaute ich noch ab und zu auf den Schutzraum zurück und bezweifelte, ob so ein Bunker wirklich standhalten würde, wenn ihn genau auf dem Scheitel eine jener Bomben träfe, die sich durch ein mehrgeschossiges Haus bis zum Keller hindurchbohren. Aber Friedel versicherte, man könne sich getrost darauf verlassen. Gerade dieser Bunker sei bereits dreimal getroffen worden und habe dabei nur ein paar Schrammen abbekommen. Aber ganz sicher könne man nicht einmal unter der Erde sein. Und sie erzählte von Doktor Oetkers Privatbunker, einem Bau wie für die Ewigkeit; aber trotzdem waren Menschen darin verschmort. Brandbomben hatten nämlich die Stahltüren dermaßen überhitzt, daß man sie weder von drinnen noch von draußen habe öffnen können. [...]

Der Abend näherte sich. Uns fielen fast die Augen zu, wir harrten jedoch aus und gingen nicht schlafen. Du hast Friedel einiges von unseren mitgebrachten Lebensmitteln gegeben, und sie begann eine Mahlzeit zuzubereiten. [...]

Friedel hatte bereits den Tisch gedeckt und war gerade dabei, eine brutzelnde Pfanne vom Herd zu nehmen, als sie ihr aus der Hand glitt und wieder auf dem Ring landete. – Wie eine Rakete schoß nämlich wieder die heulende Stimme der Sirene in den Himmel.

»Was ist denn heute bloß los?!« stöhnte Erich. »Nicht einmal essen läßt man uns mehr.«

Wir machten uns sofort auf und marschierten wieder zum Bunker. Draußen sahen die winzigen Lichter der Taschenlampen wie Glühwürmchen aus, mehr konnte man nicht erkennen.

Aber damit war es nicht genug. Nach Mitternacht, als wir wie schwere Senksteine schliefen, wurden wir abermals aus den Betten gerissen. Diesmal war ich es, der um keinen Preis aufstehen wollte. Ich fühlte mich, als wäre ich aus Blei. Mir war es völlig egal, möge es Pech und Schwefel auf mein Haupt herabregnen – ich würde dableiben und schlafen. – Aber morgen würden wir zusehen, daß wir an einen ruhigeren Ort gelangen. Gab es in Deutschland denn wirklich keinen Winkel mehr, wo man vor diesen Klagepfeifen sicher sein konnte?

*

Als wir frühmorgens aufwachten, hörten wir, daß im vorderen Zimmer leise gesprochen wurde. Eilig bist du aufgestanden, und beim Ankleiden sagtest du:

»Das werden sie sein! – Ich würde viel dafür geben, dieser Hölle schneller zu entrinnen. Sicherlich raucht hier noch irgendwo ein Schlot, den es umzustürzen gilt. Hier gibt es Kriegsproduktion. Zumindest webt man hier und näht Hemden.«

Hier sind wir nun, wollte ich sorglos verkünden, als ich das vordere Zimmer betrat; doch die Stimme versagte. Ich flüsterte bloß, während Anna in Tränen ausbrach und sich an mich schmiegte.

Ich weiß nicht, wie ich selbst aussah, sie aber wirkten, als seien sie dem Grab entstiegen. Von dem ohnehin kleinen

Gesicht Annas schienen nur noch die Augen und die Nase übrig zu sein. Willis Vater zitterten bei der Begrüßung die Lippen und die Hände. Er hatte seinen Regenmantel nicht ausgezogen, weil er darunter nichts Vorzeigbares anhatte. Anna sagte unter Tränen:

»Sechsmal haben wir unseren Sommerurlaub in Lettland verbracht. Und jetzt, wo du uns einmal besuchst, können wir dir nicht einmal ein Glas Wasser anbieten.«

Weiter kam sie nicht. – Mir schoß eine ganze Reihe von Momenten durch den Sinn, die sie stets zu nennen pflegte, wenn sie über die Besuche bei uns berichtete. [...]

Ja, das alles waren nur Erinnerungen, nicht einmal mehr eine lebendige Vorstellung. Wir hatten nicht nur alles verloren, was uns gehörte, sondern auch das, wozu wir gehörten. Allerdings blieben noch die Kinder; aber derentwegen machten wir uns große Sorgen. In Litzmannstadt befand sich Lilija bereits in Frontnähe. Und von Willi hatte es schon seit mehreren Monaten keine Post mehr gegeben. Er war im Krieg, an der Westfront, irgendwo in Frankreich ...

Wir bestiegen wieder den Zug der Zeit. – Während Anna und ich uns aufmachten, um einige Angelegenheiten zu erledigen, bist du daheim geblieben; du wolltest dich ein wenig erholen. Willis Vater verließ uns, um seinen Pflichten nachzugehen. Eigentlich gab es nur zwei Dinge zu tun – das Besatzungsgeld mußte gegen Reichsmark eingetauscht werden, und wir mußten eine Wohnung außerhalb der Stadt finden. Binnen zwölf Stunden dreimal zum Bunker zu trotten – wer konnte das bloß aushalten? – Und so führte unser erster Weg zur Reichsbank.

*

Der Mangel an Schlaf hatte dich ganz krank gemacht. Mir ging es nicht viel besser. Fieber und plötzliche Kälteschauer hatten mir die Stimme geraubt. Ich konnte nur flüstern oder grunzen. In solch einem Zustand erregte ich in der Reichsbank Verdacht. Der Herr, der mein Geld umtauschen sollte, erkundigte sich, woher ich denn soviel hätte? Als ich erklärte, daß ich Schriftsteller sei und in Lettland im letzten Jahr vier Bücher veröffentlicht hätte, wurde er noch mißtrauischer.

»Warten Sie!« sagte er barsch und verschwand mit dem ganzen Geld in einem rückwärtigen Raum.

Dann lief Anna in eine andere Abteilung und kehrte mit einer jungen Dame zurück, die ihr gut bekannt war, und zu zweit zerstreuten sie die Bedenken des Herrn, das Geld könnte durch Verbrechen oder doch zumindest Schwarzhandel erlangt worden sein. Schweigsam tauschte er meine siebentausend um, von denen ich nun hoffte, sie würden für unseren Lebensunterhalt bis Kriegsende und noch für die Rückkehr in die Heimat reichen. – Damals dachte doch niemand auch nur mehr im entferntesten, daß der Krieg mit all seinen Folgen noch lange würde dauern können. Niemand ahnte, daß allerhand kürzelbewehrte Organisationen auftauchen würden, die die Flüchtlinge in Lager zusammentreiben und sie auf alle mögliche Weise triezen, ansonsten aber gratis beköstigen, bekleiden und ihnen ein Dach über dem Kopf gewähren würden. Und niemand hätte es sich auch nur träumen lassen, daß in Deutschland lettische Zeitungen erscheinen könnten und daß in diesen Zeitungen der Anzeigenteil fast ausschließlich aus groß gedruckten Offerten ehrlicher und unehrlicher Verleger und Buchhändler bestehen würde. [...]

Und dann gingen wir – wohin genau, das kann ich gar nicht sagen. Unterwegs mußten wir oft stehenbleiben, denn ständig hielt jemand Anna an: Er oder sie drückte Mitgefühl aus, bot etwas Kleidung, Möbel oder Geschirr an. Anna sagte weder ja noch nein, dankte nur und wischte sich die Augen.

Wir waren schon ziemlich lange durch die Trümmerlandschaft gelaufen, als wir bei dem Mauerstück ankamen, auf dem in ihrer Handschrift die neue Adresse geschrieben stand. Sie wollte noch einmal schauen, ob sie in den Keller gelangen konnte. Wir stiegen über den Kalk- und Ziegelschutt bis zu dem Fenster, durch das sie aus dem Keller gekrochen waren, als das Haus über ihren Köpfen zusammenstürzte. Noch immer schlugen uns Rauch und Hitze entgegen, und übelriechende Ausdünstungen nahmen uns den Atem. Wir wichen zurück, und Anna sagte:

»Vorbei ist vorbei. Haus und Habe sterben genauso wie ein Mensch. Was habe ich dort nicht alles zurückgelassen! Das Beste, alles was ich im Leben erworben habe. Ebenso die Sachen von Lilija und Willi; diese wähnten sie bei uns in Sicherheit, verfügten wir doch über einen so vertrauenswürdigen Keller. Was soll ich ihnen jetzt sagen, wenn wir wieder zusammenkommen? – Seine Manuskripte. Die Gemälde, die du ihnen geschenkt hast. Zwei Porträts von Lilijas Mutter. Sie selbst als Kind am Flußufer. Landschaften im Kaukasus, in Lettland und auch auf Capri. Andenken. Aber die Hauptsache – allerfeinste Stoffe, mir anvertraut von meinem Chef, der Jude war. 20000 Meter davon! – Da es bis zum Bunker weit ist, sind wir nicht dorthin gelaufen, sondern sind nach dem Hauptalarm stets in den Keller hinabgestiegen. Wir dachten, wennschon, dennschon – laß uns mit allem zugrunde gehen, was unser ist und was man uns anvertraut hat. Und schau, nun stehe ich hier draußen, und dort drinnen zerfällt alles zu Asche.«

Sie näherte sich wieder dem Fenster, doch ich zog sie zurück. Dann fuhr sie fort:

»Ich kann dir gar nicht beschreiben, wie sich alles zugetragen hat. Genausowenig wie man sich an Träume erinnern kann, die man gerade erst geträumt hat. Eingeschlagen ist die Bombe hier, etwas abseits. Es war wie ein Donnerschlag. Wir wurden zwar nicht betäubt, doch bei klarem Bewußtsein waren wir auch nicht. Dann sagte Vater, nun sei alles vorbei, nun könnten wir unbedenklich in einer Ecke noch etwas abwarten und schließlich zusehen, daß wir hinausgelangen. Aber dann begann es heiß zu werden. Die Tür war verschüttet, so suchten wir nach dem Fenster. Mit der Detonation war das Licht erloschen, wir mußten uns nach dem Gedächtnis richten. Wir fanden das Fenster. Es stand offen. Doch draußen war es genauso finster wie drinnen. Nur hier und da leuchteten glänzende Lichtpunkte im Staub auf. Es schien, als ob sie schwelen und kochen würden. Mich zog es zurück, um etwas zu retten, doch Vater zerrte mich mit Gewalt heraus, und wir kletterten über diesen Schutt hier, bis wir ebenen Boden unter den Füßen hatten und begriffen, daß das die Straße war. Es ist für mich unbegreiflich, daß wir kein Feuer fingen und verbrannten. Wahrscheinlich wird der Mensch in Todesnähe von einer übernatürlichen Kraft im Leben gehalten.«

Anna wirkte beim Erzählen wieder wie benommen. Sie weinte und rang die Hände. Ich wartete geduldig, bis sich der Anfall einigermaßen gelegt hatte, half ihr dann hinunter, und wir gingen schweigend davon.

Der Ruinen überdrüssig, schaute ich auf die angesengten Bäume. In den Birnbäumen hingen große, angebratene Birnen. Einige lagen auf dem Boden, geplatzt, braun angelaufen. Mal regnete es, dann schien wieder die Sonne, ganz wie im Herbst. Und dann stand da, einem goldenweißen Wunder gleich, ein Büschel blühender Margeriten an einem Zaunpfahl inmitten der Trümmer. So reine, klare Blumen, als seien sie gerade erst erblüht.

»Schau!« sagte ich, nachdem ich Anna angehalten hatte. »Ist euch und uns denn nicht ein ähnliches Wunder passiert? Immer noch scheint die Sonne auf uns herab. Vielleicht wird auch alles weitere gut werden. Ihr habt alles verloren. Wir auch. Wir außerdem noch die Heimat, was das Teuerste auf Erden ist. Aber alles kann man wiedererlangen, solange man am Leben ist. Also ist das Leben der einzige Wert, der für den Menschen zählt. Alles andere kann man für Geld kaufen.«

## LOUIS-FERDINAND CÉLINE
### Rigodon (Im Zug nach Ulm)

Der französische Schriftsteller Louis-Ferdinand Céline – berühmt geworden durch seine frühen Romane *Reise ans Ende der Nacht* (1932) und *Tod auf Raten* (1936) – floh bald nach der Landung der Alliierten aus Paris nach Deutschland (am 17. Juni 1944). Als Sympathisant der Kollaboration und Verfasser von drei antisemitischen Pamphleten (zwischen 1937 und 1941) mußte er fürchten, nach der Befreiung Frankreichs zur Rechenschaft gezogen zu werden. Auf abenteuerlichen Wegen versuchte er, nach Dänemark zu gelangen, wo er vorsorglich eine Goldreserve deponiert hatte. Gemeinsam mit seiner Frau Lucette (Lili), der Katze Bébert und seinem Freund, dem Schauspieler Robert Coquillaud (genannt le Vigan oder la Vigue), der von August 1944 bis Anfang März 1945 bei ihm war, rettete sich Céline auf chaotischen und lebensgefährlichen Bahnfahrten unter den Angriffen der alliierten Geschwader und durch zerstörte Städte. Neun Monate lang hielt sich Céline in Deutschland auf. Der französische Literat, der zugleich Arzt war, erlebte das Dritte Reich im Zusammenbruch. Louis-Ferdinand Céline verfaßte eine Trilogie über seine Zeit in Nazi-Deutschland: *Von einem Schloß zum andern* (1957), *Norden* (1960) und *Rigodon* (1969). Die Biographie des historischen Autors verschwimmt mit der literarischen Geschichte, die er hier auf 1370 Seiten entwickelt. Ähnlich wie bei Curzio Malaparte und Kurt Vonnegut ist zwischen Autobiographie und Phantasie auch bei Céline nicht sicher zu unterscheiden. (In einem Prozeß wurde der Schriftsteller gleichwohl gezwungen, einige Personen- und Ortsnamen zu ändern, da sich die Portraitierten durch seine Texte bloßgestellt fanden, beispielsweise bei den Figuren des SS-Arztes »Harras« und des preußischen Adeligen »von Leiden« in »Zornhof«.) Für das dreiviertel Jahr, das er in Deutschland verbrachte, sind Célines Wege und Handlungen nicht durchweg leicht zu rekonstruieren. Aus Paris kam der Flüchtige zunächst nach Baden-Baden, wo er einige Zeit in einem Hotel verbrachte, in dem sich nach und nach die Pariser Kollaborateure sammelten. Anfang September reiste Céline für etwa eine Woche nach Berlin. Dort besorgte man ihm eine Unterkunft in Kränzlin (bei Neuruppin). Hier konnte der Franzose den Anflug der alliierten Bomber auf die deutsche Reichshauptstadt beobachten. Bei einem Ausflug nach Rostock und Warnemünde suchte er vergeblich eine Möglichkeit, nach Dänemark überzusetzen. Schließlich fuhr Céline über Berlin, Leipzig, Fürth, Augsburg und Ulm nach Sigmaringen (Ende Oktober 1944). In *Rigodon* findet sich eine Inszenierung dieser Bahnfahrt, in deren Verlauf der Zug auf spektakuläre Weise zur Beute alliierter Flieger zu werden droht.

Mit oder ohne Vertrauen, der Zug ist angefahren ... ziemlich leicht ... tschttt ... tschttt ... die vordere Lokomotive kommt leichter auf Touren als die, die schiebt, die uns schiebt ... die hinteren Wagen rutschen ... wir da drin, wir drei und Bébert, im Kraut und Rüben der baltischen Frauen, Gören und Familien, bestimmt waren wir aufgefallen ... aber wir waren trotzdem reingekommen, manometer, in ihr Mischmasch von Steißen, Titten, Armen und Haaren ... so eingeklemmt und eingeschachtelt, daß man uns kaum rauswerfen konnte ... ich hatte mindestens drei Schenkel und einen Fuß um den Hals ... auf dem Kopf ... Punkto Waggon könnte man meinen, daß es ihm reicht, daß er bersten, aufbrechen, zersplittern wird, er ist reif ... das stuckert und zittert ... in besserer Verfassung könnte man nachsehen, ob es die Schienen, das Gleis oder die Räder sind ... [...]

... nun stellen wir mal ein bißchen klar, überall, wo wir seit fast dreißig Jahren unsere Flaggen gezeigt haben, in den Feuersbrünsten der Städte, wir sind durch Dutzende gekommen, halbverbrannte oder nur noch Asche, Reste und Trümmer, von Konstanz fast in der Schweiz bis Flensburg da oben oder in Frankreich, sagen wir Courbevoie oder passage Choiseul oder rue Lepic, hatte ich immer das bestimmte Gefühl, daß ich niemals hätte existieren sollen ... [...] ein Verräter unter 25 Masken, ein Pornograph mit hundert Genitalien ... oh, nichts Überraschendes! ... dasselbe Unglaubliche in Kopenhagen, sogar auf dem Montmartre, in Zornhof Preußen, sogar morgen in Honolulu ... und vor allem die Frechheit, sich zu beklagen! alle Seelen um ihn herum sind gestählt! erhabene Helden: *quos vult perdere!* [die Er verderben will!]

Aber zur Sache! ich amüsiere mich, in unserem Zug! ... da hieß es, zusammengedrückt, gepreßt, geplündert, ausgequetscht werden, bald, ich sagt's Ihnen schon, hat man uns alle Flüssigkeiten ausgekeltert, den Urin, den Schweiß und das Blut ... dieser Wagen fällt auf die Schienen zurück, aber er scheint an Weichen umkippen, purzeln zu wollen ... immerhin, komisch oder nicht, wir kommen weiter ... zwischen zwei Hüften und drei Nacken sehe ich Wiesen, Gehölze und einen Bauernhof vorbeistreichen ... zwei ... oh, und spielende Kinder!

... Ulm ... unsere Endstation ... anscheinend über Leipzig ... ich bin nicht sicher ... werden schon sehen ... vielleicht ist nichts Wahres daran? und sie werden uns auf einer Wiese aussetzen? ... [...] oh, das scheint mir aber, ich wollte es nicht glauben ... ein Bahnsteig ... und LEIPZIG ... in großen roten Buchstaben ... schön! der Zug fährt langsam ... ja, richtig! aber andere Schilder ... Aussteigen verboten ... *Verboten** ... und Feldgendarmen von vorn bis hinten ... ich sehe, wir sind erwartet worden ... ah, Fräulein mit Krügen ... vollen ... sie bilden eine Kette, reichen uns an den Fenstern ... ohne Scheiben ... durch die leeren Türfüllungen ... es ist Fleischbrühe! ... das könnte irgendein Gift sein, ein übles Gesöff, nein, offenbar nicht! ... die anderen trinken es ... in Ordnung! aber die Becher? ... alles ist vorgesehen! ... und Brot ... weitere Krüge für die Mütter und die Gören ... Milch! *Milch!** Flaschen ... zuerst die Flaschen! der ganze Waggon trinkt ... die Mütter noch schneller als die Säuglinge ... gluck! gluck! ohne Schnuller ... noch ein Krug! andere junge Mädchen rennen, Rotes Kreuz, bringen alles, was sie können, Brotsuppe, Marmelade, damit die armen baltischen Mütter und Kinder nicht mehr plärren ... der ganze Waggon will was haben! ... *Milch! Milch!** ... die Hauptsache ist, daß keiner sich gerührt hat ... keiner ist rausgesprungen ... haben hübsch die Schilder beachtet ... *Aussteigen verboten! Verboten!**

Jetzt prusten, glaube ich, die Loks ... ja ... Ruß ... und nicht zu knapp! ... dick ... ganz dick ... der Bahnsteig ist verdeckt, die Fräulein *Rotes Kreuz** ebenfalls ... und die Gendarmen, wir drei, wir selbst halten uns an den Händen ... der Zug ist abgefahren, wir sehen nichts mehr ... wir waren durch die anderen Erschütterungen von den Leibern getrennt worden ... sie blöken, diese Leiber! die Babies darunter ... und die Väter, die Großeltern erst! ... in allen Sprachen ... dem Dampfroß ist das schnurz ... das flitzt ... tschtt! ... tschtt! hinunter, glaube ich ... das wird ein ›Eilzug‹ ... zwischen zwei Beinen am Fenster sehe ich, glaube ich, den Bahndamm ... der Ruß hat also abgenommen, aber die Augen brennen mir ... ja! und Bäume ... und Felsen ... eine Erinnerung, Harras hatte gesagt: Sie werden unter der Eifel durchfahren ... da sind wir wohl! ... Eifel oder Taunus ... jedenfalls fahren wir abwärts ... oder vielleicht unter einem anderen Gebirge? ... dem Harz? die Beschleunigung, glaube ich, haben wir schon! Eifel oder Taunus! ich verstehe ein bißchen, was da so um uns herum gesagt wird ... Litauerinnen, die nur deutsch sprechen ... die anderen Frauen ... Lettinnen? ... Finnen? die Hauptsache, daß der Zug ankommt ... und daß man nicht im Tunnel erstickt ... das könnte eintreten ... das wäre vielleicht absichtlich? ... wir werden nicht nach unserer Meinung gefragt ... nicht mehr als bei Rostock-Berlin ... daß man am Ende der zusammengepferchten Reise mumifiziert, geräuchert ist? ... na und? ... natürlich! jedenfalls flitzt es! kann angehen! wie mit Freilauf ... ich glaube ... dieser ganze Klimbim purzelt sozusagen mit dem Donner hinein ... gleichzeitig! ... ein Bogen ... noch einer! ich kann Ihnen sagen, man erstickt ... plötzlich, jäh bremst alles! das knirscht und schleift ... rrrrii ... hinten ... vorn ... Stöße und Gegenstöße ... und noch und noch ... und nicht nur Stöße! ... Bomben! und richtige ... eine Kette! ... zwei! sie greifen an! das Ende unseres Zugs! hinten! zum

Glück sind wir im Tunnel ... sie haben leichtes Spiel! Rumps noch mal! eine weitere Abreibung ... vielleicht auf die letzten Wagen? warte mal die Ausfahrt ab! au Backe! meint La Vigue.

»Nein, mein Sohn, dann sind wir schon weit weg!«

Ich beruhige ihn ... La Vigue will mir antworten, aber da schneidet ihm ein Luftdruck das Wort ab ... eine schwarze Schwade, mehr Ruß als Luft ... und wir werden über die Familien weggefegt ... und zugleich noch ein Luftzug ... vom anderen Ende des Tunnels ... ich hatte es nicht gemerkt! sie sind dabei, den Tunnel durchzuschlagen! den Berg und das Gewölbe aufzubersten! ... durch Bombenketten ... alles aufzureißen bis zu uns, bis zu unserem Zug hin! wir sind eingeklemmt, sozusagen, wie Ratten in der Falle ... bei jedem Einschlag auf dem Felsen oben werden wir weggeschleudert, wir prallen gegen die Leute, die Familien ... man kann sich vorstellen, wie die Waggons da mitschlenkern, schaukeln, der ganze Zug wackelt, ein Getöse von Ketten und Glasscherben, und das Ganze mitten in einem Geheul ... ah, die Ketten zerplatzen, fallen ab, schrappen auf dem Bahndamm ... wie ich sagte, in Funkengarben! ... daß man endlich das Gewölbe sah ... mit den Steinen ... von einem Ende zum andern ... zehntausend! der Zug wird von jeder Bombe geschoben ... und von oben! ... und von unten wieder zurück! zurückgedrückt! ... wrring! ... ein ›Lunaparkzug‹! nicht zum Lachen! ... ›die Eisenbahnharmonika‹! ah, eine Mine! rums! und noch eine! ... sie werden den Felsen zerbersten! ... den da oben bis zum Gewölbe! ... fürchte ich ... ihn feste schrumpfen ... mit Gegenstößen ... Sturmböcken vielleicht ... dieser Zug schien ziemlich unzerbrechlich ... zwei Stunden taten sie ihr möglichstes ... natürlich die Hilfe rufenden Mütter ... erstickten, kotzten Ruß, Schwefel auf ihre Gören? ... drauf? gegen? ich sah's nicht genau, hörte aber ... sogar mitten im Gerassel! ... und brumm! und wrring! ... schon mehrere Wagen mußten zermanscht sein ... alle Fahrgäste unten! ... Befehle *Verboten! verboten!** heil! ... kannst mich mal! ... und das kollerte immer weiter runter! stieg bei uns in unseren

Wagen ein … ja! auf allen vieren im Schotter den ganzen Tunnel entlang!… auf den Knien, bei den Windstößen schlugen sie Purzelbäume … und rollten dann unter die Waggons … das erlebte man nicht in der Métro … ich hab's zwischen den Stationen Rome und Saint-Lazare gesehen … harmlose Alarme … sogar in Berlin *Tiergarten,* wo immerhin eine aufgeputschte Menge war … nichts im Vergleich zu diesem Tunnel, vollgestopft mit Kroppzeug und Baltaven und Erstickenden … und in völliger Dunkelheit … stellen Sie sich das mal vor! Von der Einfahrt da oben, ich übertreibe nicht, zum anderen Ende, zur Ausfahrt, ungeheure Orkanböen, so daß der Tunnel über uns bebte … ein Taifun im Tunnel … das würde mit Zerschmettern enden … sah ich … anderen muß das passiert sein … im Harz? … Taunus? … das hat man behauptet … aber ich begnüge mich nicht mit dem Hörensagen … wenn ich jemals dieses Buch zu Ende schreibe … habe ich mir vorgenommen, mal hinzufahren und mich selbst davon zu überzeugen, ob sie diese Gipfel abgetragen haben … diese Touristenhöhen umgestürzt … diese Ein- und Ausfahrten zugeschüttet …

Hier erzähle ich Ihnen die in gewisser Weise ulkigen Vorfälle, man kann ja die Leute nicht halten, die platt auf dem Bauch einen Tunnel verstopfen … der Orkan blies vom einen Ende zum andern mit einem solchen Hagel von Schotter, Splittern, Kieseln, daß wenn man den Kopf hob … ptof! aus mit dem Kürbis!

Obwohl ›Ganzmetall‹ und hoch und breit, kann man wohl sagen, und wirklich robust, bekamen die Waggons ihr Fett an Steinwürfen, Gegenstößen, Ziehharmonikas, daß sie stöhnten … nicht nur wir da, der ganze Zug, von vorn bis hinten, von der Lok zum letzten Tender … daß er durch solche Mißhandlungen das Zeitliche segnen, entzweibrechen, mit Mann und Maus Schiffbruch erleiden sollte … nun, es kam anders! ein Tornado vom anderen Ende, und der ganze Zug auf einmal … br … r … rang! richtete sich auf … fing wieder an zu schlingern im Ruß und Schwefel … Krämpfe! … kaum zu glauben … besser gesagt, der Zug bewegte sich wie ein Kolben unter dem Gewölbe hin und her ... je nach den Bomben von oben und von unten! ... hin und her ... und das war, ich muckste nicht, aber ich war sicher, erst der Anfang! ah, was Neues! dahinten sehe ich einen Feuerstrom, das kenne ich! ... gelb! ... Phosphor! gar nicht dumm! ihre Bomben auf die Einfahrt, jetzt verstand ich ... mit flüssigem Phosphor! ... Phosphor in Kaskaden ... da sah ich uns nicht mehr rauskommen ... wo denn? die auf dem Schotter kriechenden Mütter sahen immerhin ein, daß ihr Robben nichts half, daß es aufstehen und rennen hieß ... aber wohin? durch das Flammenmeer? nein! unter dem Zug durch auf die andere Seite kommen! ... da floß das Phosphor nicht ... an der anderen Wand, was sie aber wollten, war, nach Leipzig zurück! ... sie brüllten es ... ein Alter übersetzte es mir ... in Leipzig bekämen sie alles! sie hatten es gesehen! alles! in Leipzig! Milch! ... Brühe! ... Suppe! *Rotes Kreuz!** zurück dorthin! ... alles, nur nicht in diesem Tunnel bleiben ... und diesen Zug nicht wieder nehmen ... außerdem wird dieser Zug zerstört, die R.A.F. wird nichts davon übriglassen! keiner wird davonkommen! bei der Ausfahrt: Rums! man braucht nur hinzuhören! die Flugzeuge würden eine Fackel daraus machen! Rette sich, wer kann! da liegen noch Leiber auf den Steinen ... zu alte Leute oder Ohnmächtige ... ich will nicht hinsehen, was sie sind! ah, ein Offizier! ... er kommt auf dem Schotter an ... zwischen der Mauer und dem Zug ... das Phosphor gibt einen Schimmer ... man kann fast bis zum anderen Ende sehen ... dieser Offizier wird wohl zu denen gehören, die im Pyjama aus dem OKW-Wagen verjagt wurden ... mit ihrem Marschall von Lubb ... er hat seine Achselstücke, seine Litzen wieder auf seinen Pyjama gesteckt ... er hat mich gepeilt, er spricht Französisch ... er weiß, wer wir sind, trotz der Dunkelheit und dem Ruß ... kotzverflucht, man kann wirklich nicht diskreter sein ... sogar unsere Katze Bébert steckt im Beutel ... er weiß, woher wir kommen ... Rostock-Berlin ... vom ›Fischzug‹ ... die Nachrichten ... wer ... wie ... was ... wieso ... filterten, glauben Sie mir, durch alle Sintfluten und so genau mit allen Einzelheiten, daß man baff ist ... alles, was die Zudringlichkeit der Welt einem blind drauflos anhängen kann, einen auf ihre Art abstempeln, da hat man keinen Ausweg mehr, hier in dem Tunnel, dem Phosphorofen, plus die Schrapnelle am Eingang und Ausgang, ein flammendes Leichenfeld von vorn bis hinten für uns drei und Bébert und diese aufdringlichen Offiziere und für das Schmelzen des Schrotts, die Schienen und Waggons und ihren von Lubb, den Marschall! ... bereit ist! ... und die baltischen Frauen und Säuglinge ... der Klatsch ist überall zu Hause! nichts schüchtert ihn ein! im Brustton der Überzeugung! auf den kahlsten Steilwänden am Everest oder in Nevada ... er wird vor einem da sein! säuselnd, immer ungenierter ... und mitten im Vesuv erst! unter Unmassen von Lava und Gestein und flüssigem Eisen!

Aber genug von meinen Übertreibungen! zur Sache ... zum Tunnel! Leichenfeld, sagte ich, für Mütter und Krabben und Greise, die aus jenen verschwundenen, einst baltischen, subpommerschen, lapponidischen Ländern kamen und auch noch von weiter oben ... kaum zu glauben, aber wahr, die ganze Sippschaft tratschte, und nicht zu knapp, und besonders über uns drei ... wer wir seien? ... woher wir kämen? ... ›Sehenswürdigkeiten‹ ... ihre Länder existierten nicht mehr, unseres, Frankreich, sagte ihnen nichts ... hatten nie davon gehört ... sie fragten einander, durch die Gleise kriechend ... Beweis dafür, daß man bei den Leuten auffällt, daß sie einen nie in Ruhe lassen werden ... nicht einmal in den schlimmsten Tunneln ... wie ich Ihnen berichte ... der Klatsch ist überall zu Hause, schon da, eingeschlichen ... und da erfährt man dann 'ne ganze Naht voll über einen selbst und über Bébert, daß man sich fragen muß, ob wirklich was dran ist? und der da, dieser Offizier, der uns gepeilt hat, unsere Namen und alles, woher weiß er denn das in diesem unterirdischen Hexenkessel?

»Dr. Destouches! ... Sie sind's, nicht wahr? ... und Ihr Freund Le Vigan? und Ihre Katze Bébert? *mes respectueux hommages madame!*«

Er spricht Französisch, barsch, abgehackt, aber deutlich ...

»Darf ich mich vorstellen, Madame! Hauptmann Hoffmann vom 7. Pionierregiment … Stab des Marschalls … übrigens, meine Herren, haben Sie den Marschall nicht gesehen? … wissen Sie, im zweiten Tender? … Marschall von Lubb! …«

»Nein, Herr Hauptmann, nein!«

»Alles ist ziemlich durcheinandergeraten, nicht? … er saß ganz oben auf dem Koks … wir haben gebuddelt, alle Offiziere und Soldaten, er ist nicht mehr da … auch nicht im Koks drin … aber dieser Zug muß abfahren! die Staffeln werden wiederkommen … das wissen wir … und diesmal voll beladen … Phosphorbomben, wie da oben … flüssig.«

»Oh, sicher, Herr Hauptmann! Sie haben recht!«

»Dieser Tunnel wird überschwemmt werden …«

»Genau.«

»Der Zug muß abfahren!«

Aber immerhin …

»Die Mütter wollen nicht mehr in den Zug steigen, Herr Hauptmann … sie haben Angst!«

»Sollen sie doch!«

»Irgendwas, aber bloß nicht mehr diesen Zug! … sie wollen nach Leipzig zurück … über die Gleise … an den Seiten … über den Schotter! …«

»Sollen sie doch!«

»In Leipzig haben sie Milch bekommen! sie haben kein Vertrauen mehr zu dem Zug! sie glauben nicht mehr an Ulm!«

»Natürlich! natürlich! … wie sie wollen! wir fahren aber ab! wir haben noch zehn Minuten Zeit … sehen Sie nach der Uhr?«

Er macht seine Taschenlampe an. … ich tue so, als sähe ich was …

»Jawohl, Herr Hauptmann! …«

Meine Uhr hat kein Glas mehr, keine Zeiger …

»Die Streckenarbeiter sind auf dem Bahndamm … in zwanzig Minuten werden die Staffeln wieder beladen sein … über uns fliegen … vielleicht schon früher! …«

Der Hauptmann Hoffmann täuscht sich nicht, er weiß, was er sagt ... zum Teufel mit diesen Müttern und den Familien, sollen sie doch alle nach Leipzig rauffahren, Brühe, Würstchen und Rotes Kreuz! ... in weniger als zwanzig Minuten wird hier alles ein einziger Phosphorstrudel sein ...

Ich frage ihn nach der Uhrzeit ... meine Uhr ist kaputt!

»Fünf vor sechs!«

»Abends oder morgens!«

»Abends! ... Sie werden sehen! sie werden illuminieren! ... zuerst! ... wissen Sie? Leuchtkugeln!«

Und ob wir das kennen! ... überall haben wir Leuchtkugeln erlebt! ... auf dem Montmartre! ... Renault! ... Bezons! ... Berlin! ... rosa ... grüne ... blaue ... Leuchtkugeln! das Ende der Welt wird so beleuchtet sein! ich sage ihm: »Das wird gefeiert werden!« ... er stimmt zu ...

Gar nicht griesgrämig, dieser Hauptmann Hoffmann ... schnappt nicht ein ... nein, durchaus nicht ... ich hatt's gedacht ... man kann sich irren! und der Marschall? sein Marschall von Lubb? ... er spricht nicht mehr von ihm ... Tatsache, er ist von seinem Tender entwischt? Ist er auch nach Leipzig zurück? er auch? mit den Balten oder ganz allein? man wird es später erfahren ... einstweilen heißt es, die Abfahrt des Zuges ausnutzen, uns unterbringen ... vielleicht sogar im Waggon des Marschalls? ich könnte ihn mal fragen ... dieser Hauptmann wird es wohl möglich machen ... ich denke an die Frauen, ihre Sucht, nach Leipzig zurückzufahren ... ich hatte gleichwohl den Empfang gesehen ... Aussteigen untersagt, *verboten!* ... wie sie da empfangen wurden! ab! sie fingen von vorn an! wir jedenfalls haben eine Chance! der Zug schaukelt nicht mehr, springt nicht mehr aus den Schienen, gebärdet sich nicht mehr wie ein Exzentriker ... einsteigen! ... wenn wir rausgefeuert werden, gehen wir zu den andern ... unser Pionierhauptmann sieht aus, als suche er den Marschall, er fragt die Familien aus, die nicht unter dem Zug durchgekrochen und den Weg auf der anderen Seite des Tunnels zurückgegangen sind ... weder die einen noch die anderen haben etwas gesehen, besonders, wo sie doch mit der Nase in den Steinen liegen! ah, das Schild des Wagens ... OKW wiedergefunden! ... mit dem Adlerwappen ... hatte der Hauptmann es bei sich, unter seinem Mantel? ... nein! die Leute hatten es aufgehoben zwischen den Schienen ... der Hauptmann hängt es wieder an den Waggon ... er stellt Fragen ... man gibt Antworten ... aber nichts zu verstehen ... Kauderwelsch ... ich glaube auf russisch ... bestimmt ... sie liegen da, weiter nichts ... der Hauptmann Hoffmann hat von Lubb nicht wiedergefunden ... hat er auch richtig gesucht? ... ich bin nicht sicher ... er sieht sich überall um, anscheinend ... aber uns sieht er nicht ... ein Trittbrett ... noch eine Stufe, fertig! ... wir sind im Gang ... das ganze Abteil voller Glassplitter ... schärfer, gefährlicher als die Steinchen ... eine Leistung für Fakire! trotzdem ganz sachte, knirschend vorwärts, ich sehe, da ist es! der Salon des Marschalls ... er ist leer ... kein Mensch ... doch! auf dem Sofa, in der Mitte, eine eingewickelte Göre! ... etwa einjährig ... sie heult nicht ... eine Mutter hat sie da hingelegt ... ich gehe rein, schau mir das an ... diesen Fratz ... er ist nicht übel dran, ihm tut nichts weh ... es ist ein kräftiger Säugling ... was also? der Hauptmann Hoffmann ... ich rufe ihn ... er kommt ... er stand hinter uns ...

»Sie haben's gesehen? ... wir haben weder Milch ... noch eine Milchflasche ...«

Damit er's merkt ... setze ich ihn in Kenntnis ... er hat jetzt das Kommando, also? ... anscheinend wenigstens ... ich sehe keinen anderen Verantwortlichen ... keine Zeit zu verlieren ... wenn man die Göre mitnimmt, braucht man Milch ...

»Kann er bis Fürth fahren?«

»Wie lange bis Fürth?«

»Sechzig Kilometer ... zwei Stunden ... anderthalb Stunden ... alles da in Fürth! ... geht das?«

»Ich glaube ja ... anderthalb Stunden ...«

Da auf einmal beleuchtet er uns ... mit seiner Taschenlampe ... eine sehr helle ... er sieht uns genau an ... ich möchte sagen, er mustert uns ... zum erstenmal blickt er uns wirklich an … wir ihn auch zum erstenmal … zum Lachen wie dreckig, klebrig, schwarz wir sind! … alle vier! … aber zum Lachen ist keine Zeit … die Flugzeuge werden zurückkommen, hat er uns gesagt, vollbeladen, in zehn, zwölf Minuten … ich frage ihn noch mal …

»Bestimmt! …«

Wenn dieser Neugeborene nicht bis Fürth vertröstet werden müßte, würde er uns vielleicht hinaussetzen? jetzt sind wir da und bleiben da … ich sagte Ihnen schon, dieser Hauptmann sprach Französisch … er klärt uns auf, er weiß, wo wir sind, er hat eine Karte … das Gleis vor dem Tunnel an der Ausfahrt ist nicht zu stark beschädigt … es scheint so … daher könnten wir, der ganze Zug gleich schnell fahren, von der Ausfahrt ab 30, 35 Kilometer erreichen … sie waren gerade dabei, neuen Schotter auf die beiden Bahndämme zu schütten … prächtig! prächtig! … wir setzen uns alle drei und der Neugeborene auf das Sofa des Marschalls … kikik! kikik! Unsere Aufgabe … der Fratz lacht nicht … aber er schreit auch nicht … wir haben nichts, um ihn trockenzulegen … es wäre nötig … ah, da kommen die anderen Offiziere … einzeln … sie zertreten die Glasscherben … kehren in ihre Abteile zurück … sie glauben nach Ulm zu kommen, sie wünschen nichts anderes als die Abfahrt des Zugs … uns beim Marschall zu sehen … überrascht sie nicht allzu sehr … sie erkundigen sich nach dem Säugling, ob er uns gehört? … nein! … sie hätscheln ihn … »kikik! oh!« … die Babysprache ist übernational … alles in Ordnung! … die meisten dieser Offiziere sind Familienväter … sie zeigen uns die Fotos … ihre Frauen … ihre Kinder … ich sehe, das ist ein seriöser Stab, ich will ihnen keine Fragen stellen … woher sie kommen? … sie werden es mir schon nach und nach erzählen … auf jeden Fall sehe ich alle Waffengattungen, Artillerie, Luftwaffe, Intendantur … bestimmt sprechen sie Französisch … aber da wollen sie's nicht … oder wagen es nicht … unser Pionierhauptmann, der wagt's … er muß wohl die Genehmigung haben … jetzt, glaube ich, fehlt niemand mehr … der ganze Stab ist da … der Marschall? niemand spricht von ihm ... ist er unter den Tender gefallen? er saß auf dem Koks ... oben drauf ... keine Andeutung! ... wir waren nicht umsonst in der Schule! ... Klappe halten, weiter nichts! ... unbedingt! der Zug sollte abfahren! ... tscht! tschtt! tatsächlich, es ist soweit ... nein! ... na ja, fast ... sie probieren ... vorn und hinten ... da, wirklich! es bewegt sich was ...

»Wir fahren, nicht wahr?«

»Wir sind raus aus dem Tunnel ...«

»Bravo, Herr Hauptmann!«

Ich werde doch nicht daran zweifeln.

»Bravo! bravo!«

Sie haben nämlich die Bettung repariert und die Flugzeuge sind nicht wiedergekommen ...

»In fünf Minuten werden sie dasein ...«

Er muß es ja wissen.

»Wir werden weit weg sein!«

Ich sage das ganz laut ... damit man mich hört! denn es ist ja der OKW-Wagen ... wenn wir da drin sind! müssen wir auch die entsprechende Stimmung zeigen! die Göre zwischen uns lacht ... na ja, sie versucht's, sie möchte gern ... nicht schwierig, dieses Kind, gesund und nicht quengelig ... bestimmt lacht es über unsere »Kikik!«, aber besonders jetzt, wo der Zug sich bewegt ... weder Windeln noch Tücher, wir werden ihn nicht auswickeln ... doch! Lili sucht und findet ... drei Hemden unter einem Kissen ... von wem? ... die Hauptsache, ihn trockenzulegen ... »kikik!« ... der Hauptmann Hoffmann kennt sich aus, wenn der Zug nicht in die Luft geht, sind wir gegen Mittag in Fürth ... sechzig Kilometer ... oh, er übernimmt keine Gewähr! ... bestimmt haben uns die R.A.F.-Aufklärer aus dem Tunnel fahren sehen, und unsere beiden puffenden Loks an der Spitze und am Ende, ein Rußvulkan ... wenn sie uns nicht zerschmettern, dann wollen sie's eben nicht! für uns jedoch ist das Schlimmste nicht die Dunkelheit, sondern die Entzündung der Augen, man kann draußen durch die Fensterlöcher nicht mehr erkennen, ob es ein Gebirge oder eine Ebene ist ...

gewiß, wir sind raus aus dem Tunnel, draußen das Land ... ah, eine Brücke! ... anscheinend ... die anderen sind ebenso volleulig wie ich, ich meine Lili und La Vigue ... sie reiben sich die Augen ... sie entzünden sie noch mehr ... der Hauptmann hat seine Brille aufgesetzt, spezielle, er ist gegen das Gas ausgerüstet, er hatte vorgesorgt ... ich frage ihn ...

»Wie lang war dieser Tunnel?«

»625 Meter ...«

»Haben Sie Ärzte in Fürth?«

»In Fürth ist alles Notwendige da ... aber wir müssen erst einmal ankommen! ...«

»Natürlich! ... Natürlich!«

Das Gleis da scheint gar nicht zerteppert ... die Marauders-Flugzeuge oder andere haben wohl was Besseres zu tun ... man hört sie da oben, sehr hoch ... wir, unser Zug rollen abwärts ... immer noch ... ziemlich schnell, scheint mir ... sehr schnell, für seine Verhältnisse ... wenn ich bedenke, diese baltischen Frauen und ihre Gören, die nach Leipzig zurückgefahren sind ...

[...] der Zug fuhr weiter ... und fuhr ... sozusagen normal ... außer daß sogar außerhalb des Tunnels der Ruß noch den ganzen Wagen von einem Fenster zum andern erfüllt, so dick, daß man lieber nicht hinsah ... [...]

Ja! Ja! Da ist es ... der Zug hält an ... der Bahnhof ... Ulm! ... die Schilder ... wir können aussteigen ... niemand hindert uns daran ... keine Polizisten ... wir kommen aus dem Ruß, aus der Wolke raus ... der Bahnhof, dieser Bahnhof hat nichts abgekriegt ... es scheint so, werden ja sehen ... ruhen wir uns aus! Ruhe?

# 1945

## LOUIS-FERDINAND CÉLINE
## Von einem Schloß zum andern

Auf Schloß Sigmaringen hatte sich die Vichy-Regierung um Marschall Pétain und Premierminister Laval im »Exil« eingefunden. Als er Ende Oktober 1944 aus Berlin dort eintraf, wurde Louis-Ferdinand Céline für die Kolonie französischer Kollaborateure als Arzt tätig. Céline schildert das Leben am Hof der Hohenzollern, wo die im befreiten Frankreich verurteilten Funktionsträger in verblassendem Pomp auf ihr Ende warteten, in grotesken Zügen. *Von einem Schloß zum andern* enthält die Szene eines Luftangriffs, der die französische Gesellschaft von Sigmaringen bei ihrer rituellen Promenade ereilt.

Ich schweife im Fieber umher, ich führe Sie herum ... schön! ich sammle meine historischen Erinnerungen ... damit ich mich nicht irre ... da sind wir wieder! In Sigmaringen ... die Stimmung nicht berühmt! trotz der Anrufe an das »kämpferische Gewissen« des »Vereinigten Europas« ... lasch! [...] das feuerte niemanden an! es wurde nicht gemeckert, sondern im stillen gedacht ... Dabei war's eine daran beteiligte Elite von »Kollaborateuren«, 1142 zum Tode Verurteilte, allesamt mit dem Artikel 75 am Arsch ... sie begannen sich zu beklagen, welch eine Frechheit, daß die Ernährung ein Dreck sei, daß punkto »Stammgericht« und sogar »Hausgericht« ... das sei einfach ein Beschiß! ... Hungersnot! das wurde gebrummelt und dann gebrüllt! ... und daß es die Gäste des Schlosses, die hohen Tiere, Minister und so weiter, im Amt oder »in Ruhe« und ihre Gattinnen und Mätressen, Leibwachen, Ammen und Babys dagegen prima hatten! … und die Generale, Admirale und Botschafter, weiß der Teufel woher! … und alles das seien dick genudelte Fettwänste, mit acht, sechzehn Karten jeder! … Höchste Zeit sei es, daß sowas ausgekotzt werde!

[…] … ich war auf eine Biesterei, die Razzia der Schupos gefaßt … irgendsoetwas … eine Untergrundaktion … eine abgekartete Sache … SS? … SA? … *Sicherheit?** … die »Fritze« hatten nämlich die Nase voll von uns! mehr als das! daß wir da von einem Fuß auf den andern traten, von einem Strohsack auf den andern, uns kratzend, hustend, nörgelnd, und worauf warteten wir? … auf den Jesusknaben? auf den großen Aufstand Walhallas? … auf die Siegfried-Gralsritter? außer den Brötchen? und daß wir uns außerdem noch vollfressen wollten! nicht genug hatten mit unseren Rüben-Stammgerichten! … mit unseren feinen Margarinekraftbrühen! … da war schon was dran! … sie hatten genug! besonders wo ihre Sache eine schlechte Wendung nahm … zum Äußersten getrieben von den Zusammenbrüchen … ihre Armeen völlig durcheinander! … und wir dabei mit unserem skeptischen Gehabe und unseren Spitzeleien! wir würden ihnen ihre Moral dünnscheißen! sie hätten den Himmel schon völlig eingenommen! man brauchte sich nur ein bißchen umzugucken … hinter jeder Wolke zwanzig, dreißig Flugzeuge! … Überall R.A.F., ein wahrer Hexenkessel! und Yankees! drei, vier Geschwader von »Festungen«, ständig … Tag und Nacht … London … München … Wien … kein einziger deutscher Flieger dagegen! da können Sie sich vorstellen, ob wir die Nase voll hatten und unsere Bemerkungen ernüchternd waren … besonders da sie, unter sich, von »Fritz zu Fritz«, sich auch nur noch anzuöden suchten! … da standen wir nun immer noch vor der Zugbrücke, es wurde heftig diskutiert, ob man wirklich nur K-Brot bekäme … oder Kommiß? oder Kuchen? … um 12 Uhr sollte die Verteilung stattfinden, um 1 Uhr warteten wir immer noch … […]

Die Zugbrücke wackelt … ihre Ketten … ihre Zugrollen … der Belag bewegt sich … am in der Luft hängenden Ende

... senkt sich ... senkt sich ganz langsam ... Dann ist sie unten, aufgelegt! ... Nun konnte man da massenweise Lakaien erwarten, mit Brotkörben beladen, voller Barras, Hefekuchen, Würstchen und Plätzchen! Eine fabelhafte Verteilung!

Einen Scheißdreck! Spitzel sind's, die da auftauchen! ... drei, vier zuerst ... und dann mindestens fünfzig »Schupos« in einem schweren Holzgas-Lkw ... und dann auch eine ganze Bande von Polypen ... 'ne andre Sorte französischer Polizei ... und dann danach der Marschall! ja, er selbst! Debeney zu seiner Linken, der Einarmige ... es gab weder »Bemmen« noch Butter! ... sondern des Marschalls Spaziergang! ... Das war's, worauf die 1142 armen Tröpfe gewartet hatten! ... Nullkommanichts! ... Sie hätten annehmen können ... daß sie ihn beschimpft hätten ... es sei eine Schande! eine Gemeinheit! durchaus nicht! ... er, mit seinen sechzehn Karten! alle wußten es! und daß er sie sich in den Bauch schlug! ... daß er niemand einen Krümel übrigließ mit seinem berühmten Appetit! und dazu der totale Komfort! wie ein König gehegt! und wo er doch an allem schuld war! Verdun! Vichy! und dem übrigen! und wo man sich doch in der Misere befand! Pétains Schuld, ja seine! da oben, wo er wie in Abrahams Schoß lag! mit 'ner ganzen Etage für sich allein! mit Heizung! vier Mahlzeiten am Tag! sechzehn Karten, außerdem die Geschenke des Führers, Kaffee, Kölnisch Wasser, Seidenhemden ... ein ganzes Regiment von Polypen an seinen Rockschößen! ein Stabsgeneral ... vier Wagen ...

Sie hätten erwarten können, daß dieser Klüngel von armen Schluckern in die Höhe geht! sich darauf stürzt! ihn ausweidet! ... Keine Spur! gerade so 'n paar Seufzer! sie treten beiseite! und sehen ihn fortspazieren ... mit dem Spazierstock voraus! [...] der Marschall, das Staatsoberhaupt, ganz vorn und ganz allein! sein Stabschef Debeney, der Einarmige, drei Schritt dahinter und links ... noch weiter ein Minister ... und noch weiter wieder ein Minister ... im Gänsemarsch ... mindestens hundert Meter voneinander getrennt ... und dann die Polypen ... eine mindestens drei Kilometer lange Prozession

… man kann sagen, was man will, ich kann unbefangen davon sprechen, da er mich verabscheute, Pétain war unser letzter französischer König … »Philipp der Letzte« … die Statur, die Majestät, alles! … und er glaubte daran! … erstens als Sieger von Verdun! … dann mit siebzig Jahren und etlichen zum Herrscher aufgerückt! wer könnte dem widerstehen? … steif wie nur einer! »Oh, wie Sie Frankreich verkörpern, Herr Marschall!« … […]

Hoch oben in den Wolken geht der Tanz weiter! Ein Geschwader nach dem andern der R.A.F., und dann stoßen welche zum Schloß hinunter! Ihrem Richtungspunkt! … die Schleife des Flusses … dort wenden sie von Norden nach Osten … München, Wien … ein Geschwader nach dem andern … wir werden nicht zerstört, wie das Gerücht geht, weil das ganze Schloß der Armee Leclerc vorbehalten ist … er ist schon in Straßburg … mit seinen »Fifis« und seinen Negern … wird durch das, was ankommt, bewiesen! … Ausreißer, Flüchtlinge, irgendwelche Uniformierten! und was sie gesehen haben! … Geköpfte, serienweise! … Halsabschneider! Leclercs Senegalesen! … Blutströme, ganze Bäche! … worauf wir uns von einem Augenblick zum andern gefaßt machen müssen! darüber können die Räudigen nachdenken! … die haben sich was zu erzählen in ihren Bodenkammern, die 1142 »Verhaftungsbefehle«!

Wohlerwogen, historisch genommen, ständen Pétain und Debeney kaum noch auf der Bühne … hatten nischt mehr auf der Bühne verloren! noch der Akt vom »französischen Empire«! … Vorhang! zu den Senegalesen! der folgende Akt! … Pétain, Schluß mit der Verkörperung! … Frankreich hatte die Schnauze voll! er soll nur heimkommen, damit man ihn umbringe! das Blatt wendet sich! … Hier nutzt er's noch aus, daß er weit vom Schuß ist, er stellt noch etwas dar, er und Debeney, und sein Gänsemarsch … und fein in Schale sind sie, die Kerle! Tadellose Schuhe … schreiten rüstig aus! am Donauufer, dem so reißenden, munteren, schäumenden Flüßchen, das seinen Schaum bis oben auf die Bäume spritzt … ein optimistischer Fluß mit unabsehbarer Zukunft! … ja, aber die Armee Leclerc ist nicht weit ... und ihre Senegalesen, ritsch-ratsch ... die Leute wissen nicht, fast nie, daß im Augenblick schon ein anderer Akt gespielt wird, daß sie schon überflüssig sind! sie spielen gar nicht mehr mit, sie sollten verschwinden ... nein! nein! sind eigensinnig! ... sie haben eine schöne Rolle gehabt, die wollen sie behalten! ewig! ... der Marschall und Debeney bei ihrem täglichen Spaziergang ... an den Ufern der Allier ... an den Ufern der Donau ... Spaziergang und Staatschef, weiter nichts! ... was uns interessierte, Lili, mich, Bébert, das war Marion ... Marion und die Abfälle von ihren Tafeln, und die Brötchen ... außerdem war's besser, wenn Pétain mich nicht bemerkte ... Marion vom Informationsministerium kam fast als letzter der Schlange ... das Protokoll will es so, zuerst das Schwert! das Schwert: Pétain! und dann die Justiz! ... und dann die Finanzen! und dann die andern! ... [...]

Nach, sagen wir, zwei Kilometern am Ufer der Donau sahen sie eine Gestalt auftauchen ... das blieb nie aus: eine zeichengebende Silhouette ... Zeichen, voran- oder zurückzugehen ... Zeichen, daß Pétain noch weitergeht ... oder umkehrt! man kannte sie! ... die Gestalt! ... es war der Admiral Corpechot, er hatte die Wache über die Donau, und das Kommando aller Flottillen bis zur Drau! bestimmt! ... er hatte sich selbst ernannt: Admiral der Küsten Europas und Kommandant der beiden Ufer ... er sah im voraus die Russische Flotte von Wien aus nach Bayern kommen und Württemberg von hintenherum nehmen! ... und Sigmaringen! selbstverständlich! und die ganze »Kollaboration« und besonders Pétain! ... er sah den Pétain schon entführt! ... unten im Schiffsraum gefesselt; in einem dieser Unterseeboote, die er aus dem Wasser hatte steigen sehen! ja! ... er! die Amphibien! die hinter Budapest wimmelten! ... [...] Dönitz hatte ihn ganz leicht gekriegt! »Corpechot, Sie sind die Marine! *über alles!** ... Sie werden Frankreich und Dünkirchen rächen!« Darauf hatten sie sich umarmt ... »Trafalgar! Trafalgar!« [...] da kam also die Beförderung! »Kommandant der Donaustreitkräfte« ... alle Gewässer von

Württemberg – Schweiz! ... und also auch die Sicherheit Pétains, wie weit er gehen durfte ... nicht weit! nicht weiter! kehrt! ...

Gewiß, in der Luft, im Himmel ging's schon! ... der Engländer schlug mit den Flügeln! man brauchte nur ihre dürftigen Flugzeuge zu sehen, die uns nicht einmal zu bombardieren wagten! vom Schloß eingeschüchtert! erledigt! ... aber die Russen? ... ihre Amphibien-U-Boote! Corpechot verlor den Fluß nicht aus den Augen, das geringste Wellchen: die verräterische Donau! die russische Gefahr! er hatte sich kleine Erdhügel aufschütten lassen, an jeder Biegung ... eine Art kleiner Seewarten ... Mastkörbe ... von dort konnte man mit ihm sprechen! ... ihm von der R.A.F. erzählen! dann kugelte er sich, lachte sich kaputt! über unsere Tollheiten! ... die Bomben? ... er selbst platzte davon! »Nein, so was! so was! Sie betrachten nur den Himmel! Sie auch, Sie Mondkieker! grotesk! unglaublich! aber vom Fluß her werden sie kommen! wie können Sie nur! gucken Sie mal! sehen Sie ihn mal selbst an!« und er reichte einem sein Fernglas, seine große *Licca* ... nicht zum Spaß! »Sie haben recht, Herr Admiral!« ... Niemand widersprach ihm! ... sobald Pétain ihn bemerkte, kehrt marsch!

So widerspricht, wenn ein Regime zu Ende geht, keiner keinem mehr ... die Blödsinnigsten sind König ... eine Geste von Corpechot, und Pétain, Debeney gehorchten ihm ... Corpechot schlief auf bloßem Erdboden, hinten in einem Gestrüpp, einem andern ... und trotzdem in tadellosem Anzug ... Admiralsuniform, die sehr hohe Mütze ... Lackschuhe! er hatte sich da oben zwischen zwei Bombenangriffen in der Kammer einkleiden lassen ... rötliche Haut, dicke Nase, Schmerbauch, doppelter Umhang! Uniform der »Großen Zeit« auf dem Ozean! [...] zwanzigmal, hundertmal hat Pétain an Abetz schreiben lassen, daß dieser Corpechot überflüssig sei! ob er nun Admiral sei oder nicht! er habe genug mit seinen eigenen! alle Stockwerke voll ... Minister und höhere Kader! man spioniere ihm beim Spaziergang nach! ... Abetz konnte Nullkommanichts machen! im Augenblick, wo alles abhaut, kann man nur noch zusehen und schweigen … in Vichy, der päpstliche Nuntius … Corpechot – Donau … kein Widerspruch! Schiß vor dem neuen Akt, noch ein bißchen auf der Bühne bleiben … im Augenblick, wo das Blatt sich wendet! … […] das Kommando Corpechots zählt! alle Mann kehrt! … die ganze Adjutantenschaft … und die Schlange der Minister … und die anderen hohen Tiere … und wir vier, Marion, Lili, ich und Bébert … es ging darum, daß die Flotte uns nicht vor der großen Brücke erreichte! … aus der Spaziergang! … Rückkehr zum Schloß … die Brücke erreichen, am selben Ufer, in entgegengesetzter Richtung … Die letzten werden die ersten! […]

Mit all dem steigt mein Fieber! vom Nachdenken! den Philipp habe ich auf Eis gelegt! ich erzählte gerade … Kehrtwendung! die Rückkehr zum Schloß … wir mit Marion von der Information kamen auf einmal an die Spitze … nun ja, beinah an die Spitze, gleich hinter den Parteiführern … bei dieser Kehrtwendung hat's einmal einen Heidenspaß gegeben … bis jetzt hatte ich noch keine Gelegenheit, Sie viel zum Lachen zu bringen … bei der Eisenbahnbrücke hält die Karawane plötzlich an! unter dem ersten Bogen! nein, es gab keinen Alarm! Alarm war ununterbrochen … die Sirenen schwiegen nie … aber die R.A.F. suchte die Brücke … ausgerechnet die Brücke … gerade in diesem Augenblick! … kein blauer Dunst, i wo! … sie warfen alle ihre Bombenketten über der Brücke ab, gerade drauf! … drei, vier Maschinen auf einmal … warum's vorbeiging? … ihre Bombenserien wurden zu Geysirn! die Donau brodelte davon! und was für Schlammspritzer! und in den Äckern! … drei … vier Kilometer in die Felder hinein! … unsereins hatte sich unter den Brückenbogen, an den riesigen Granitpfeiler zusammengedrängt … das war 'ne Gelegenheit zum Pissen, für alle Minister, und die Parteien, und den Marschall … ich kannte alle ihre Vorsteherdrüsen … manche von ihnen hatten große Bedürfnisse … Dafür waren die Büsche am bequemsten … da standen nun die Parteien im Gesträuch … ich erinnere mich noch genau, da kam gerade in der anderen Richtung eine Abteilung Gefangener mit ihren Wachen, Landsturmmännern … Gefangene und »Landsturm«*, die einen noch nervöser als die anderen … russische Gefangene und alte »Boches« – so entsetzlich herunter, abgemagert allesamt, mit schlotternden Haxen, zerlumpt! die »Fritze« mit Gewehr, die andern ohne … wohin gingen sie? … irgendwohin? wir haben sie gefragt … sie verstanden nichts … sie hörten nicht einmal die Bomben … das können Sie sich denken! wir mit unseren Fragen! … Sie gingen auf demselben Ufer wie wir, weiter nichts … in entgegengesetzter Richtung …

Bridou hatte zu Ende gepißt … er hat ihn sich geschüttelt … gut abgeschüttelt! und hat gesagt: »Wir müssen handeln, meine Herren, handeln!« handeln wozu? … er äußerte sich … »man sollte ausschwärmen!« … ein Grundsatz der Kavallerie! … wie zum »Futterholen«! alle »Futterholer« … wieviel Mann standen da unter dem Bogen zusammengepfercht? … etwa dreißig … ich sah, daß Bridou recht hatte, die Bomben schlugen näher ein … immer näher … bald würden sie die Brücke ankratzen … immerhin … die Ungeschicklichkeit würde einmal aufhören! und wir standen da, die ganze unentschlossene Gruppe … Minister, Parteien, Polypen, Franco-»Boches«, nicht sehr begeistert fürs »Futterholen« … man konnte immer noch den Russen folgen … die schlotternden Gefangenen … gewiß! sie mußten irgendwohin gehen? … sie mußten eine Absicht haben? aber sie sagten nichts … durch die Felder … den Gefangenen nach … hier muß ich etwas bemerken: Madame Rémusat und ihre Tochter steckten im Schlamm, platt auf dem Bauch, im Uferschlamm … sie hatten Löwenzahn gesucht … ganz mit Schlamm bedeckt waren sie … dick … sie rührten sich nicht mehr, waren tot oder nicht … vielleicht? jedenfalls lagen sie platt auf dem Bauch! ich habe nie wieder was von ihnen gehört … sie wohnten am anderen Ende des Ortes … wie gesagt, die russischen Gefangenen und ihre Landsturmwachen entfernten sich durch die Felder … sie hatten uns nicht einmal angesehen … die Bomben schlugen nicht weit von ihnen ein … Sie waren so müde, so schlafwandlerisch, daß sie aussahen, als könnten sie nicht mehr anhalten ... die Bomben fielen um sie herum, fast auf sie drauf! ... auf uns auch, verflixt! ... ein Karussell in der Luft! sie wollten natürlich die Brücke zerstören! ... die Brücke für den ganzen Verkehr Ulm–Rumänien ... und wir mitten drunter! ... Pétain und die Prozession! Schöne Geschichte! ... am Ende würden sie genauer zielen! ... die ganze Brücke im Eimer! Meine Fresse, dies Gekröse und Getöse, Madame! ... was für sture Tölpel! ... ich betrachtete Madame Rémusat und ihre Tochter beim Löwenzahnpflücken ... platt auf dem Bauch! die Minister zogen ihre Hosen hoch und redeten alle gleichzeitig ... es gab Für und Wider ... gemeinsam vorrücken? oder aufs andre Ufer gehen? ... die Generale, Admirale entschieden, als »Futterholer« oder im Gänsemarsch die russischen Gefangenen einzuholen? also los, durch die Luzernen hindurch! wenn wir da blieben, eins wäre sicher, unsere Köpfe, wenn die Brücke getroffen würde – hops, allesamt! ihre Bomben schlugen fast über uns ein, mitten in der Donau! flußauf! Flußab! sie berichtigten sich! ... gewaltige Schlammassen spritzten auf! ... Krater auf den Ufern! Bum, bum! An den Pfeiler gedrückt, geklemmt ... Minister, Generale, Garden ... ich und Lili und Bébert ... da sagte in diesem wirklich tragischen Moment Pétain, der noch nichts gesagt hatte! ... »Vorwärts!« und zeigte die Richtung mit seinem Stock! »Vorwärts!« ... wir sollten alle unter dem Bogen raus! ihm nach! »Vorwärts!« ... Hosen wieder an! »Vorwärts!« ... er selbst mit Debeney raus! oh, ohne jede Hast ... sehr würdig! Richtung Schloß! ... man reihte sich wieder in den Gänsemarsch ein ... alle Minister und die Parteien ... die Bomber griffen weiter die Brücke an ... wir andern im Gänsemarsch wurden von einer Garbe nach der andern bestrichen! ... bis zum Schloß! Maschinengewehrfeuer! ... natürlich wollten sie auf uns schießen! aber sie schossen schlecht! ... ich sah die Garben aufprallen ... im Gras! ... auf dem Wasser! ... sie schossen schweinemäßig! ... denn niemand wurde getroffen ... und sie gingen im Tiefflug über den Fluß! ... Pétain sprach mit Debeney ... sie gingen im natürlichen Schritt, ohne sich zu beeilen … die Minister auch nicht … mindestens zwei Kilometer … der Haufen wich nicht einen einzigen Zentimeter vom Weg ab … […] der Chef an der Spitze … unter dem Feuer! und der ganze Gänsemarsch von Ministern, Generalen, Admiralen … den Anzug wieder fein geordnet, zugeknöpft … sehr würdig … und im Abstand! … ich betone das, weil man in puncto Pétain erzählt hat, er sei so klapperig geworden, daß er nicht einmal mehr die Bomben oder die Sirenen gehört habe, daß er die »Fritze« für seine eigenen Wachen von Vichy hielt … den Brinon für den päpstlichen Nuntius … ich kann der Wahrheit die Ehre geben, ich darf sagen, wo er mich verabscheute, ich kann ganz unbefangen sprechen – hätte er nicht das Kommando übernommen bei der Brücke, die Prozession in Bewegung gesetzt, niemand wäre davongekommen! Es hätte niemals ein Ausnahmegericht gegeben! Ich darf behaupten, ich habe den Marschall gesehen, wie er das Ausnahmegericht rettete! ohne ihn, ohne seine kaltblütige Entscheidung wäre keiner unter dem Brückenbogen entkommen! … weder Minister noch General! … ein Ende ohne Anklagereden! und ohne Urteil! ein totaler Brei! […] ich sehe noch die Kugeln um uns herum … am Ufer, den zerschossenen Treidelweg! … und besonders um Pétain herum! … er sah, wenn er auch nicht hörte! der ganze Weg bis zur Zugbrücke! … das stob nur so! … nun, ganz wortlos! … er und auch Debeney … durchaus würdig! … und das komischste: keiner getroffen! … weder Lili noch ich, noch Bébert oder Marion! … auf der Zugbrücke halt! Gruß! … Auflösung! niemand erwartete mehr etwas! jeder ging nach Hause! … die R.A.F. schoß nicht mehr … wieder aufgestiegen!

## KURT VONNEGUT
### Schlachthof-fünf

Auf seine Herkunft bezieht er sich sogar auf der Titelseite seines berühmtesten Werkes, *Slaughterhouse-five:* »von Kurt Vonnegut, einem Deutsch-Amerikaner der vierten Generation«. Geboren in Indianapolis, kam er 1943 zur Armee und geriet als Zweiundzwanzigjähriger bei der Ardennen-Offensive im Dezember 1944 in Kriegsgefangenschaft. Nach Dresden verbracht, erlebte er die Zerstörung der Stadt durch das Bombardement am 13. Februar 1945 im Keller eines Schlachthofes. In *Schlachthof-fünf* beschreibt Vonnegut die seelischen Auswirkungen, die dieses Ereignis hatte, und die Schwierigkeiten, diese Erfahrung mitzuteilen. Der Frage, wie sich die Zerstörung einer Stadt erzählen und die eigene Traumatisierung überwinden läßt, begegnet der Schriftsteller auf ungewöhnliche Weise: indem er seine Erinnerungen mit Science-fiction verbindet und in der Biographie seines Anti-Helden, Billy Pilgrim, hin und her springt. Das entscheidende Ereignis, von dem die Rede sein sollte, hatte eine gradlinige, gewöhnliche Erzählung unmöglich gemacht. Vonneguts Text ist hochoriginell und raffiniert angelegt. Bruchstücke bestimmter Episoden des Krieges wechseln mit den Nachwirkungen im Leben der Hauptfigur und mit deren Zeitreisen in ihre Vergangenheit und Zukunft. Als Fragmente der Erzählung von der Kriegserfahrung eines US-amerikanischen Soldaten lassen sich die Szenen der Gefangennahme, des Lebens im Lager, des Transports nach Dresden, der Ankunft im Schlachthof, des Tags vor dem Angriff und des Tags danach aneinanderreihen. – Vonneguts Werk ist eine zynische Satire. Jedesmal, wenn vom Tod die Rede ist, heißt es: »So it goes« – »So geht das.«

»Ich beneide euch, Jungs«, sagte der Engländer.

Jemand lachte. Billy fragte sich, was daran witzig war.

»Ihr Jungs geht heute nachmittag nach Dresden ab – eine, wie man mir sagt, schöne Stadt. Ihr werdet nicht in einem

Lager zusammengepfercht sein wie wir. Ihr werdet draußen sein, wo es Leben gibt, und das Essen ist sicher reichlicher als hier. Wenn ich eine persönliche Bemerkung einwerfen darf: Es ist jetzt fünf Jahre her, seitdem ich einen Baum oder eine Blume oder eine Frau oder ein Kind – oder einen Hund oder eine Katze oder ein Unterhaltungslokal oder einen Menschen gesehen habe, der eine nützliche Arbeit irgendwelcher Art verrichtet.

Ihr braucht euch, nebenbei bemerkt, keine Sorgen wegen Bomben zu machen. Dresden ist eine offene Stadt. Sie ist unbefestigt, und es gibt dort keine Kriegsindustrien oder Truppenkonzentrationen von irgendwelcher Bedeutung.«

[...] Die Amerikaner begannen sich jetzt viel besser zu fühlen. Sie konnten ihr Essen bei sich behalten. Und dann war es Zeit, nach Dresden aufzubrechen. Die Amerikaner marschierten leidlich stramm aus dem britischen Lager. Billy Pilgrim führte wieder den Zug an. Er hatte jetzt silberne Stiefel, einen Muff und ein Stück himmelblauen Vorhang, das er wie eine Toga trug. Billy hatte noch einen Bart. Ebenso der arme alte Edgar Derby, der neben ihm ging. Derby schrieb im Geist Briefe nach Hause, seine Lippen arbeiteten zitternd:

*Liebe Margaret – Wir brechen heute nach Dresden auf. Mach Dir keine Sorgen. Es wird nie bombardiert werden. Es ist eine offene Stadt.* [...]

Die Fahrt nach Dresden war ein Spaß. Sie dauerte nur zwei Stunden. Geschrumpfte kleine Mägen waren voll. Sonnenschein und milde Luft drangen durch die Lüftungsklappen herein. Es gab viel zu rauchen, dank der Engländer.

Die Amerikaner kamen um fünf Uhr nachmittags in Dresden an. Die Türen der Güterwaggons wurden aufgerissen, und die Türöffnungen rahmten die bezauberndste Stadt ein, welche die meisten Amerikaner jemals gesehen hatten. Die sich am Himmel abhebende Silhouette mit ihren Kuppeln und Spitztürmen war üppig, zauberisch und absurd. Es sah für Billy Pilgrim wie ein Bild des Himmels aus der Sonntagsschule aus.

Jemand hinter ihm in dem Güterwagen sagte: »Wie im Freilichtkino.« Das war ich. Das war der meinige. Die einzige andere Stadt, die ich jemals gesehen hatte, war Indianapolis, Indiana.

Jede andere Großstadt in Deutschland war grausamen Luftangriffen ausgesetzt gewesen und in Brand geschossen worden. Dresden hatte noch nicht einmal so viel wie eine zerbrochene Fensterscheibe erleiden müssen. Die Sirenen ertönten jeden Tag, heulten höllisch, und die Leute gingen in die Keller hinunter und warteten dort auf die Entwarnung. Die Flugzeuge hatten immer einen anderen Ort zum Ziel – Leipzig, Chemnitz, Plauen, Orte wie diese. So geht das.

Fröhlich pfiffen noch Dampfheizungskörper in Dresden. Straßenbahnen ratterten. Telefone klingelten und wurden beantwortet. Lichter gingen an und aus, wenn Schalter betätigt wurden. Es gab Theater und Restaurants. Es gab einen Zoo. Die Hauptindustrien der Stadt bestanden in der Herstellung von Medikamenten, Nahrungsmitteln und Zigaretten.

Die Leute gingen jetzt am Spätnachmittag von der Arbeit heim. Sie waren müde.

Acht Dresdner überquerten die Stahlspaghetti des Rangierbahnhofs. Sie trugen neue Uniformen. Am Tag zuvor waren sie zum Militärdienst vereidigt worden. Es waren halbe Kinder und Männer, die über das mittlere Alter hinaus waren, und zwei Kriegsteilnehmer, die man in Rußland zuschanden geschossen hatte. Ihre Aufgabe bestand darin, hundert amerikanische Kriegsgefangene zu bewachen, die als Akkordarbeiter eingesetzt werden sollten. Ein Großvater und sein Enkel befanden sich unter der Wachmannschaft. Der Großvater war ein Architekt.

Die acht machten finstere Mienen, als sie sich den Güterwagen mit ihren Häftlingen näherten. Sie wußten, wie sehr sie selbst den Eindruck von elenden und närrischen Soldaten machten. Einer von ihnen hatte sogar ein künstliches

Bein und trug nicht nur ein geladenes Gewehr, sondern auch einen Stock. Trotzdem – man erwartete von ihnen, daß sie Gehorsam und Achtung von den großen, herausfordernden, mörderischen amerikanischen Infanteristen ernteten, die geradewegs von all dem Töten an der Front gekommen waren.

Und dann erblickten sie den bärtigen Billy Pilgrim in seiner blauen Toga und den silbernen Schuhen, mit den Händen in einem Muff. Er sah wie mindestens sechzig Jahre alt aus. Neben Billy stand der kleine Paul Lazzaro mit einem gebrochenen Arm. Er schäumte wie tollwütig. Neben Lazzaro war der arme alte Oberschullehrer Edgar Derby, traurig erfüllt von Patriotismus, mittlerem Alter und imaginärer Weisheit. Und so weiter.

Die acht lächerlichen Dresdner stellten fest, daß diese hundert lächerlichen Geschöpfe wirklich amerikanische Kämpfer frisch von der Front waren. Sie lächelten – und dann lachten sie. Ihre Furcht löste sich auf. Hier gab es nichts zu befürchten. Hier waren noch mehr invalide Menschen, noch mehr Narren wie sie selbst. Es war das reinste Operettentheater.

So marschierte das Operettentheater aus dem Tor des Rangierbahnhofs und in die Straßen Dresdens hinaus. Billy Pilgrim war die Hauptnummer. Er führte den Zug an. Tausende von Menschen waren auf den Bürgersteigen und gingen von der Arbeit nach Hause. Sie waren aufgeschwemmt und wächsern, da sie während der vergangenen zwei Jahre hauptsächlich Kartoffeln gegessen hatten. Sie hatten, außer dem milden Tag, keine Freuden erhofft. Plötzlich gab es nun hier diesen Ulk.

Billy erhaschte nicht viele von den Blicken, die ihn so spaßig fanden. Er war entzückt von dem Baustil der Stadt. Heitere Amoretten wanden Girlanden über Fenster. Schelmische Faune und nackte Nymphen guckten von Gesimsen, die mit Blumengewinden verziert waren, auf Billy herunter. Steinerne Affen tollten zwischen Schnörkelverzierungen, Muscheln und Bambus umher.

Billy, mit seinen Zukunftserinnerungen, wußte, daß die Stadt in etwa dreißig weiteren Tagen in Schutt und Asche gelegt würde. Er wußte auch, daß die meisten der ihn beobachtenden Leute bald nicht mehr am Leben sein würden. So geht das. [...]

Der Zug tänzelte, wankte und taumelte zum Tor des Dresdner Schlachthofes und ging dann hinein. Der Schlachthof war kein geschäftiger Ort mehr. Beinahe alle Huftiere in Deutschland waren von Menschen – meist Soldaten – getötet, gegessen und ausgeschieden worden. So geht das.

Die Amerikaner wurden zum fünften Gebäude hinter dem Tor geführt. Es war ein einstöckiger Zementwürfel mit Schiebetüren vorn und hinten. Er war als Aufenthaltsraum für zum Schlachten bestimmte Schweine erbaut worden. Jetzt sollte er als Heim fern der Heimat für hundert amerikanische Kriegsgefangene dienen. Es waren Schlafstellen darinnen, zwei dickbäuchige Öfen und ein Wasserhahn. Dahinter gab es eine Latrine, die aus einer Querstange mit Kübeln darunter bestand.

Über der Tür des Gebäudes stand eine große Zahl. Die Zahl war fünf. Bevor die Amerikaner hineingehen konnten, sagte ihnen ihr einziger englischsprechender Wachmann, sie sollten sich ihre einfache Adresse einprägen für den Fall, daß sie sich in der großen Stadt verliefen. Ihre Adresse lautete: *»Schlachthof 5«**.

Er wurde [25 Jahre später] in ein kleines Privatkrankenhaus gebracht. Ein berühmter Gehirnchirurg kam von Boston und operierte an ihm drei Stunden lang. Danach war Billy zwei Tage bewußtlos und träumte Millionen Dinge, einige davon wahr. Die wahren Dinge waren Reisen in der Zeit.

Eines der wahren Dinge war sein erster Abend im Schlachthof. Er und der arme alte Edgar Derby schoben einen leeren zweiräderigen Karren einen ungepflasterten Weg zwischen leeren Viehverschlägen entlang. Sie gingen zu einer Volksküche, um das Abendessen für alle zu holen. Sie wurden von einem sechzehnjährigen Deutschen namens Werner Gluck bewacht. Die Achsen des Karrens waren mit dem Fett toter Tiere geschmiert. So geht das.

Die Sonne war gerade untergegangen, und ihr Abendglanz erleuchtete die Stadt, die niedrige Klippen um den idyllischen leeren Raum zu den unbenutzten Viehställen bildete. Die Stadt war verdunkelt, da Bombenflugzeuge kommen könnten, so sah Billy Dresden nicht eines der freundlichen Dinge tun, die eine Stadt tun kann, wenn die Sonne untergeht – nämlich ihre Lichter eines nach dem anderen aufflammen zu lassen.

Es gab einen breiten Fluß, um diese Lichter widerzuspiegeln; er hätte ihr nächtliches Flimmern besonders reizvoll gemacht. Das war die Elbe.

Werner Gluck, der junge Wachsoldat, war ein Dresdner Junge. Er war nie zuvor im Schlachthof gewesen, daher war er nicht sicher, wo die Küche war. Er war hoch aufgeschossen und schwach wie Billy, er hätte ein jüngerer Bruder von ihm sein können. Tatsächlich waren sie entfernte Vettern, was sie nie herausgefunden haben. Gluck war mit einer unglaublich schweren Muskete bewaffnet, einem Museumsstück mit nur einer Patrone im Magazin und einem achtkantigen, glatten Lauf. Er hatte sein Seitengewehr aufgepflanzt. Es war wie eine lange Stricknadel. Es hatte keine Blutrillen.

Gluck führte sie zu einem Gebäude, von dem er glaubte, daß darin die Küche sein könnte, und öffnete die Schiebetüre an der Seite. Es war jedoch keine Küche drin. Vielmehr gab es eine Umkleidekabine, die an einen gemeinschaftlichen Duschraum voller Dampf angrenzte. In den Dampfwolken standen an die dreißig sehr junge Mädchen. Sie waren deutsche Flüchtlinge aus Breslau, das unter schweren Bombenangriffen gelitten hatte. Auch sie waren gerade in Dresden angekommen. Dresden war vollgestopft mit Flüchtlingen.

Da standen diese Mädchen, alle ihre intimen Körperteile entblößt, für jedermann sichtbar. Und dort in der Türöffnung standen Gluck, Derby und Pilgrim – der kindliche Soldat, der arme alte Oberschullehrer und der Hanswurst in seinen silbernen Schuhen – und starrten. Die Mädchen kreischten. Sie bedeckten sich mit ihren Händen, drehten den Rücken zu und so weiter – und machten sich äußerst schön.

Werner Gluck, der nie zuvor eine nackte Frau gesehen hatte, schloß die Tür. Billy hatte ebenfalls noch nie eine gesehen. Für Derby war es nichts Neues.

Als die drei Narren die Volksküche fanden, deren Hauptaufgabe es war, das Mittagessen für die Arbeiter im Schlachthof zu bereiten, war jedermann heimgegangen, ausgenommen eine Frau, die ungeduldig auf sie gewartet hatte. Sie war eine Kriegerwitwe. So geht das. Sie hatte bereits Hut und Mantel an. Auch sie wollte heimgehen, obwohl dort niemand war. Ihre weißen Handschuhe lagen nebeneinander auf der Zinkplatte des Tisches für die Speisenausgabe.

Sie hatte zwei große Kannen mit Suppe für die Amerikaner hergerichtet. Sie kochte bei kleiner Flamme auf dem Gasring. Sie hatte auch eine Menge Schwarzbrotlaibe.

Sie fragte Gluck, ob er nicht schrecklich jung sei, um beim Heer zu sein. Er gab zu, daß er das sei.

Sie fragte Edgar Derby, ob er nicht schrecklich alt sei, um beim Heer zu sein. Er sagte, ja, das sei er.

Sie fragte Billy Pilgrim, was er vorstellen sollte. Billy antwortete, er wisse es nicht. Er versuchte nur eben sich warm zu halten.

»Alle echten Soldaten sind tot«, sagte sie. Das war wahr. So geht das.

Eine andere wahre Sache, die Billy während seiner Bewußtlosigkeit in Vermont sah, war die Arbeit, die er und die anderen in dem Monat, bevor die Stadt zerstört wurde, zu verrichten hatten. Sie putzten Fenster, fegten Fußböden, machten Klosetts sauber, verpackten Einmachgläser in Kisten und versiegelten Pappkartons in einer Fabrik, die Malzsirup herstellte. Der Sirup war mit Vitaminen und Salzen angereichert. Er war für schwangere Frauen bestimmt.

Der Sirup schmeckte wie dünner, mit Hickoryrauch versetzter Honig, und jedermann, der in der Fabrik arbeitete, aß ihn heimlich den ganzen Tag löffelweise. Sie waren nicht schwanger, aber sie brauchten auch Vitamine und Salze. An seinem ersten Arbeitstag löffelte Billy keinen Sirup, aber viele andere Amerikaner taten es.

An seinem zweiten Tag löffelte Billy ihn. Über die ganze Fabrik verteilt waren Löffel versteckt, auf Dachsparren, in Schubladen, hinter Heizkörpern und so fort. Sie waren hastig versteckt worden von Personen, die Sirup gelöffelt hatten und irgend jemand hatten kommen hören. Löffeln galt als ein Verbrechen.

An seinem zweiten Tag machte Billy hinter einem Heizkörper sauber und fand einen Löffel. Hinter ihm stand ein Faß mit Sirup zum Abkühlen. Der einzige Mensch, der Billy und seinen Löffel sehen konnte, war der arme alte Edgar Derby, der draußen ein Fenster putzte. Der Löffel war ein Eßlöffel.

Billy steckte ihn in das Faß, drehte ihn um und um und machte ein pappiges Lutschbonbon in Stäbchenform daraus. Er steckte es in den Mund.

Ein Augenblick verging, und dann erschütterte jede Zelle in Billys Körper ihn mit heißhungriger Dankbarkeit und mit Beifall.

Es klopfte ein paarmal an die Fabrikfensterscheibe. Derby war dort draußen, er hatte alles gesehen. Er wollte auch etwas von dem Sirup.

Also machte Billy ein Lutschbonbon für ihn. Er öffnete das Fenster und steckte es in des armen alten Derbys aufgesperrten Mund. Ein Augenblick verging – und dann brach Derby in Tränen aus. Billy schloß das Fenster und versteckte den klebrigen Löffel. Jemand kam.

## MARIE WASSILTSCHIKOW

Anfang 1945 kam Marie Wassiltschikow nach Wien. Dort nahm sie eine völlig neue Aufgabe an: Sie wurde Krankenschwester. Ihre Aufzeichnungen protokollieren eine dramatische Entwicklung: von einer scheinbar unbeschwerten und an Luxus gewöhnten jungen Frau zur Mitwisserin eines Staatsstreiches und schließlich zur engagierten Lebensretterin. Das Tagebuch beginnt mit Partys, und es endet mit Leichenbergen. Nachdem sie bereits in Berlin zahlreiche Luftangriffe erlebt hatte, wurde Wassiltschikow am 12. März 1945 Zeugin des Großangriffs auf Wien.

### Wien, 7. Februar 1945

Heute morgen fand hier wieder ein schwerer Luftangriff statt. Ich suchte in der Kellerstation Zuflucht, wo die Schwerverwundeten liegen. Das hilft einem zwar nicht viel, da man jede Bombe herabpfeifen hört und jede Explosion verspürt, aber ich setze mich dann immer absichtlich zu den schwersten Fällen, denn wenn man sieht, wie hilflos diese sind, fühlt man sich selbst sehr viel stärker. Ich freue mich, daß Antoinette [von] Görne [ehemals von Croy] noch fortgekommen ist, denn dieses Mal ist der Westbahnhof getroffen worden.

## KURT VONNEGUT
### Schlachthof-fünf

Der traumatische Bombenangriff wird in Kurt Vonneguts Roman wie ein Tabu umkreist und an keiner Stelle direkt beschrieben: Er ist nur mittelbar dargestellt – in der Reaktion der Wachmänner, die einen Ausblick wagen; und in Gestalt der Mondlandschaft, die er hinterlassen hat. Vor allem aber wird der Angriff akustisch vermittelt: Das Heulen der Sirenen geht über in das Dröhnen der Schritte eines Riesen. – Die Opferzahlen, die Vonnegut nennt, können als stark übertrieben gelten.

Die Alarmsirenen von Dresden heulten traurig.

Die Amerikaner, ihre Bewachungsmannschaften und Campbell suchten Schutz in einem hallenden Fleischkellergewölbe, das man in den lebenden Felsen unter dem Schlachthof gegraben hatte. Es gab eine eiserne Treppe mit eisernen Türen oben und unten.

Unten im Keller hingen ein paar Rinder, Schafe, Schweine und Pferde von den Fleischerhaken. So geht das. Der Keller hatte leere Haken für noch Tausende mehr. Hier war es auf Grund der Umstände kühl. Es gab keine Kühlanlage. Kerzenlicht brannte. Der Keller war weiß getüncht und roch nach Karbol. An einer Wand standen Bänke. Die Amerikaner gingen zu ihnen hin und wischten Spritzer von Tünche weg, bevor sie sich setzten.

Howard W. Campbell jr. blieb ebenso wie die Wachen stehen. Er unterhielt sich mit den Wachen in vorzüglichem Deutsch. Er hatte seinerzeit viele beliebte deutsche Theaterstücke und Gedichte geschrieben und eine berühmte deutsche Schauspielerin namens Resi North geheiratet. Sie war jetzt tot, war ums Leben gekommen, während sie in einem Fronttheater in der Krim für die Wehrmacht spielte. So geht das.

Nichts ereignete sich in dieser Nacht. Erst in der nächsten Nacht mußten etwa hundertdreißigtausend Menschen in Dresden sterben. So geht das.

## ROYAL AIR FORCE

In seiner großangelegten Textcollage *Das Echolot* hat der Schriftsteller Walter Kempowski aus einer Fülle von Tagebuchaufzeichnungen einzelne Zeitabschnitte des Zweiten Weltkrieges rekonstruiert. Vereinzelt finden sich hierin auch Stimmen ausländischer Zeugen. So hat Kempowski in seinen Band über den Luftangriff auf Dresden am 13. Februar 1945 Auszüge aus den Tonbandaufzeichnungen des Funkverkehrs, dem Flugtagebuch eines Navigators, dem Einsatztagebuch einer Staffel und den Bordbucheintragungen verschiedener Offiziere und Besatzungsmitglieder an den Angriffen beteiligter englischer Flugzeuge (in einem Verband mit dem Namen »plate-rack«) montiert.

### Funkverkehr, 22.00 Uhr

Masterbomber: Hören Sie mich? Ende.

Hauptmarkierer: Ich höre Sie deutlich in Stärke fünf. Ende.

Masterbomber: Sind Sie schon unterhalb der Wolkendecke?

Hauptmarkierer: Noch nicht.

Masterbomber: Können Sie den grünen Erstmarkierer sehen?

Hauptmarkierer: Ja, ich kann ihn sehen. Die Wolkendecke ist nicht sehr dick.

Masterbomber: Nein. Für wie hoch halten Sie die Wolkenuntergrenze?

Hauptmarkierer: Die Untergrenze liegt bei etwa achthundert Metern.

Der Hauptmarkierer im Anflug: Tally-ho!

Masterbomber: Sie haben das Falsche markiert. – Ach nein, es ist das Richtige, setzen Sie die Arbeit fort. – Hallo, Hauptmarkierer. Der Zielmarkierer liegt etwa fünfunddreißig Meter östlich vom Markierungspunkt. – Gute Arbeit! Weiter verstärken, verstärken.

### Der Hauptmarkierer Captain William Topper, über Dresden

Als ich über die Stadt flog, sah ich deutlich eine große Zahl schwarzweißer Fachwerkhäuser; sie erinnerten mich an: Shropshire und Hereford und Ludlow. Sie schienen den Fluß einzufassen, über den eine Reihe anmutiger Bogenbrücken führte; die Häuser bildeten ein sehr auffälliges architektonisches Merkmal der Stadt.

### Funkverkehr, 22.06 Uhr

Der Masterbomber an den Sichtprüfer der 97. Bomberstaffel: Masterbomber an Sichtprüfer Drei, Sagen, Sie mir, ob Sie den Schein sehen können.

Der Sichtprüfer Drei an Masterbomber: Ich kann drei Zielmarkierer durch die Wolken erkennen.

Der Masterbomber an Sichtmarkierer Drei: Gute Arbeit. Können Sie schon die roten erkennen?

Der Sichtprüfer Drei an Masterbomber: Ich kann nur rote sehen.

### Funkverkehr, 22.07 Uhr

Der Masterbomber an Beleuchterverband: Keine Leuchtbomben mehr, keine Leuchtbomben mehr.

### Funkverkehr, 22.09 Uhr

Der Masterbomber an Sichtmarkierer Drei: Können Sie die roten Zielmarkierer sehen?

Der Sichtmarkierer Drei an Masterbomber: Ich kann die grünen und die roten Zielmarkierer sehen.

### Funkverkehr, 22.11 Uhr

Der Masterbomber an Plate-rack-Verband: Beginnen Sie mit dem Angriff und bombardieren Sie das rote Licht der Zielmarkierer nach Plan. Bombardieren Sie das Licht der roten Zielmarkierer nach Plan.

Der Hauptmarkierer an Masterbomber: Kann ich jetzt den Markierungsverband nach Hause schicken?

Der Masterbomber an Hauptmarkierer: Wenn Sie noch einen Moment bleiben und eine Maschine mit gelben Markierungsbomben zurückbehalten, können die übrigen nach Hause fliegen.

Der Hauptmarkierer an Masterbomber: Okay, Masterbomber.

Hauptmarkierer an alle Markierer: Fliegen Sie nach Hause, fliegen Sie nach Hause. Bestätigen Sie.

Die Markierer Drei, Vier, Fünf, Sechs, Sieben, Acht: Wir fliegen nach Hause.

### Funkverkehr, 22.12 Uhr

Der Masterbomber an Plate-rack-Verband: Bombardieren Sie die konzentrierten roten Zielmarkierer nach Plan, sobald Sie wollen.

Der Masterbomber an Verbindungs-Lancaster Eins: Fordern Sie die Maschinen im oberen Höhenbereich auf, bis unter die mittlere Wolkendecke herunterzugehen.

Die Verbindungs-Lancaster Eins an Masterbomber: Verstanden.

### Funkverkehr, 22.15 Uhr

Der Hauptmarkierer an Masterbomber: Die Bomben scheinen jetzt ausgezeichnet zu fallen. Ende.

Der Masterbomber an Hauptmarkierer: Ja, Hauptmarkierer. Es sieht recht gut aus.

Der Masterbomber an Plate-rack-Verband: Hallo, Plate-rack-Verband. Die Bombenwürfe liegen gut. Greifen Sie an, und zielen Sie wie vorgesehen nach den roten Zielmarkierern. Achtung, einer hat zu spät ausgelöst! Einer hat sehr weit vom Zielpunkt abgeworfen.

Der Masterbomber an Hauptmarkierer: Wenn Sie wollen, können Sie jetzt nach Hause fliegen. Danke. Der Hauptmarkierer an Masterbomber: Hallo, Masterbomber: Danke, ich fliege jetzt nach Hause.

Der Masterbomber an Plate-rack-Verband: Gute Arbeit, Plate-rack-Verband. Die Bombenwürfe liegen ausgezeichnet.

### Funkverkehr, 22.18 Uhr

Der Masterbomber an Plate-rack-Verband: Hallo, Plate-rack-Verband: Versuchen Sie, den roten Schein herauszufinden. Die Bomben fallen jetzt wahllos. Suchen Sie, wenn möglich, den roten Schein heraus, und bombardieren Sie dann nach Plan.

### Funkverkehr, 22.19 Uhr

Der Masterbomber an Plate-rack-Verband: Scheinanlagen in einer Entfernung von neunzehn bis vierundzwanzig Kilometern 300 Grad rechtweisend vom Stadtzentrum.

### Funkverkehr, 22.20 Uhr

Der Masterbomber an Plate-rack-Verband: Beenden Sie schnell die Bombardierung und fliegen Sie nach Hause. Beachten Sie nicht die Brandstellen der Scheinanlagen.

### Funkverkehr, 22.21 Uhr

Der Masterbomber an Verbindungsflugzeug Eins: Geben Sie nach Hause durch: »Ziel angegriffen. stop. Hauptplan. stop. Durch Wolkendecke. stop.«

### Ein Pilot der 5. Bomberflotte im Anflug auf Dresden

Der phantastische Schein aus 320 Kilometer Entfernung wurde immer heller, als wir uns dem Ziel näherten. Selbst in einer Höhe von sechstausendsiebenhundert Metern konnten wir bei dem gespenstischen Schein der Flammen Einzelheiten erkennen, die wir nie zuvor gesehen hatten; zum erstenmal seit vielen Einsätzen fühlte ich Mitleid mit der Bevölkerung dort unten.

### Ein Bombernavigator, über Dresden

Normalerweise verließ ich nie meinen Platz, aber in diesem besonderen Fall rief mich mein Skipper nach vorn, damit ich mir das ansehen sollte. Der Anblick war wirklich phantastisch. Aus einer Höhe von sechstausendsiebenhundert Metern glich Dresden einer Stadt, deren Straßen vom Feuer eingefaßt waren.

### Ein Bomberschütze, über Dresden

Dresden. Keine Abwehr, sechs rote Zielmarkierer und vier Fünfhundertpfund-Sprengbomben an Bord; der Rauch vom ersten Angriff verhinderte die Markierung des Zielpunktes.

### Ein Bomberpilot, über Dresden

Der Masterbomber flog viel niedriger als wir. Er leitete jede Angriffswelle einzeln und legte großen Wert darauf, daß wir unsere Bomben nicht unnötigerweise auf Gebiete abwarfen, die bereits in hellen Flammen standen.

### Der Pilot Lieutenant Colonel Le Good, über Dresden

Dresden. Keine Wolken über dem Ziel, praktisch die ganze Stadt in Flammen. Keine Flak.

### Ein Bomberschütze, über Dresden

Ich warf unwillkürlich einen Blick nach unten, als die Bomben fielen, und meinen Augen bot sich das grauenhafte Bild einer Stadt, die von einem Ende zum andern in Flammen steht. Man konnte sehen, wie dichte Rauchwolken von Dresden wegtrieben, so daß die hell erleuchtete Stadt wie auf einem Stadtplan zu erkennen war.

### Ein Bomberpilot, über Dresden

Das Gebiet war so hell erleuchtet, daß wir unsere eigenen Maschinen um uns herum und auch unsere eigenen Kondensstreifen erkennen konnten.

## Ein Bomberschütze, über Dresden

Es war das einzige Mal, daß ich Mitleid mit den Deutschen hatte. Aber mein Mitleid dauerte nur ein paar Sekunden; unsere Aufgabe war es, den Feind zu schlagen, und zwar vernichtend zu schlagen.

## Ein Bomberpilot, über Dresden

Nach meiner Schätzung umfaßte das Feuermeer eine Fläche von etwa hundert Quadratkilometern. Die von dem Feuerofen heraufsteigende Hitze war bis in meine Kanzel zu spüren. Der Himmel hatte sich leuchtend rot und weiß gefärbt, und das Licht in der Maschine glich dem eines gespenstisch anmutenden Sonnenuntergangs im Herbst. Obwohl wir uns allein über der Stadt befanden, war unser Entsetzen über den furchtbaren Feuerschein so groß, daß wir viele Minuten lang über der Stadt kreisten, bevor wir, ganz unter dem Eindruck des dort unten gewiß herrschenden Grauens, auf Heimatkurs gingen. Wir konnten den Schein des Feuerorkans noch dreißig Minuten nach Antritt des Heimfluges sehen.

## Der Kriegsgefangene A. J. East, STALAG IV B, Mühlberg

Kürzlich gab es bei Tag und Nacht zahlreiche Luftangriffe. Zum ersten Mal in diesem Krieg wurde am Mittwoch Dresden bombardiert. Der Strom ging gegen 20.30 Uhr aus, und zwei Stunden lang war der Himmel im Süden vom Aufblitzen und dem grellen Licht, verursacht durch die Brandbomben, taghell. Wir konnten das ständige Dröhnen der großen Bomber hören, die in der Nähe unseres Lagers vorbeiflogen. In der folgenden Nacht kamen die Fliegenden Festungen wieder, um »Tageslicht« zu schaffen.

## KURT VONNEGUT
### Schlachthof-fünf

Es war nur vorübergehend eine Nazi-Stadt«, schrieb Kurt Vonnegut im Rückblick über Dresden, aber »für Jahrhunderte war es ein Kunstschatz sämtlicher Erdlinge.« – »Nur eine Person auf dem ganzen Planeten hat einen Nutzen daraus gezogen«, stellte er bei einer Neuauflage seines Erfolgsbuches sarkastisch fest, indem er vor dem Hintergrund der Zerstörung an seine Tantiemen dachte. »Ich habe pro Leiche zwei oder drei Dollar bekommen.« – 1972 wurde *Schlachthof-fünf* verfilmt, eine Bühnenfassung folgte 1996.

Er erinnerte sich nur verschwommen daran – wie folgt:

Er war unten in dem Fleischkeller in jener Nacht, als Dresden zerstört wurde. Oben waren Geräusche wie von riesigen Schritten. Es waren Reiheneinschläge hochexplosiver Bomben. Die Riesen schritten und schritten. Der Fleischkeller war ein sehr sicherer Unterstand. Alles, was dort unten geschah, war ein gelegentlicher Schauer von Kalkbewurf. Die Amerikaner, vier ihrer Wachleute und einige ausgeweidete Tierkadaver waren dort unten – und niemand anders. Die übrigen Wachmannschaften waren, bevor der Luftangriff begann, zu den Annehmlichkeiten ihres eigenen Zuhauses in Dresden gegangen. Sie wurden alle, zusammen mit ihren Familien, getötet.

So geht das.

Die jungen Mädchen, die Billy nackt überrascht hatte, wurden auch alle in einem viel weniger tief gelegenen Keller in einem anderen Teil des Viehhofs getötet.

So geht das.

Ein Wachmann ging immer wieder die Steinstufen hinauf, um nachzusehen, wie es draußen aussah, dann kam er herunter und flüsterte mit den anderen Wachen. Draußen herrschte eine Feuersbrunst. Dresden war eine einzige große Flamme. Eine Flamme, die alles Organische verzehrte, alles, was brennbar war.

Es war bis zum Mittag des nächsten Tages nicht gefahrlos, den Unterstand zu verlassen. Als die Amerikaner und ihre Wachmannschaft schließlich hinausgingen, war der Himmel schwarz von Rauch. Die Sonne war wie ein zorniger Stecknadelkopf. Dresden war jetzt wie der Mond, nichts als Mineralien. Die Steine waren heiß. Alle anderen im weiteren Umkreis waren tot.

So geht das.

Die Wachen drängten sich instinktiv zusammen, sie verdrehten die Augen. Sie erprobten einen Gesichtsausdruck und dann einen anderen, sagten nichts, obwohl ihre Münder oft weit aufgerissen waren. Sie sahen aus wie in einem Stummfilm von einem Amateurquartett.

»Lebt wohl denn für immer«, hätten sie singen können, »alte Burschen und Mädels, lebt wohl, alte Lieben und Kumpels – Gott segne sie –« [...]

Die Wachen sagten den Amerikanern, sie sollten sich zu Viererreihen aufstellen, was sie taten. Dann ließen sie die Amerikaner zu dem Schweinestall zurückmarschieren, der ihre Behausung war. Seine Mauern standen noch, aber seine Fenster und sein Dach waren weg, und im Innern war nichts als Asche und Klumpen geschmolzenen Glases. Da wurde man sich bewußt, daß keine Lebensmittel oder Wasser vorhanden waren, und die Überlebenden, wenn sie weiter am Leben bleiben wollten, würden über einen Hügel nach dem andern auf der Mondoberfläche klettern müssen.

Was sie denn auch taten.

Die Hügel waren nur aus der Entfernung gesehen sanft. Die Leute, die sie erstiegen, merkten bald, daß sie trügerische, zackige Dinger waren – heiß bei der Berührung, häufig unsicher, drauf und dran, falls gewisse wichtige Blöcke berührt wurden, weiter einzustürzen, um niedrigere, festere Hügel zu bilden.

Niemand sprach viel, als die Expedition die Mondlandschaft überquerte. Es gab nichts Angemessenes zu sagen.

Eines war klar: Man nahm einfach von jedermann in der Stadt an, daß er tot war, gleichviel um wen es sich handelte, und daß jemand, der sich in ihr bewegte, einen Fehler im Muster darstellte. Es sollte überhaupt keine Mondmenschen geben.

Amerikanische Kampfflieger stießen im Rauch herunter, um zu sehen, ob sich etwas bewegte. Sie sahen Billy und die übrigen sich dort unten bewegen. Die Flugzeuge berieselten sie mit MG-Salven, aber die Kugeln gingen fehl. Dann sahen sie andere Leute am Flußufer entlanggehen und schossen auf sie. Sie trafen einige von ihnen. So geht das.

Es sollte das Kriegsende beschleunigen.

Billys Geschichte endete sehr merkwürdig in einer von Feuer und Explosionen unberührten Vorstadt. Die Wachsoldaten und die Amerikaner kamen bei Einbruch der Nacht zu einem Gasthaus, das offen und zum Geschäft bereit war. Es brannte Kerzenlicht. In drei offenen Kaminen loderte unten Feuer. Leere Tische und Stühle warteten auf jeden, der kommen würde, und oben gab es leere Betten mit aufgeschlagenen Decken.

Es gab einen blinden Gastwirt und seine sehende Frau, welche die Küche besorgte, und ihre beiden jungen Töchter, die als Serviererinnen und Zimmermädchen tätig waren. Diese Familie wußte, daß Dresden zerstört worden war. Die mit Augen hatten es an allen Ecken und Enden brennen sehen und begriffen, daß sie jetzt am Rande einer Todeswüste lebten. Trotzdem hatten sie den Betrieb geöffnet, die Gläser poliert, die Uhren aufgezogen und die Feuerstellen geschürt und warteten und warteten, um zu sehen, wer kommen würde.

Es kam kein großer Zustrom von Flüchtlingen aus Dresden. Die Uhren tickten weiter, die Feuer knisterten, die durchsichtigen Kerzen tropften. Und dann klopfte es an die Tür, und herein kamen vier Wachsoldaten und hundert amerikanische Kriegsgefangene.

Der Gastwirt fragte die Wachen, ob sie aus der Stadt gekommen seien.

»Ja.«

»Kommen noch mehr Leute?«

Und die Wachen erwiderten, auf dem schwierigen Weg, den sie eingeschlagen hatten, hätten sie keine andere lebende Menschenseele gesehen.

Der blinde Gastwirt sagte, die Amerikaner könnten diese Nacht in seinem Stall schlafen, und er brachte ihnen Suppe, Ersatzkaffee und ein kleines Bier. Dann kam er heraus in den Stall, um zu hören, was sie sprachen, als sie sich ins Stroh betteten.

»Gute Nacht, Amerikaner«, sagte er auf deutsch. »Schlaft gut.«

## RAY MATHENY
## Die Feuerreiter

Wie der US-amerikanische Schriftsteller Kurt Vonnegut beobachtete auch sein Landsmann Ray Matheny alliierte Luftangriffe als deutscher Kriegsgefangener. In seinen Erinnerungen schildert Matheny die Ausbildung als Flieger, die Luftangriffe gegen Deutschland, den Abschuß seiner Maschine über Hamburg (im Januar 1944) und seine Kriegsgefangenschaft im Stalag 17 B bei Krems in Österreich bis zur Befreiung (im Mai 1945). Im Kempowski-Archiv (in der Akademie der Künste, Berlin), aus dem dieser Text zugänglich gemacht wurde, befinden sich außerdem zahlreiche Interviews mit alliierten Piloten, die am Luftkrieg gegen Deutschland beteiligt waren.

Das 15. Geschwader der Air Force verstärkte seine Angriffe auf den Großraum Wien und schickte große Verbände von B-24 und B-17-Bombern, die unter dem Schutz von P-51-

Jägern flogen. Sobald Jagdflieger der Luftwaffe einen Bomber oder Jäger abgeschossen hatten, kamen sie auf unser Lager heruntergestürzt, rissen ihre Maschinen kurz über unseren Baracken hoch und flogen ein paar Siegesrollen. Das war phantastisch anzusehen, doch wußten wir auch, daß fast jede dieser Kunstflug-Figuren den Tod von möglicherweise zehn amerikanischen Fliegern bedeutete. Eines Tages sahen wir während eines Angriffs drei B-24 in Flammen zu Boden stürzen. Kurz danach kamen eine Me-109, eine FW-190 und eine zweimotorige Me-110 auf das Lager heruntergebraust und vollführten ihre Siegesrollen. Die Jäger kamen zurück, um das Flugmanöver zu wiederholen, und wir sahen voraus, daß sie noch weiter heruntergehen und wohl eher einen Tiefstflug mit viel Lärm veranstalten als ihre Maschinen neuerlich für einen Überschlag hochreißen würden. Mehrere von uns liefen auf die Lagerstraße hinaus und suchten sich Steine zum Werfen. Und in der Tat: die Me-110 kam mit etwa 650 Stundenkilometern kurz vorm Boden aus ihrem Sturzflug heraus und zog etwa hundert Meter über den Wachtturm nach oben. Die FW-190 kam über dieselbe Flugbahn herunter, nur etwas höher. Die Me-110 kam aus ihrem Sturzflug heraus, schaffte es jedoch nicht so leicht wie die anderen, aus der Rollbewegung herauszukommen, und flog höchstens zwei oder drei Meter über den am Ende der Lagerstraße aufragenden Wachtturm hinweg. In diesem Augenblick warfen wir unsere Steine senkrecht in die Höhe. Ich sehe die Steinbrocken noch heute der Me-110 entgegenfliegen; sie haben die Luftschrauben nur um Zentimeter verfehlt. Die Wachen waren außer sich über diesen Zwischenfall und wußten, daß wir es ums Haar geschafft hätten, eine Maschine zum Absturz zu bringen.

Am nächsten Tag verlas Struck beim Morgenappell die neuesten Verlautbarungen: »Den Gefangenen ist verboten, tieffliegende Flugzeuge mit Steinen zu bewerfen.« Das hatte schallendes Gelächter von den Kriegies [Kriegsgefangenen] zur Folge, und selbst Struck tat sich schwer, es vorzulesen.

## KURT VONNEGUT
### Schlachthof-fünf

*Schlachthof-fünf* ist voller Anspielungen. Schon im Untertitel zitiert Vonnegut Céline. Die Außerirdischen vom Planeten Tralfamadore, die eines Tages das Universum vernichten werden, erinnern an den Namen Trafalgar, die glorreiche Schlacht der Engländer gegen das napoleonische Frankreich (1805) – *Schlachthof-fünf* hatte damit begonnen, daß die Figur des Erzählers (»ich«), als dieser sich entschlossen hat, ein Buch über Dresden zu schreiben, seinen alten Kriegskameraden Bernard O'Hare besucht. Edgar Derby, der väterliche Beschützer der Hauptfigur (Billy Pilgrim), wird in der zerstörten Stadt von den Deutschen wegen einer Bagatelle erschossen.

Er kehrte nach Dresden zurück im Jahr 1945, zwei Tage nachdem die Stadt zerstört worden war. Nun ließen ihre Bewacher Billy und die übrigen in die Ruinen marschieren. Ich war dort. Auch O'Hare war dort. Wir hatten die zwei vorherigen Nächte im Stall des blinden Gastwirts verbracht. Die Behörden hatten uns dort gefunden. Sie sagten uns, was wir zu tun hatten. Wir sollten uns Pickel und Schaufeln, Brecheisen und Schubkarren von unseren Nachbarn ausleihen. Mit diesen Geräten sollten wir in den Ruinen hierhin und dorthin marschieren, bereit, an die Arbeit zu gehen.

An den Hauptstraßen, die in die Ruinenfelder führten, waren Barrikaden errichtet. Hier konnten die Deutschen nicht weiter. Es war ihnen nicht erlaubt, den Mond zu erforschen.

Kriegsgefangene aus vieler Herren Länder kamen an jenem Morgen an einem bestimmten Ort in Dresden zusammen. Eine Anordnung lautete, hier mit dem Graben nach Leichen zu beginnen. Also begann man zu graben.

Billy fand sich mit einem Maori zum Graben eingeteilt, der in Tobruk in Gefangenschaft geraten war. Der Maori war schokoladenbraun. Er hatte ein Liniengewirr auf seiner Stirn, und seine Wangen waren tätowiert. Billy und der Maori stießen ihre Schaufeln in das zähe, unnachgiebige Geröll des Mondes. Die Bestandteile waren locker, so daß es dauernd kleine Lawinen gab.

Viele Löcher wurden gleichzeitig gegraben. Noch wußte niemand, was man dort finden würde. Die meisten Löcher führten zu nichts – zu Straßenpflaster oder Steinblöcken, die so groß waren, daß sie sich nicht bewegen ließen. Es gab keine maschinelle Hilfe. Nicht einmal Pferde oder Maulesel oder Ochsen konnten die Mondlandschaft überqueren.

Und Billy, der Maori und andere, die ihnen bei diesem besonderen Loch halfen, stießen schließlich auf eine aus Holz geflochtene Membrane über Felsbrocken, die sich zu einem zufälligen Gewölbe festgekeilt hatten. Sie stießen eine Öffnung in die Membrane. Darunter waren Finsternis und Leere.

Ein deutscher Soldat mit einer Taschenlampe stieg in die Finsternis hinunter und blieb lange Zeit unten. Als er schließlich zurückkam, sagte er einem am Rand der Öffnung stehenden Vorgesetzten, daß Dutzende von Leichen dort unten waren. Sie saßen auf Bänken. Sie waren nicht gekennzeichnet.

So geht das.

Der Vorgesetzte sagte, daß die Öffnung in der Membrane erweitert und eine Leiter in das Loch hinuntergelassen werden sollte, um die Leichen herausschaffen zu können. So begann das erste Leichenbergwerk in Dresden.

Allmählich wurden Hunderte von Leichenbergwerken in Betrieb genommen. Sie rochen zuerst nicht schlecht, waren wie Wachsfigurenmuseen. Aber dann zersetzten sich die Leichen und lösten sich auf, und der Gestank war wie Rosen und Senfgas.

So geht das.

Der Maori, mit dem Billy zusammengearbeitet hatte, starb in der erstickenden Luft, nachdem man ihm befohlen hatte, in diesen Gestank hinunterzusteigen und dort zu arbeiten.

Er riß sich selbst in Stücke, während er nach oben schaffte und immer wieder nach oben schaffte.

So geht das.

Daher wurde eine neue Arbeitsmethode eingeführt. Die Leichen wurden nicht mehr heraufgebracht. Sondern sie wurden dort, wo sie waren, von Soldaten mit Flammenwerfern eingeäschert. Die Soldaten standen draußen und warfen einfach das Feuer hinein.

Irgendwo dort wurde der arme alte Oberschullehrer Edgar Derby mit einem Teekessel ertappt, den er aus den Katakomben mitgenommen hatte. Er wurde wegen Plünderns festgenommen. Er wurde verurteilt und erschossen.

So geht das.

## MARIE WASSILTSCHIKOW

### Wien, 21. Februar 1945

Der heutige Angriff war besonders unangenehm. Als er begann, war ich noch im Hotel. Wir gingen alle in den Keller, so tief hinunter wie möglich: Vinzi [Prinz Vinzenz zu] Windisch-Graetz, Martha [Baronin von] Plonai, die Potockis [Fürst Alfred und Fürstin Beatrice], die Sapiehas [Fürstin Elisabeth, Fürstin Therese, Fürst Eustace], Etti [Gräfin Maria von] Berchtold mit ihrer Mutter usw. Der Lärm war ohrenbetäubend – die Einschläge und das Klirren von zersplitterndem Glas schienen überhaupt kein Ende zu nehmen.

Nach der Entwarnung ging ich mit Veichtel [Graf Ferdinand von] Starhemberg den Ring hinunter. Wir hatten gehört, daß das Liechtenstein-Palais getroffen worden sei. Als wir dort ankamen, stellten wir fest, daß zwar das Dach fehlte, aber das Gebäude im übrigen nicht sehr schwer beschädigt zu sein schien. Vor dem Haus lagen die Trümmer einer abgeschossenen amerikanischen Maschine über den ganzen Bürgersteig verstreut, die munter weiterbrannten; hin und wieder gab es kleine Detonationen, wenn die Munition hochging. Die gesamte Besatzung bis auf einen war umgekommen. Ein einziger war abgesprungen, aber an einem Dachgiebel hängengeblieben, wobei ihm beide Beine abgerissen worden waren. Einer der Umstehenden erzählte uns, daß seine Schreie während des ganzen Angriffs zu hören gewesen seien, aber es keiner gewagt habe, den Luftschutzkeller zu verlassen. Als man ihn schließlich erreichte, war er schon tot.

Wir gingen weiter. Neben dem Burgtheater lag ein Blindgänger. Die gesamte Umgebung war abgesperrt worden, aber wir gingen, ohne auch nur einen Gedanken an ihn zu verschwenden, vorbei. In der ganzen Stadt hing dichter Rauch; auf dem Karlsplatz, auf der anderen Seite des Rings unserm Hotel gegenüber, klaffte ein riesiger Bombenkrater.

## JACOB KRONIKA
## Der Untergang Berlins

Jacob Kronika kam im Sommer 1932 aus Flensburg als Korrespondent nach Berlin, um für die Tageszeitung der dänischen Minderheit in Deutschland, *Flensborg Avis,* und für die Kopenhagener Zeitung *Nationaltidende/Dagens Nyheter* zu berichten; später (ab Dezember 1940) schrieb er auch für das Stockholmer *Svenska Dagbladet.* (1941 wurde Arvid Fredborg sein Kollege.) Als sie im Frühjahr 1940 Berlin besuchte, begegnete er Karen Blixen. Kronikas Buch *Der Untergang Berlins* erschien 1946 in Kopenhagen, die Übersetzung kam noch im selben Jahr in Deutschland heraus.

### 11. März 1945

Unweit der arg beschädigten Kirche mit den drei Spitzen auf dem Turm liegt eines der Krematorien Berlins. Ein ausgedehnter Friedhof umgibt den Bau.

Aber auch die Ruhestätte der Toten hat keinen Frieden vor den Bomben. Die Urnenhallen haben schwere Treffer erhalten. Es macht einen unheimlichen Eindruck, vor einem abgesperrten Teil einer solchen Halle zu stehen, wo die Mauern geborsten sind und wo die Reste der »heimatlosen« Urnen zu einem traurigen Haufen auf zerrissenen Fliesen zusammengetragen wurden.

Auch der Friedhof ist getroffen. Die Grabsteine liegen umgestürzt und zerbrochen übereinander. Nackte Baumstämme ragen aus der Erde. Von der Kapelle des Friedhofes stehen nur noch die Außenmauern.

## MARIE WASSILTSCHIKOW

### Wien, 12. März 1945

Ein schwarzer Tag für Wien.

Sita [Prinzessin Carmen von] Wrede platzte in mein Büro im Lazarett mit der Warnung, daß riesige feindliche Luftverbände im Anflug seien. Ich hatte viel zuviel zu tun, als daß ich mit ihr in den Tunnel hätte rennen können. Sita geht gern früh hin, wenn er noch nicht so überfüllt ist. Als ich endlich fertig war, hatte sie die Geduld verloren und erklärte, jetzt könnten wir auch an Ort und Stelle bleiben. Ich fühlte mich schuldbewußt, da es an mir lag. Viele andere schienen jedoch auch im Lazarett geblieben zu sein, denn unten im Keller drängten sich Verwundete und Schwestern. Ich setzte mich zu den ersteren. Einer von ihnen, ein Hauptmann Bauer, ist ein berühmtes Flieger-As und hat das Ritterkreuz mit Eichenlaub. Er hat eine schwere Schulterverwundung, darf aber aufstehen und herumlaufen. Wir schwatzten eine Weile, aber dann gingen die Lichter aus, und bald übertönte der Lärm draußen jegliche Unterhaltung. Ich machte einen kurzen Besuch in der Kellerstation, wo *Schwester** Agnes schluchzend auf einer Tischkante saß, während ihr ein junger Chirurg beruhigend auf den Rücken klopfte. Sonst ist sie ein so beherztes und fröhliches Geschöpf, aber während der Luftangriffe verliert sie jedesmal die Fassung. Ich setzte mich zu ihr auf die Tischkante, und wir umklammerten uns gegenseitig. Draußen war ein solches Gepfeife und Getöse, wie ich es in Wien noch nie erlebt hatte. Oben auf dem Dach steht ein Wachtposten, der seinen Platz, komme, was da wolle, nicht verlassen darf. Dieser meldete uns jetzt, daß der Tunnel einen Volltreffer erhalten habe. Uns fielen sofort unsere vielen Patienten und Schwestern ein, die dort Schutz gesucht hatten. Etwa zehn Minuten später, als sich der Lärm ein wenig gelegt hatte, kamen auch schon Leute mit Bahren herein, auf denen die Männer und Frauen lagen, die noch vor einer knappen Stunde fröhlich in den Tunnel gewandert waren. Es brach einem das Herz! Einige von ihnen schrien laut. Ein Mann, der eine Bauchverletzung erhalten hatte, umklammerte meinen Fuß und bettelte: »Narkose, Schwester, Narkose! …« Er wimmerte in einem fort. Einige der Verwundeten wurden auf der Stelle im Keller operiert, wo es weder Licht noch Wasser gab, aber dieser arme Junge starb bald. Der Chefarzt schrie ständig all jene an, die gegen seinen ausdrücklichen Befehl im Lazarett geblieben waren. Er war wütend, denn er stellte fest, daß sich fast das gesamte Personal im Lazarett befand: »Wenn wir hier einen Volltreffer abbekommen hätten, wäre ich meine ganzen Leute auf einmal losgeworden.« Anscheinend hat die Bombe am Eingang des Tunnels eingeschlagen, gerade als einige der Schutzsuchenden herausgekommen waren, um frische Luft zu schnappen. Andere behaupten, es habe fälschlich geheißen, der Angriff sei vorüber. Jedenfalls wurden vierzehn Personen sofort getötet, und die Szenen in unserm Keller, als die Überlebenden hereingebracht wurden, werde ich mein Lebtag nicht vergessen.

Später kletterten wir aufs Dach und blickten von dort zum Zentrum hinüber. Professor [Prinz Alfred von] Auersperg behauptete, er könne das Opernhaus brennen sehen, aber überall war so viel Rauch, daß man nicht wirklich erkennen konnte, was vor sich ging.

Am Abend erschien Willy [Prinz Wilhelm von Thurn und] Taxis. Er hatte von dem Unglück im Tunnel gehört und sich um mich gesorgt. Er wartete, bis ich mit meiner Arbeit fertig war, und dann gingen wir gemeinsam zu Fuß in die Stadt zurück. Überall lagen Trümmer. Er erzählte, daß das Zentrum schwer getroffen worden sei – die Oper, der Jockeyklub, selbst unser Hotel Bristol. Ich fragte ihn, ob es mein Zimmer noch gäbe. Er wußte es nicht. Bis wir das Zentrum erreichten, war es Nacht, dennoch hätte man vielerorts im Schein der Flammen, die aus den Gebäuden loderten, Zeitung lesen können. Es roch auch stark nach Gas, genau wie in Berlin in der schlimmsten Zeit.

Erst gingen wir bei den [von] Wilczeks in der Herrengasse vorbei, um diese zu beruhigen. Sisi [Gräfin Elisabeth] lag mit Mandelentzündung und hohem Fieber im Bett. Alle Hausbewohner waren leicht hysterisch und benahmen sich fast wie Betrunkene. Das fürchterlichste Unglück war, wie wir hörten, im Jockeyklub geschehen, in dessen Keller 270 Personen umkamen. Das Gebäude brennt noch immer, und niemand kann auch nur in seine Nähe kommen. Josy [Josephine von] Rosenfeld erzählte mir, in den schlimmsten Augenblicken habe sie sich an Poldi [Fürst Leopold von] Fugger geklammert in dem Gefühl, daß ein mit Orden bedeckter Fliegergeneral bei einem Luftangriff die sicherste Zuflucht böte!

Poldi ist nämlich noch immer hier, um seine Mutter zu beerdigen. Bisher ist es ihm aber nicht gelungen, da Särge knapp sind. Anscheinend fertigte man diese zunächst aus dem gleichen Pappkarton an, der als Ersatz für die zerstörten Fensterscheiben in den Gebäuden dient, aber jetzt ist selbst dieses Material ausgegangen. Vor ein paar Tagen erklärte Meli [Gräfin Helene von] Khevenhüller, sie verbiete mir, jetzt zu sterben: »Das kannst du uns nicht antun!« Womit sie sagen wollte, daß ihnen meine Beerdigung zu viele Probleme verursachen würde. Nicht nur Särge sind knapp, sondern Verwandte und Freunde müssen inzwischen auch die Gräber selber schaufeln, da alle Totengräber beim Militär sind. An verschiedenen Orten warten ohnehin bereits ganze Stapel improvisierter Särge auf ihre Beisetzung.

Solange der Winter andauert, ist dies lediglich gespenstisch, aber Gott allein weiß, was geschieht, wenn der Frühling kommt und der Schnee schmilzt. Neulich fand die feierliche Beerdigung eines verstorbenen Obersten statt. Sogar eine Militärkapelle spielte. Just als man den Sarg ins Grab senken wollte, verrutschte der Deckel, und das Gesicht eines grauhaarigen alten Weibleins kam zum Vorschein. Die Zeremonie wurde fortgesetzt!

### Wien, 18. März 1945

In der Kirche mit Hansi [Graf Johannes von] Oppersdorff. Besuchte dann Sisi Wilczek, die noch im Bett lag. Am Tage, als das Opernhaus zerstört wurde, schrieb mir ihr Onkel Cary [Karl] einen Brief, der das Datum »Der schlimmste Tag, den Wien je erlebt hat« trug. Der Ärmste, er ist völlig gebrochen, ebenso Sisis Vater. Franzl [Fürst Franz von Assisi Thurn und] Taxis erklärte mir, daß für ihre Generation Wien das gleiche bedeute wie für uns unsere Schlafzimmer: Jede Ecke »gehörte« ihnen, jeden Stein kannten sie …

## JANET FLANNER
## Brief aus Köln

Im Jahr 1922 war Janet Flanner von New York nach Paris gezogen. Für die neugegründete Zeitschrift *New Yorker* schrieb sie ab 1925 eine zweiwöchentliche Kolumne, »Brief aus Paris«. Sie unterzeichnete mit dem Pseudonym »Gênet« (einer spielerisch romanisierten Version ihres Vornamens,

Janet). In Paris war sie befreundet mit dort lebenden Landsleuten, etwa mit der Schriftstellerin Gertrude Stein. Flanner unternahm Reisen nach Deutschland und berichtete als Korrespondentin im *New Yorker* unter anderem 1936 aus Berlin von den Olympischen Spielen und 1937 aus München von Vorbereitungen auf den Krieg und auf den »Anschluß« Österreichs. 1939 ging sie zurück nach New York. Im November 1944 kam sie über London ein weiteres Mal in die französische Metropole. »Europa ist ein Leichenhaus«, stellte sie entsetzt fest. Mit ihrem Freund Ernest Hemingway traf sie sich im Restaurant »Deux Magots«. Zeitweise arbeitete die Zeitschriften-Journalistin fürs Radio. Sie beobachtete den Prozeß gegen den Kollaborateur Charles Maurras in Lyon und die Kämpfe um La Rochelle. Mit den alliierten Truppen erreichte sie im März 1945 das zerstörte Köln. Der Titel ihrer Reportage, die sie am 19. März von dort nach Amerika funkte, lehnt sich an den ihrer Pariser Kolumne an: »Brief aus Köln«. Anschließend kam sie nach Wiesbaden und Ravensbrück, nach Weimar und Buchenwald.

Köln am Rhein ist mittlerweile ein Sinnbild der Zerstörung. Die nahe gelegene Stadt Aachen starb auf andere Weise: Ihr ansehnliches, trauriges Skelett steht aufrecht; hinter den eleganten, verzierten Fassaden ist sie ausgebrannt. Köln mit seiner wuchtigen, mittelalterlichen Pracht liegt in Trümmern. Jeglicher Schönheit entkleidet, gestaltlos im Schutt und in der Öde vollständiger physischer Vernichtung, erstreckt sich die Stadt entlang des Flußufers. Durch seine von Hindernissen verstopften Seitenstraßen tröpfelt ein Rest von Leben, eine geschrumpfte Bevölkerung in Schwarz und mit Bündeln beladen – das stumme deutsche Volk, passend zu der stummen Stadt.

Die meisten Menschen in Köln sind wenig mitteilsam. Benommen von einer Woche Niederwerfung, drei Jahren Bombardierung und zwölf Jahren Propaganda, klingen die alten Männer und die Frauen und Kinder, die jetzt die Stadt bewohnen, als hätten sie jede Fähigkeit, vernünftig zu denken und die Wahrheit zu sagen, eingebüßt. Und einer sachlichen Unterhaltung sind auch die letzten Befehle, die ihre Nazi-Regierung ihnen hinterlassen hat, nicht gerade förderlich. Ein brandneues, nicht sehr haltbar aussehendes Plakat, das in den aufgeweichten Straßen Kölns an stehengebliebenen Mauern allenthalben klebt, verkündet in gotischen Buchstaben und mit Ausrufezeichen *»Schweigen, siegen!«** Diese Plakate wurden angebracht, unmittelbar bevor die amerikanische Erste Armee in Köln einzog. Angesichts der militärischen Niederlage setzt das bezwungene Deutschland offenbar erneut auf den psychologischen Sieg, den es beim letzten Friedensschluß errungen hatte – den Sieg, der aus Schweigen, Lügen, Jammern, Entschlossenheit, Hingabe und Arglist hervorgeht. Sogar die Kinder hat man offenbar angewiesen, die üblichen alten, patriotischen kleinen Nazi-Flunkereien zum besten zu geben. Ein paar Buben, die ich traf und die ganz offensichtlich ihre Mützen aus der Hitlerjugend trugen, von denen die Abzeichen entfernt worden waren, erklärten mir unverfroren, das seien ganz normale Wintermützen. Selber überrascht davon, wie leicht es ihnen gleich beim ersten Mal gelungen war, einen dekadenten demokratischen Ausländer an der Nase herumzuführen, liefen sie dann kichernd fort und versteckten sich in einem zerbombten Hauseingang. Ihr Lachen war das einzige, das ich in Köln zu hören bekam. Kürzlich erreichte uns aus der benachbarten Stadt Bonn die gerade von unseren Truppen eingenommen worden war, ein außergewöhnlicher Vorschlag. Als Universitätsstadt fühlte sich Bonn imstande, unserer Armee beizuspringen und eine ausgewählte Gruppe von stadteigenen Dolmetschern anzubieten. Sie sprächen alle perfektes Oxford-Englisch und Hochdeutsch und könnten deshalb beim Umgang mit der Bonner Zivilbevölkerung unsere amerikanischen Dolmetscher ersetzen; von letzteren sind viele deutsche Juden.

Der einzige Deutsche aus Köln, mit dem ich sprach und der etwas Vernünftiges äußerte, fing mit den üblichen demütigen Lügen an, endete aber schließlich bei seiner Version von teutonischer Wahrheit. Er wohnt in der Nähe des Tors zum Gestapo-Gefängnis Klingelpütz und hat vierzig Jahre lang als Paketbinder bei der *Kölnischen Zeitung* gearbeitet, der führenden konservativ-katholischen Zeitung der Stadt. Unsere Unterhaltung begann er mit der gemurmelten Lüge, kein Deutscher habe je geglaubt, daß Deutschland den Krieg gewinnen könne; danach gab er zu, daß der schockierende Gedanke einer möglichen Niederlage ihm und allen anderen erstmals gekommen sei, als ihre Armee es nicht schaffte, Stalingrad zu erobern. Ich fragte ihn, ob die Deutschen nicht den Mut verloren hätten, als Japan die mächtigen, produktiven USA in den Konflikt hineinzogen. Sie hätten, sagte er, im Gegenteil triumphiert und uns klugerweise sofort von sich aus den Krieg erklärt. Damit hätten sie uns, erläuterte er, jenen Zweifrontenkrieg aufgezwungen, der dem deutschen Oberkommando seit langem als gleichbedeutend mit der militärischen Niederlage gegolten habe. Er schien tatsächlich imstande, die Vorstellung der unaufhaltsamen deutschen Niederlage – im Zweifrontenkampf – philosophisch zu akzeptieren, da ja damit bewiesen war, daß – jedenfalls für Deutschland selbst – das deutsche Oberkommando absolut recht behalten hatte. Außerdem fand er, daß England irgendwie historisch versagt hatte, als es sich 1941 nicht niederzwingen ließ.

Er und seine leidende, nervöse Frau, mit der ich mich ebenfalls unterhielt, waren dreimal ausgebombt worden, wobei sie nur zweimal mit ihm zusammen verschüttet worden war, weil sie bei dem schrecklichen Tagesangriff am 17. September 1944 nicht zu Hause war, sondern gerade nach Lebensmitteln anstand und in einen der nahe gelegenen *Bunker** stürzte, wie die Deutschen ihre eigens für den Luftschutz errichteten Unterstände nennen. Köln zu verlassen, wo sich Lebensmittel relativ leicht beschaffen ließen, war ihnen nie in den Sinn gekommen. Aber bombardiert wurde ja auch anderswo, und Flüchtlingen war man nicht wohlgesinnt. Die Eheleute zeigten mir ihren Kellerraum, in dem sie während der letzten vierzehn Monate geschlafen, gekocht und gebangt hatten. Wenn man die Umstände in Rechnung stellt, erschien und roch die Örtlichkeit normal – feucht, dunkel, vollgestopft mit einem Sammelsurium aus Bettzeug und Kochgeschirr, Familienphotos und verdreckten Kleidern. Im Kölner Schmutz vermischen sich Tapeten aus den ausgebombten Wohnungen, Fensterglas, Bücher, Ziegel, die von den Schieferdächern schöner alter Gebäude herabgefallen sind, und gewiß auch Blut von den zweihunderttausend Toten, dem Viertel der Kölner Bevölkerung, das jetzt in Frieden ruht. Nun, da die Amerikaner da waren, hatten der Paketbinder und seine Frau vor, wieder oben zu schlafen. *»Gott sei Dank«*,* sagte die Frau düster. »Jedenfalls bringen sie das Ende des Kriegs.«

Die Überlebenskraft des ärmlichen Mietshauses, in dem dieses Ehepaar wohnte, hatten nur wenige der großen Wohnhäuser Kölns bewiesen. Die Bomben hatten das Schlafzimmer des Paketbinders im Erdgeschoß verschont. Aus dem einen Fenster des Zimmers sah man auf dem von Trümmern übersäten Gelände draußen eine weggeworfene Nazifahne. Sie konnte nur aus diesem Raum dorthin gelangt sein. Wie bei allen Nazifahnen, die wie scharlachfarbener Müll entsorgt worden waren und in den Winkeln der Gassen herumlagen, ließ sich genau datieren, seit wann sie dalag. Garantiert befand sie sich dort exakt seit Dienstag nachmittag, vier Uhr dreißig, als die amerikanische Armee offiziell von der Stadt Besitz ergriffen und mit dem begeisterten Einsammeln deutscher Souvenirs wie etwa Nazifahnen begonnen hatte. Köln war so gründlich durch die Bombardements zerstört, daß die deutsche Armee sich nicht die Mühe machte, die Ruinen der Stadt zu verminen; vermutlich ging sie irrtümlich davon aus, daß die Ruinen nichts bargen, was den amerikanischen Soldaten reizen konnte.

Die Hunderttausend Einwohner von Köln, die während all unserer schweren Luftangriffe wie Höhlenbewohner in ihren Löchern gehaust haben, tauchen jetzt aus der Tiefe auf, um sich mit bleicher Unterwürfigkeit bei der Militärregierung der amerikanischen Armee zu melden, die bereits mit einer

Volkszählung angefangen hat. Drei Stunden nachdem unsere Armee ihren letzten blutigen Schritt hinein in die Stadt getan hatte, fing diese Militärregierung bereits mit ihrer Arbeit an. Viel von dem Eindruck, den wir auf das in Haft genommene Deutschland machen und den das Land auf uns macht, wird im Zuge unserer ersten zivilen Beziehungen zu Köln, der ersten Großstadt, die wir erobert haben, feste Form annehmen. Ebenso gefährlich wie bequem könnte es in dem Augenblick werden, in dem die amerikanische Verwaltung wie von ungefähr feststellt, daß sich mit den folgsamen, servilen, tüchtigen deutschen Feinden leichter auskommen läßt als mit den wankelmütigen, eigenwilligen Franzosen oder den kritteligen Belgiern oder den sturen Holländern.

Fraternisieren wird in Köln hart bestraft. Was in Aachen, wo wir zum ersten Mal massenhaft mit Deutschen in Kontakt kamen, als die Fünfundsechzig-Dollar-Frage firmierte – so hoch war die von General Eisenhower verfügte Geldstrafe, die ein Soldat zu zahlen hatte, wenn er mit einem deutschen *Mädchen** sprach –, ist in Köln zu einer Haftstrafe von zehn Jahren angehoben worden. Ich habe erlebt, wie ein Soldat mit einem Kölner *Fräulein** länger als nötig über die Reinigung seiner Wäsche sprach – für sich genommen, ein erlaubter platonischer Dialog. Ein Militärpolizist nahm ihn in Haft, theoretisch für zehn Jahre. Ein anderer von der Militärpolizei aufgegriffener Soldat stellte sich als ein Deutschamerikaner aus Pennsylvania heraus, der für die Armee als Späher arbeitete, sich in den von Trümmern übersäten Straßen Kölns verirrt hatte und sich in schlechtem Deutsch nach dem Weg erkundigte. Unsere Armee hat einige grandiose farbige *Stadtpläne** von Köln erbeutet, aber leider existieren die dort angegebenen Straßen nicht mehr. Selbst die Stadtparks sind zerstört. Für die Deutschen mit ihrem geradezu religiösen Sinn für Symbolik muß es schockierend sein, im Park Erholung zu suchen und unter einem gesprengten Baum und einer kopflosen Statue der schönen Königin Luise zu sitzen.

In Köln finden sich zwei wichtige Folterkammern. Es war gut, daß ein halbes Dutzend von uns amerikanischen Journalisten sie gemeinsam besichtigten, so daß unsere Augenzeugenberichte übereinstimmten und deshalb Glauben fanden. Manchmal hat man den Eindruck, daß die Amerikaner im allgemeinen und die Verfechter der Lehre von den guten und den bösen Deutschen im besonderen über die Greueltaten der Nazis gar nichts erfahren wollen. Bestimmte Offiziere unterscheiden sich von ihren Mannschaften nicht zuletzt dadurch, daß sie selbst noch in diesem späten Stadium zu der Überzeugung neigen, die Rede vom deutschen Sadismus sei nichts als hysterisches Gewäsch, während ihre Männer normalerweise wissen, daß es sich um eine unerfreuliche Tatsache handelt. Keine Frage, daß die schwer mitgenommenen, narbenbedeckten, halbverhungerten menschlichen Wesen, die ich an dem kalten Samstag nach dem Einmarsch unserer Armee in Köln durch das Gittertor des Gestapo-Gefängnisses Klingelpütz in die Freiheit taumeln sah, leibhaftige Beweise für die Existenz äußerst böser Deutscher darstellten. Während der ersten halben Stunde, die sie, außer sich vor Freude über ihre Freiheit, an der frischen Luft verbrachten, gebärdeten sich diese Männer und Frauen, die man wegen der Normalität ihrer politischen Überzeugungen ins Gefängnis gesteckt hatte, wie Verrückte – sie schluchzten, fielen auf das Kopfsteinpflaster des Hofes nieder, wackelten mit den Köpfen und drückten die Hände gegen die Schläfen, wo man sie am häufigsten geschlagen hatte. Aus der Nase eines französischen Jungen spritzte Blut in einem blaßrosafarbenen, erregten, pulsierenden Strahl. Ein hochgewachsener, einst kraftvoller holländischer Arbeiter rief auf deutsch: »Wir dürfen nie vergessen! Schwört es!« Ein schmaler junger Belgier in Tweedsachen, die einmal gute Kleider gewesen waren, stand betend über einen Erdhügel gebeugt im Gefängnishof. Sein Vater und vier andere Gefangene waren dort, eine Nacht bevor unsere Soldaten einmarschierten, begraben worden. Der Sohn band mit einem ausgefransten Lederriemen, den er als Gürtel für seine Hose benutzt hatte, zwei Holzstücke zu einem Kreuz zusammen. Dann betete er. Er entschuldigte sich bei mir auf englisch, daß er nicht rasiert sei. Die angebotene Zigarette lehnte er zuerst ab – »ich möchte Ihnen nichts wegnehmen«. Er und sein Vater hatten dem Widerstand angehört. Das auffälligste Mitglied der Gruppe war das immer noch ausnehmend hübsche Brüsseler Mädchen in einem blauen Regenumhang, der ihr das Aussehen einer Heiligen verlieh. Sie hatte neunzehn Monate ihrer neunzehn Jahre in Gefängnissen der Gestapo verbracht, weil sie RAF-Piloten bei der Flucht geholfen hatte. Beeindruckt hat mich auch eine siebzigjährige holländische Großmutter, die alles hatte, was man verlangen konnte: Würde, Viersprachigkeit, Goldrandbrille, einen gutbürgerlichen schwarzen Pelzmantel. Sie hatte BBC gehört. Es gab auch eine Reihe von blonden, tuberkulösen russischen Frauen, einige verängstigt wirkende, stumme Polen und drei völlig durchgedrehte Deutsche. Einer der befreiten Franzosen war ein Kellner aus einem Café am Montmartre, der sich geweigert hatte, nach Deutschland arbeiten zu gehen, und deshalb hergebracht und in ein Konzentrationslager, das erste in einer Reihe von insgesamt neun Lagern, gesteckt worden war. Neunmal war er geflohen, und neunmal hatte man ihn wieder gefaßt. Überall hatten die Schläge, mit denen ihn die Deutschen traktiert hatten, Verletzungen hinterlassen – an Augen, Zähnen, Händen, Kopf und Füßen. In einem Lager an der Weichsel hatte er einen Sommer lang geschuftet und zusammen mit ein paar halbverhungerten Polen Sand gebaggert, um für die Offiziere des *»Herrenvolks«** einen Strand anzulegen.

Bei der zweiten Folterkammer handelte es sich um das Gestapo-Büro am Appellhofplatz, gegenüber dem Appellationsgericht, das für die Gestapo nicht existiert hatte. In der Nähe des merkwürdigerweise unbeschädigten Büros lagen auf einer Matratze mitten in einer zertrümmerten Straße die Leichen dreier junger Nichtdeutscher. Die drei Männer wurden gerade von zwei Gestapo-Leuten zum Vernehmungsraum geschleppt, als eine amerikanische Granate einschlug und, vielleicht zum Glück, alle fünf tötete. Hoch über ihnen lag ein sechstes Opfer derselben Granate: ein wohlhabender deutscher Ruheständler in einem adretten blauen Anzug und mit Ehering am Finger; sein gutgenährter Körper lag eingeklemmt, aber unversehrt unter den Treppenstufen auf dem Podest im zweiten Stock seines großen Hauses, dessen eine Hälfte wenige Zentimeter vor der Stelle, an der er lag, wegrasiert worden war. Unter dem Gestapo-Büro befand sich ein kleiner Kellerraum, in dem, wie die Klingelpütz-Häftlinge erzählten, die Gestapo andere Gefangene in Sechsergruppen aufgehängt hatten; man stellte sie dicht nebeneinander in einer Reihe auf Stühle, legte ihnen Schlingen um den Hals, die von einer Stange über ihren Köpfen herabhingen, und stieß dann die Stühle unter ihren Füßen weg. Ein Italiener war dadurch zur Legende geworden, daß er selbst seinen Stuhl wegstieß und mit seinem letzten Atem die Worte *»Viva Italia! Viva la libertà!«* herauswürgte.

Im Kellergeschoß der Gestapo roch es nach einer vergammelnden Pferdefleischkeule, an der noch ein Huf baumelte. Offenbar waren die Vorräte knapp geworden, während die Amerikaner auf die Stadt vorrückten. Im Büro standen Akten, in denen sich einige Exemplare einer Broschüre der SS in französischer Sprache fanden, die für französische Zwangsarbeitertrupps bestimmt waren. Darin las man: »Französische Kameraden, wenn Euch die Zukunft Eures Landes am Herzen liegt, könnt Ihr in diesem Konflikt nicht neutral bleiben, sondern müßt zu den Waffen greifen, um an der Seite Eurer europäischen Brüder zu kämpfen. Euer Land geht unter dem jüdisch-angloamerikanischen Bombenhagel zugrunde. Eure Eltern leben in Ruinen. Kommt und rächt sie. Kommt mit uns, um diese Meuchelmörder aus Frankreich zu verjagen, seid ehrenhaft genug, diese Aufgabe nicht allein den Deutschen zu überlassen. Bekämpft mit uns die wahren Feinde Eures Landes, die es in einen riesigen Friedhof verwandeln, die Juden. Dank Euch wird Frankreich wieder zum Leben erwachen, und Ihr werdet teilhaben an seiner Auferstehung im Rahmen der neuen nationalsozialistischen

Herrschaft, die wir nach unserem Sieg errichten werden. Stellt Euch in den Dienst der Bewaffneten Elitetruppe Frankreichs oder der Französischen Nationalsozialistischen Bewegung, in Düsseldorf, Freytagstraße 7.«

Die architektonisch interessanten Bauten Kölns sind zu fünfundsiebzig Prozent zerstört, meldet die für Kunstwerke und Denkmäler zuständige Abteilung unserer Armee. Das Wallraf-Richartz-Museum, das schöne Bilder der Süddeutschen und der Kölner Schule aus der Zeit zwischen 1300 und 1550 beherbergte, darunter viele Werke Altdorfers, Cranachs und Dürers sowie Stefan Lochners berühmtes Gemälde *Madonna im Rosenhag,* wurde in Trümmer gelegt – allein schon wegen der großartigen Säulengänge ein herber Verlust. Die Gemälde freilich hatte man ausgelagert. Unsere Kunstexperten schätzen, daß der Kölner Dom nur zu zehn Prozent Schaden erlitten hat; die für die Hohenzollern typische Selbstbespiegelungsneigung verklärte ihn zu einer der großartigsten Kathedralen der Welt, obwohl sein anmutiges Mittelschiff erst sage und schreibe 1880 vollendet wurde (ein Priester war noch zur Stelle, um unseren Soldaten, die gerade den Dom besichtigten, einen Besucherprospekt in die Hand zu drücken) und er der Saint-Patrick's-Kathedrale in der Fifth Avenue [in New York] kaum etwas voraushat. Den eigentlich schweren Verlust für Köln und die Welt bilden die romanischen Kirchen der Stadt aus dem elften Jahrhundert, wie etwa das ein Zehneck bildende Sankt Gereon und vor allem Sankt Aposteln mit seinen Seitenschiffen aus dem zwölften Jahrhundert, mit herrlichen Mosaiken und einer grandiosen Vierungskuppel. Ich stolperte und kroch ein großartig proportioniertes Hauptschiff entlang, in das die Kuppel als farbiger Trümmerhaufen herabgestürzt war. Droben hoben sich vier der Kuppelstreben und die wundersamerweise intakt gebliebene Laterne als nackte, widerständige Bauprinzipien – fast tausend Jahre alt in ihrer Weisheit und Ausgewogenheit – gegen den trüben, heutigen Himmel ab. Diesen Himmel durchquerte eine neun Flugzeuge umfassende Staffel. In weiter Ferne begannen Mörsergranaten der Nazis, die auf der anderen Seite des Rheins immer noch kämpften, in ihrer einst so herrlichen Stadt einzuschlagen. Die Luft erzitterte, und aus dem beschädigten Chor bluteten große Tropfen roten Mosaiks auf den Altar herab.

Man kann davon ausgehen, daß die Ruinenlandschaft, als die sich Köln präsentiert, das vorwegnimmt, was die rasch vorrückende Armee in einer Stadt nach der anderen antreffen wird. Weil Deutschland dicht bevölkert ist, sind mehr Städte zerstört worden als in irgendeinem anderen europäischen Land. Die Niederlage im letzten Krieg kostete Deutschland nicht einen einzigen Stein. Diesmal findet sich der Zerstörer anderer selbst zerstört. Diese reale Zerstörung Deutschlands bildet den einen positiven Grund für die Erwartung, daß diesmal die Alliierten den Frieden gewinnen können. Wie auch immer sie Deutschland aufzuteilen beschließen, die deutschen Städte, wenn sie so aussehen wie Köln, sind bereits aufgeteilt – in kaum handgroße Steinbrocken.

## LOUIS-FERDINAND CÉLINE
### Rigodon (Hannover)

Während die alliierten Truppen von Westen her immer näher kamen, verließ Louis-Ferdinand Céline am 22. März 1945 Sigmaringen. Auf Umwegen über Ulm, Augsburg, Nürnberg, Bamberg, Eisenach und Göttingen kam er nach Hannover und Hamburg. Schließlich erreichte er Flensburg (am 26. März) und gelangte ins ersehnte Dänemark – am 27. März 1945 traf er mit seiner Frau in Kopenhagen ein. Ein Zug des Roten Kreuzes soll die beiden über die Grenze mitgenommen haben. (Hier überschneiden sich die Wege des französischen Antisemiten Céline und des schwedischen Judenretters Bernadotte.) In Dänemark wurde der Schriftsteller für einige Monate inhaftiert, bevor er schließlich nach Frankreich zurückkehrte, wo er seine Deutschland-Trilogie veröffentlichte. In ihr bedient sich Céline einer explosionsartigen, abgehackten, delirierenden Sprache, die von ihrem außergewöhnlichen Gegenstand, nicht zuletzt dem Bombenkrieg, künstlerisch herausgefordert zu sein scheint. Célines Bilder allgemeiner Zerstörung fügen sich zusammen zu einer apokalyptischen Vision. Sie scheinen eine nihilistische Weltsicht zum Ausdruck zu bringen. Der hilflos durch das zertrümmerte Reich irrende Flüchtling versteht sich als Opfer höherer Gewalten, während er seine politische Rolle herunterspielt. – Das Wort *rigodon* hat mehrere Bedeutungen: es bezeichnet einen Volltreffer; oder auch einen Tanz, der sich hier auf die Brände beziehen kann, die über den Trümmern der deutschen Städte schwelen.

Knifflig ist es, Hannover zu durchqueren … sie wissen alles! die Vororte, die Stadt … alles hat gebrannt, sagen sie … das vereinfacht die Sache … vorwärts also! ich glaube, etwa fünfzig machen sich da auf den Weg, Mütter, Kinder, Greise … wir sind bei ihnen … eine Sammlungsbewegung … keine trübseligen Leute, fast fröhlich, möchte ich sagen … schön! wir latschen weiter … wir sind nicht weiter aufgefallen, ich, Lili, die Kratzbürste … wir gehören dazu … in Ordnung … sie hatten keinen Unsinn geredet, wie wir weitergingen, sah ich, nicht viele Häuser waren stehen geblieben … mehr oder weniger als in Berlin? ungefähr dasselbe, aber heißer, lohender, und mit wirbelnden Flammen … gleichsam höher … hüpfender … grün … rosa … zwischen den Mauern … ich hatte noch nie solche Flammen gesehen … sie benutzten jetzt wohl noch andere brandstiftende Schweinereien … ulkig war's, daß über jedem zusammengestürzten Haus, über jedem Trümmerhaufen grün-rote Flammen umhertanzten … und noch mal im Kreis! zum Himmel hin! … man muß sagen, diese Trümmerstraßen … grün … rosa … rot … wirkten tatsächlich festlich, viel heiterer, glänzender als in ihrem normalen Zustand von miesen, düsteren Backsteinen … sie schaffen es nämlich nie, heiter zu sein, außer im Chaos, Erdbeben, im Weltbrand, aus dem Apokalypse hervorgeht! … da mußte es passiert sein! die ›Festungen‹ waren anscheinend dagewesen … und nicht einmal … zwei- … dreimal … bis zur totalen Zerstörung … sie hatten über einen Monat gebraucht, Hunderte, waren darübergeflogen, hatten Tag und Nacht Tonnen und aber Tonnen abgeworfen … da stand wirklich nichts mehr … nur noch Mauerreste und Brandherde … ich sagte es schon … jedes Ex-Gebäude noch mit Ruß und Flammen … und auch kleine Explosionen … ich habe Ihnen schon ausführlich von den Gerüchen erzählt … immer ungefähr den gleichen Gerüchen in Berlin, Oddort oder hier … schwelende Balken … geröstetes Fleisch … da gingen wir also, unsere ganze Sippschaft untergehakt inmitten der Straße, na ja, so was Ähnliches, nach dem Bahnhof … sie schienen zu wissen, wohin … der Tag brach an … man hatte einen Dusel, daß von den Gebäuden nichts mehr übrig war … ich meine, zum Zerstören … die Flammenwirbel sahen aus wie rosaviolette Gespenster … über jedem Haus … Tausenden von Häusern … die Helle verbreitete sich … ich sagte Ihnen schon: kein einziges Haus mehr bewohnbar … doch! doch! da vorn! … nein! da stehen Leute an die Wand geklebt! da! man kann's jetzt erkennen … ein Mann … man bleibt stehen, nähert sich, berührt, es ist ein Soldat! … und noch einer … eine ganze Litanei! … angelehnt, so wie sie waren … starr … tot, steif … ausgelöscht! man hat's schon in Berlin gesehen … kurz, mit einem Schlag Mumien! … sie haben noch ihre Handgranaten bei sich, ein Koppel … dadurch sind sie noch gefährlich! wenn sie scharf gemacht sind … branng! … ihre Granaten! … wenn sie darüber zusammensacken! *Vorsicht!** wir ziehen unsere Hände zurück … auf der anderen Seite der Straße … andere Mauerreste, da sind noch andere Soldaten, erstarrt … bestimmt haben sie keine Zeit mehr gehabt, uff! zu machen! überrumpelt! vom Luftdruck der Bombe! … ich habe eine Einzelheit vergessen, jetzt seh ich's genau, alle sind ›Chamäleon‹ getarnt … steif! … für uns heißt es vorbeikommen, nicht in die Nähe … aber dieser

Bahnhof? … ich wünschte, man wäre da! … he! da sind wir ja! der Bahnhof aber, der ist nicht dageblieben! … er ist weg! eine Bombenkette! … fortgeflogen! der ganze Bahnhof! keine Trümmer … nur noch die Bahnsteige … drei … vier … das war wohl ein bedeutender Bahnhof gewesen … Hannover-Süd … unsere Heinis sehen aus, als wüßten sie Bescheid … aber wir sind noch nicht am Ende … es heißt, die Stadt durchqueren und den Nordbahnhof finden, auf der anderen Seite … ach ja, ich vergesse die Hauptsache! … den Andrang! nicht nur auf den Bahnsteigen, quer auf den Gleisen, sitzen und liegen sie … sie reden miteinander … ich höre englisch … Engländer? … ich sehe sie … Frauen und ein Mann, englische Zivilisten … was machen die da? … Fallschirmjäger? … ich werde zu ihnen gehen … nein! es sind Großgrundbesitzer … drei Frauen und ein Mann, der Mann ist verkrüppelt … im Krieg stößt man unentwegt auf Verkorkste, zwangsläufig! sie gehen der englischen Armee entgegen, sie denken, sie zwischen Bremen und Hannover zu treffen … sie hörten ihren Rundfunk dort bei sich, im Braunschweigischen, ich verstehe, ihr Gut, sehr groß … eine Pferdezucht, Acker- und Reitpferde … und natürlich Anbau von Futtermitteln, außerdem Luzernen und Raps … die Nazis fanden, das konnte angehen? … ich frage danach … aber natürlich! sie hatten nur von ihnen verlangt, daß sie einen englischen Sprachkurs eröffneten und besonders Sprechübungen … sie hatten gute, sehr fleißige Schüler gehabt … der Krüppel da, stellte ich fest, noch verpfuschter als der Sohn von Leiden … vielleicht entsinnen Sie sich? … Zornhof? … aber der da weder tobend noch bösartig, nein! … ein höflicher, vernünftiger Behinderter … wie hatten sie ihn hierhergebracht? … von Braunschweig nach Hannover? … im Pendelverkehr in zwei Wochen … wie wir von Rostock … das hat fast zwei Jahre gedauert dieser ›Pendelverkehr‹ … etwa zehn Luftangriffe auf Hamburg bei der Kapitulation … jetzt war's Zeit abzuschieben … die Engländer, besonders wegen ihres Krüppels, dachten noch nicht daran, durch Hannover zu tigern, durch die gelben … roten Straßen … den ganzen

Weg entlang gewissermaßen zwischen Glutöfen ... ich sagte Ihnen schon, sie waren nicht die einzigen, da waren die ganzen Bahnsteige voller Leute und auf den Gleisen, die wollten auch durch Hannover durch, nach Norden zu ... Leute wirklich aus allen Himmelsrichtungen ... man hört mich mit Lili sprechen ... ein alter Italiener ... ich sage alt, ungefähr in meinem jetzigen Alter ... er erklärt uns, er hat nur eines im Kopf, *soun pâtroun,* seinen Chef wiederzufinden! er kommt aus Italien, wollte seine Familie besuchen, seine vier Kinder ... und er hat sich verspätet! ... acht Tage zu spät! ... Menkenke an der Grenze ... wo ist *soun pâtroun?* ... eine Ziegelei in Brandenburg ... da ist er aber nicht! ... zuerst muß er nach Hamburg herauf und dann wieder runter! muß einen Pendelzug auftreiben! ... ich wollte ihn nicht entmutigen ... er hatte in Frankreich gearbeitet, in Toulouse und in Narbonne ... ebenfalls in Ziegeleien! jetzt unter diesen Umständen in Brandenburg ... was ihn quält ist seine Verspätung ... nicht durch seine Schuld! ... an der italienischen Grenze, er zeigte mir seine Papiere, er hatte sie alle! und die Stempel, Visa, Fotos ... wieso denn? er hatte zu viele Ausweise, das war's! und von einer Tasche in die andere gesteckt! ... und noch in seinem Brotbeutel! ... allein um sie zu bündeln, in Ordnung zu bringen, brauchte man eine Stunde ... das ist der Krieg, die ganze mit dem Sammeln von Stempeln verbrachte Zeit!!

Er macht mir die Geste vor! gestempelt da, pfam! ... da ptom! ... kein Ende abzusehen! übrigens wir? ... wer waren wir? woher kamen wir?...

»Von unten! ... von weit her, im Süden!«

Und wohin wollten wir?

»Nach Norden, da oben ... weiter als Hamburg!«

*»Pâtroun?«*

Ja! ja! ... natürlich! ... wir hatten auch *oun pâtroun* da oben! ... und wir waren auch zu spät dran ... wie er! ... das leuchtete ihm ein ... er begriff ... der Krieg, um den kümmerte man sich nicht ... für ihn ereignete sich der Krieg woanders ... der *pâtroun* ... das war's! ... und die Verspätung ... acht Tage! ... ein guter Grund zum Wütendwerden! er brummelt, hörte sich zu, daß sie ihm acht Tage an der italienischen Grenze verbaselt haben! ... ah! aber Lili? er blickt sie an ... findet, daß sie sehr schlecht aussieht ... ich bemerke: ein bißchen müde ... oh, sie ist so bleich! ich stimme zu ... sie friert ... bestimmt! ... alle Leute auf den Bahnsteigen, da drumherum reden viel, aber keiner macht sich ein Feuer ... an Feuer fehlt's ja wirklich nicht, hundert Meter weiter in allen Straßen, rechts und links, ich glaube in ganz Hannover ... Kehrausfeuer der Häuser ... das muß man gesehen haben ... in jedem Haus genau in die Mitte ... zwischen dem, was einmal seine vier Wände gewesen waren, eine kreisrunde Flamme, gelb ... violett ... quirlt ... entschlüpft! ... zu den Wolken!! ... hüpft ... verschwindet ... glimmt wieder auf ... die Seele jedes Hauses ... ein Farbenfandango, von den ersten Schutthaufen dahinten ... bis ganz in die Ferne ... die ganze Stadt ... in Rot ... Blau ... Violett ... und Rauchschwaden ... und der Ziegelbrenner da, was den interessierte, war, ein Feuer für uns zu machen ... ein Feuerchen ...

»Ich heiße Felipe ...«

[...] ich denke an uns, an unseren Krempel, sehr hübsch, was wir da herumkarjolen, es fehlt uns an nichts, eine richtige Ausstattung, Teller, Feldbecher, Messer, Reis, Mehl ... aber diese ganze Straße runter bis zum Bahnhof? ... ich denke, ein Gepäckkuli? ... ich sehe da welche unbenutzt ... darauf gedrängt voll Leuten, die pennen, die Beamten vielleicht? ... Bahnsteig drei? ... ich wende mich an die größte Dienstmütze, die höchste, himbeerrote ... ich kenne ihre Rangordnung ... ich habe so meine Vorstellung, immer dieselbe: 100 Mark! ... bevor ich rede ... es ist keine Frau, keine Chefhinterin, wie in Ulm, der da ist ein Pfeffer-und-Salz-Bärtiger, ich gehe ran, starker Händedruck, die 100 Mark und die Erklärung ... ich sage ihm, was ich möchte, keine Zeit zu verlieren, er soll uns den Karren nehmen lassen, leihen, für unser Gepäck, bis zum anderen Bahnhof, Hannover-Nord ... wir seien vollkommen runter ... siech, meine Frau, ich und unser italienischer Freund ... wir müßten den Zug nach Hamburg nehmen! ... ja! ... aber der Einwand ... ich hatte ihn vorausgesehen … wer wird ihn zurückbringen? … ich hatte schon weitere 100 Mark bereit! … er willigt ein … er flüstert mir zu: »Ich geh ihn holen!« ich kann's nicht glauben … ich meine, ihm ist der Karren und das übrige schnurz … sein Bahnhof war ja weggepustet! … vollständig! … nichts mehr da als die vier Bahnsteige … […]

… es waren […] ich glaube mindestens fünf Kilometer durch Hannover … den Zurückbleibenden auf den Bahnsteigen schien das nicht zu passen … ganz und gar nicht … sie beschimpften uns sogar … sie waren aufgestanden, rannten … suchten weitere Karren wie wir, Hannover wie wir zu durchqueren … klar, wenn man nicht Gas gab, sich einholen ließ … hätten sie uns geschnappt und fertiggemacht! … ich sehe, daß sie wutschnaubend sind … daß wir vor ihnen aufgebrochen sind … nicht gewartet haben! … der Engländer, der sagt nichts, der Hanswurst … ihm wird da arg mitgespielt auf seinem Rucksackthron mit den halben Matratzen und Geschirr, schlingert er herum, er klammert sich an, aber gerade noch … diese Straße ist unbefahrbar … zu viele Bombentrichter … und weiter eingestürzte Mauern … diese Stadt zerbröckelt schlimmer als Berlin … unser Karren kommt trotzdem vorwärts … freilich, alle schieben stoßweise … je nach den Löchern … ich sporne an! … sie sehen die anderen nicht? … die schesen und wie! … die haben auch Karren gefunden! … vier … fünf … sechs! … ich habe ein Gefühl für Gefahren … ich brülle ihnen auf deutsch zu … ich zeige ihnen, was kommt, was auf uns zukommt …

*»Schnell! … schnell! … mörderer!«**

Und dann auf französisch: *»Assassins! assassins! vite!«*

Kurz, Alarm … daß sie uns nicht nachrennen, um zu liebkosen! die fünf … sechs Karren … das ist kein Traum! … sie brauchten ja nur hinzusehen …

»Schieben! Schieben! hopp! hopp! Verdammter Scheißkram!«

Ich weiß nicht, ob sie mich verstehen? … ob es Franzosen sind? Letten? Moldaver? … ich forsche nicht mehr nach … jedenfalls von Trichtern zu Buckeln und Mauertrümmern …

sind wir dabei, fast einen Vorsprung vor unseren Verfolgern zu erringen …

Von diesem Augenblick an, ich sag's Ihnen im voraus, ist meine Chronik ein bißchen zerhackt, ich selbst finde mich kaum noch zurecht da, obwohl ich doch alles erlebt habe, was ich Ihnen erzähle … ich sprach von den *comics,* selbst bei *comics* können Sie sich keine Vorstellung machen von diesem ständigen Riß des Fadens, und von den Personen … von dem so gewaltsamen Ereignis … so wie es war, leider Gottes! … eine dieser Hinterludereien, daß plötzlich nichts mehr existiert … und daß ich selbst beim Erzählen, 25 Jahre später, nörgle, mich schlecht zurechtfinde. Kunterbunt! Sie verzeihen mir …

»Aber drücken Sie sich klar aus! … faseln Sie nicht!«

Gewiß! stellen Sie sich vor, in diesem Augenblick trafen wir zusammen! … die Verfolger voller Wut und ihre vier … fünf vollgestopften Karren! … und wir die Ausreißer … wegen eines mitten auf die Straße gefallenen Balkons, der alles versperrte … von einem noch stehenden Haus, nicht ganz, aber die Fassade … aber was für ein Balkon! Schmiedeeisen! … ich hatte es von weitem gesehen, dieses Haus … leicht übertrieben: Haus! die Fassade und die Mauern eines Hauses … gerade in dem Augenblick, wo ich sagte: da haben wir's, wir sind verratzt! … sie zerstückeln uns! *vlac!* eine Bombe! … keine kleine, eine gewaltige mit Splitterwirkung und *raoumb!* … noch eine näher … alles in Panik … bei uns, den unseren und bei den anderen, den Verfolgern … ich sage: ich vermute … ich weiß nicht, ich muß es mir vorstellen … ich bin nicht mehr imstande, ohnmächtig zu werden … das ist gar nicht meine Art, aber da war ich sozusagen eingeschläfert … es tat mir etwas weh, und es blutete am Hals … es tröpfelt ja, Hirnblut … nein! vom Kleinhirn … glaube ich … na ja, aus dieser Gegend, um klar zu sein … ich kann sagen, daß ich alles getan habe, um klarsichtig zu bleiben … ich dachte noch an Lili … und an Bébert … aber da sie woanders hingegangen waren … schon weit … ich auch schon, noch weiter … nach einer anderen Seite! alles, woran ich mich, um ehrlich zu sein, erinnern kann ... an diese Bombe auch, wohin war sie gefallen? diese versperrte Straße ... und diese Trümmerschluchten und der ganze Schrott [...] ...

Ich sage mir: Lili, ich habe dich wiedergefunden, du bist da! ... Bébert auch! ... oh, aber die Sirenen ... lauter Sirenen! ... ebensoviel wie in Berlin ... hier mußten sie eigentlich fertig sein, alles ausreichend zertöppert haben! ... na ja, nahezu ... oder? ... hüüo! ... noch mal Alarm ... von einem Mondschein zum andern ... ich vergaß Ihnen zu sagen, da war ein toller Mondschein ... hüüu! ... brung! ... braoum! ... Bomben ... ja, Bomben! ... was konnten die noch zerschmettern? ach ja, und Felipe? ... wo war er? ich frage Lili ... er selbst antwortet mir, ich hatte ihn nicht gesehen ... stand aber nicht weit weg, da einen Katzensprung ...

»Sie haben einen Ziegel abbekommen!«

Er setzt mich ins Bild ... ich weiß es nicht, aber es tut mir ziemlich weh ... an derselben Stelle, zwischen dem Kopf und dem Hals ... Felipe irrt, es ist eher der Ziegel, der mich erwischt hat zwischen dem Kopf und dem Hals ... ich kann aufstehen, glaube ich, das ist die Hauptsache ... bestimmt müssen wir weitergehen, nach Norden ... hüüuu! ah, es ist noch nicht zu Ende! ... im Osten und Süden besonders ... und Flammen, viel mehr Funken, von weiter her als der Horizont ... züngelnde Feuer, das habe ich Ihnen vorgeführt ... Feuer aus jedem Trümmerhaufen ... höher aufzuckend ... dann niederschlagend ... wie das Ei auf einem Springbrunnen, wissen Sie ... aber da in Grün ... in Rot ... sie werden noch irgendwas verbrennen ... Reste der Brandherde? ... sie sind wohl wiedergekommen, ich meine die ›Festungen‹, um die erloschene Glut zu schüren ... und ich weiß nicht, wieviel Bomben sie abwerfen ... Tausende! ... ich begreife nichts mehr ... die Leute da müssen ja reich sein ... reicher, als man sich vorstellen kann ... hüüuuh! ... daß sie das zum Spaß machen ... und was für eine Beleuchtung! ... ein richtiger Opernvollmond ... dazu die Lichtkegel der Flak ... volle Scheinwerfer auf die Wolken ... wirklich eine Zauberwelt ...

ein lohnendes Schauspiel ... ich habe den Bombenangriff auf Renault in Issy 1943 miterlebt ... ich kenne die tropischen Wirbelstürme, in Kamerun 1918, wieviel Negerhütten habe ich wegfliegen sehen und keine kleinen, riesige wie mein Haus, inmitten von Blitzen, ich weiß nicht mehr ... voll von Ramsch! ... aber verglichen mit dieser massiven Rückkehr der ›Festungen‹, war das schwach ... auf einem anderen, recht denkwürdigen Gebiet habe ich erlebt, was man nie mehr zu sehen kriegt: die großen Manöver der Kavallerie 1913, im Übungslager Cercottes, Ausschwärmen, Flankenbewegungen in aufgelöster Ordnung, sieben Divisionen! ... mit Trompetenstößen! ... der Held der Zukunft wird reglos, an einen Pfahl gebunden, geknebelt in die Stratosphäre geschleudert, hat gerade noch Zeit, Pipi zu machen, eine Erdumkreisung! und hopp! wieder zu Hause! ... je mehr Runden, desto größer der Held!

Kommen wir jetzt zu den Fakten zurück ... auf dem Bahndamm, wo wir sind, kann man wie am hellichten Tag einen glühenden Mondschein sehen, wenn ich so sagen darf ... eine ruhige Spätherbstsonne ... uuuh! ach da, eine kleine Abwechslung! ... hier und da! ... Schrapnells! ... in den Wolken! und dazwischen ... Haubitzenbündel ... wahrhaftig, ein großartiges Panorama ... in meinen Augen! ... und all das mit Musik ... ich suchte eine Melodie, eine Begleitung ... ich frage Lili ... »Hörst du denn nichts?« ... doch! sie hört die Sirenen ... weiter nichts! ... ich allein also habe diese Musik im Ohr? Felipe? ... er lauscht ... hört aber auch keine Musik, nur das Krachen der Bomben und das Geheul der Sirenen ... huuuh! wie kann das angehen? ... wo ich doch nicht musikalisch bin ... überhaupt nicht ... gehen mir Melodien durch den Kopf ... sogar, möchte ich sagen, prächtige Melodien ... Aber ein Musiker ist etwas anderes ... ich würde es wissen, wenn ich einer wäre ... in so vielen Jahren hat man natürlich viel gehört ... große und kleine Konzerte ... wäre ich ein Weltmann, würde ich tonangebend sein, ich würde tolle Meinungen abgeben ... ich würde beim Börsenmakler eingeladen … aber da, nicht wahr, ich weiß, was los ist! … daß ein Echo zu mir dringt … von einer leiseren Sache? … von diesem! … und jenem! … es treibt bei mir Reminiszenzen hervor! eine Fülle! wie eine alte Kröte sich mit Pusteln bedeckt, wenn man sie nur ein bißchen antippt … umgeschmissen bin ich da, erschüttert, genaugenommen … ich sage nichts, aber ich habe den Mund voll Blut und sicher auch mein ganzes Hemd und meine Hose … Felipe hat mir gesagt: ein Ziegel … daß es ein Ziegel war … lassen wir den Ziegel! … im Augenblick des Tohuwabohus, als die Verfolger uns einholten, sechs fest entschlossene Fuhren, die uns unseren Vorsprung abjagen wollten, hatte die Explosion alles unterbrochen, all diese Rasenden unter fünf Stockwerken von Ziegeln verschüttet … warum sollte mich nicht einer getroffen haben? … was unser Felipe beobachtet hatte … und wir standen an derselben Stelle! … ein Wunder, daß ich allein was abgekriegt hatte! … ich muß sagen, ich spürte gewisse Störungen, nicht nur von dem Ziegel, von dem Knuff zwischen Schädel und Hals … auch etwas höher um das linke Ohr … keine eingebildeten Störungen, sondern ganz medizinisch festgestellte, mit zwei … drei Gegenuntersuchungen … seit 1916 und viel später im Rigshospital in Kopenhagen … der Schädel und das Felsenbein in üblem Zustand … Gott weiß, ich bin's gewöhnt! … Pfiffe … Trommeln … Zischen … schön! … aber eine Melodie! … nun eine Melodie! … und wie gesagt, prächtig! prächtig wie das Panorama! … eine gleichsam symphonische Musik für dieses Trümmermeer … diesen Ozean von irrlichternden Ruinen … ›Funkendünungen‹ … rosa … grün … und prasselnden Flammenbündeln … den Seelen der Häuser … fern … sehr fern … tanzend … ich verständige Lili:

»Bleib ruhig, ich hab's.«

»Ich rühr mich nicht, nein! Aber du, du hast Schmerzen?«

Oh, ich möchte nicht von meinem Kopf sprechen! … ich brauchte einen Arrangeur! … und sofort! … ich hatte nur Erinnerungen! in Fetzen! … groteske! keine großartigen Melodien ohne Kontrapunkt!

Über die Schmerzen von einer Schläfe zur andern! ... alles, was mir zustieß ... Sie werden mich entschuldigen! ... darüber will ich nicht klagen ... mein Hemd klebte mir auf dem Rücken ... ja! ... davon wollte ich nicht reden ... dieses Komödiantentum! diese Chronik: ich, ich! ... und der Zusammenbruch Europas? mein Hemd! meine Arschkimme! ich! ... duuu! dididi! noch irgendwo Alarme ... ich ahme die Musik für mich nach ... wie sehr bedaure ich, daß ich nicht begabt bin ... düüü! hör mal! ... ich brauchte ein zweites Ohr, das übriggebliebene hilft mir überhaupt nicht ... vielleicht am Klavier, klimpernd? ... von einer Taste zur andern? ... später, da oben in Kopenhagen, zwei Jahre eingelocht, habe ich Zeit gehabt ... ich komponierte mir ganz große Melodien, immer in Erinnerung an Hannover, ich darf sagen, Symphonien, und ich brummelte sie so vor mich hin ... broum! brung! uuuh! ich war allein, ich störte niemand ... die Wärter waren's gewöhnt während meiner Zeit im Loch, zwei Jahre, Gebäude K, *Vesterfangsel* ... da ich in Dänemark war, mußten sie mich wohl irgendwo unterbringen ...

Jetzt da über dem Raum, in dem ich schreibe, höre ich durch die Stockwerke hindurch Schallplatten, Sätze von Symphonien, glaube ich, ich frage nicht ... ich höre zu, ich schweige ... ich möchte nicht grummeln wie da oben in der Haft *Vesterfangsel* ... es sind Tänzerinnen, scheint's, keine Funken wie in Hannover ... man hat's mir gesagt, ich kenne sie nicht ... ich kenne ihr Studio: ich bin zweimal ... dreimal raufgegangen ... nachts ... ich bin kein Weltmann ... was ich nicht kann, kann ich nicht ... ein Kümmerling ist immer voller Skrupel und schweigt ... ich schweige ... eine Person aus gutem Haus zögert nicht, sie geht ran! ... drauflos! ... schreit ihre Meinung heraus, urteilt! ... und Himmeldonnerwetter, was man zu denken hat! der Gesellschaftsmensch kann überhaupt nichts ... aber von Geburt ist er Richter, Richterin, Bannstrahl und Allmacht! ... das reicht! ... flüstern Sie, damit Sie niemand hört! ein Atemzug, und man ist weggeblasen!

Da bin ich immer noch, bei den drei Noten ... sagen wir vier ... von denen ich redete ... bei dieser Art Bahnsteig aus Scherben und Schutt ... den Überbleibseln des richtigen an der Stelle, Hannover-Nord ... ich muß gestehen, da hatten wir nichts mehr ... unsere letzten Klamotten und Rucksäcke in dem Luftüberfall futsch! der Einsturz, diese Erschütterung, sieben Karren unter dem Ziegelregen verschüttet, zwei, drei Fassaden und die Balkons aus Schmiedeeisen abgesackt! ... oh, und der Mondschein! solche Stimmungen und Tragödien bekommen Sie in Filmen nicht zu sehen! ... auch nicht auf einer Bühne! ... man sagt: Hollywood ist tot! ... na klar! ... sie konnten nicht mehr inszenieren nach dem, was geschehen war! ... in der Wirklichkeit! ... seitdem ist es mir selbst, ganz persönlich, scheißunmöglich, auch nur noch ein Foto anzugucken! ... [...]

Oh, Sie sagen sich, wie geisttötend dieser alte Karmuffel doch ist! ... gewiß, zugegeben, genau, ich blödele ... muß auf meine drei Töne zurückkommen ... husch ... husch! ganz anspruchslos ... für mein Panorama von Hannover ... Sie werden verstehen, es muß sein ... bevor dieser Ziegel mich traf, mich erschütterte, hatte ich keine Sorgen, ich ließ mich herumschwirren, ganz ruhig, ohne Plan und ohne Umstände herumwirbeln, posaunen, ganz gleich wie, ich suchte keine Musik ... aber hier brauchte ich sie wohl oder übel ... ich möchte fast sagen, eine Melodie ... sieh mal einer an! weder gebildet noch begabt muß ich mir Bröckchen abknabbern! ... was anderes! ... meine Krückstöcke! ... alle beide in dieser blödsinnigen Explosion verloren ... als alles auf uns niederstürzte, na ja, die Fassade ... glaube ich, aber ich bin nicht sicher ...

»Felipe, mein lieber Freund! ... Felipe!«

Ich erzähle ihm, was mir passiert ist ... bestimmt wird er meine Stöcke wiederfinden! ... weil wir doch noch weitermüssen ... über ein anderes Gleis ... das letzte von diesem Hannover-Nord ... ich habe gehört, daß irgendein Zug kommen sollte ... warten wir's ab! ... an Fahrgästen fehlt's wirklich nicht! ... Leute wie wir und Soldaten ... ›Fritze‹ und

Ungarn, glaube ich ... sie reden nicht laut, sie flüstern ... wie wir schauen sie in die Ferne ... in die Nähe ... die kleinen Brände ... was von den Häusern übrig ist ... die Farben ... unter dem grellen Mondschein sehen wir alle wie Pierrots aus, mit mehlgepuderten Gesichtern ... Felipe bringt mir meine beiden Stöcke wieder, sie lagen ganz in der Nähe ... ja! ... ja! ... ja! ... aber meine große Melodie? ... ich wünsche sie, hier vor diesen Ruinen ... diesem Meer von Feuersbrünsten, dieser Flammenflut von ganz Hannover ... ich selbst hör sie deutlich in meinem Kopf, diese Melodie ... ich glaube, die passende ... aber die Noten? ... die richtigen, treffenden Noten? ... oh, das sind nur Reminiszenzen ... zugegeben ... aber selbst dann? ... besänftigende Klänge nach dem Orkan ...

## MARIE WASSILTSCHIKOW

Als weißrussische Adelige, deren Familie ins Ausland geflohen war, mußte Marie Wassiltschikow fürchten, von der Roten Armee verschleppt zu werden. Beim Anrücken der Sowjettruppen wurde das Hospital, in dem sie tätig war, Anfang April 1945 nach Tirol evakuiert.

### Wien, 24. März 1945

Jeden Abend gehen Sebastian [Fürst] Lubomirski und ich in den Keller und holen uns dort in großen Marmeladengläsern Wasser. Das Hotel gießt uns zwar ein Zahnputzglas voll in jedes Waschbecken, aber man wird so schmutzig, da der Rauch durch alle Fugen dringt. Letzthin habe ich im Lazarett gebadet – während der Luftangriffe –, aber das ist inzwischen so gefährlich geworden, daß ich es nicht länger wage; im übrigen ist auch dort das Wasser sehr knapp. Die Kriegsgefangenen, einschließlich der abgeschossenen amerikanischen Flieger, werden, soweit sie kräftig genug sind, ausgeschickt, aus einem Reservoir in der Nähe Wasser zu holen; dieses Wasser, das sehr verschmutzt ist, wird sogar zum Kochen verwendet. Die hygienischen Zustände verschlechtern sich rapide, und wir Schwestern werden jetzt gegen Cholera geimpft, da in Budapest eine Epidemie ausgebrochen ist. Wir sind aber so beschäftigt, daß wir eigentlich keine Zeit haben, nachzudenken oder uns Sorgen zu machen.

Ich bin im Begriff, zu den Wilczeks zu ziehen. Sisi reist nächste Woche mit ihren Patienten ab, aber ihr Bruder Hansi [Johann], obgleich schwer verwundet, ist Reserveoffizier und muß bleiben, bis die Russen kommen. Wenigstens wird er mich über ihr Vordringen auf dem laufenden halten. Ich habe schon begonnen, meine Habseligkeiten in die Herrengasse zu schaffen.

Endlich ist es gelungen, einen Weg durch den Schutt in den eingestürzten Keller des Jockeyklubs zu graben, und jetzt sind die Rettungsmannschaften dabei, die Leichen zu bergen. Der Geruch ist zum Übelwerden und bleibt einem noch tagelang in der Nase. Im allgemeinen fahre ich mit dem Rad um den Stephansdom herum, um ja diese Straße zu meiden.

## LOUIS-FERDINAND CÉLINE
### Rigodon (Hamburg)

Nachdem er beschrieben hat, wie er bei einem Bombardement im Beisein eines italienischen Ziegelbrenners durch einen herabfallenden Ziegelstein am Kopf verletzt worden ist, schildert Louis-Ferdinand Célines Erzähler in *Rigodon,* wie er mit einer Gruppe behinderter Waisenkinder durch das zerstörte Hamburg zieht (die ihm eine Frau namens Odile überlassen hat). Nach einem letzten Luftangriff überquert er am Ende den Nord-Ostsee-Kanal bei Kiel und erreicht über Flensburg die dänische Grenze.

Der Zug war wirklich abgefahren, er fuhr sogar ziemlich schnell … und keine Alarme, kein Flugzeug … das wäre Tourismus, wenn es nicht so kühl gewesen wäre … Tourismus wohin? … […]

… auf diese Weise ohne Ruß bis Hamburg! […]

… wo ich doch in die Luft starre, kann ich die Landschaft nicht betrachten … sonst würde ich im Bilde sein … oh, es geht langsamer, es wird sogar gebremst! … das könnte Hamburg sein? … ja! … zwei … drei Rucke … na endlich! … Halt! … mit oder ohne Ödem! … ich schlage ein Lid auf … einen Spalt! … kann angehen! … ich sehe! … und das andere Auge! … oh, als Schlitz, als Totschießscharte, wenn ich so sagen darf … es reicht! jetzt hingesetzt! … hopp! … am Riemen reißen! … nee, wie betrunken, so was … immerhin, schon ein Fortschritt … ich kümmere mich nicht mehr um die Wolken oder um die Lokomotive da oben, die verrückte … meine einzige Sorge: was aus uns werden soll? … und dieses Kopfweh! … und diese Lachlust … ich weiß, das Lachen kommt vom Backstein! … der andere da, der die Backsteine macht, den werde ich vors Staatsgericht stellen … sachte! … sachte! … später! später! muß doch mal gucken, was los ist … ja, da gibt's was zu sehen! … ganz weit weg … wahrhaftig, ein Hafen … und sogar: ein Becken! ein unübersehbares … voller Schiffe … aber diese Schiffe alle mit dem Hintern in der Luft, die Schrauben außerhalb … die Nasen steckten also im Schlamm … ich bin nicht besoffen, aber das ist ulkig! närrisch! … mindestens zehn Dampfer, und beträchtliche, 15000 Tonnen mindestens … bestimmt auch kleine Schiffe … die konnte ich nicht sehen … bei den großen war ich sicher … leicht zu verstehen … wir haben das Ende von Berlin erlebt … von Ulm … von Rostock … aber mit Hamburg war's aus … nicht nur die Stadt, die Docks und die Bevölkerung auch … und die Kräne? … *nitschewo!* … sie hatten wohl alles umgeschaukelt! … ich kannte die Seefahrt ein bißchen, besser als die Eisenbahntechnik … ich habe sogar vor Gibraltar Schiffbruch erlitten … das will was heißen! da sah ich quer durch das Hafenbecken die Wasserfläche ... mindestens zwölf Dampfer außerhalb des Wassers, mit den Schrauben in der Luft ... die Stadt mußte hübsch aussehen! ... ich frage Lili ...

»Wo sind wir? ... an welchem Bahnhof?«

»Einem neuen ... keine Aufschriften ... keine Schilder ...«

[...] ... und auch keine Beamten ... meiner Meinung nach ist das ein Behelfsbahnhof, der nach den Bombenangriffen angelegt ist ... der aber nicht für lange Dauer berechnet ist ... ein Notbahnhof ... auf jeden Fall kann man den Hafen sehr gut sehen ... und die Schiffe mit den Schrauben in der Luft ... [...]

Nun ja ... zurück zu unserer Chronik ... ich vergesse Sie noch mal, entschieden ... das kommt vom Kopf ... der Backstein, Sie wissen's ja ... aber das ist kein Grund ... [...] ich brauche kein Blatt vor den Mund zu nehmen, ich nicht! ... wo ich so viel gesündigt habe! erstens meine drei Punkte! die angebliche Erneuerung des Stils! ... [...]

In meinem jetzigen Zustand und in meinem Alter darf ich nichts auslassen ... ich bin Ihnen Rechenschaft schuldig, ganz gleich, ob ich ein bißchen abschweife! ...

Kommen wir zu den Tatsachen zurück, Odiles Gören standen da, waren aus den Planen hervorgekrochen ... instinktiv von ihren Plattformen runtergepurzelt, hatten Odile, ihre Mammi, wiedergefunden ... die zog einen Flunsch, ihre Mammi ...

»Ich kann nicht mehr weiter, Herr Doktor ... ich bleibe hier ...«

Sie setzte mich in Kenntnis ...

»Und wenn sie wiederkommen?«

Wiederkommen, damit meinte ich die Bomber ... die sehen nicht hin, ob sich's lohnt ...

[...] ich glaube, es ist schlimmer als Hannover, und bestimmt beschädigter als Ulm ... dieses Becken also, ich wiederhol's noch mal, eine Fläche sagen wir etwa wie der Teich der Schweizer ... Sie wissen ja, in Versailles ...

Tatsächlich konnten diese Gören, schwächlich, aufgeblasen, sabbelnd, wie sie waren, nichts von uns verlangen ... man sah, sie bemühten sich, sich verständlich zu machen, weiter ging's nicht ... es wären keine Schlachthöfe mehr möglich, wenn die zuständigen Beamten die Augen der Anomalen sähen ... die Kriege, das versteht man, dauern, enden niemals, dieselben Rohlinge fangen wieder an und auf der einen und der anderen Seite ... [...]

... und ich stelle fest, bei dieser Seenähe fast kein Wind ... natürlich Brandgeruch wie überall in ganz Deutschland, aber außerdem roch's noch nach verbranntem Asphalt, und blauer Dampf ... wie bei uns früher auf den Straßen, wenn sie die Decke erneuerten...

Da suche ich ringsherum eine Aufschrift ... wenn man sich verirrt, sollte man sich zurechtfinden ... ein Schild ... wie in Oddort, nichts ... ein Beamter? ... keiner! ... das war ein Behelfsbahnhof, außerhalb der Stadt provisorisch angelegt ... ein Bahnhof ganz aus Holz ... man sieht sehr deutlich den Hafen, die Schiffe usw., schon mindestens zwanzigmal erzähl ich's Ihnen ... [...]

Kein Wind, sagte ich Ihnen ... die dicken Rauchschwaden steigen gerade auf ... obwohl das Meer ganz nah ist ... ich fische Sie wieder auf, wo ich Sie verlassen hatte ... bei Hamburg ... na ja, seinen Trümmern ... ich gehe ebenfalls manchmal weg, ja ... gerade so lange, um eine kleine Übersicht zu geben, einen Nachtrag der Schatten, der Aspekte ... das Inventar, kurz, ich frage Sie auch nicht, wo Sie inzwischen waren ... ich fische Sie geradeso wieder auf ... ich sagte Ihnen, die See ist ganz nah ... die Sturmmöwen, die Silbermöwen schweben weiter über uns ... neugierig auf das, was wir sind? ... und flitzen zum Ruß und den Ruinen ... seitdem habe ich erfahren, was sie suchten! ... sie wollten wissen, ob wir tot sind ... oder im Sterben ... dem Sterbenden picken sie die Augen aus, schlürfen Binde- und Netzhaut ... um anzumerken, daß Haie, Kraken, Lampreten sich mit den minderen Stücken begnügen müssen, dem Rumpf ... den Stelzen ... so ist es, wissen Sie, man hat genug davon, Verlierer zu sein! ich bin ja weder Hai noch Möwe, aber ich muß dafür sorgen, daß die Gören was zu fressen kriegen … und keine gewöhnlichen Gören … Lili will auch mitgehen … schön! […]

… ich weiß nicht, ob wir weit kommen, ich sah die Stadt überhaupt nicht vor lauter Ruß und Rauch … […]

Ich werde mich ein bißchen wiederholen, und wennschon … über den Felipe ist manches zu sagen … der will nach Magdeburg zurück, weitere Ziegel kneten … so was gibt's noch? … und er kann's nicht mehr aushalten, weil er zu spät dran ist! … was werden wir denn schon in Hamburg finden? … Backsteine und Tote … […]

Im Augenblick befinden wir uns bei Hamburg, wir wollen unser Glück versuchen … ich nehme den Mund voll! … vom Bahndamm oben dringen Geräusche herüber … ein bißchen dumpfe Explosionen … nach den Bombenangriffen plötzlich losgehende Minen … oft erst nach Monaten … nach Jahren … *suspense* müßte ich sagen, *Modernstyle!* … […] das erste Mal ist alles tragisch, das zweite Mal alles grotesk … *alas! alas!* ich berichtete von den Minen mit Zeitzünder … es war besser, das Schlimmste ins Auge zu fassen … ich folgte Felipe mit zusammengepackter Plane auf dem Kopf … die kleinen Kretins hatten mein Französisch nicht verstanden, aber sie folgten mir recht gern … mehr gestolpert als getorkelt … wir waren ebenso trottelig wie sie … sie hatten ebensoviel Ahnung wie wir … sie kamen wenigstens aus einer Anstalt, wir, weiß der Teufel, woher … ebenso schwankend, sabbelnd, wie sie von einer Gosse zur andern zur Stadt dahinten, na ja, den Rauchschwaden und Trümmern … immerhin Zeit zum Nachdenken … also los! nicht mit Heulen und Zähneklappern, nein! ich will nicht beweint werden! Zum Henker mit all diesen wehleidigen Leuten, sollen ausgetilgt werden! und hopp! … damit sie nicht mehr flennen! die Heulkrokodile! … Erinnerungen brauche ich … ich kann mich nicht an alles erinnern … Dinge und Menschen … ich finde mich nicht mehr zurecht … wie Felipe da unter seiner Plane … erdrückt, verloren … ich werde ihn wieder auftreiben … zuerst meine Erinnerungen! Kunterbunt … Baden-Baden … La Vigue … Restif … Harras … Moorsburg … Zornhof … daran entsinne ich mich genau … bei den anderen müßte ich schlafen, dann würden sie mir wieder einfallen … bruchstückweise … recht und schlecht!

»Er hat weder Syntax noch Stil! er schreibt nicht mehr! Er wagt's nicht mehr.«

Oh, diese Schändlichkeit, diese freche Lüge! … Stil habe ich zu verkaufen! ja, ja! und was noch schlimmer ist … sehr viel schlimmer, ich mache die anderen alle unlesbar! … alle anderen! die impotenten Sudler! die von Preisen und Manifetzen Verkommenen! da kann ich schön ruhig komplottieren, die Epoche gehört mir! ich bin der Gebenedeite der Literaten! wer mich nicht imitiert, existiert nicht! … ganz einfach! was! will mal sehen, wo wir sind! aufgerissene Tonnen, überschwemmte Terrassen und Pißbuden! eine ungeheure Verzweiflung! ah, die Großkreuze aller Legionen, für die Katz, schlimmste Falschmünzerei! Mitleid hätte ich, wenn ich könnte, aber ich kann nicht mehr! … […] Helm auf! Helm ab! Kaldaunen voll Sägemehl, Mastdärme und Kleinhirne … der wahre Sinn der Geschichte … und wo die Dinge stehen! hierher gesprungen! und hopp dorthin! … ›Rigodon‹! überall Pfählungen! Säuberungen! Vivisektionen … gegerbte, rauchende Häute … verfluchte, verwöhnte Voyeure, alles soll wieder anfangen! Ausreißen der Eingeweide mit der Hand, damit man die Schreie hört, das ganze Geröchle, damit die ganze Nation was davon hat.

»He, he! da faseln Sie wieder!«

»Gewiß!«

»Sie haben nichts gesehen auf den Bahnsteigen? ein bißchen mehr Ernst, bitte! … Schienen? … Material? ja, mindestens ein, zwei Winden!«

»O doch! ein umgekippter Kran … und zwei zertrümmerte Weichen …«

»Und nun?«

»Wir gehen zur Stadt, jawohl! denn der Hafen ist nicht mehr vorhanden … […] die Stadt und die gewaltigen Rauchwolken ängstigen sie … und auch das Geknall … das immer häufiger zu hören ist … keine Fliegerbomben, sondern Minen und Zeitzünder … das kenn ich … da, vielleicht hundert Meter weiter, kommen die ersten großen Ruinen … am Ende des Beckens, an der Schleuse … von dort, wenn wir zurückblicken, können wir alle anderen deutlich sehen … die auf dem Bahnsteig Zurückgebliebenen … sie sehen uns auch, aber sie kommen nicht nach … die würden ganz schön feixen, wenn wir irgendwo in die Luft gingen … oh, aber da ist's ja, offensichtlich! … ich war nicht bei der Sache … wir sind in Hamburg … in der Stadt selbst … ich kannte mich nicht mehr aus … eigentlich müßte ich an solche zermanschten Städte gewöhnt sein, wo man nicht mehr vorn und hinten findet … das da, glaube ich, war St. Pauli, das Viertel … mehr als ein Stadtviertel, fast eine andere Stadt, Vergnügungsrummel, Puffs, Garküchen, Fischbratereien … das traf sich gut, für meine Lachlust! … […]

… ich war völlig fertig, hätte mich gern gesetzt … der Tourismus, das Abenteuer, das sind Annehmlichkeiten des Friedens, man soll mir bloß nicht damit in Kriegszeiten kommen! … dennoch, sehen Sie sich mal die Stäbe der wütendsten, grimmigsten, blutrünstigsten Armeen an, beobachten Sie ihre allmächtigen Befehlshaber in den bedenklichsten Augenblicken … wo die Waage der Geschichte schwingt und schwankt, hierhin, dahin, um Haaresbreite … und ob sie sich vollfressen, die hohen Chefs! scheißen die Köche an? … der beste Beweis ihre Wänste! wie aufgeblähte Ballons … wahrhaft ausgetragene Schwangerschaften …

Ich da, sehen Sie, ich zögere … ich überlege, ich quengele, statt das Nötige zu tun … die Ruinen auskundschaften … ob nicht der Rest eines Ladens, ein Stückchen Keks, eine Dose Milch unter den Trümmern übriggeblieben war? zugegeben, diese Ruinen rauchen … explodieren sogar hin und wieder, ich sagt's Ihnen schon … aber nicht sehr stark …

[…] … das ist ein Einzug in Hamburg! auf einmal sind wir da … bravo, idiotische Gören! mitten in der Stadt … ich sag's zu Lili, zu Felipe! … damit sie Bescheid wissen! damit sie auch was von meinen Kenntnissen haben … ich kenne Hamburg und die Stadtgeschichte … […] ich bin mehrmals dort gewesen … zehnmal … zwanzigmal … im Ernst! für den Völkerbund … oh, das liegt weit zurück … wegen der Tropenkrankheiten … die interessieren auch niemand mehr … sogar ihre Namen sagen ihnen nichts mehr … aber jetzt da, was für ein tutti frutti! Haufen von Pflastersteinen, ein … zwei Straßenbahnen draufgehißt, im Gleichgewicht … ich sehe solche Zeichnungen von angeblich Irrsinnigen, die lange nicht so einfallsreich sind … da kann man sozusagen nichts erkennen … auch ist der Rauch, muß ich sagen, so dick, schmierig, packig, schlimmer als in den Tunneln, fast eine Watte, da versuchen Sie mal Dinge und Leute zu unterscheiden! Felipe! Felipe! Lili! ich rufe zum Appell … »Hast du Bébert? ja« … bei den Gören konnt ich's nicht feststellen … einmal hatte ich sie nicht gezählt … und dann hatten sie keine Namen … aber sie hörten mich … oh, die Leute um uns herum, die angeblich normalen, ist auch eine Wichse! sie hören uns und verstehen nichts … die Erde will keine Menschen, sondern nur Hominiden haben … der Mensch ist ein Entarteter, ein Monstrum unter ihnen, das sich zum Glück immer seltener vermehrt … die Zukunft gehört den Balubas, den Zerhackern, Fressern, Verschlingern von Zügen … ganze Züge, Reisende, Eisenbahnen und Säuglinge! alles! wenn die motorisiert sind und das Atom obendrein, dann werden Sie was erleben …

Wie viele Gören mochte ich wohl haben? ich sagte es Ihnen schon, ich hab's nie genau gewußt … zwölf … fünfzehn? leicht gesagt! zählen … aber die Kraft dazu? … ich war noch nicht so alt wie heute, aber immerhin … der gesunde, gutgenährte Mensch macht ein ›Sechzehntel‹ des Pferdes aus, auf Biegen und Brechen … aber ein bestürzter, ausgemergelter Kranker schafft nur noch ein Zwanzigstel, ungefähr …

Auf einmal da, wovon ich Ihnen erzähle, ich glaube mitten in Hamburg, ein Windstoß! jäh! der Wind hatte sich wohl gedreht, und plötzlich erkannte ich die Stelle wieder …

kein Irrtum, vor dem Hotel *Esplanade* … nein, ich täusche mich nicht! … aber verbeult und recht geborsten, das Hotel *Esplanade,* das eingestürzte Dach hing vor … zum Spaß, möchte ich sagen: surrealistisch! … nicht ganz so ausgehunzt wie die Bilder, aber fast … zudem riechen die Bilder kaum … aber da roch's, und ein beißender Geruch … auch ein Leichengestank, keine Effekthascherei, ich kenne das, weiter nichts … ich täusche mich nicht … die Gören, die erschreckte nichts, weder die beißenden schwarzen Rauchschwaden noch die Trümmer oder die Explosionen, sie waren's bestimmt gewöhnt … sie achteten nur auf die Löcher … noch eines! ein tieferes! na und auch die Schienen, abgetakelt, mit verdrehten Enden wie Lockenwickler … in puncto Hotel *Esplanade,* da könnte ich Ihnen die Geschichte von seinem ersten Kellermeister erzählen, die Geschichte von einem eisgekühlten Bordeaux, den er nicht servieren wollte, und da hatte er sich rausschmeißen lassen usw. … ich werde Ihnen ein andermal diese Geschichte erzählen, wenn ich Zeit habe und noch lebe … *Zimmer Wärme! Zimmer Wärme!** … er bestand darauf! … das hatte ihn seine Stellung gekostet, der beleidigte Gast und so weiter … er hat es mir zwanzigmal in der Krankenstube des Gefängnisses erzählt … er hatte noch andere Dummheiten gemacht …

Nun, ich verrenne mich! … […]

Ich sehe nicht hin … schließe die Augen … deswegen schlaf ich aber nicht … ich denke nach … was man in der Stadt suchen kann … einen Krämerladen? … eine Apotheke? … einen Bäcker … ich glaube nicht sehr daran … alles muß schlimmer sein als in Berlin … Harras hatte uns gewarnt … bezüglich der Prostituierten … in Hamburg war nichts mehr aufzutreiben, alles abgebrannt … na ja, trotzdem, wo man einmal da ist, geht man hin … […]

Trümmerhaufen und Bruchstücke von Läden … und alles voll Pflastersteine, angehäuft in Buckeln sozusagen … darauf Straßenbahnen, ineinander verschachtelt, aufrecht und verquer, rittlings … nichts mehr zu erkennen … obendrein vor allem Rauchschwaden, wie gesagt, so dick, schmierig, schwarz und gelb ... oh, ich scheine mich zu wiederholen ... aber es geht nicht anders, nicht ... ich will Ihnen eine genaue Vorstellung geben ... keinem einzigen lebenden Wesen begegnet, die Lebendigen, wo sind sie? ich muß sagen ... sie sind weg ... auch unter den Steinhaufen? ... gleichwohl, Hamburg war 'ne Menschenmenge! ... alle zerplatzt? nach Belieben! ... für mich handelt's sich um Kondensmilch! man hat ein Ziel! ... ich sah wirklich keinen offenen Laden ... Krämer oder Apotheker ...

»Sammelt euch um meine Schupostöckchen! ... sabbelnde Schisser!«

Was sage ich! ... ich zwinge mich zum Aufstehen ... werden diese Ruinen mal erforschen! ... Teufel auch, wenn man nicht einen Brotlaib fände! ich meine ein Kommißbrot ... Granaten mit Zeitzünder, Asphalt, Explosionen, man hat schon anderes erlebt! ... ah, eine Göre bleibt stehen ... was betrachtet er denn? ... ich gehe hin ... Felipe auch, und Lili ... was macht ihn stutzig? ... in dem Asphalt drin, jawohl! ... ein ganz schwarzer Fuß ... bloß ein Fuß ... weder Bein noch Körper ... der Körper ist wohl verbrannt ... Harras hatte mir gesagt: sie besprengen alles mit Phosphor ... da bleibt nichts übrig ... klar! ... ah, alle Gören drängen sich um irgend etwas zusammen ... das ist kein Fuß mehr, sondern ganze Körper in dem Kleister ... ausgelaufener Asphalt, Glubber drüber und drum herum ... ein fetter schwarzer Überguß ... ach ja! ein Mann, eine Frau und ein Kind ... das Kind in der Mitte ... sie halten sich noch bei der Hand ... und ein Hündchen daneben ... das ist Anschauungsunterricht ... für die Leute, die sich retten wollten, hat der Phosphor den Asphalt in Brand gesteckt ... später hat man mir gesagt, Tausende und aber Tausende ... wir waren ja nicht zum Spaß da, uns interessierte die Milch, und ein Brot, kurz, ein Laden ... ich glaube, bei genauer Überlegung waren diese Trümmer gefährlich, abgesehen von den Leichen ... da explodierte überall was ... die Brände waren nicht ganz erloschen, und ich sah, der Asphalt ... je weiter man vorwärts kam, desto weicher wurde er … verdammt verfänglich, wie der Treibsand, wissen Sie, in der Bucht des Mont-Saint-Michel … aber hier noch der Brandgeruch … aber nicht so sehr die Leichen … es war zu kalt … im Frühjahr würde das schmoren … schöner Spaß, aber zuerst Essen auftreiben … die Verpflegung, Sie müssen schon entschuldigen, dieses Wort bedeutet viel für mich … ja, mit dem Backstein, meinem Kopf, darf ich mir ein paar Erinnerungen erlauben, sie stellen sich ein wie Haare in der Suppe … auch egal! Papperlapapp! … Verdun, ich meine Oktober 1914, die Verpflegung des 12. Regiments … ich war dabei mit meinem Troß … das Regiment in La Woevre … ich habe noch die Zugbrücke in Verdun vor mir … aufrecht in den Steigbügel ruf ich das Losungswort … die Zugbrücke rasselte, senkte sich, die Wache, ein Dutzend Mann kam zur Kontrolle raus … einem nach dem andern der Wagen … die damalige Armee war gewissenhaft, der beste Beweis, sie hat den Krieg gewonnen … wir fuhren also in Verdun ein, im Schritt, um unsere Kommißbrote und Säcke ›Fußlappen‹ zu holen … man wußte noch nicht das Weitere, alles Weitere! … wenn man wüßte, was einen erwartet, würde man nicht mehr mucksen, man würde weder Zugbrücke noch Tor beanspruchen … Nichtwissen ist die Stärke der Menschen und der Tiere …

Für uns da handelt's sich nicht um das Tor, ich erzähle Ihnen von Hamburg … ich brauchte nur hinzugehen mit meiner Bande von Sabblern … der Teer brannte nicht mehr, aber er war noch recht weich … es war heiß hergegangen … man sank nicht ein, aber die Füße prägten sich ein, es war besser, nicht aufzudrücken … in der Stadt war's bestimmt noch heißer, in der Gegend der Explosionen … da mußt' es wohl kochen … besser nicht hingehen … aber die Verpflegung? … wir würden nicht weit kommen … wo schien das noch möglich zu sein … höchstens jenseits des kleinen Kanals … alles in Hamburg ist voll kleiner Kanäle, ein bißchen wie Venedig … dieser war fast durch den Trümmersturz zugeschüttet … aber nur stellenweise … man konnte ihn überschreiten … »Nur Mut, ihr Blödhammel! hierher« …

ich hatte sie immer noch nicht gezählt ... sie kommen und gehen mit uns rüber ... wir, ich meine Lili und Bébert in seinem Sack, Felipe mit seiner Plane auf dem Kopf, und ich torkelnd ... wieder Ruinen, die Trümmer einer Straße, Haufen von allem möglichen wie in Berlin ... aber hier, scheint mir, noch in heißerer Aufmachung ... ich sage Haufen, viel mehr Hügel! ... dieser da gleich nebenan ist gewaltig, schätzungsweise in Masse und Höhe ... von der Trinité zur place Blanche ... bestimmt ganze Stadtviertel da drin und da drunter, Gebäude und Menschen ... daher natürlich auch dieser Geruch ... diese Gerüche, möchte ich sagen ... wir setzen uns ... einigermaßen ... [...] die tauben, sabbelnden Kretins ... aber so mißgestaltet sie sind, sie können trotzdem durch die Löcher und zwischen den Brocken und dem Schrott durchrutschen ... Katakomben sind für sie wie geschaffen ... da drin muß es ja alles mögliche geben ... ich hab Ihnen ja schon ein bißchen die Höhe geschildert, von da, wo wir stehen bis zur Spitze ungefähr von der Trinité zur place Blanche ... stellen Sie sich mal vor! die Gören waren vielleicht zerschmettert? erstickt? ... in freier Luft, bei Licht hüpften sie schon vorwärts ... sie wurstelten sich aus einem Loch raus, einem andern ... in der vollständigen Finsternis da, konnt ich's mir nicht vorstellen ... man konnte Vermutungen anstellen, weiter nichts ... wie weit waren wir in diese Spalte vorgedrungen? ... wenn die Gören verschüttet, verschwunden, zermatscht wären, würden wir zum Zug zurückgehen, basta! ... sie selbst waren ja abgehauen! ... Lili sagt mir: »Das beste ist, Bébert mal hingehen zu lassen! ...« so, bei einem Loch würde Bébert hingehen, bestimmt, wo er doch schlimmer war als die Gören, wenn's verschwinden hieß, dann stürzte er los ... und dann, wenn er fand, miaute er ... »Laß ihn los! ...« Lili setzt ihn auf die Erde ... wie haben die Gören da durchkommen können? ... frag ich mich ... Bébert schlüpft leicht rein ... Lili ruft ihn ... er miaut ... ein ruhiges Miauen ... Lili fragt mich nicht ... sie geht auch hin, im Handumdrehen ... auf den Knien, sie kann sich hineinwagen, sie ist Akrobatin ... unsereiner könnt's nicht, o doch! … ich kann's! … auf den Knien! … ebenso … immer feste, Kleiner! … Komme, was wolle! … aijaijai! … die Erde ist lehmig … ich rufe … »Ich komme! … ich komme!« Lili antwortet mir … in Ordnung … ich robbe weiter … auf den Ellbogen … das hätt ich nicht geglaubt … von außen konnt man sich's nicht vorstellen, der Durchgang erweitert sich, ich meine diese Art Schlucht … sagen wir summarisch ein Korridor … nicht gerade, so mit Umwegen, im Zickzack … immer mitten durch Lehm, scheint mir, nur sehr naß, klebrig … ich verstehe nicht, wie das möglich ist … hab doch in Hamburg keine anderen ähnliche Hügel davor gesehen … ebenso hoch, so riesig … klar, die Rauchschwaden hüllten alles ein … auch keine hohlen Halden wie diese … ich bin kein Geologe, kein Fachmann … ich rufe: »Lili! … Lili! … ja! … ja! ja! … komm her!« Felipe hat mir auch was zu sagen … *»Dottore! Dottore!«* … er ist nicht zurückgeblieben, ist wie wir in den Engpaß gekrochen … auf einmal hier, da riecht's nach Leiche, bestimmt … Tote Ratten oder Leute? … wird's schon sehen … vielleicht? … es ist ein Abenteuer, ich meine, besonderer Art … kurz und gut, bei genauem Hinsehen bildet diese Halde eine Glocke· … Halde sozusagen, wie hatte das entstehen können? man kann sich immer die Masche einer Geheimwaffe vorstellen? … sie hatten davon geredet! … damit sollte England vernichtet werden, und larifari! … aber alles sei auf sie zurückgeflogen, dann allerdings? oder aber die Explosion eines Munitionslagers gerade da, ein Vorrat von Torpedos? … das war schon anderswo passiert … woher kam diese riesige Halde? … da war kein Mensch, der es uns sagen konnte … […] es gab vielleicht noch andere ähnliche Aufwerfungen in Hamburg … glockenartige Aufläufe … ich hatte es nicht gesehen, beim Rauch konnte ich's nicht … schließlich waren wir, glaube ich, ganz unter der Spalte angekommen … und es roch bestimmt nach Leiche … viel stärker als draußen … ich hatte kein totes Tier bemerkt, weder Ratten noch Hunde … ich, als Fachmann für Epidemien beobachte nämlich … ich beobachte sofort … ich war ziemlich erstaunt … draußen hatte man alles voll von

Leichen gesehen, in Asphalt gewälzt, bekleidet ... erkaltet ... Harras hatte uns gewarnt ... nicht ganze Leichen ... Glieder ... Füße vor allem ... Hamburg war mit flüssigem Phosphor zerstört worden ... man hatte ihnen noch mal die Geschichte mit Pompeji eingebrockt ... alles hatte Feuer gefangen, die Häuser, die Straßen, der Asphalt, die Leute, die überall rannten ... und sogar die Möwen auf den Dächern ... die R.A.F. sah nicht hin! ... rein in den Brei! ... die freie Luft, die Dächer und der Untergrund! ... es fällt mir schwer, bei der Sache zu bleiben ... da ging es darum, zu erfahren, warum es so stark nach Leiche roch ... ich rufe ... Lili ist da ... und alle unsere mickerigen Gören? ... alle? ... ich werde sie später zählen ... und Felipe? ... er ist auch da, er ist zu uns gestoßen ... sie betrachten ... irgend etwas ... offen gestanden eine Überraschung! ... einen Krämerladen! ... gleichsam an den Hintergrund geklatscht, in der lehmigen Wand eingeklebt ... ich sage: Krämerladen, Sie verstehen mich: *Kolonialwaren** ... wie kommt er dahin? wie kann er da hängen bleiben? ... und das Schild, da kann man sich nicht täuschen! in prächtigen goldenen Lettern auf rotem Grund ... und keine kleine Tafel ... ein langer, breiter Anschlag ... ich überzeuge mich davon ... Felipe blickt hin ... er versteht auch ... »Das war ein Krämerladen, *dottore!* ... *rums!* verschlungen! ... Sie verstehen?« Felipe hat recht, er hat früher als ich begriffen ... ein Häuflein Backsteine ... zwei Häuflein ... bestimmt von dem Gebäude ... da können Sie sich ein bißchen die Karambolage vorstellen? ... ich übertreibe, meinen Sie, mitnichten ... [...]

nicht nur ein Kolonialwarenladen, andere Geschäfte steckten in diesem Lehm drin ... Brocken eines Restaurants, glaube ich, etwas weiter ein Schneider und wie viele Schemel und Tresen! alles in Brei ... draußen lagen Kadaver im Hafen, auf den Schienen ... das hatten wir gesehen, aber besonders im Asphalt klebende Glieder ... da in dieser Grotte, ich meine unter dieser Lehmglocke, da hatte ich nur die Leiche des Kaufmanns bemerkt ... aber weder verreckte Ratten noch andere Tiere ... dennoch war der Geruch stärker als nur von einem Kadaver, ich kenne mich aus ... da waren noch andere! ... doch die Gören? die pisserigen, sabbelnden ... die sah ich nicht mehr! ich frage Lili ... Felipe, der wußte es, sie waren in eine andere Spalte gegangen ... alle! ebenfalls im Lehm ... ah, da sehe ich ihn wieder! ... da! ... den Kadaver ... ich würde sagen, ein fünf bis sechs Tage alter Toter ... es ist kalt, er ist noch nicht sehr vermodert, immerhin, er riecht ... ich nähere mich ... ein Händler an seiner Kasse ... der Kopf, der Rumpf nach vorn gestürzt ... ein Apotheker? ... ein Krämer? ... ich sage: an seiner Kasse ... Kasse ist sicher, die Schublade ist offen, vollgestopft mit *Papiermark** ... und auch eine offene Schachtel voll Lebensmittelmarken ... Sie sehen, ich bin genau ... aber was mich interessiert: woran ist er gestorben? ... ah, von einem Splitter getroffen! ... die Gedärme hängen ihm durch eine Wunde heraus! etwa von der Hüfte bis zum Nabel ... aufgeschlitzt, mit einem Wort ... die Eingeweide und alles drum herum auf den Knien ... ein Bombensplitter? ... Felipe begreift's schneller als ich ... er zeigt mir da oben, ganz auf der Spitze die Bresche ... die ich Krater genannt habe ... *vroomb! Dottore!* da ist ein Lufttorpedo aufgetroffen und durchgeschlagen ... und *vroomb!* wie er sagt ... hat den Laden, die Läden und den Apotheker ... oder Kaufmann ... was weiß ich ... aufgerissen ... jedenfalls eine Kasse voll Mark und Lebensmittelmarken ... der Tote da stinkt jedenfalls ... die Gören sind nicht stehengeblieben, sie interessieren sich nicht für die kalten Ärsche, sie interessieren sich für die Ritzen, wo sie jetzt herumschnüffeln können? ... ganz hinten? ... und noch weiter ins Innere? ... verdammte Rotzschnäbel ... hinterher! hinterher! ... wenn sie in einem Schlund verschüttgegangen sind? in einem anderen? man brauchte nicht überrascht zu sein, an Spalten fehlte es nicht ... kurz und gut, kein empfehlenswerter Ort, ich meine für Touristen, erstens weil diese Grotte nicht mehr existiert ... ich habe Ihnen ihre Höhe beschrieben, und dann alles in allem ziemlich brüchig, ganz aus Lehm ... ein schwer vorstellbares Phänomen außer unter diesen ganz seltenen Umständen, der Explosion einer ganzen unterirdischen

Kasematte … den Elementen, die außer sich waren! und meine drolligen Sabbler? … und Bébert? mitverschwunden … ich war von Natur nicht benebelt, aber jetzt, muß ich gestehen, laß ich's laufen … die Ermüdung, sicherlich, Sie wissen ja, der Unfall, ich will nicht noch mal von dem Backstein reden … es reicht! … zuerst das Kroppzeug! … Lili ruft sie … Bébert antwortet … miaou! und er kommt … von dort her aus einer anderen Öffnung … ich sagte Ihnen, diese Glocke, Globus, Grotte, wie Sie wollen, ist voller Überraschungen … miaou! bestimmt war er ganz im Innern … und wir denn? … die beiden Wände recht klebrig, triefend … na ja, das scheint irgendwohin zu führen … ich habe meine Stöcke nicht mehr … ich bemerke, Felipe hat seine Plane nicht mehr, er hat sie am Eingang zurückgelassen … das ist besser so … ich hätte auch am Eingang bleiben können … verflixt! sollten sie sich durchwursteln! … der andere mit seinen Gedärmen überall … Kaufmann? … Apotheker? was weiß ich … ich höre nichts mehr, breche zusammen, da haben wir's … sollen sie machen, was sie wollen … ich erzähl Ihnen, wie das geschehen ist.

[…] Aufgesprungen … ich richte mich hoch, ich schlottere, aber ich schaff's! … »Da! da!« … ich sehe was … es liegt im Schatten … es kommt mir wie ein Bühnenbild vor! in der Art von … im Lehm … unten im Lehm … eine Tür … eine Holztür … ich sehe, sie bitten mich, ihnen zu helfen … sie haben versucht … sie wollen sie aufdrücken … wohin führt diese Tür? … es ist eine Szenerie, ein Laden … jetzt sehe ich über diesen Türflügel weg und die Wand entlang, die Lehmwand, alles voller Regale … und was 'ne Masse darauf! überladen! bis fast ganz oben, Brote, Würste und Milchbüchsen … ich sage Ihnen, sehr hoch, ich wiederhol's, eine Höhe drei- bis viermal Notre-Dame … Sie werden finden, ich übertreibe, es waren Zeugen da, glaube ich … gerade das, was uns fehlte, Kondensmilch, jede Menge! und diese Gören? sie waren scheint's auf der anderen Seite der Tür … warum? … sie hatten sich einschließen lassen! …

sie waren alle im Lehm steckengeblieben, in einer Höhle und mit Bébert … man hörte Bébert miauen … bestimmt, er könnte entwischen … so ’ne Katze, wenn die sich dünn machen will und noch dünner, wird so gut wie gar nichts … unsere Gören gingen sicher zu zwölf oder fünfzehn in jedes Loch rein … ich hatte sie nicht gezählt … außerdem, ich sagt’s Ihnen schon, sabbernd, schleimig … und verschrumpelt … sie schlüpften durch jedes beliebige Loch, Ritzen, man fragte wie? … […] ich bin angeschlagen, ich meine, ich bin nicht mehr da … ich höre nichts mehr, ich verliere das Bewußtsein, ich sollte anfangen, mich daran zu gewöhnen, ich schäme mich, ich werde bei jedem Dreck ohnmächtig … das kommt vom Backstein! … in Hannover, diese Fassade … sollen sich die anderen anstrengen! … ich pfeif auf dem letzten Loch! … die anderen? Lili, Felipe … ausnahmsweise, ich geb’s zu, rühr ich mich nicht mehr … ich glaube, sie versuchen mich aufzuwecken, sie schütteln mich sogar … scheint mir, und dann, nach und nach, höre ich wieder … oh, ich werde mich nicht bewegen! … sollen sie doch rumzappeln! … ich mach ein Auge etwas auf … da sehe ich eine Göre … zwei … von unseren … sie kommen von unten rauf … ach ja, sie waren auf dem Grund dieses Spalts … das ist der Beweis! … fünf … sechs … und die alle etwas tragen … wohin gehen sie? … Felipe zeigt’s ihnen … ich verstehe, sie sollen ihre Pakete nach draußen bringen … na ja, den Ramsch … von wem? … bestimmt Milchbüchsen! … ein Laden? … eine Apotheke? … ich sehe jetzt besser … jeder eine Büchse … und nicht nur Milch, auch Brote und noch anderes … Konfitüren … sie gehen zum Eingang … da wo die Plane, die riesige, war, die Felipe auf dem Kopf trug … er hat sie draußen ausgebreitet … da sollten die Gören hin und her gehen und Büchsen und Brote abladen … sie sabberten immer noch, die kleinen Idioten, aber hielten sich besser aufrecht, schien mir, purzelten nicht soviel hin, und ich glaube, sie amüsierten sich sogar … dort bei den Eisenbahnwagen hatte ich keinen einzigen lachen sehen … das geht schnell bei den Kindern, es genügt ein kleines Abenteuer, und selbst die

Hinfälligsten wie die da sieht man als Schlingel aufgepulvert! ... immerhin, so mickerig sie sind, man kann nicht mehr mit ihnen mit, sie haben das Leben noch vor sich ... auf dem anderen Ufer stehen die Kracher, die flitzen und flitzen einem weg, da kann man machen, was man will! Nach den Wechseljahren sind der Sportler, der durchhalten will, der asthmatische Minister nur noch Jammerlappen, reif für den Mülleimer ... viel lächerlicher als unsere Anstaltsgören, obwohl sie sehr schwächlich, recht jämmerlich waren, aber die konnten noch hoffen, für den erschöpften Sportler kann man nichts mehr tun, und für den Minister, der vorher den Wind in den Segeln hatte, weht nun kein Lüftchen mehr ... die unseren, die Gören da, kamen vorbei, jeder mit seiner Konfitüre, einem Brot ... wohin wollten sie das alles bringen? ... ich glaube, zur Öffnung unserer Spalte ... sie kamen sofort zurück ... ich sollte mich am Riemen reißen ... sehen, was da vor sich ging ... zunächst sollte man sich nichts vormachen ... dieses riesige Gewölbe, diese Lehmblase würde nicht halten ... ich sagte Ihnen schon, mindestens dreimal so hoch wie Notre-Dame ... ein weiterer Erdstoß, ein ähnlicher, ein weiteres Beben der Tiefen, und sie wäre weg, sie würde zerbröckeln ... die da drunter ebenfalls ... ich wollte gern aufstehen ... aber die Kraft dazu? ... oh, ich war zwar wieder zu mir gekommen, aber mich wieder zu erheben, haste gedacht ... Lili, Felipe kommen, helfen mir ... oh, wieder die Masche »immer feste Kleiner!« ... Ich verstehe sofort ... so, ich hab's geschafft ... dieselbe Spalte ... von einer Wand zur andern ... wie das rutscht! ... alles abschüssig nasser Lehm ... da wird's hell ... taghell! ... da ist's! ... so ist's! ... mir schwante so was! ... sie machen nichts anderes als das, die Gören! ... sie bringen alles zum Ende dieser Spalte ... ihr Hin und Her, von den Brettern, den Budiken, die, wo man gesehen hatte ... im Lehm vergraben, eine Apotheke? ... eine Lebensmittelhandlung? ... ich hab's nie erfahren ... sicher bin ich nur bei dem Mann mit dem aufgeschlitzten Bauch an seiner Kasse, seinen Därmen überall ... das macht ihnen Spaß ... Brote, Milchbüchsen, Konfitüre ... im Gänsemarsch ... und 'ne

Masse Schraubenzieher ... Korkenzieher, Büchsenöffner ... das kommt eher aus einem Lebensmittelladen ... und Flaschen in Mengen, eher Fläschchen ... ich glaube, Likör ... ein großer Alkoholvorrat ... sie stopfen alles in diese Plane, wie ich's mir gedacht hatte, am Eingang ... Felipes Plane ... was hatte der Händler da alles verdrückt! er hat jetzt sein Fett, den Wanst weit offen, die Gedärme überall ...

»*Dottore! Dottore!* wir haben uns verspätet!«

Felipe treibt mich an ... bestimmt hat er recht ... mir war's nicht ganz klar ...

»Natürlich! ... zum Zug! zum Zug!«

Die Gören wünschen nichts Besseres ... aber wir haben was zu schleppen ... die ganze Plane voll ... wir ziehen sie zu uns hin, alle zusammen von allen Enden ... ins Schlepptau genommen, die Plane! ... sie ist solide ... wir sind's nicht so sehr, aber wir mit den Gören werden schon hinkommen ... allerdings hab ich sie nicht gezählt! ... wir schlagen dieselbe Strecke ein, die Spalte ... sie ist glitschig ... es ist ein bißchen Schnee gefallen ... nicht viel, Pulverschnee ... vorwärts also zu diesem Zug, unseren Plattformen! nehmen wir an, daß sie noch da sind! ... daß dieser Zug nicht umgezogen ist! auf jeden Fall ruft man uns an von dahinten, vom Bahndamm her! ... und heiser! ... *los! los!** ... ein ›Fritz!‹ zwei! dalli! ... nicht die Reisenden! die Reisenden redeten nicht ... die Lokführer haben's eilig ... aber wir haben den Proviant ... die haben ja keine Plane zu schlenkern, sondern wir und die Gören, die Sabberer ... und nicht leicht, nur ruckweise! ... Pause! und Hopp! ... ein Stück weiter! ... die Unmenge von Ramsch ... sie sind's nicht, sondern wir! ... festgekrallt! ... der Bébert läuft hinterher, frei ... er guckt uns zu ... das klappt! wir kommen! ... noch das ganze Wasserbecken entlang ... sehen Sie sich das mal an! ... diese Schufterei! ... *los! los!** ungeduldig sind sie da oben! sie würden uns nicht zu Hilfe kommen! ... wir können ruhig zusammenbrechen, das ist ihnen schnurz und piepe! was ist denn da oben so eilig? ... das Feuer? ... das brennt immer noch, und überall! ... und wie! ... Rindviecher! ... »*Ja! ja!** Kommen schon!« ... wir sind schon fast da ... aber wahrhaftig, die Gören stolpern zu sehr, sie können nicht mehr ... sie lassen sich nachschleppen mit der Plane ... sie klammern sich an ... wir halten an, richten sie wieder auf, sozusagen ... und los geht's wieder!da! ... da! jetzt sehe ich sie, die anderen da oben, die beiden Ungeduldigen ... *los! los!** zwei Lokführer ... Kommen schon! ... und was wir alles mitbringen! ... wir sind fast da ... nur noch der Schotter und der Bahndamm ... aber ich sehe keinen Fahrgast ... keinen einzigen! ... sie sind in Hamburg in die Stadt gegangen? ... oder zurück, woher sie gekommen waren, zwischen die Scheinwerfer gekuschelt? ... die Plattformen entlang? ... die beiden Schreier beruhigten sich immer noch nicht ... *los! los!** was haben die so Eiliges vor? *was? was?**... ich brülle genauso! ... was? ... die R.A.F.! die ›Festungen‹ ... sie sind in Alarmbereitschaft! ... epileptisch finde ich sie! ... ist nicht immer ›Alarm‹, ja oder nein? Gas geben sollen wir! grölen sie ... die Plattformen müssen geräumt werden! ... alles soll brennen! schön! ... vorwärts! ... und Odile, oh, die, die rührt sich nicht! da kann alles krachen! alles flammen! ... sie lehnt es ab, daß wir sie mitnehmen! ... nein! sie hustet, sie spuckt Blut, genau! sie will überhaupt nicht mehr reisen ... ich soll die Mißgeburten mitnehmen, sie retten, sie überläßt sie uns! sie scheinen sich bei uns wohl zu fühlen, sie feixen sogar, na ja, auf ihre Art, mit Rülpsern und Sabber, zum erstenmal sieht man sie lachen, sie holterdipoltern, stolpern, schlagen hin, sabbern, weinen, aber im ganzen lustig ... Felipe macht ihnen die Büchsen auf, allen, zuerst mit einem Eisenstück, dann mit einem richtigen Werkzeug, die Plane ist voll davon ... und wie sie alle trinken! ... »einsteigen« ... die Gören kümmern sich nicht um Odile, sie sehen uns aufsteigen, sie steigen auf, nehmen Platz auf der ersten Plattform, bei uns Lili, Bébert, mir ... aber der Ramsch? ... unsere Büchsen, Konfitüren, Brote? ... und Tafeln Schokolade? Felipe hilft uns, und die beiden alten Lokführer, der ganze Krempel und die Plane, auf unsere Plattform! ... hau ruck! gleich hinter der Lok ... allein schaffe ich's nicht, würde dableiben ... ich muß sagen, die kleinen Idioten helfen, allesamt, wie viele sind's? ... [...] unsere beiden ollen Lokführer, die beiden Frechen, machen sich über uns lustig, ebenfalls! ja! sie sind so alt wie ich jetzt, ›Alarm‹ hin, ›Alarm‹ her, was hat das schon für sie zu bedeuten? ... in einem gewissen Alter hat nichts mehr was zu bedeuten ... höchstens, wenn man in Werbung macht, für ›ewige Pillen‹ ... immerhin haben wir den ganzen Knaatsch! ... Zeit genug, den Bestand aufzunehmen ... Lebensmittel, Büchsen und die Erinnerungen ... »Abfahrt! ... Abfahrt! *los! los!** « Brüllen kann ich auch! ... daß diese beschissenen Plattformen geräumt werden! ... oje, das wird brennen! ... ich bin im Bilde! ich schrei ihnen auch zu: Alarm! Alarm! und abgeblitzt! ... Protzen, Lok und Konfitüren und Milchbüchsen! ... sehr viel mehr in ›Bereitschaft‹ als sie, die beiden Siebziger da, die frechen Lokführer, kahl und zahnlos ... sie erlauben sich, Befehle zu geben, so was! ... »Nichtstuer! Tagediebe!« ... ich mache sie mundtot ... »Abfahren! abfahren! Saboteure! Kracher! ... Verräter!...« ein Wort, das ich gut kenne: *Verräter**, sie sollen mich kennenlernen! ... auf ihrer Maschine! ... sie sollen mich kennenlernen! da tut sich was! ... Beweis: unser Anhänger zittert, und ich selbst und Lili, Bébert in seinem Sack ... sie fahren an ... es geht weiter ... endlich! zum Glück habe ich mich durchgesetzt, sonst wären wir noch da! der Zorn hat manchmal sein Gutes, besonders wenn man keine Kraft mehr hat ... endlich geht's vorwärts! ... diese Lok pfeift nicht, auch kein puff! puff! ... ich sag keinem »Auf Wiedersehn!«, weder Felipe noch Odile ... sie waren entschlossen, die beiden! ... schön! charakterfest? gut! ich auch, servus! der beste Beweis, daß ich da bin und mich sehr deutlich erinnere ... obwohl ich mir keine Notizen gemacht habe, ach was!

## MARTHA GELLHORN
## Wir waren niemals Nazis

Als Kriegsberichterstatterin hatte Martha Gellhorn den Spanischen Bürgerkrieg erlebt (1937 und 1938). Sie beobachtete die Kämpfe in Vietnam, den Sechstagekrieg und die Konflikte in Lateinamerika. Sie schrieb für *The New Republic, The New Yorker* und *Collier's*. Zwischen Oktober 1943 und Mai 1945 war Gellhorn als Reporterin in Europa im Einsatz. In London sah sie die Zerstörungen und sprach mit Piloten der *RAF*. Sie nahm teil an der Landung in der Normandie. Im letzten Kriegsjahr ging ihre Ehe mit Ernest Hemingway in die Brüche, als die beiden auf denselben Schauplätzen miteinander in Konkurrenz traten. (In seinem Roman über den Spanischen Bürgerkrieg, *Wem die Stunde schlägt,* 1940, hat Hemingway ihr ein Denkmal gesetzt. Das Theaterstück *Love goes to Press,* 1946, das Martha Gellhorn zusammen mit Virginia Cowles verfaßte, handelt von Kriegsberichterstatterinnen und ihren männlichen Kollegen.) Martha Gellhorn bewegte sich ohne Akkreditierung, ohne Uniform, auf eigene Faust durch verschiedene Kriegsgebiete. Sie lernte General James Gavin kennen, den Befehlshaber der 82. Luftlandedivision, von der im ausgewählten Text die Rede ist. Im Frühjahr 1945 machte Gellhorn einen Nachtflug über Deutschland mit, von dem sie in ihrer Reportage »Nachtleben am Himmel« berichtete: Sie wurde durch Flakfeuer bedroht und sah den Abschuß einer V2-Rakete. Als sie ins zerstörte Deutschland kam, vermerkte Gellhorn in ihrem Notizbuch bitter: »Diesen Leuten, die in die Ordnung verliebt waren und die ihre Ordnung im Wahn anderen aufzwingen wollten, ist nun das Chaos zum Lebensraum geworden.« Gellhorn berichtete vom Treffen mit der Roten Armee an der Elbe, wo sie russischen Soldatinnen begegnete. Den Tag, an dem der Zweite Weltkrieg zu Ende ging, verbrachte die Autorin deutsch-jüdischer Herkunft im befreiten Konzentrationslager Dachau. Sie kehrte nach London zurück, wo ihr Haus durch deutsche Bomben beschädigt worden war.

Keiner ist ein Nazi. Keiner ist es je gewesen. Im Nachbardorf gab es möglicherweise ein paar Nazis, und Tatsache ist, daß die etwa zwanzig Kilometer entfernte Kleinstadt eine regelrechte Brutstätte des Nazitums war. Im Vertrauen gesagt, viele hier waren Kommunisten. Wie, die Juden? Also in der Gegend hier gab es eigentlich nicht viele Juden. Ich habe einen Juden sechs Wochen lang versteckt. Ich habe einen acht Wochen lang versteckt. Hinz und Kunz haben Juden versteckt.

Wir haben auf die Amerikaner gewartet. Sie sind als Freunde zu uns gekommen. Die Nazis sind *Schweinehunde**. Die Wehrmacht will aufgeben, aber sie weiß nicht, wie. Nein, ich habe keine Verwandten in der Wehrmacht. Ich habe in der Landwirtschaft gearbeitet. Ich habe in der Fabrik gearbeitet. Der Junge da war auch nicht in der Wehrmacht; er war krank. Ach, wie wir gelitten haben! Die Bomben. Wir haben wochenlang in den Kellern gelebt. Wir haben nichts Unrechtes getan. Wir waren niemals Nazis! …

Es würde besser klingen, wenn es musikalisch untermalt wäre. Die Deutschen könnten dann diesen Refrain singen. Sie alle reden so. Man fragt sich, wie die Naziregierung, für die niemand etwas übrig hatte, fünfeinhalb Jahre lang den Krieg hat führen können. Keiner in Deutschland, weder Mann noch Frau, noch Kind, hat jemals den Krieg gutgeheißen.

Wir auf der anderen Seite halten all das für Humbug, stehen herum, schauen ausdruckslos und verachtungsvoll drein und hören ohne Wohlwollen und ganz gewiß ohne Respekt zu. Eine ganze Nation den schwarzen Peter herumreichen zu sehen, ist gewiß kein erhebendes Schauspiel. Nachts feuern die Deutschen aus dem Hinterhalt Schüsse auf Amerikaner ab oder spannen Drähte über die Straßen, die für die Insassen von Jeeps eine tödliche Gefahr bilden können. Sie stecken die Häuser von Deutschen in Brand, die Anstellungen in unserer Militärregierung übernommen haben, oder sie bringen Sprengladungen in Munitionsdepots oder an Motorrädern oder an anderen Dingen an, mit denen Menschen in Berührung kommen. Aber das geschieht nachts. Tagsüber sind wir die rettenden Engel, auf die Deutschland gewartet hat.

Im Augenblick lagern wir am Westufer des Rheins, gegenüber dem Kessel des Ruhrgebiets, der noch Widerstand leistet. Die Deutschen hier sind verärgert und wünschen, daß wir das Widerstandsnest um fünfzehn Kilometer zurücktreiben, damit sie nicht mit ihrer eigenen Artillerie Schwierigkeiten bekommen, die ihre Dörfer unter Beschuß nimmt, wann immer sie ein paar Granaten zuviel hat. Das 504. Regiment der 82. Luftlandedivision schickte eines Nachts eine Kompanie in einem Landeboot über den Rhein, die eine kleine Stadt einnahm und sechsunddreißig Stunden lang behauptete. Auf der anderen Seite stand die Wehrmacht, die um keinen Preis aufgeben wollte.

Auf die Fallschirmjägerkompanie konzentrierten sich ansehnliche deutsche Kontingente – schätzungsweise zwei Divisionen. Dadurch wurden andere Abschnitte der Front entlastet; die Kompanie freilich erlitt schwere Verluste. Nach ihrer Rückkehr wurden zwei Offiziere und vier Unteroffiziere mit dem *Silver Star* ausgezeichnet. Die Zeremonie fand außerhalb des Befehlsstandes des Regiments in einer gesichtslosen Straße zwischen Trümmerhaufen und herumliegenden Telephondrähten statt. Die sechs Empfänger der Medaillen waren nicht dem Anlaß gemäß gekleidet. Sie kamen direkt von ihrer Arbeit. Ihre Gesichter waren grau vor Erschöpfung, und die Augen hatten nichts mit denen gemein, denen man im Alltag um sich herum begegnet; keiner sprach über das, was er auf der anderen Flußseite erlebt hatte.

Die deutschen Zivilisten blickten mit Verwunderung auf diese Reihe schmutziger, schweigender Männer, die da auf der Straße standen. Für unsere Leute hier spielt es kaum eine oder gar keine Rolle, ob ein Deutscher Nazi war oder nicht. Die Deutschen können reden, soviel sie wollen, sie können die amerikanische Nationalhymne anstimmen, sie bleiben immer noch Deutsche und sind wenig geschätzt. Noch hat niemand vergessen, daß unsere Toten bis hinunter nach Afrika reichen.

Die Dörfer entlang dem Rhein befinden sich in ziemlich gutem Zustand. Mitten darin liegt natürlich Köln, eines der großen Massengräber der Welt, aber die benachbarten Dörfer haben im großen und ganzen keinen Grund zur Klage. Lebensmittel und Kleidung, Kohle, Bettzeug, Haushaltsgeräte und Vieh – alles ist vorhanden. Die Deutschen selbst sind adrett und fett, sauber, ordentlich und fleißig. Knapp sechshundert Meter entfernt von ihrer Armee, die jetzt für sie die feindliche ist, führen sie ihr normales Leben weiter. [...]

Nach den sauberen Dörfern wirkt Köln unfaßlich. Wir sind nicht entsetzt über die Stadt, was nur beweist, daß man sich an jeden Anblick gewöhnen kann. Wenn man in Deutschland absoluter Verwüstung begegnet, bereitet einem das keinen Kummer. Wir haben um viele Orte in vielen Ländern getrauert, aber dieses Land hier gehört nicht dazu. »Sie haben es so gewollt«, sagen unsere Soldaten.

Zwischen zwei Haufen zerbrochener Ziegelsteine und vor einer stehen gebliebenen zerklüfteten Mauer stand ein Deutscher mit einer Schubkarre und verkaufte Tulpen, Narzissen und Osterglocken. Die Blumen wirkten in diesem Ambiente ein wenig irre, und angesichts der Tatsache, daß es gar keine Häuser gab, die man damit schmücken konnte, mochte einem das Ganze schon absurd erscheinen. Zwei junge Männer kamen mit Fahrrädern vorbei, und einer von ihnen kaufte einen Strauß Tulpen. Wir fragten ihn, wofür er die Tulpen wolle, und er sagte, er sei Holländer. Als solcher brauchte er natürlich Tulpen. Er habe in dieser Stadt drei Jahre als Zwangsarbeiter verbracht. Er und sein Freund kämen aus Rotterdam. Was auch immer mit Köln geschehe, ihnen sei es recht.

Dann kam der Blumenverkäufer herbei, um mit uns zu reden. Er verdiene sehr wenig, aber bevor wir kamen, habe er seine Blumen an die Krankenhäuser und an einige alte Kunden verkauft. Er sei jetzt allein in der Welt. Seine Familie, zweiundvierzig an der Zahl, unter ihnen seine Großeltern und Eltern, seine Frau und seine Kinder, seine Schwestern und deren Kinder und Ehemänner, seien alle bei einem

Luftangriff im Keller verschüttet worden. Er holte Photos aus seiner Brieftasche.

Wir, die zwei Soldaten und ich, saßen in dem Jeep und fragten uns, warum er mit uns sprach; wären zweiundvierzig Familienangehörige von uns durch deutsche Bomben umgekommen, wir hätten keine freundliche Unterhaltung mit Deutschen gesucht.

Um uns herum versammelte sich eine Menschenmenge; da niemand mit den Deutschen spricht, es sei denn in amtlicher Eigenschaft, reicht es, *»Guten Tag«** zu sagen, um einen Auflauf hervorzurufen. Dieses Bedürfnis nach vertraulichem Kontakt verblüfft uns wie kaum etwas sonst. Die Menge war bunt gewürfelt, und alle redeten durcheinander. Ich wollte von ihnen wissen, ab wann es in Deutschland bergab gegangen sei. Ich hatte insgeheim mit mir eine Wette auf die Antwort abgeschlossen und gewann. Seit 1933 sei es bergab gegangen, erklärten sie allesamt lauthals.

»Nein, ich rede von der Zeit seit Kriegsbeginn«, sagte ich. »Seit 1941 ist es bergab gegangen. Warum?«

»Wegen der Bomben.«

»*Danke schön**«, sagte ich. Dann fragte ich, welche Staatsform sie sich für nach dem Krieg erhofften.

»Demokratie«, riefen sie.

Aber eines Tages in einem anderen Dorf erhielt ich eine viel bessere und ehrlichere Antwort; die Frauen erklärten, es sei ihnen egal, *wer* sie regiere, wenn sie nur genug zu essen hätten und in Ruhe leben könnten. Die Männer sagten, sie hätten seit elf Jahren nicht mehr über Politik geredet und wüßten über Regierungsformen gar nicht mehr Bescheid. Jedenfalls ist Demokratie ein hübsches und in Deutschland viel gebrauchtes Wort.

Dann wollte ich von ihnen wissen, ob sie im Krieg herumgereist seien. Ob jemand einen Abstecher nach Paris gemacht habe. Niemand war irgendwohin gefahren: Sie hatten ihre Arbeit, und die hielt sie fest, zwölf Stunden am Tag. Danach verlor sich das Gespräch in dem üblichen Schimpfen auf die Nazis.

Wir gingen zum Flußufer hinunter, um bei Kameraden von den Luftlandetruppen vorbeizuschauen. Der Befehlsstand der Kompanie befand sich in einer Süßwarenfabrik, und wir bekamen die noch vorhandenen gewaltigen Vorräte an Zucker, Schokolade, Kakao, Butter, Mandeln und fertigen Süßigkeiten gezeigt. Dann wurden wir in einen riesigen Weinkeller geführt, einen von dreien, die man entdeckt hatte. Als nächstes besuchten wir einen Mehlspeicher, in dem sich mehr Mehl befand, als irgendeiner von uns je auf einem Haufen gesehen hatten. Danach (und mittlerweile hatten wir alle das Gefühl, daß es den Deutschen doch äußerst gut gegangen war) gingen wir durch ein Labyrinth von Fabrikgebäuden, die als allgemeines Lebensmitteldepot genutzt worden waren, und sahen voll Zorn Räume, die mit holländischem und französischem Käse, mit portugiesischen Sardinen, mit norwegischen Fischkonserven, allen möglichen Marmeladen und Dosen mit Gemüse, Fässern mit Sirup und so weiter vollgestopft waren.

Die Deutschen hatten nicht die Butter den Kanonen geopfert, sondern hatten fein säuberlich beides erzeugt beziehungsweise geraubt.

Vor dem weißen Absperrband, das den Militärbereich markierte, saßen Frauen in einer Reihe. Sie betrachteten ihre Häuser. Kein Dach oder Fenster ist heil geblieben, oft steht nicht einmal mehr eine Mauer, und fast alles in diesen Häusern ist von den Bomben in alle Winde zerstreut worden. Aber da saßen sie und wachten trauervoll über ihre Besitztümer. Befragt, warum sie das taten, fingen sie an zu weinen. Wir alle haben gesehen, wie derart bestialisches und unvorstellbares Leid stumm ertragen wurde, daß wir auf Weinen nicht mehr sonderlich gut ansprechen. Und auf Leute, die um Mobiliar weinen, schon gar nicht!

Ich dachte an Oradour in Frankreich, wo die Deutschen die Männer, Frauen und Kinder des Dorfes allesamt in der Kirche eingesperrt und diese in Brand gesteckt und, nachdem die Menschen verbrannt waren, auch noch Feuer an das Dorf gelegt hatten. Das ist eine extrem drastische Weise,

Eigentum zu zerstören. Die Deutschen haben allen Menschen in Europa beigebracht, daß es nicht lohnt, wegen so läppischer Dinge wie Möbel Tränen zu vergießen. Weiter unten am Fluß war die Militärregierung damit beschäftigt, die Zivilbevölkerung in den Dörfern amtlich zu erfassen.

Während des gesamten Krieges hatten zehn Zivilpersonen aus dem Dorf ihr Leben verloren; während der letzten Woche waren durch deutsche Granaten sieben weitere umgekommen. Wir sprachen mit einigen deutschen Frauen über die Schrecken des Krieges.

»Die Bomben«, sagten sie. »O Gott, die Bomben! Zweitausendachthundert Bomben sind allein auf dieses Dorf gefallen«, behaupteten sie.

»Ihr spinnt«, sagten wir zu ihnen. »Wenn das stimmte, dann wäre vom Dorf nichts mehr übrig.«

»Ach, die Bomben!« sagten sie, felsenfest davon überzeugt, daß ihr Dorf dem Erdboden gleichgemacht und sie allesamt tot waren.

Von der gegenüberliegenden Flußseite feuern weiter die Luftabwehrgeschütze. Gestern taten sie das mit Erfolg, und eine B-26 wurde abgeschossen; eine schwarze Rauchsäule stieg senkrecht und berghoch empor. Uns allen kam es vor wie eine Feuerbestattung.

## MARIE WASSILTSCHIKOW

### Wien, 27. März 1945

Später fuhr ich mit dem Rad zum Bristol und holte dort meine Ziehharmonika ab. Auf dem Rückweg wollte ich eine Abkürzung zur Herrengasse nehmen, als mir die verflixte Ziehharmonika vom Rad fiel – gerade als ich an dem unglückseligen Jockeyklub vorbeikam. Als ich mich bückte, um mein Instrument aufzuheben, stieß ich an einen Lastwagen, der vor der Ruine geparkt hatte. Noch immer hing ein schrecklicher Gestank in der Luft, und als ich aufblickte, sah ich, daß der Lastwagen mit lose zusammengebundenen Säcken beladen war. Aus dem mir am nächsten gelegenen ragten ein paar Frauenbeine heraus. Die Schuhe steckten noch an den Füßen, aber ich sah, daß ein Absatz fehlte.

## JACOB KRONIKA
## Der Untergang Berlins

Geboren im dänischen Broacker, hatte Jacob Kronika schon von 1919 bis 1932 für die Presse der Dänen in Schleswig gearbeitet. In Berlin wurde er zum inoffiziellen Vertreter dieser Minderheit. Diese Rolle erforderte eine Zusammenarbeit mit den deutschen Behörden, eine Gratwanderung, die Kronika kompromittierte. In den zwanziger Jahren war Jacob Kronika linksliberal. Als er nach Berlin kam, erlebte er die Machtübernahme der NSDAP und wurde zum Sympathisanten. Von einer sich wandelnden Haltung zum Nationalsozialismus zeugen Jacob Kronikas Schriften: Der pronazistische Roman *Revolution* (1935) wurde von offizieller Seite begeistert aufgenommen. Ab 1935 begann Kronika jedoch, sich vom Nationalsozialismus abzuwenden. Er fand wieder zum Antifaschismus zurück, insbesondere aus religiöser Motivation.

### 3. April 1945

Von Ostern haben wir nicht das geringste gemerkt. Und für viele mag es schwer sein, an die Auferstehung mitten im Untergang zu glauben.

Wie ein leuchtender Gegensatz zu den vollkommen verzweifelten Verhältnissen wirken die blühenden Forsythienzweige. Niemals zuvor bemerkte man so viele dieser Blüten in Berlin. Mitten im Elend wählen die Frauen diese Zweige als Schmuck. Die Ruinenstadt scheint geradezu im Zeichen der Forsythienzweige zu stehen!

### 7. April 1945

Der einst so schöne Tiergarten ist in furchtbarster Weise verschandelt und zerstört. Nicht nur Bomben fielen hier. Auch Flugzeuge stürzten ab. Die Berliner versehen sich in diesem unheimlichen Park mit so viel Brennholz, wie sie nach Hause zu transportieren imstande sind.

## EDWARD MURROW
## Für das meiste fehlen mir die Worte

Nachdem er es 1943 im Kampfeinsatz überflogen hatte, kam Edward Murrow im Frühjahr 1945 mit der US-Armee nach Deutschland. Als er am 12. April 1945 das befreite Konzentrationslager Buchenwald besichtigte, dachte er zunächst an die Zerstörungen, die der Bombenkrieg verursacht hatte – bis diese Gedanken durch das Grauen der deutschen Verbrechen verdrängt wurden. – Edward Murrow ist einer der bekanntesten Radiojournalisten. Er war an mehr als 5000 Sendungen beteiligt. Nach dem Krieg erlangte Murrow in den USA weitere Berühmtheit als Moderator der Fernsehsendung *See It Now* (1951–1958). Legendär ist seine öffentliche Auseinandersetzung mit dem antikommunistischen Senator Joseph McCarthy (1954), die den Gegenstand des Films *Good Night, and Good Luck* von George Clooney bildet (2005).

Während der letzten Woche bin ich über dreihundert Kilometer durch Deutschland gefahren – den größten Teil davon im Sektor der Dritten Armee – Wiesbaden, Frankfurt, Weimar, Jena und noch weiter. Es ist unmöglich, mit diesem

Krieg Schritt zu halten. Der Verkehr fließt auf den Autobahnen dahin, Militärlaster mit deutschen Helmen an die Kühler gebunden und Maschinengewehr-Ladestreifen zwischen den Kotflügeln aufgehängt. Die Panzer auf den betonierten Fahrbahnen klingen wie eine riesige Wurstmaschine, die Wellblechplatten zermalmt. Und wenn zwischen den Konvois eine Lücke entsteht und der Lärm verebbt, dann hört man ein anderes, leises Geräusch, das von Holzschuhen und von kleinen Eisenrädern, die über den Beton knirschen. Die Macht marschiert voran, während die Menschen, die Sklaven, zurückweichen und ihre paar Habseligkeiten auf allem, was Räder hat, hinter sich herziehen.

Es gibt Städte in Deutschland, die Coventry und Plymouth wie das Ergebnis der Zerstörungswut eines verdrießlichen Kindes erscheinen lassen. Zerbombte Häuser aber sehen irgendwie alle gleich aus, egal, wo man sie zu sehen bekommt.

Jetzt allerdings ist nicht der Augenblick, vom Aussehen Deutschlands zu reden. Gestatten Sie mir, Ihnen von dem zu berichten, was Sie gesehen und gehört hätten, wenn Sie am Donnerstag bei mir gewesen wären. Angenehm anzuhören wird mein Bericht nicht sein. Sollten Sie beim Essen sitzen oder sollten Sie keine Lust haben, zu hören, was Deutsche getan haben, dann ist jetzt der Augenblick, das Radio auszuschalten, denn ich habe vor, Ihnen von Buchenwald zu berichten. Es befindet sich auf einem kleinen Berg, etwa sechs Kilometer von Weimar entfernt, und war eines der großen Konzentrationslager in Deutschland; gebaut wurde es für die Ewigkeit. Als wir uns dem Lager näherten, sahen wir etwa hundert Männer in Zivilkleidung und mit Gewehren, die in geöffneter Ordnung über die Felder vorrückten. Es gab dort ein paar Werkstätten; wir hielten an, um zu fragen, was da los war. Wir erfuhren, daß einige der Häftlinge zwei SS-Männer umzingelt hatten. Wir fuhren weiter und erreichten das Haupttor. Die Häftlinge drängten sich hinter dem Drahtzaun. Wir traten ein.

Und wenn ich dies jetzt in der Ich-Form erzähle, dann im Bewußtsein, daß ich dort die unwichtigste Person war, wie Sie sehen werden. Um mich herum wogte eine stinkende Horde. Männer und Jugendliche streckten die Hand aus, um mich zu berühren; sie steckten in Lumpen und Uniformresten. Viele waren bereits vom Tod gezeichnet, aber mit den Augen lächelten sie. Ich sah über diese Masse von Männern hinweg auf die grünen Felder draußen, wo gutgenährte Deutsche die Äcker pflügten.

Ein Deutscher, Fritz Kersheimer, kam zu mir und sagte: »Darf ich Sie durch das Lager führen? Ich bin seit zehn Jahren hier.« Ein Engländer nahm Habachtstellung ein und sagte: »Darf ich mich vorstellen, freut mich, Sie kennenzulernen, und können Sie mir sagen, wann von unseren Jungs welche kommen?« Ich sagte ihm, bald, und bat, mir eine der Baracken zu zeigen. In der Baracke, in die man mich führte, waren Tschechen untergebracht. Männer umringten mich, als ich eintrat, und versuchten, mich auf ihre Schultern zu heben. Sie waren zu schwach dazu. Viele von ihnen kamen gar nicht aus den Betten. Ich erfuhr, daß in diesem Gebäude einst achtzig Pferde standen. Jetzt waren zwölfhundert Männer darin untergebracht, fünf pro Schlafkoje. Der Gestank spottete jeder Beschreibung.

In der Mitte der Baracke trat ein Mann auf mich zu und sagte: »Sie erinnern sich an mich. Ich bin Peter Zenkl, vormals Bürgermeister von Prag.« Ich erinnerte mich an ihn, erkannte ihn aber nicht wieder. Er erkundigte sich nach [Edvard] Beneš und Jan Masaryk. Ich fragte, wie viele Männer in diesem Gebäude im Laufe des letzten Monats gestorben seien. Sie riefen den Arzt; wir gingen seine Unterlagen durch. In dem kleinen schwarzen Buch standen nur Namen, nichts sonst – nichts darüber, wer diese Menschen gewesen waren, was sie gemacht oder gehofft hatten. Hinter den Namen der Gestorbenen stand ein Kreuz. Ich zählte sie. Es waren insgesamt 242. Zweihundertzweiundvierzig von zwölfhundert in einem Monat.

Während ich ans Ende der Baracke weiterging, klatschten die Männer, die zu schwach waren, um vom Bett aufzustehen, Beifall. Das Klatschen klang, als schlügen Kleinkinder die

Hände zusammen; so schwach waren sie. Der Arzt hieß Paul Heller. Er befand sich dort seit 1938.

Während wir hinaus in den Hof gingen, fiel ein Mann tot um. Zwei andere – sie müssen über sechzig gewesen sein – krochen zur Latrine. Den Anblick kann und will ich nicht schildern.

In einem anderen Teil des Lagers zeigten sie mir die Kinder, Hunderte von ihnen. Einige waren erst sechs. Eines rollte seinen Ärmel hoch und zeigte mir seine Nummer. Sie war in seinen Arm tätowiert. D-6030, so lautete sie. Die anderen zeigten mir ihre Nummern; sie werden sie bis zu ihrem Tode tragen.

Ein älterer Mann, der neben mir stand, sagte: »Die Kinder, Staatsfeinde.« Durch ihre dünnen Hemden konnte man die Rippen zählen. Der alte Mann sagte: »Ich bin Professor Charles Richer von der Sorbonne.« Die Kinder umklammerten meine Hände und starrten mich an. Wir gingen hinüber in den Hof. Immer wieder kamen Männer zu mir, um mich anzusprechen, mich zu berühren, Professoren aus Polen, Ärzte aus Wien, Männer aus ganz Europa. Männer aus den Ländern, die Amerika geschaffen haben.

Wir gingen ins Lazarett; es war voll belegt. Der Arzt berichtete, tags zuvor seien zweihundert gestorben. Ich fragte nach den Todesursachen; er zuckte mit den Schultern und sagte: »Tuberkulose, Hunger, Erschöpfung, und viele gibt es, die keinen Lebenswillen mehr haben. Sehr schwierig.« Doktor Heller zog bei einem Mann die Decke zurück, um mir zu zeigen, wie geschwollen dessen Füße waren. Der Mann war tot. Die meisten der Patienten konnten sich nicht rühren.

Als wir das Lazarett verließen, zog ich eine lederne Brieftasche heraus, um zu sehen, ob ich ein bißchen Geld mithatte, mit dem ich den Lebenden behilflich sein konnte, nach Hause zurückzukehren. Professor Richer von der Sorbonne sagte: »Ich würde an Ihrer Stelle gut auf meine Brieftasche aufpassen. Wissen Sie, es gibt auch Kriminelle in diesem Lager.« Ein kleiner Mann kam angewankt und sagte: »Bitte, darf ich das Leder mal anfassen? Wissen Sie, ich habe früher in Wien gute Sachen aus Leder gefertigt.« Ein anderer sagte: »Ich heiße Walter Röder. Ich habe viele Jahre in Joliet gelebt. Kam zu Besuch zurück nach Deutschland, und Hitler faßte mich.«

Ich bat, mir die Küche zu zeigen; sie war sauber. Der für sie verantwortliche Deutsche war Kommunist, befand sich seit neun Jahren in Buchenwald, hatte ein Bild von seiner Tochter in Hamburg. Er habe sie seit fast zwölf Jahren nicht mehr gesehen, und falls ich nach Hamburg komme, ob ich sie dann wohl aufsuchen könne? Er zeigte mir die Tagesration – ein Stück Mischbrot, etwa daumendick, und darauf ein Stück Margarine, so groß wie drei Kaugummiplättchen. Dies und ein wenig Eintopf sei alles, was sie innerhalb von vierundzwanzig Stunden bekamen. An der Wand hing ein hochkompliziertes Diagramm. Es war übersät mit kleinen roten Schildchen. Sie stünden für jeweils zehn Männer, die gestorben seien, sagte er. Er müsse Buch über die Rationen führen, sagte er und fügte hinzu: »Wir arbeiten hier sehr wirtschaftlich.«

Wir gingen wieder in den Hof und unterhielten uns dabei. Die zwei Ärzte, der Franzose und der Tscheche, erklärten übereinstimmend, im Laufe des März seien ungefähr sechstausend gestorben. Kersheimer, der Deutsche, fügte hinzu, im Winter 1939, als die Polen ohne Winterbekleidung gekommen seien, habe ihre Todesrate bei annähernd neunhundert pro Tag gelegen. Fünf verschiedene Männer versicherten, Buchenwald sei das beste Konzentrationslager in Deutschland; sie hatten einige Erfahrung mit den anderen gesammelt.

Doktor Heller, der Tscheche, fragte, ob ich das Krematorium zu sehen wünsche. Sehr interessant werde ich es nicht finden, sagte er, weil den Deutschen vor einigen Tag der Koks ausgegangen sei und sie daraufhin angefangen hätten, die Leichen in ein großes Loch in der Nähe zu schmeißen. Vielleicht interessierte es mich, den kleinen Hof zu sehen, meinte Professor Richer. Ich sagte ja. Er wandte sich um und sagte den Kindern, sie sollten dableiben. Während wir über den freien Platz gingen, fiel mir auf, daß der Professor in seinem linken Schuh ein Loch hatte und daß aus dem rechten ein Zeh ragte. Er folgte meinem Blick und sagte: »Ich bedaure, daß ich so wenig präsentabel bin, aber da kann man nichts machen.« In diesem Augenblick kam ein anderer Franzose zu uns und verkündete, drei seiner Landsleute draußen hätten drei SS-Männer getötet und einen gefangengenommen. Wir gingen weiter zu dem kleinen Hof. Die Mauer war knapp drei Meter hoch; sie grenzte an ein Gebäude, das als Stall oder als Werkstatt gedient hatte. Wir gingen hinein. Der Raum hatte einen Betonboden, auf dem Leichen wie Klafterholz in zwei Reihen aufgeschichtet lagen. Sie waren dürr und ganz weiß. Einige der Leichname wiesen schreckliche Blutergüsse auf, obwohl gar nicht genug Fleisch dafür vorhanden zu sein schien. Einige hatte man in den Kopf geschossen, aber sie hatten kaum geblutet. Außer zweien waren alle nackt. Ich versuchte, sie zu zählen, so gut ich konnte, und kam zu dem Ergebnis, daß dort in zwei ordentlichen Stapeln die sterblichen Überreste von mehr als fünfhundert Männern und Jungen lagen.

Auf einem deutschen Lastwagenanhänger befanden sich zirka fünfzig weitere Leichen, aber es war unmöglich, sie zu zählen. Die Kleider lagen in einem Haufen an der Wand. Offenbar waren die meisten der Männer und Jungen Hungers gestorben; hingerichtet hatte man sie nicht. Aber wie sie zu Tode gekommen waren, erschien unerheblich. In Buchenwald war gemordet worden. Gott allein weiß, wie viele Männer und Jungen dort während der vergangenen zwölf Jahre umgekommen sind. An diesem Donnerstag befanden sich, wie ich erfuhr, mehr als zwanzigtausend Menschen in dem Lager. Bis zu sechzigtausend hatte das Lager vormals umfaßt. Wo waren sie geblieben?

Als ich das Lager verließ, kam ein Franzose, der früher für Havas [eine Werbeagentur] in Paris gearbeitet hatte, zu mir und sagte: »Sie werden etwas über das hier schreiben, oder?« Und er fügte hinzu: »Um über das hier zu schreiben, muß man mindestens zwei Jahre dagewesen sein, und danach – will man nicht mehr schreiben.«

Ich bitte Sie inständig, mir zu glauben, was ich über Buchenwald berichtet habe. Ich habe erzählt, was ich sah und zu hören bekam, allerdings nur einen Teil davon. Für das meiste fehlen mir die Worte. Tote Menschen gibt es reichlich im Krieg, aber die lebenden Toten – davon gibt es in einem einzigen Lager mehr als zwanzigtausend. Die Landschaft ringsum tat dem Auge wohl, und die Deutschen waren gut genährt und gut gekleidet. Amerikanische Lastwagen, beladen mit Gefangenen, rollten ins Hinterland. Bald würden die Gefangenen amerikanische Verpflegung bekommen, für eine Mahlzeit so viel, wie die Männer in Buchenwald in vier Tagen bekommen hatten.

Wenn ich Ihnen mit meinem eher verharmlosenden Bericht über Buchenwald zu nahe getreten bin, dann tut mir das nicht im mindesten leid.

## MARIE WASSILTSCHIKOW

Das Ende des Krieges erlebte Marie Wassiltschikow in Gmunden in Österreich. Am 4. Mai 1945 trafen dort Einheiten der US-Armee ein. Marie Wassiltschikow betätigte sich als Übersetzerin. Bei der US-Armee lernte sie ihren späteren Mann, Peter Harnen, kennen.

### Gmunden, 20. April 1945

Adolfs Geburtstag. Eine lächerliche Rede von Goebbels: »Der Führer ist in uns und wir in ihm!« Wie weit will er das noch treiben? Er fügte hinzu, daß es keine Schwierigkeit bereiten werde, alles Zerstörte wieder aufzubauen. Unterdessen rücken die Alliierten von allen Seiten weiter vor, und die Fliegeralarme dauern den ganzen Tag. Die Frau des

Obersten [den Wassiltschikow auf dem Weg nach Gmunden kennengelernt hat] scheint jedoch all diese Kundgebungen zu glauben. Sie ist überzeugt, daß Deutschland eine geheime Wunderwaffe besitzt, die in letzter Minute eingesetzt werden wird; die Arme kann sich nicht vorstellen, wie sie sonst derartige Dinge sagen könnten.

### Gmunden, 21. April 1945

Sisi Wilczek rief mich um 11 Uhr zu sich aufs Dach. Der Himmel war voller Flugzeuge. Aus allen Richtungen kamen sie angeflogen und schimmerten silbern in der Sonne. Es war ein schöner Tag, der sich aber für Attnang-Puchheim als tragisch erweisen sollte. Wir konnten sehen, wie die Bomben herabhagelten. Die Flugzeuge blieben stets in Sichtweite. Sobald sie ihr Werk beendet hatten, flogen sie nochmals über uns hinweg. Der Angriff dauerte drei Stunden. Ich hatte nie Gelegenheit gehabt, einen Angriff aus so großer Nähe zu beobachten, denn im allgemeinen kauerte man, wenn die Bomber kamen, im Keller. Dieses Mal konnte ich alles beobachten. Bei jeder Explosion zitterte buchstäblich die Erde. Es war schrecklich und schön zugleich.

## FOLKE BERNADOTTE
## Das Ende

Als Angehöriger der schwedischen Königsfamilie durchlief Folke Bernadotte eine militärische Ausbildung und wurde Vizepräsident des schwedischen Roten Kreuzes. Wenige Wochen vor dem Ende des Zweiten Weltkrieges begab sich der Neffe des Monarchen in heikler Mission nach Berlin. Der Plan: Heinrich Himmler zu treffen und von diesem die Erlaubnis zu erhalten, Gefangene vor der Vernichtung in

Konzentrationslagern oder auf den Todesmärschen zu retten. Folke Bernadotte gelang es tatsächlich, mit Himmler zu sprechen, mit dem er innerhalb von zwei Monaten viermal zusammentraf (19. Februar, 2. April, 21. April, 23. April). Der Reichsführer SS, der als Oberbefehlshaber an der Oderfront eingesetzt war, gestattete ihm, skandinavische Häftlinge aus verschiedenen Lagern in Neuengamme zusammenzuführen. Mit »weißen Bussen« des schwedischen Roten Kreuzes wurden Tausende in das norddeutsche KZ gebracht, von dort aus nach Dänemark und schließlich sogar nach Schweden. Allmählich weitete sich die Rettungsaktion über die ursprünglich von Himmler zugelassene Personengruppe aus: von Skandinaviern und ihren Angehörigen auf alle möglichen Insassen, deren Bernadottes Leute habhaft werden konnten. Als erster neutraler Beobachter erhielt der schwedische Graf Zugang zu einem deutschen KZ. – Heinrich Himmler erkannte, daß der Krieg verloren war. Nach einem gemeinsam durchlebten Luftangriff erklärte er gegenüber Bernadotte seine Bereitschaft, den Westmächten eine Teilkapitulation anzubieten, um möglichst weite Teile Deutschlands vor der Roten Armee zu bewahren. Bernadottes humanitäre Hilfsaktion entwickelte sich zu einer diplomatischen Vermittlungsaufgabe. Der Schwede beförderte Himmlers Vorschlag nach Stockholm. Der alliierte Oberbefehlshaber Eisenhower bestand jedoch auf der bedingungslosen Kapitulation. Als Adolf Hitler von dem eigenmächtigen Vorgehen seines Mitarbeiters erfuhr, ließ er Himmler absetzen. – Als Bernadotte in der Nacht vom 23. auf den 24. April 1945 mit Himmler in Lübeck zusammentraf, zwang ein Luftangriff den Vertreter des schwedischen Roten Kreuzes zusammen mit dem obersten Herrn der SS in den Keller. Bernadottes Buch *Das Ende,* das 1945 als einer der ersten Augenzeugenberichte vom Untergang NS-Deutschlands erschien, beginnt mit einem Besuch im alliierten Hauptquartier, in dessen Verlauf der Befehlshaber der strategischen Luftstreitkräfte, General Carl Andrew Spaatz, ein Geständnis macht: »Manchmal liege ich nachts wach und denke an die schreckliche Zerstörung, die meine Einheiten in Deutschland unter der Zivilbevölkerung anrichten, dann muß ich mich dazu zwingen, mir die Leiden vor Augen zu führen, welche die Franzosen von den Deutschen erfahren haben. Allein dieser Gedanke macht es etwas weniger schmerzlich, mit solchen Schlägen gegen unschuldige Menschen in Deutschland leben zu müssen.« – Nach dem Krieg wurde Folke Bernadotte im Streit um die Verdienste seiner Rettungsaktion zum Objekt von Verleumdungen; als Vermittler der Vereinten Nationen in Palästina wurde er von jüdischen Extremisten erschossen. SS-Brigadeführer Walter Schellenberg, der Bernadottes Initiative bei seinem Chef Himmler unterstützt hatte, hielt sich nach Ende des Krieges bei diesem in Schweden auf. Seine Rolle in der Rettungsmission trug dazu bei, daß der Leiter des Auslandsnachrichtendienstes im Reichssicherheitshauptamt zu lediglich sechs Jahren Haft verurteilt wurde.

Diese Nacht, mit ihrer unheimlichen Untergangsstimmung, werde ich zeitlebens nicht vergessen. Himmler langte in der *Dienststelle** der schwedischen Gesandtschaft in Lübeck gegen halb zwölf Uhr an. Im nächsten Augenblick begannen die Sirenen zu heulen. Ich fragte den Chef der Gestapo, ob er in den Schutzraum hinuntergehen wolle, machte ihn aber darauf aufmerksam, ich könne nicht dafür einstehen, daß wir dort allein wären; begreiflicherweise könnten wir anderen Personen, die im Hause wohnten, oder auch Passanten, nicht verwehren, im Keller Schutz zu suchen. Himmler zögerte einen Augenblick, dann entschloß er sich hinunterzugehen. Mehrere Schweden und Deutsche befanden sich bereits im Schutzraum. Himmler unterhielt sich mit seinen Landsleuten, erkundigte sich nach ihrem Ergehen und versuchte sichtlich, die Stimmung im Volke zu erkunden. Es war ganz klar, daß ihn niemand erkannt hatte. Ich beobachtete ihn mehrmals während der Stunde, die wir im Schutzraum verbrachten. Er sah furchtbar ermüdet und nervös aus; augenscheinlich kämpfte er einen schweren Kampf, um äußerlich seine Ruhe zu bewahren.

Wieder heulten die Sirenen: der Fliegeralarm war vorbei. Wir verließen den Keller und begaben uns in ein Zimmer der Gesandtschaft, um die Fragen zu besprechen, die Himmler vorbringen wollte. Es war jetzt etwa halb ein Uhr nachts. Ein paar Kerzen flackerten mit matter Flamme auf dem Tisch, an dem wir saßen; das elektrische Licht funktionierte nicht.

»Hitler ist sehr wahrscheinlich schon tot«, begann der Chef der Gestapo seinen Bericht über die Lage. Wenn es noch nicht soweit sei, dann werde er sicher im Laufe der nächsten Tage sterben. Der Führer* hatte sich nach Berlin begeben, um gemeinsam mit der Bevölkerung seiner Reichshauptstadt den Tod zu erwarten. Berlin war eingekreist, sein Fall nur noch eine Frage von Tagen. Bei unseren drei früheren Begegnungen, fuhr Himmler fort, hätte ich ihm angedeutet, er solle mit dem Kriege Schluß machen. An und für sich habe er mir recht gegeben: Die Lage war ja hoffnungslos, der Krieg mußte aufhören, Deutschland mußte sich für besiegt erklären. Doch sei er bisher nicht imstande gewesen, den Treueid, den er seinem Führer geschworen hatte, zu brechen. Heute aber sei die Lage eine andere; Hitler sei möglicherweise schon tot.

»Ich gebe zu, daß Deutschland besiegt ist«, sagte der Chef der Gestapo mit resignierter Gebärde. »Und was kommt jetzt?« Himmler spann den Faden weiter, griff ein zentrales Problem auf, ein Problem von entscheidender Bedeutung für die Zukunft Europas und der ganzen Welt. Auf seine sehr persönliche Art wies er auf die Tragweite der Legende hin, mit deren rascher Bildung man bereits rechnen mußte, einer Legende, die nach dem Sturz des Dritten Reiches genau dieselbe Rolle spielen würde wie die »Dolchstoßlegende« nach dem Versailler Frieden. »Alles«, erklärte er, »wird von der Art und Weise abhängen, wie die Alliierten die Besiegten behandeln werden.« Sei es die Absicht der alliierten Nationen, das deutsche Volk völlig zu vernichten, so würde Hitler als ein Nationalheld auferstehen, als der größte aller germanischen Volkshelden. »Adolf Hitler, wird es dann heißen, besaß nicht nur die Gabe, die inneren Probleme des Reiches zu lösen, er hat sein Vaterland auch emporgerissen aus dem Zustand der Erniedrigung, zu dem es der Schmachfriede von Versailles verdammt hatte. Und schließlich ist er an der Spitze seines Volkes dem Heldentod auf den Barrikaden von Berlin entgegengeschritten.«

Es sei mir gestattet, hier ein persönliches Wort einzuschalten. Nach allem, was ich als Zeuge erlebt und erfahren habe, bin ich zur Überzeugung gelangt, daß der Mythos, Hitler sei im Kampf auf den Barrikaden der Reichshauptstadt gefallen, ein für allemal und so schnell wie möglich ausgetilgt werden muß. Im Frühjahr 1945 war Hitler ein körperlich und seelisch kranker Mann, der am allerwenigsten zu irgendwelcher Heldentat fähig gewesen wäre. Daß er den Entschluß faßte, in Berlin zu bleiben, um dort das Ende zu erwarten, erklärt sich daraus, daß er wußte, er würde keinesfalls mehr lange leben. Vor allem für das deutsche Volk ist es von besonderer Wichtigkeit, diese Tatsache richtigzustellen: Adolf Hitlers Tod hat nichts Heroisches. Die Schilderungen seines heldenhaften Endkampfes sind reine Erfindungen. Er starb als ein gehetzter Mensch, als ein Feigling – gleich feige, wie sich fast alle seine Trabanten in den Tagen des Zusammenbruchs zeigten. Es könnte nichts Verhängnisvolleres geschehen, als daß sich das deutsche Volk dazu ermutigt fühlte, Adolf Hitler auf ein Piedestal zu stellen.

Die Besprechung ging weiter.

Himmler: »In der Lage, die nun entstanden ist, habe ich freie Hand. Um möglichst große Teile Deutschlands vor der russischen Invasion zu bewahren, bin ich bereit, an der Westfront zu kapitulieren, damit die Truppen der Westmächte so schnell wie möglich nach Osten vorrücken können. Dagegen bin ich nicht bereit, an der Ostfront zu kapitulieren. Ich bin immer ein geschworener Feind des Bolschewismus gewesen und werde es allzeit bleiben. Zu Beginn des Krieges habe ich verbissen gegen den deutsch-russischen Pakt gekämpft. Sind Sie bereit, eine Mitteilung dieser Art an den schwedischen Außenminister weiterzuleiten, damit er die Westmächte über meinen Vorschlag orientieren kann?«

Bernadotte: »Meines Erachtens ist es ganz unmöglich, eine Kapitulation an der Westfront durchzuführen und dann den Kampf an der Ostfront fortzusetzen. England und Amerika werden sich bestimmt auf keine Sonderabmachung mit Deutschland einlassen.«

Himmler: »Ich begreife, wie unerhört schwierig das ist. Aber ich will auf alle Fälle einen Versuch machen, Millionen Deutsche vor einer russischen Besetzung zu retten.«

Bernadotte: »Ich bin nur bereit, dem schwedischen Außenminister Ihre Anfrage zu übermitteln, wenn Sie versprechen, daß auch Dänemark und Norwegen in die Kapitulation einbezogen werden.«

Himmler antwortete, ohne sich zu bedenken, er sei dazu bereit und habe nichts dagegen einzuwenden, daß amerikanische, britische oder schwedische Truppen Dänemark und Norwegen besetzten, während die deutschen Truppen die Waffen streckten. Er machte nur einen einzigen Vorbehalt: Dänemark und Norwegen dürften nicht von russischen Truppen besetzt werden. Ich fragte Himmler, was er zu tun gedenke, wenn sein Angebot zurückgewiesen werde. »In diesem Fall«, erwiderte er, »übernehme ich das Kommando eines Bataillons an der Ostfront und falle im Kampf.« Es ist allgemein bekannt, daß er diese Absicht nicht verwirklicht hat.

Nachdem ich nochmals darauf hingewiesen hatte, wie fraglich es sei, daß die Westmächte auf seinen Vorschlag eingingen, riet ich ihm dringend, an Außenminister [Christian] Günther einen kurzen Brief zu schreiben, den ich dem Empfänger persönlich überreichen könnte, als einen sichtbaren Beweis dafür, daß Himmler die gewünschte Verbindung wirklich aufzunehmen trachte. Himmler erklärte sich mit meinem Verlangen sofort einverstanden. Er versicherte außerdem, er sei bereit, falls sich eine Begegnung zwischen Eisenhower und ihm arrangieren lasse, ungefähr folgende Erklärung abzugeben:

»Ich erkläre, daß die Westmächte die deutsche Wehrmacht besiegt haben. Ich bin bereit, an der Westfront bedingungslos zu kapitulieren. Ich bin ebenfalls bereit, die technische Durchführung einer Kapitulation der deutschen Streitkräfte in Dänemark und Norwegen zu diskutieren.«

»Das war«, sagte mir Himmler, »der bitterste Tag in meinem Leben.«

Wir kamen überein, daß ich auf dem schnellsten Wege nach Schweden zurückkehren und Himmler durch [Walter] Schellenbergs Vermittlung über das Ergebnis der Aktion auf dem laufenden halten sollte. Bevor ich ging, kam ich noch auf zwei weitere Fragen zu sprechen. »Die Todesurteile in Dänemark müssen aufhören«, sagte ich ihm. »Sie sehen doch selbst ein, daß sie nichts anderes zur Folge haben, als den glühenden Haß der Dänen gegen das Reich und gegen die Deutschen noch zu steigern.« Schließlich erwähnte ich auch die bereits verlangte Freilassung König Leopolds von Belgien. In beiden Fällen versprach mir Himmler, meinem Verlangen zu willfahren.

Wir verließen das Gesandtschaftsgebäude gegen halb drei Uhr morgens. Himmler bestand darauf, sich selber ans Steuer zu setzen, um an die Ostfront zurückzufahren. Er kam nicht weit; schon beim Start raste er schnurstracks in den Stacheldrahtzaun hinein, der die Villa umgab. Wir hatten alle erdenkliche Mühe, den Wagen wieder flottzumachen. Legationssekretär Torsten Brandel und Attaché Graf Axel Lewenhaupt waren gleichfalls Zeugen dieser Abfahrt und mit mir darin einig, daß die Art und Weise, wie Himmler gestartet war, etwas Symbolisches hatte.

## JACOB KRONIKA
### Der Untergang Berlins

Seine Aufzeichnungen, auf denen auch *Der Untergang Berlins* beruht, hat Jacob Kronika in Arbeiten über das Ende der Weimarer Republik (*Demokratie auf dem Totenbett,* 1958), über die Vorkriegsjahre des Dritten Reiches (*Licht im Fenster,* 1957) und über die Kriegszeit (*Mitten im Lager des Feindes,* 1966) ausgewertet. Das Originalmanuskript hat Kronika in einer Lebenskrise verbrannt.

### 25. April 1945

Wir verdunkeln nicht mehr. Wozu auch? Drinnen haben wir sowieso kein Licht, und draußen ist es nicht dunkel. Der Himmel über dem Zoo-Viertel und über dem Potsdamer Platz war in der vergangenen Nacht so hell wie am Tage. Stunde um Stunde fand ein phantastisches Feuerwerk mit gelben Leuchtkugeln statt.

Mehrmals erfolgten heftige Fliegerangriffe. Von Alarm ist natürlich nicht mehr die Rede.

## MARIE WASSILTSCHIKOW

Marie Wassiltschikows Tagebuch endet 1945 (im September). Erst drei Jahrzehnte später (1976) entschied sich die Verfasserin zur Veröffentlichung. Sie stellte eine dritte Fassung her, indem sie eine Reinschrift für die Publikation anfertigte. Kurz vor ihrem Tod hatte sie die Arbeit abgeschlossen. Das *Berliner Tagebuch* der Marie Wassiltschikow hat der Bruder der Autorin, George Wassiltschikow, herausgegeben. Es erschien im englischen Original und in deutscher Übersetzung. (Ebenso wie zum Beispiel auch im Fall von William Shirer steht eine systematische Auswertung sämtlicher Handschriften und Originaltyposkripte noch aus.)

### Gmunden, 25. April 1945

Endlich ein sonniger Tag. Wir versuchten, uns auf der Terrasse ein wenig zu bräunen. Am Nachmittag unternahmen wir eine lange Fahrradtour um den See. Als wir am Ufer saßen, schien es uns plötzlich, als würden die Berge rundum grollen und erzittern. Irgendwo muß ein Luftangriff stattgefunden haben, aber wir konnten nicht ausmachen, wo. Er schien so nah, und doch sahen wir keine Flugzeuge. Auf dem Heimweg hörten wir, daß der Angriff dieses Mal Berchtesgaden gegolten habe, das rund fünfzig Kilometer entfernt liegt. Es hatte nur durch den Widerhall der Berge so nah geklungen. Sita Wrede berichtete uns die Einzelheiten später am Telefon. Sie sprach von Berchtesgaden als dem »Fels«.

### Gmunden, 26. April 1945

Heute morgen besuchte uns Sita Wrede. In der Umgebung gab es einen weiteren Luftangriff. Wir lagen *en deshabillé* auf der Terrasse und beobachteten die Flugzeuge. Nach einer Weile kehrte eine Maschine zurück und begann, über dem See zu kreisen. Da sie selten allein fliegen, meinte Sita, es handle sich um einen amerikanischen Bomber, der einen Treffer abbekommen habe. Unsere Blicke folgten ihm träge, als er in die Kurve ging, aber plötzlich stürzte er direkt auf uns zu. Im Nu waren wir auf den Beinen und rannten ins Wohnzimmer zurück, in der Überzeugung, die Maschine werde jeden Augenblick das Haus rammen. Wir hatten uns noch nicht von unserem Schrecken erholt, als die Maschine in unserem Park abstürzte. Wir eilten zum Unglücksort, aber als wir dort eintrafen, brannte sie bereits so stark, daß niemand mehr in die Nähe kommen konnte. Uns wurde gesagt, die Besatzung sei abgesprungen, aber dies schien in der kurzen Zeit, die ihr zur Verfügung gestanden hatte, kaum glaublich. Vielleicht hatte der Pilot versucht, eine Notlandung auf dem Rasen zu machen, und sie war ihm mißlungen. Wir waren alle tief betroffen.

## GEORGES CHATTERTON-HILL
### Die letzten Tage in Berlin

In Indien geboren, war der Brite irischer Abstammung vor dem Ersten Weltkrieg Dozent für Soziologie an der Universität Genf. Während des Krieges veröffentlichte Georges Chatterton-Hill irisch-nationalistische Schriften. So erschien 1917 in Dresden sein Buch *Moloch England! Was Deutschland im Fall eines englischen Sieges zu erwarten hätte.* Er engagierte sich als Generalsekretär der Deutsch-Irischen Gesellschaft (1917–1919). Chatterton-Hill verfaßte Studien über Irland, Nietzsche, das Christentum und zur Soziologie. Er arbeitete als Übersetzer. Mit einer Deutschen verheiratet, war er seit 1916 in Berlin gemeldet. In den zwanziger und dreißiger Jahren publizierte Chatterton-Hill aber auch in England, im anspruchsvollen *Contemporary Review,* einer liberalen Monatszeitschrift, der auch der vorliegende Text aus dem Jahr 1945 entnommen ist: »Die letzten Tage in Berlin«. Chatterton-Hill wurde zu Beginn des Zweiten Weltkrieges zunächst von den Deutschen interniert (von Juli bis Dezember 1940), nach dessen Ende dann von den Engländern (August 1945 bis März 1946, in einem Lager in Ruhleben). Die Jahre dazwischen verbrachte er in Berlin. Da man ihn beim Geheimdienst *MI5* und im *Home Office* der »Arbeit für den Feind« verdächtigte, wurde sein Antrag auf Repatriierung abgelehnt und sein britischer Paß eingezogen. Chatterton-Hill bestritt die Vorwürfe, aber er verlangte vergeblich, in einem Verfahren gehört zu werden. Schließlich wurde er aus dem Lager entlassen und starb wenig später – wahrscheinlich an den

Folgen der Unterernährung und einer Lungenentzündung. Der Verleger Victor Gollancz und der Unterhaus-Abgeordnete Stokes setzten sich dafür ein, daß der Fall Chatterton-Hill untersucht wurde. Das *Foreign Office* hatte im Oktober 1946 angeordnet, dem Schriftsteller und dessen Frau die Pässe zurückzugeben, Hilfe bei der Rückführung anzubieten und zu versichern, daß ihnen in England keine Strafverfolgung drohe. Aufgrund administrativer Fehler war die Weisung zu spät übermittelt worden.

Spätnachmittags, am Sonntag, dem 29. April 1945, saßen wir in den Kellerräumen unseres Hauses nahe dem vormals betriebsamen Busverkehrszentrum Berlins, dem Wittenbergplatz, und warteten auf das Eintreffen der russischen Truppen, die, nachdem sie sich von allen Seiten durch die Vororte hindurchgekämpft und Berlin zehn Tage lang mit heftigem Artilleriefeuer belegt hatten, jetzt rasch ins Zentrum der ausgedehnten Stadt vordrangen. In den zahlreichen Kellerräumen herrschte fast völlige Finsternis, die nur hie und da durch ein flackerndes Licht aufgehellt wurde, wo jemand glücklich genug war oder hinlänglich Weitsicht besessen hatte, bis zum letzten, entscheidenden Augenblick eine Kerze aufzuheben. In dem allgemeinen Dunkel sprach fast niemand, und das entnervende Klacken der Maschinengewehrkugeln, die draußen unablässig in die Mauern und ins Pflaster schlugen, war schwach zu hören. Es war merkwürdig zu beobachten, daß zwar alle in den Kellern damit rechneten, daß die Russen jeden Augenblick auftauchen konnten, daß über diese Aussicht aber keiner auch nur ein Wort verlor. Man hatte den Eindruck, daß die Menschen immer noch von lähmender Furcht besessen waren, ihre heimlichen Gedanken zu äußern, daß sie immer noch Todesangst davor hatten, wegen »hochverräterischer« Äußerungen denunziert beziehungsweise auf dem Fleck verhaftet zu werden. Dabei hatte zu diesem Zeitpunkt die harte Wirklichkeit selbst dem Tumbesten klarwerden lassen, daß die Mächte der Finsternis mit ihrer Herrschaft in Deutschland am Ende waren.

Dieses Verhalten ließ sich natürlich bereits seit September 1939, seit Ausbruch der Feindseligkeiten in Europa, und zumal während der letzten dreißig Monate des Ringens beobachten – genauer gesagt, seit dem 8. November 1942, dem denkwürdigen Tag, an dem amerikanische und britische Streitkräfte an den Küsten Nord- und Nordwestafrikas landeten und es jedem außer den Deutschen sonnenklar wurde, daß der Krieg nur mit dem Sieg der Alliierten enden konnte. Seit den ersten umfassenden Luftangriffen auf Berlin an den Abenden des 22. und 23. November 1943, als ganze Stadtbezirke der Hauptstadt, unter ihnen die westlichen und zentralen Teile von Lankwitz, Steglitz, Friedenau, Wilmersdorf, Schöneberg, Tiergarten und die Leipziger Straße, in einem nicht einmal zwei Stunden dauernden heftigen Bombardement in Trümmer gelegt wurden – seitdem war, all den frechen Lügen einer schamlosen Presse zum Trotz, die Wahrheit mit Händen zu greifen. War es auch ein weiter Weg von Berlin zum Kaukasus und in die letzten Winkel der Ukraine oder nach Nordafrika und Süditalien und fiel es deshalb schwer, sich die Lage der deutschen Streitkräfte in solch fernen Regionen vor Augen zu stellen, die furchtbaren Schläge, die die deutsche Hauptstadt selbst einstecken mußte, waren zu unmittelbar und wurden von den Einwohnern zu schmerzhaft erlebt, um sich durch eine wie auch immer aufgeblähte Propaganda bagatellisieren zu lassen. Die rauchenden Trümmer ließen sich nicht wegreden.

Das deutsche Volk befand sich in einem geistigen Starrkrampf. Die Menschen sahen, ohne zu sehen, oder jedenfalls ohne imstande zu sein, das, was sie sahen, wahrzunehmen; sie wußten es und konnten, was sie wußten, nicht begreifen. Seelische Lähmung hielt sie eisern umklammert, eine Lähmung, verursacht durch Jahre einer bereitwilligen Aufnahme des tödlichen Rauschmittels der Propaganda, dessen Folgen geistige Verblendung und moralische Wahnvorstellungen waren. Einerseits hatte das von Goebbels in ebenso kurzen wie regelmäßigen Abständen verabreichte tödliche Gift den unausrottbaren Glauben an ein Wunder erzeugt, das

Deutschland in letzter Minute vor den Folgen der unzähligen Greueltaten und Torheiten des Führers retten werde. Andererseits und als notwendiges Gegenstück zu dieser Überzeugung (die ihrerseits untrennbar mit der kruden messianischen Erwartung verknüpft war, in deren Bann das deutsche Volk stand) hatte das Gift die Wirkung, bei den Menschen eine krankhafte Teilnahmslosigkeit und Lethargie hervorzurufen, die sie gleichgültig gegenüber allem werden ließ, was nicht die Befriedigung elementarster leiblicher Bedürfnisse betraf. Weil sie an die Fähigkeit ihres Führers glaubten, Wunder zu wirken, blieben die Massen ungerührt durch alles, was in der Welt passierte; wenn etwas schieflief, dann nahmen sie an, Hitler könne und werde die Sache schon in Ordnung bringen. Die entsetzlichen Auswirkungen der giftigen Droge Propaganda wurden schließlich noch verstärkt, verschärft und hundertfach vervielfältigt durch systematischen, unaufhörlichen, allgegenwärtigen Terror.

Auch den kumulativen Effekt, den in einer derart vergifteten Atmosphäre die fast ununterbrochenen und immer verheerenderen Luftangriffe erzielten, darf man nicht übersehen. Es läßt sich gar nicht sagen, wie sehr die Luftangriffe dazu beitrugen, die allgemeine Teilnahmslosigkeit und Lethargie in blanke, hoffnungs- und besinnungslose Verzweiflung ausufern zu lassen. Seit der Zerstörung großer Teile von Berlin im November 1943 wurden sich die Einwohner Tag für Tag schmerzlicher ihrer erbärmlichen Ohnmacht im Blick auf die praktisch unbeschränkte Beherrschung des Luftraums durch die Alliierten bewußt, wobei dieses Gefühl der Hilflosigkeit um so qualvoller war, als es dem verschwommenen, konfusen Bewußtsein von Kellerbewohnern eingehämmert wurde, die noch Görings großspurige Prahlerei im Ohr hatten, keine feindliche Bombe werde je auf deutschen Boden fallen. Unter den gegebenen Umständen mußte die von Hitler blasphemisch bemühte »Vorsehung« als die einzige denkbare Alternative zur unwiderruflichen Katastrophe erscheinen. Der Grat zwischen dieser Art von Gemütszustand und dem, was man als völligen Defätismus bezeichnen kann, ist extrem schmal. Die letzten Tage des Naziregimes, als der umfassende und hochkomplizierte Parteiapparat, der Deutschland in einer scheinbar unauflöslichen Umklammerung gehalten hatte, rasant aus den Fugen geriet und das Schreckensbild des unmittelbar bevorstehenden Chaos mit jeder Stunde näher rückte, stellten einen faszinierenden Anblick für jene ausländischen Beobachter dar, die von 1939 an, als Hitler seinen Angriff auf die westliche Zivilisation startete, und zumal seit sich dreizehn Monate vor dem Zusammenbruch der Kriegsverlauf endgültig gegen Deutschland kehrte, diese Entwicklung vorhergesehen hatten.

Niemals zuvor war die unglaubliche Teilnahmslosigkeit der Berliner so auffällig wie während dieses kurzen, unvergeßlichen Zeitraums. Weder die unheilvollen Tagesberichte, die Hitlers Hauptquartier jeden Nachmittag in den Zeitungen veröffentlichen ließ und die den ebenso unaufhaltsamen wie raschen Vormarsch der von allen Seiten herandringenden alliierten Truppen dokumentierte, noch die täglich von Himmlers Hauptquartier drohend in Aussicht gestellte »gebührende Bestrafung«, die »Verräter und Defätisten« erwarte, noch das gräßliche Schauspiel der Leichen, die man als Beweis für den finsteren Ernst dieser Drohung in den Straßen der Hauptstadt aufgeknüpft hängen ließ, noch die Barrikaden (lächerlich unter militärischen Gesichtspunkten, aber unheilschwanger aus Sicht der Vernunft und Menschlichkeit), die von den Nazis unter dem fadenscheinigen Vorwand, um keinen Preis kapitulieren und den Eindringling bis zum letzten Mann bekämpfen zu wollen, an einigen Verkehrsknotenpunkten oder anderen angeblich »strategisch wichtigen« Orten errichtet wurden, noch das Bewußtsein, daß Berlin mit seinen dreieinhalb Millionen Einwohnern bald schon den Schrecken der Belagerung und des damit einhergehenden erbarmungslosen Artilleriebeschusses ausgesetzt sein würde, um nach siebzehn Monaten unaufhörlicher, verheerender Luftangriffe die Zerstörung der Stadt komplett zu machen – nichts von alledem vermochte die Bürger der deutschen Hauptstadt ihrer krankhaften Apathie zu entreißen.

Und auch nichts vermochte sie von ihrer bösartigen Klatschsucht und ihren gehässigen Verleumdungen abzubringen. Während der nächtlichen und täglichen Séancen in den Kellern tratschten sie unablässig weiter, soweit sie nicht vor sich hin dösten oder blind ins Leere starrten. Nie hörte man auch nur ein einziges Wort über das, was doch jeden hätte vordringlich beschäftigen müssen, die Lage Deutschlands; nie stellte jemand die Frage, was morgen sein würde. Jeden Tag näherten sich die Alliierten in Riesenschritten aus Ost, West, Nord und Süd, bis Berlin nichts weiter mehr war, als eine vom Rest der Welt abgeschnittene einsame, wehrlose Insel, jeglicher Aussicht auf Entsatz beraubt. Lauschte man aber den mehr oder weniger geflüsterten Unterhaltungen in den Kellern, vernahm man nichts, was auch nur im entferntesten auf den bevorstehenden Zusammenbruch der letzten Dämme und die dann einsetzende Sturmflut hingedeutet hätte. Im Rückblick auf diese unbeschreiblichen Tage und Nächte in Berlin während der letzten zehn Apriltage 1945 erinnere ich mich, wie ich damals nach einer vernünftigen Erklärung für diese unglaubliche Haltung einer gesamten Bevölkerung suchte – einer Erklärung, nach der ich bis heute suche.

## KURT VONNEGUT
## Schlachthof-fünf

Indirekt bezieht sich Kurt Vonnegut auf die Zerstörung Dresdens in seinem Roman in verschiedenen Weisen: Die Visionen des (fiktiven) Science-fiction-Autors Kilgore Trout, den Billy Pilgrim kennenlernt, haben die Möglichkeit vorweggenommen, brennende Substanzen auf Städte regnen zu lassen. Im Zoo der außerirdischen Tralfamadorianer muß der Anti-Held einem Film-*Starlet* seine Geschichte erzählen. An die Dresdener Ruinenlandschaft erinnern den Heimgekehrten die Ghettos in den Städten der USA, die durch gewaltsame Unruhen zerstört wurden; oder die Luftangriffe seiner Landsleute im Vietnamkrieg. Schließlich begegnet Vonneguts Figur in einem Hospital einem Historiker der US-Luftwaffe, der für die ›Perspektive von unten‹, die der Patient im Nachbarbett beitragen könnte, keine Anteilnahme aufbringen kann.

Und irgendwo dort war Frühling. Die Leichenbergwerke wurden geschlossen. Die Soldaten gingen alle fort, um gegen die Russen zu kämpfen. In den Vororten hoben die Frauen und Kinder Schützengräben aus. Billy und der Rest seiner Gruppe wurden im Vorortstall eingesperrt. Und dann eines Morgens standen sie auf und entdeckten, daß die Tür nicht versperrt war. Der Zweite Weltkrieg in Europa war zu Ende.

[...] zwei Tage nach Ende des Zweiten Weltkrieges in Europa. Billy und fünf andere amerikanische Gefangene fuhren in einem sargförmigen grünen Wagen, den sie verlassen, völlig intakt mit zwei Pferden in einer Vorstadt von Dresden gefunden hatten. Jetzt wurden sie von den trapp-trapp trabenden Pferden durch schmale Gassen gezogen, die durch die mondartigen Trümmer freigelegt worden waren. Sie fuhren zum Schlachthof zurück, um sich Kriegsandenken zu holen. Billy wurde an die Geräusche von Milchkarrenpferden früh am Morgen in Ilium, als er noch ein Junge war, erinnert.

Billy saß hinten in dem rüttelnden Sarg. Sein Kopf war zurückgelegt, und seine Nasenflügel blähten sich. Er war glücklich. Ihm war angenehm warm. In dem Wagen gab es Essen und Wein, eine Kamera, eine Briefmarkensammlung, eine ausgestopfte Eule und eine Kaminsimsuhr, die durch den Wechsel des barometrischen Drucks in Gang gesetzt wurde. Die Amerikaner waren in die leeren Vorstadthäuser gegangen, wo sie eingesperrt gewesen waren, und hatten diese und viele andere Dinge mitgenommen.

Die Besitzer waren geflohen, als sie hörten, daß sich die Russen mordend, raubend, vergewaltigend und brandstiftend näherten.

Aber die Russen waren, sogar zwei Tage nach dem Krieg, noch nicht angekommen. Es war friedvoll in den Trümmern. Billy sah nur einen einzigen anderen Menschen auf dem Weg zum Schlachthof. Es war ein alter Mann, der einen Kinderwagen schob. In dem Kinderwagen waren Töpfe und Tassen, ein Schirmgestell und andere Dinge, die er gefunden hatte.

Billy blieb im Wagen sitzen, als sie vor dem Schlachthof vorfuhren, und sonnte sich. Die anderen gingen, um Andenken zu suchen. Später im Leben rieten die Tralfamadorianer Billy, er solle sich auf die glücklichen Augenblicke seines Lebens konzentrieren und die unglücklichen unbeachtet lassen – er sollte nur auf hübsche Dinge schauen, während es der Ewigkeit mißlang, zu vergehen. Wäre eine solche Wahl für Billy möglich gewesen, dann hätte er vielleicht sein sonnedurchtränktes Nickerchen hinten im Wagen als seinen glücklichsten Augenblick gewählt.

Billy Pilgrim war bewaffnet, als er sein Schläfchen machte. Es war das erste Mal, daß er seit seiner Grundausbildung bewaffnet war. Seine Kameraden hatten darauf bestanden, daß auch er eine Waffe trug, denn was für Arten von Mordgesellen mochten in den Erdlöchern der Mondoberfläche ihr Unwesen treiben – wilde Hunde, von Leichen fett gewordene Rattenscharen, entflohene Geisteskranke und andere, die das Leben bedrohten, Soldaten, die nie aufhören würden zu töten, bis sie selbst getötet wurden.

Billy hatte eine riesige Kavalleriepistole in seinem Gürtel. Sie war ein Überbleibsel vom Ersten Weltkrieg. Sie hatte einen Ring in ihrem Kolben und war mit Kugeln von der Größe von Rotkehlcheneiern geladen. Billy hatte sie im Nachttisch eines Hauses gefunden. Das war eines von den Dingen gegen Kriegsende: Einfach jedermann, der eine Waffe haben wollte, konnte eine haben. Sie lagen überall herum. Billy hatte auch einen Dolch. Es war ein Luftwaffen-Ehrendolch. Auf seinen Griff war ein schreiender Adler geprägt. Der Adler trug ein Hakenkreuz und blickte nach unten. Billy fand den Dolch in einem Telegrafenmast steckend. Er hatte ihn aus dem Mast herausgezogen, als der Wagen vorbeifuhr.

Jetzt wurde sein Schlummer oberflächlicher, als er einen Mann und eine Frau in mitleidigem Tonfall deutsch sprechen hörte. Die Sprechenden drückten jemandem gefühlvoll ihre Teilnahme aus. Bevor Billy die Augen aufschlug, schien es ihm, als hätten es die Töne sein können, die von den Freunden Jesu angeschlagen wurden, als sie seinen zerstörten Leib vom Kreuz abnahmen. So geht das.

Billy schlug die Augen auf. Ein Mann und eine Frau mittleren Alters summten gefühlvoll den Pferden etwas vor. Sie hatten etwas bemerkt, was den Amerikanern entgangen war, nämlich, daß die Mäuler der Pferde bluteten, wund durch die Zäume waren, daß die Hufe der Pferde geborsten waren, so daß jeder Schritt eine Qual bedeutete, daß die Pferde wahnsinnig waren vor Durst. Die Amerikaner hatten ihr Transportmittel so behandelt, als sei es nicht empfindlicher als ein Sechszylinder-Chevrolet.

Die beiden Pferdebemitleider gingen den Wagen entlang nach hinten, wo sie in herablassendem Vorwurf Billy in Augenschein nehmen konnten – Billy Pilgrim, der so groß, so schwach und so lächerlich in seiner himmelblauen Toga und den silbernen Schuhen war. Sie hatten keine Angst vor ihm. Sie hatten vor nichts Angst. Sie waren Ärzte, beide Geburtshelfer. Sie hatten geholfen, Kinder zur Welt zu bringen, bis die Kliniken verbrannt waren. Nun nahmen sie unweit von der Stelle, wo einmal ihre Wohnung gewesen war, ihre Mahlzeit im Freien ein.

Die Frau war von weicher Schönheit, von der langen Kartoffelesserei durchsichtig. Der Mann trug einen Straßenanzug mit Krawatte und allem Drum und Dran. Die Kartoffeln hatten ihn hager gemacht. Er war so groß wie Billy, trug trifokale Augengläser mit Stahlrändern. Dieses so sehr mit Babys beschäftigte Paar hatte sich nie fortgepflanzt, obwohl es das auch gekonnt hätte. Das war eine interessante Stellungnahme zu dem ganzen Fortpflanzungsgedanken.

Sie konnten sich in neun Sprachen unterhalten. Bei Billy Pilgrim versuchten sie es zuerst mit Polnisch, da er so clownhaft gekleidet war und weil die unglücklichen Polen die unfreiwilligen Clowns des Zweiten Weltkriegs waren.

Billy fragte sie auf englisch, was sie wollten, und sie schalten ihn sofort auf englisch aus wegen des Zustands der Pferde. Billy mußte vom Wagen heruntersteigen und sich die Pferde ansehen. Als er den traurigen Zustand seines Beförderungsmittels sah, brach er in Tränen aus. Er hatte über nichts anderes im Krieg geweint.

Er ging ins Wohnzimmer, wobei er die Flasche wie eine Tischglocke schwang, und schaltete den Fernsehapparat an. Er war ein wenig losgelöst von der Zeit, sah den letzten Film rückwärts, dann wieder vorwärts. Es war ein Film über amerikanische Bombenflugzeuge im Zweiten Weltkrieg und die tapferen Männer, die sie flogen. Rückwärts von Billy gesehen, spielte sich die Geschichte folgendermaßen ab:

Amerikanische Flugzeuge, voll von Einschüssen, Verwundeten und Leichen starteten rückwärts von einem Flugplatz in England. Über Frankreich flogen einige deutsche Kampfflugzeuge rückwärts auf sie zu, saugten Geschosse und Granatsplitter von einigen Flugzeugen und den Besatzungen auf. Sie taten dasselbe bei abgestürzten amerikanischen Bombern auf dem Boden, und diese Flugzeuge stiegen rückwärts auf, um sich zu ihrem Verband zu gesellen.

Der Verband flog rückwärts über eine in Flammen stehende deutsche Stadt. Die Bomber öffneten ihre Bombenklappen, wandten einen wunderbaren Magnetismus an, der die Feuer eindämmte, sammelten sie in zylindrische Stahlbehälter und hievten die Behälter in das Fahrwerk der Flugzeuge. Die Behälter wurden sorgfältig in Gestelle verstaut. Die Deutschen unten hatten ihre eigenen wundersamen Vorrichtungen, die lange Stahlrohre waren. Sie benutzten sie, um noch mehr Bruchstücke von den Besatzungsmannschaften und den Flugzeugen aufzusaugen. Es blieben aber noch ein paar verwundete Amerikaner, und einige Bomber waren in schlechtem Zustand. Über Frankreich stiegen jedoch wieder deutsche Kampfflugzeuge auf und machten alles und jedermann so gut wie neu.

Als die Bomber zu ihrem Stützpunkt zurückkamen, wurden die Stahlzylinder aus den Gestellen genommen und zurück in die Vereinigten Staaten von Amerika verfrachtet, wo Fabriken Tag und Nacht damit beschäftigt waren, die Zylinder zu demontieren und den gefährlichen Inhalt in Mineralien zu scheiden. Rührenderweise waren es hauptsächlich Frauen, die diese Arbeit verrichteten. Die Mineralien wurden dann zu Spezialisten in abgelegenen Gebieten verschifft. Es war ihre Aufgabe, sie im Boden zu vergraben, sie geschickt zu verstecken, so daß sie niemandem mehr Schaden zufügen konnten.

Die amerikanischen Flieger gaben ihre Uniformen ab, wurden wieder Oberschüler. Und Hitler verwandelte sich in ein Baby, vermutete Billy Pilgrim. Das kam im Film nicht vor. Billy stellte weitere Berechnungen an. Jedermann verwandelte sich in ein Baby, und die ganze Menschheit, so mutmaßte er, tat sich biologisch zusammen, um zwei vollendete Menschen hervorzubringen: Adam und Eva.

# Anhang

# Verzeichnis der Quellen

MARC AUGIER
[Pseudonym: Saint-Loup]
(1908–1990)

*J'ai vu l'Allemagne. Printemps 1941,* Paris: Fernand Sorlot [1941], S. 39, 50, 53–56. Übersetzt von Andreas Jandl. © Original: Éditions de l'Aencre, Paris. © der deutschen Übersetzung: Eichborn AG, Frankfurt am Main 2007.

FOLKE BERNADOTTE
(1895–1948)

*Slutet. Mina humanitära förhandlingar i Tyskland våren 1945 och deras politiska följder,* Stockholm: P. A. Norstedt & Söner 1945, S. 112–119. *Das Ende. Meine Verhandlungen in Deutschland im Frühjahr 1945 und ihre politischen Folgen,* übersetzt aus dem Schwedischen, Zürich/New York: Europa Verlag 1945, S. 80–85. © Europa Verlag, Zürich/New York 1945.

KAREN BLIXEN
[auch: Tania Blixen, Isak Dinesen] (1885–1962)

»Breve fra et Land i Krig«, in: *Heretica* 1:4 (1948), S. 264–287 und 1:5 (1948), S. 332–355, hier: 1:4, S. 275–276. »Briefe aus einem Land im Krieg«, übersetzt von Hans Christian Hjort, in: *Mottos meines Lebens. Betrachtungen aus drei Jahrzehnten,* Reinbek: Rowohlt 1993, S. 105–148, hier: S. 116. © 1991 Deutsche Verlags-Anstalt, München in der Verlagsgruppe Random House GmbH.

GÖSTA BLOCK
(1898–1955)

*Tyskland inifrån. »Königsbergsradions« förre programchef har ordet,* Stockholm: Blocks Förlag 1943, S. 112–115. Übersetzt von Gilbert Zujest. © Original: Henning Block, Schweden. © der deutschen Übersetzung: Eichborn AG, Frankfurt am Main 2007.

MIRJAM BOLLE
[damals: Mirjam Levie] (1917–)

*Ik zal je beschrijven hoe een dag er hier uitziet. Dagboekbrieven uit Amsterdam, Westerbork en Bergen-Belsen,* Amsterdam/Antwerpen: Uitgeverij Contact 2003, S. 192–194, 196–197, 213, 233–234, 234. *»Ich weiß, dieser Brief wird*

*Dich nie erreichen«. Tagebuchbriefe aus Amsterdam, Westerbork und Bergen-Belsen,* übersetzt von Stefan Häring und Verena Kiefer, Berlin: Eichborn Berlin 2006, S. 227–228, 231–232, 250, 271–272, 272. © Eichborn AG, Frankfurt am Main, März 2006. Original © 2003 by Mirjam Bolle. First published by Uitgeverij Contact (original title: *Ik zal je beschrijven hoe een dag er hier uitziet*).

## Louis-Ferdinand Céline
[eigentlich: Louis-Ferdinand Destouches] (1894–1961)

*D'un château l'autre,* Paris: Gallimard 1957, S. 180–205. *Von einem Schloß zum andern,* übersetzt von Werner Bökenkamp, Reinbek: Rowohlt 1982, S. 140–160. © 1960 by Rowohlt Verlag GmbH, Reinbek bei Hamburg.

*Rigodon,* Paris: Gallimard 1969, S. 91–107, 161–177, 199–240. *Rigodon,* übersetzt von Werner Bökenkamp, Reinbek: Rowohlt 1974, S. 61–73, 116–128, 144–174. © Original: Editions Gallimard, 1969. © der deutschen Übersetzung: 1974 by Rowohlt Taschenbuch Verlag GmbH, Reinbek bei Hamburg.

## Georges Chatterton-Hill
(1883–1947)

»The Last Days in Berlin«, in: *The Contemporary Review* 169 (Januar–Juni 1946), Mai 1946, S. 280–284 (Teil I), Juni 1946, S. 335–339 (Teil II), hier: S. 280–283. Übersetzt von Ulrich Enderwitz. © Original: The Contemporary Review, May/June 1946. © der deutschen Übersetzung: Eichborn AG, Frankfurt am Main 2007.

## Galeazzo Ciano
(1903–1944)

*Diario. 1939–1943,* herausgegeben von Ugo d'Andrea, 2 Bände, Mailand: Rizzoli 1946, Band 1, S. 310, 310; Band 2, S. 154–155, 230, 230. *Tagebücher 1939–1943,* übersetzt von W. J. Guggenheim und René König, Bern: Alfred Scherz 1947, S. 274, 274–275, 432–433, 500, 500.

## Theo Findahl
(1891–1976)

*Undergang. Berlin 1939–1945,* Oslo: H. Aschehoug & Co. 1945, S. 105 bis 108. *Letzter Akt Berlin. 1939–1945,* übersetzt von Thyra Dohrenburg, Hamburg: Hammerich & Lesser 1946, S. 106–109. © H. Aschehoug & Co. (W. Nygaard) AS, Oslo. © der deutschen Übersetzung: Jakobe Jakstein-Donzelli.

## Janet Flanner
(1892–1978)

»Letter from Cologne«, in: *The New Yorker,* 31. März 1945, S. 58–62. ›Köln, 19. März 1945«, in: *Paris, Germany ... Reportagen aus Europa 1931–1950,* herausgegeben von Klaus Blanc, übersetzt von Angelika Felenda, München: Antje Kunstmann 1992, S. 95–102 (übersetzt von Rüdiger Hentschel). Hier: bearbeitet von Ulrich Enderwitz. © Antje Kunstmann Verlag, München 1992.

## Harry Flannery
(1900–1975)

*Assignment to Berlin,* London: Michael Joseph Ltd. 1942, S. 291–293. Übersetzt von Ulrich Enderwitz. © Original: Patricia A. Yoder, USA. © der deutschen Übersetzung: Eichborn AG, Frankfurt am Main 2007.

## Arvid Fredborg
(1915–1996)

*Bakom Stålvallen. Som svensk korrespondent i Berlin 1941–43,* Stockholm: P. A. Norstedt & Söner 1943, S. 289–301, 288–289. Übersetzt von Gilbert Zujest.

## Martha Gellhorn
(1908–1998)

»We Were Never Nazis«, in: *Collier's,* 26. Mai 1945, S. 13 und 36 [gekürzt]. Übersetzt von Ulrich Enderwitz. © Original: Dr. William A. P. Matthews, England. © der deutschen Übersetzung: Eichborn AG, Frankfurt am Main 2007.

## Oscar Jacobi

»Berlin Inferno – An Eyewitness Story«, in: *The New York Times Magazine,* 30. Januar 1944, S. 6 und 35. Übersetzt von Ulrich Enderwitz. © (2006) The New York Times News Service. © der deutschen Übersetzung: Eichborn AG, Frankfurt am Main 2007.

»Berlin Today: A First-Hand Report«, in: *The New York Times Magazine,* 24. September 1944, S. 5 und 40–41. Übersetzt von Ulrich Enderwitz. © (2006) The New York Times News Service. © der deutschen Übersetzung: Eichborn AG, Frankfurt am Main 2007.

## Jānis Jaunsudrabiņš
(1877–1962)

»Kādu atrādam Bīlefeldi«, in: *Es stāstu savai sievai,* Västerås [Schweden]: Ziemeļblāzma Jānis Abučs 1951, S. 77–95. »Bielefeld in Schutt und Asche«, in: *Ich erzähle meiner Frau von der Flucht aus Lettland und dem Exil in Westfalen,* übersetzt von Ojārs J. Rozītis, Münster: Waxmann 2006,

S. 75–86. © Original: Lettischer Presseverein in Deutschland e.V. © der deutschen Übersetzung: Waxmann Verlag Münster 2006.

### Arvi Kivimaa
(1904–1984)

*Eurooppalainen Veljeskunta: Runoilijamatka halki Saksan,* Helsinki: Otava 1942, S. 83–84. *Europäische Dichterreise durch Deutschland: Reiseeindrücke eines finnischen Schriftstellers in Deutschland* [übersetzt von Reimar von Bonin], Berlin/Wien/Leipzig: Karl H. Bischoff 1944, S. 108. © 2006 the heirs of Arvi Kivimaa and Otava Publishing Company Ltd.

### Jacob Kronika
(1897–1982)

*Berlins Undergang,* Kopenhagen: H. Hagerup 1946, S. 48–49, 77, 83, 138. *Der Untergang Berlins,* übersetzt von Margreth Bossen, Flensburg/Hamburg: Christian Wolff 1946, S. 53, 84, 91, 153.

### Beirne Lay
(1909–1982)

»I Saw Regensburg Destroyed. The grim story of what it cost in men and planes to knock out thirty per cent of German fighter production«, in: *The Saturday Evening Post,* 6. November 1943, S. 9–11, 85–86 und 88. Übersetzt von Ulrich Enderwitz. © The Saturday Evening Post, 6. November 1943. © der deutschen Übersetzung: Eichborn AG, Frankfurt am Main 2007.

### Louis Lochner
(1887–1975)

*What About Germany?,* New York: Dodd, Mead & Company 1942, S. 377 bis 378, 376–377. Übersetzt von Ulrich Enderwitz. © Louis Lochner 1942/Anita Lochner.

### Curzio Malaparte
[eigentlich: Kurt Erich Suckert] (1898–1957)

»L'occhio di vetro«, in: *Kaputt,* Neapel: Casella 1944, S. 415–444, hier: S. 415–432. »Das Glasauge«, in: *Kaputt,* übersetzt von Hellmut Ludwig, mit einem Nachwort von Lothar Müller und einer Zeittafel von Ralph Jentsch, Wien: Paul Zsolnay 2005, S. 326–350, hier: S. 326–340. © Paul Zsolnay Verlag Wien 2005.

### Ray Matheny
(1925–)

*The Deacon's Sinners,* Typoskript (296 Seiten), hier: S. 262–263; *Auf einem fahlen Pferd,* deutsche Übersetzung von Werner Peterich, Typoskript (350 Seiten), hier: S. 308–309, Walter Kempowski Archiv, Akademie der

Künste, Berlin, Nr. 1547/1 und 1547/2. *Die Feuerreiter. Gefangen in ›Fliegenden Festungen‹*, übersetzt von Werner Peterich, München: Albrecht Knaus 1988, S. 253–254. © Ray T. Matheny. Erschienen im Albrecht Knaus Verlag, München, einem Unternehmen der Verlagsgruppe Random House GmbH.

### Edward Murrow
[Egbert Roscoe Murrow] (1908–1965)

*CBS Radiosendung,* 3. Dezember 1943. *In Search of Light. The Broadcasts of Edward R. Murrow 1938–1961,* herausgegeben von Edward Bliss, New York: Alfred A. Knopf 1967, S. 70–76. Audio-Aufnahme in: Mark Bernstein und Alex Lubertozzi, *World War II on the Air. Edward R. Murrow and the War That Defined a Generation,* Naperville: Sourcebooks 2003 (CD). Übersetzt von Ulrich Enderwitz. © Original: Estate of Edward R. Murrow. © der deutschen Übersetzung: Eichborn AG, Frankfurt am Main 2007.

*CBS Radiosendung,* 15. April 1945. *In Search of Light. The Broadcasts of Edward R. Murrow 1938–1961,* herausgegeben von Edward Bliss, New York: Alfred A. Knopf 1967, S. 90–95, hier: S. 90–94. Audio-Aufnahme in: Mark Bernstein und Alex Lubertozzi, *World War II on the Air. Edward R. Murrow and the War That Defined a Generation,* Naperville: Sourcebooks 2003 (CD). Übersetzt von Ulrich Enderwitz. © Original: Estate of Edward R. Murrow. © der deutschen Übersetzung: Eichborn AG, Frankfurt am Main 2007.

### Royal Air Force

Walter Kempowski (Herausgeber), *Der rote Hahn. Dresden im Februar 1945,* München: btb 2001, S. 50–51, 51, 52, 52, 52, 53, 53, 57–58, 68, 68, 68, 68–69, 104, 106, 107, 107, 111, 111, 111, 117, 123 (nach: David Irving, *The Destruction of Dresden,* London: William Kimber 1963; *Der Untergang Dresdens,* mit einem Vorwort von Luftmarschall Sir Robert Saundby, übersetzt von Lore und Fritz Preuß, Gütersloh: Bertelsmann 1964, S. 157–160, 158, 160, 160, 161, 162, 163, 163, 164, 164, 164, 165, 177, 177, 174, 178, 174, 177, 176–177, 176, 181; Tonbandaufzeichnung und Flugtagebuch des Navigators, Einsatztagebuch der Staffel, Bordbucheintragungen verschiedener Offiziere und Besatzungsmitglieder); S. 292 (Imperial War Museum, London). © 2001 by Walter Kempowski. Erschienen im Wilhelm Goldmann Verlag, München, einem Unternehmen der Verlagsgruppe Random House GmbH.

### René Schindler
[eigentlich: Franz Wolfgang Rieppel] (1917–2000)

*Ein Schweizer erlebt das geheime Deutschland. Tatsachenbericht,* Zürich/New York: Europa Verlag 1945, S. 49–51. © Europa Verlag Zürich/New York 1945.

### William Shirer
(1904–1993)

*Berlin Diary. The Journal of a Foreign Correspondent, 1934–1941,* New York: Alfred A. Knopf 1941, S. 198–199, 202–203, 206, 207, 208, 347–350, 377–378, 383–384, 390, 434, 459, 463–464, 467–468, 484–485, 486 bis 490, 490–492, 492–493, 493–494, 497, 498–500, 501–502, 502, 503, 507–508, 508–510, 514–518, 518–521, 523–525, 537, 540–541, 562 bis 563, 566–567, 567–568, 578–584. Übersetzt von Ulrich Enderwitz. Translated and reprinted by permission of Don Congdon Associates, Inc. © 1941, renewed 1968 by William L. Shirer. © der deutschen Übersetzung: Eichborn AG, Frankfurt am Main 2007.

*»This is Berlin«. Reporting from Nazi Germany 1938–40,* London: Arrow 2000, S. 60–61, 69–70, 76, 80, 111–112, 162, 348, 385–386, 386–387, 387, 388–389, 389–391, 394, 397–398, 403, 407–408, 410, 411, 414 bis 415, 415–416, 421. Übersetzt von Ulrich Enderwitz. Translated and reprinted by permission of Don Congdon Associates, Inc. © 1999 by The Estate of William L. Shirer. © der deutschen Übersetzung: Eichborn AG, Frankfurt am Main 2007.

### Howard Smith
(1914–2002)

*Last Train from Berlin,* New York: Alfred A. Knopf 1942, S. 158–162. *Feind schreibt mit. Ein amerikanischer Korrespondent erlebt Nazi-Deutschland,* übersetzt von Niels Kadritzke, Berlin: Rotbuch 1982, S. 135–140. Zuerst erschienen im Verlag Cressetpress, London. © 1942 by Howard K. Smith. © der deutschen Ausgabe: Rotbuch Verlag, Berlin 1982 / EVA Europäische Verlagsanstalt, Hamburg.

### Paul Stämpfli
(1899–1962)

*In Deutschland zum Tode verurteilt. Tatsachenbericht eines Schweizers,* Zürich/New York: Europa Verlag 1945, S. 113–122, 125–133. © Europa Verlag, Zürich/New York 1945.

### André Thérive
[eigentlich: Roger Puthoste] (1891–1967)

*L'envers du décor 1940–1944,* Paris: Éditions de la clé d'or 1948, S. 145–149. Übersetzt von Andreas Jandl.

### Kurt Vonnegut
(1922–)

*Slaughterhouse-Five or The Children's Crusade …,* New York: Delacorte 1969, S. 146–153, 157–161, 164–165, 177–181, 212–214, 215, 193–197, 73–75. *Schlachthof 5 oder der Kinderkreuzzug …,* übersetzt von Kurt Wagenseil,

Reinbek: Rowohlt 1972, S. 143–150, 153–157, 160–161, 172–176, 205 bis 207, 207, 188–191, 75–77. Copyright © 1969 by Kurt Vonnegut, Jr. Copyright renewed 1997 by Kurt Vonnegut, Jr. Published by arrangement with The Bantam Dell Publishing Group, a division of Random House, Inc. Copyright © der deutschen Übersetzung: Hoffmann & Campe Verlag, Hamburg.

KONRAD WARNER
[eigentlich: Helmuth Grossmann]

*Schicksalswende Europas? Ich sprach mit dem deutschen Volk... Ein Tatsachenbericht,* Rheinfelden: Langacker 1944, S. 151–152, 155–164, 164–172, 173–176, 191–193, 193, 202–203, 226.

MARIE WASSILTSCHIKOW
(1917–1978)

*Berlin Diaries, 1940–1945,* herausgegeben von George H. Vassiltchikov, New York: Vintage 1988, S. 25, 25, 28, 28, 28, 29, 29, 32, 48, 49, 50, 63–64, 66, 67, 73, 82, 84, 85, 86, 86, 105–109, 109–113, 113–114, 116 bis 119, 121–122, 124, 127, 128, 130, 132, 135–136, 143–144, 149, 151, 153, 157, 165, 167–168, 170, 171–172, 172–173, 182–183, 189–190, 204, 214, 239–240, 248, 251, 257–258, 260, 262, 263–264, 282, 282, 283, 283. *Die Berliner Tagebücher der Marie ›Missie‹ Wassiltschikow 1940–1945*, übersetzt von Elke Jesett, München: btb/Goldmann 1996, S. 40, 40, 43–44, 44, 44, 45, 45, 48–49, 71, 71, 72, 85–86, 88–89, 90, 95, 105, 108, 108, 109–110, 110, 135–139, 139–145, 145–146, 149–152, 153–155, 158, 161, 161–162, 164, 166, 170, 179–180, 186, 188, 190, 195, 204–205, 207–208, 210, 212–213, 213–214, 224–226, 232–233, 246–247, 258, 290, 299–300, 303–304, 310–312, 314, 316–317, 318, 344, 344, 345, 346. © Original: The Estate of Marie Harnden 1985. Das Copyright des Vorwortes, der Kommentare und des Epilogs liegt bei George H. Vassiltchikov (1985). Alle Rechte an der deutschen Übersetzung von Elke Jessett liegen beim Wolf Jobst Siedler Verlag, München, einem Unternehmen der Verlagsgruppe Random House GmbH.

Wir danken allen Rechteinhabern für die freundliche Abdruckgenehmigung. Einige wenige konnten nicht ermittelt werden. Wir bitten sie, sich gegebenenfalls mit der Eichborn AG in Verbindung zu setzen.

# Dokumentation


### Marc Augier

Marc Augier, *Les jeunes devant l'aventure europèene,* Paris: Groupe »Collaboration« 1941.

– ders., *Jeunesses d'Europe, unissez-vous!,* Paris: Groupe »Collaboration« 1941, S. 17–50.

– ders., *Götterdämmerung. Rencontre avec la Bête (Témoignage 1944–1945),* [Paris:] Art et Histoire d'Europe 1986.

– ders., *Les volontaires,* Paris: Presses de la Cité 1963.

– ders., *Les hérétiques,* Paris: Presses de la Cité 1965.

Jean-Paul Cointet, »Saint-Loup (Marc Augier, dit)«, in: *Dictionnaire historique de la France sous l'Occupation,* herausgegeben von Michèle und Jean-Paul Cointet, Paris: Tallandier 2000, S. 631.

Frank-Rutger Hausmann, *»Dichte, Dichter, tage nicht!« Die Europäische Schriftsteller-Vereinigung in Weimar 1941–1948*, Frankfurt am Main: Vittorio Klostermann 2004, S. 108.

Philippe Randa, *Dictionnaire commenté de la collaboration française,* Paris: Picollec 1997, S. 389–395.

– ders., »Saint-Loup, écrivain-guerrier, hanté par la thèse nietzschéene du dépassement«, in: Saint-Loup, *J'ai vu l'Allemagne,* Châtillon-sur-Chalaronne: Le Flambeau 1991, S. 161–168.

### Folke Bernadotte

Folke Bernadotte, *An Stelle von Waffen* [*I stället för vapen,* Stockholm: Norstedt 1948], übersetzt von Werner Röpke, Freiburg: Hermann Klemm [1948].

Ralph Hewins, *Count Folke Bernadotte. His Life and Work,* Minneapolis: T. S. Dennison 1950, S. 119–160 (»In the Heart of the Jungle«), S. 161 bis 175 (»The Gates of Hell«).

Amitzur Ilan, *Bernadotte in Palestine, 1948. A Study in Contemporary Humanitarian Knight-Errantry,* Basingstoke/London: Macmillan 1989, S. 25 bis 47 (Endnoten: S. 259–263) (»Fame and Contention: Bernadotte's Rescue Mission in Germany«).

Moshe Menuhin, *Graf Folke Bernadotte*, Bonn: Delegation der Liga der Arabischen Staaten 1968.

Ted Schwarz, *Walking with the Damned. The Shocking Murder of the Man Who Freed 30,000 Prisoners from the Nazis,* New York: Paragon House 1992, S. 211–254 (»The Bernadotte Mission«).

Sven Svenson, *Folke Bernadotte. Ein Kämpfer für Freiheit und Frieden* [*Folke Bernadotte: Fredskämpe och folkförsonare,* Stockholm: Harrier 1949], übersetzt von Grete Berges, Basel: Friedrich Reinhardt [1953], S. 60–75 (»Mission bei Himmler«), S. 75–84 (»Himmlers Friedensvermittlungsversuch«).

## Karen Blixen

Hannah Arendt, »Isak Dinesen, 1885–1962«, in: Isak Dinesen, *Daguerreotypes and Other Essays,* Chicago: University of Chicago Press 1979, S. VII bis XXV.

Detlef Brennecke, *Tania Blixen,* Reinbek: Rowohlt 1996, S. 76–78 (Endnoten: S. 136).

Sigrid Daub, »Vorwort«, in: Tania Blixen, *Mottos meines Lebens. Betrachtungen aus drei Jahrzehnten,* Reinbek: Rowohlt 1993, S. 6–14.

Martin Günter, »Karen Blixen i Hitlers Berlin«, in: *Cras* 42 (1985), S. 57–72.

## Gösta Block

Klas Åmark (Universität Stockholm), Schriftliche Auskunft, 10. September 2004.

Henning Block (Kungälv, Schweden), Telephonische Auskünfte, 21., 22. September 2004.

Friedrich Dethlefs (Deutsches Rundfunkarchiv, Wiesbaden), Schriftliche Auskunft, 13. Oktober 2006.

Harriet Lacksten (Jüdische Bibliothek, Stockholm), Schriftliche Auskunft, 9. September 2004.

Helmut Müssener (Universität Uppsala), Schriftliche Auskunft, 9. September 2004.

Mats Myrstener (Archiv und Bibliothek der Arbeiterbewegung, Stockholm), Schriftliche Auskunft, 8. September 2004.

Reichssicherheitshauptamt, Bericht über Gösta Blocks Buch *Tyskland inifrån* vom 18. Juni 1943: Bundesarchiv R 58/1091.

Niclas Sennerteg (Schwedischer Rundfunk, Borås), Telephonische Auskunft, 24. September 2004; Schriftliche Auskünfte, 26., 27. September, 13., 15. Oktober 2004, 21. März 2005.

## Mirjam Bolle

Mirjam Bolle (Jerusalem), Schriftliche Auskunft, 20. November 2006.

Johannes Houwink ten Cate, »Einleitung«, in: *»Ich weiß, dieser Brief wird Dich nie erreichen«. Tagebuchbriefe aus Amsterdam, Westerbork und Bergen-Belsen,* übersetzt von Stefan Häring und Verena Kiefer, Berlin: Eichborn Berlin 2006, S. 7–18.

Willy Lindwer, *Het fatale dilemma: de Joodsche Raad voor Amsterdam 1941–1943*, 's-Gravenhage: Sdu Uitgeverij Koninginnegracht 1995.

Philippe Alméras, *Céline. Entre haines et passion,* Paris: Robert Laffont 1994, S. 282–296 (Endnoten: S. 443).

– ders., *Les Idées de Céline,* Paris: Université Paris VII 1987, S. 218–228.

Daniel Benoin, *Sigmaringen, (France),* Arles: Actes Sud 1990.

Albrecht Betz, »Céline im Dritten Reich«, in: *Entre Locarno et Vichy. Les relations culturelles franco-allemandes dans les années 1930*, herausgegeben von Hans Manfred Bock, Reinhart Meyer-Kalkus und Michel Trebitsch, 2 Bände, Paris: CNRS 1993, Band 2, S. 715–727.

Gabriele Brasse, *Leben und Werk Louis-Ferdinand Célines 1894–1961 unter besonderer Berücksichtigung seiner medizinischen Schriften*, Herzogenrath: Murken-Altrogge 2000, S. 101–107 (»Deutschland«).

Tom Clark, *The Exile of Céline,* New York: Random House 1986, S. 3 bis 38 (»Sauve qui peut«), S. 39–76 (»Chaos«).

Louis-Ferdinand Céline, *D'un château l'autre,* Paris: Gallimard 1957.

– ders., *Nord,* Paris: Gallimard 1960.

– ders., *Rigodon,* Paris: Gallimard 1969.

François Gibault, *Céline,* 3 Bände, Band 3: *Cavalier de l'Apocalypse (1944–1961),* Paris: Mercure de France 1985, S. 17–31 (»Baden-Baden«), S. 32–41 (»Kraenzlin«), S. 42–60 (»Sigmaringen«), S. 61–72 (»Flensburg«).

David Hayman, *Louis-Ferdinand Céline,* New York/London: Columbia University Press 1965, S. 41–45.

Nicholas Hewitt, *The Life of Céline. A Critical Biography,* Malden: Blackwell 1999, S. 226–255 (Endnoten: S. 320–325) (»Exile«).

Colin Nettelbeck, »Céline«, in: *Kollaboration in Frankreich. Politik, Wirtschaft und Kultur während der nationalsozialistischen Besatzung 1940–1944* [*Collaboration in France. Politics and Culture during the Nazi-Occupation, 1940–1944*, Oxford/New York: Berg 1989], herausgegeben von Gerhard Hirschfeld und Patrick Marsh, übersetzt von Hans Günter Holl, Frankfurt am Main: S. Fischer 1991, S. 198–212 (Endnoten: 329–330).

Erika Ostrovsky, *Voyeur Voyant. A Portrait of Louis-Ferdinand Céline,* New York: Random House 1971, S. 165–179 (Endnoten: S. 354–355).

Véronique Robert mit Lucette Destouches, *Céline secret,* Paris: Grasset 2001, S. 76–81 (»La fuite en Allemagne, Sigmaringen«).

Merlin Thomas, »The Trilogy *(D'un Château l'autre, Nord, Rigodon)*«, in: *Louis-Ferdinand Céline*, New York: New Directions 1980, S. 209–234.

Kurt Vonnegut, »A Nazi Sympathizer Defended at Some Cost« (»Louis-Ferdinand Céline«), in: *Palm Sunday. An Autobiographical Collage* [1981], New York: Delta 1999, S. 265–272.

Philipp Wascher, *Louis-Ferdinand Céline und Deutschland. Rezeptionsgeschichte der Jahre 1932–1961,* Berlin: Weidler 2005, 177–233 (»Die Rezeption Célines nach dem Weltkrieg bis zu seinem Tod: *D'un château l'autre* in der Übersetzung von Werner Bökenkamp«).

## Georges Chatterton-Hill

Georges Chatterton-Hill, *Irland und seine Bedeutung für Europa,* Berlin: Karl Curtius 1916.

– ders., *Moloch England. Was Deutschland im Fall eines englischen Sieges zu erwarten hätte. Irlands Schicksal als Warnung für Deutschland,* Dresden: Das Größere Deutschland 1917.

– ders., diverse Artikel in *The Contemporary Review:* »The Political Development of Catholicism in Germany«, 122 (1922), S. 734ff.; »The Rise of the Spirit of French Imperialism«, 124 (1923), S. 182ff.; »Anatole France«, 126 (1924), S. 718ff.; »The Jesuit Missions in South America«, 139 (1931), S. 750ff.; »The Rebuilding of Istanbul«, 149 (1936), S. 351ff.; »Memoirs of a Polish Nobleman«, 150 (1936), S. 605ff.

Einwohnermeldedaten zu Georges Chatterton-Hill: Landesarchiv Berlin, Berliner Einwohnermeldekartei, Bestand B Rep. 021. (Auskunft: Roswitha Schure, 19. Oktober 2006).

Home Office, »Renegades and Persons suspected or convicted of assisting the Enemy«, Unterlagen zu George[s] Chatterton-Hill: National Archives (Kew, Großbritannien), HO 45/25823.

*Irische Blätter,* herausgegeben von der Deutsch-Irischen Gesellschaft, Berlin 1917–1918.

*Irische Korrespondenz,* herausgegeben von der Deutsch-Irischen Gesellschaft, Berlin 1918–19[22].

Muriel J. Mellown, »Contemporary Review«, in: *British Literary Magazines. The Modern Age, 1914–1984*, herausgegeben von Alvin Sullivan, New York/Westport/London: Greenwood 1986, S. 91–103.

## Galeazzo Ciano

Auswärtiges Amt, Büro des Ministers Joachim von Ribbentrop, persönliches Pressearchiv, Dossier »Graf Ciano in Berlin« (28. September 1940): Bundesarchiv, R 901/60658.

Galeazzo Ciano, *1937–1938. Diario,* [Bologna:] Cappelli 1948.

– ders., *Diario. 1939–1943,* herausgegeben von Ugo d'Andrea, 2 Bände, Mailand: Rizzoli 1946.

Carlo Ciucci, »Prefazione«, in: Galeazzo Ciano, *1937–1938. Diario,* [Bologna:] Cappelli 1948, S. IX–XV.

Giordano Bruno Guerri, *Galeazzo Ciano. Una vita 1903/1944,* Mailand Bompiani 1979.

Hans Mollier, »Vorwort«, in: Galeazzo Ciano, *Tagebücher 1937/1938,* übersetzt von Hans Mollier und Maximilian Wiesel, Hamburg: Wolfgang Krüger 1949, S. IX–XV.

Ray Moseley, *Mussolini's Shadow. The Double Life of Count Galeazzo Ciano,* New Haven/London: Yale University Press 1999, hier: S. 107–111, 143 bis 144, 149–152, 36–49.

Enzo Siciliano, *Morte di Galeazzo Ciano,* Turin: Giulio Einaudi 1998.

Sumner Welles, »Vorwort«, in: Galeazzo Ciano, *Tagebücher 1939–1943*, übersetzt von W. J. Guggenheim und René König, Bern: Alfred Scherz 1947, S. 5–11.

## Theo Findahl

Sverre Bergh mit Svein Sæter, *Spion i Hitlers rike. Student og agent: Sverre Berghs dramatiske dobbeltliv,* Oslo: N.W. Damm & Søn 2006.

Theo Findahl, *Traumland Hollywood im Tageslicht. Eindrücke* [*Valfarten til stjerneland. Inntrykk fra Hollywood,* Oslo: Aschehoug 1938], übersetzt von H. von Born-Pilsach, München: F. Bruckmann 1940.

– ders., *Lange skygger. Dagbok fra krigens Berlin 1939–1945*, Oslo: Dreyer 1964.

Per Egil Hegge (*Aftenposten,* Oslo), Schriftliche Auskünfte, 19. Oktober 2004, 29., 31. August, 5., 7. September 2006.

Benedikt Jager, »Die gepolsterte Nussschale des Bootes – Der Luftkrieg aus der Sicht skandinavischer Korrespondenten«, in: *Bombs Away! Representing the Air War over Europe and Japan*, herausgegeben von Wilfried Wilms und William Rasch, Amsterdam/New York: Rodopi 2006, S. 131 bis 146.

– ders., Persönliche Auskunft, 16. Oktober 2006.

Oliver Lubrich, »Topographien des Terrors. Deutsche Großstädte in Berichten ausländischer Reisender, 1933–1945«, in: *Blickwechsel. Akten des XI. Lateinamerikanischen Germanistenkongresses, São Paulo – Paraty – Petrópolis 2003*, 3 Bände, Band 2, herausgegeben von Ulrich J. Beil, Claudia S. Dornbusch und Masa Nomura, São Paulo: EDUSP/Monferrer Produções 2004, S. 381–386.

– ders., »Kontrastaufnahmen. Berlin in den Berichten ausländischer Reisender 1933–1945«, in: *»Weltfabrik Berlin«. Eine Metropole als Sujet der Literatur,* herausgegeben von Matthias Harder und Almut Hille, Würzburg: Königshausen & Neumann 2006, S. 145–164.

Claus Heinrich Meyer, »Letzter Akt Berlin«, in: *Süddeutsche Zeitung,* 24. Februar 2003.

*Norsk biografisk leksikon*, Redaktion: Jon Gunnar Arntzen, Oslo: Kunnskapsforlaget 2001, Band 3, S. 98–99.

## Janet Flanner

Klaus Blanc, »Nachwort«, in: Janet Flanner, *Paris, Germany … Reportagen aus Europa 1931–1950,* herausgegeben von Klaus Blanc, übersetzt von Angelika Felenda [u. a.], München: Antje Kunstmann 1992, S. 219 bis 232.

Nancy Caldwell Sorel, *The Women Who Wrote the War,* New York: Perennial 2000, S. 317–319.

*Reporting World War II,* Part II: American Journalism 1944–1946, New York: Library of America 1995, S. 914–915 (Biographische Notiz).

Brenda Wineapple, *Genêt. A Biography of Janet Flanner,* New York: Ticknor & Fields 1989, Lincoln: University of Nebraska Press 1989, S. 183 bis 204 (Endnoten: S. 323–325) (»A Charnel House 1944–1947«).

### Harry Flannery

Harry W. Flannery und Gerhart H. Seger, *Which Way Germany?,* New York: Hawthorn 1968.

Harry W. Flannery Collection, Walter P. Reuther Library, Detroit.

Howard K. Smith, *Events Leading up to My Death. The Life of a Twentieth-Century Reporter,* New York: St. Martin's Press 1996, S. 104–105.

Pat Yoder (Clinton Township, USA), Schriftliche Auskunft, 12. Oktober 2004.

### Arvid Fredborg

Arvid Fredborg, *Behind the Steel Wall. A Swedish Journalist in Berlin 1941–43*, diverse Übersetzer, New York: Viking 1944.

– ders., *Destination: Berlin*, Stockholm: P. A. Norstedt & Söner 1985.

Per Landin, »Zum Tod eines Bildungsbürgers«, in: *Nordeuropaforum* 1/1996, S. 3.

Jan Myrdal, »Att återta orden. *Bakom stålvallen* 52 år senare«, in: Arvid Fredborg, *Bakom stålvallen,* herausgegeben von Jan Myrdal, Stockholm: T. Fischer & Co. 1995, S. V–XIV.

### Martha Gellhorn

Nancy Caldwell Sorel, *The Women Who Wrote the War,* New York: Perennial 2000, S. 360–361.

Julia Edwards, *Women of the World. The Great Foreign Correspondents,* New York: Ivy 1988, S. 111–127 (»Asking for Trouble«).

Martha Gellhorn, *The Face of War* [1959], London: Granta 1998.

Caroline Moorehead, *Martha Gellhorn: A Life* [2003], London: Vintage 2004, S. 274–312 (Endnoten: S. 516–517) (»The Pale Empty Colour of the Future«).

Carl Rollyson, *Nothing Ever Happens to the Brave. The Story of Martha Gellhorn*, New York: St. Martin's Press 1990, S. 189–210 (Endnoten: S. 361 bis 363) (»War. 1943–1945«), S. 211–229 (Endnoten: S. 363–365) (»Point of No Return. 1945–1948«); *Beautiful Exile. The Life of Martha Gellhorn*, London: Aurum 2001, S. 145–164 (Endnoten: S. 264–265), S. 165–181 (Endnoten: S. 266).

*Reporting World War II*, Part I: American Journalism 1938–1944, New York: Library of America 1995, S. 850–851; Part II: American Journalism 1944–1946, New York: Library of America 1995, S. 915 (Biographische Notiz).

## Oscar Jacobi

Archiv und Bibliothek der Arbeiterbewegung (Arbetarrörelsens arkiv och bibliotek, Stockholm) (Mats Myrstener), Schriftliche Auskunft, 1. November 2006.

Lars-Åke Engblom (Universität Jönköping, Schweden), Schriftliche Auskunft, 2. November 2006.

Finnisches Außenministerium (Helsinki), Informationsabteilung (Sami Heino), Schriftliche Auskunft, 21. November 2006.

Finnisches Nationalarchiv, Archive der Sicherheitspolizei (Helsinki, Turku, Oulu) (Tomi Ahoranta), Schriftliche Auskunft, 17. November 2006.

Oscar Jacobi, »Report from Germany. The Nazis prepare for civil war«, in: *Collier's,* 1. April 1944, S. 11 und 67–69.

– ders., »Russia's first buffer state« [über Finnland], in: *Colliers*, 20. Januar 1945, S. 25 ff.

Eric Johannesson (Schweden), Schriftliche Auskünfte, 16., 22. November 2006.

Library of Congress (Washington), Newspaper and Current Periodical Room (Travis Westly), Schriftliche Auskunft, 3. November 2006.

The New York Times, Archiv (Eric Winston), Schriftliche Auskunft, 26. Oktober 2006; (Debra Weydert), Schriftliche Auskunft, 1. November 2006.

Norwegisches Nationalarchiv (Leif Thingsrud), Schriftliche Auskunft, 27. November 2006.

Johan Perwe (Solna, Schweden), Schriftliche Auskunft, 7. November 2006.

Schwedisches Außenministerium (Stockholm), Pressearchiv (Anna Lund), Schriftliche Auskunft, 16. November 2006.

Schwedische Nationalbibliothek (Stockholm) (Björn Olofsson), Schriftliche Auskunft, 20. Oktober 2006.

Schwedisches Reichsarchiv (Stockholm), Schwedisches Pressearchiv (Ellinor Melander), Schriftliche Auskunft, 14. November 2006.

Svenska Dagbladet (Christer Morling), Schriftliche Auskunft, 26. Oktober 2006.

Anders Thunberg (Stockholm), Schriftliche Auskunft, 1. November 2006.

## Jānis Jaunsudrabiņš

Albert Dalhoff, »Brief an einen Dichter. Für Jānis Jaunsudrabiņš zu seinem 84. Geburtstag«, in: *Westfalenpost,* 26./27. August 1961.

Clemens Herbermann, »Ein Lette in Westfalen«, in: *Westfalenspiegel* 4/1984, S. 41–42.

Jānis Jaunsudrabiņš »Bielefeld am Tage danach« [für die Zeitung bearbeitete Fassung, übersetzt von Willi Stöppler], in: *Freie Presse,* 30. September 1954.

*Jānis Jaunsudrabiņš, 25.8.1877 – 28.8.1962. Lettischer Dichter und Maler im westfälischen Exil,* Ausstellung in der Universitäts- und Landesbibliothek Münster, 25. Oktober bis 23. November 2002.

Wolfhard Raub (Universitäts- und Landesbibliothek Münster), Schriftliche Auskünfte, 28. Januar, 22. Mai, 4. Juni 2003, 15. Mai, 24. August, 12. September 2006; telephonische Auskunft, 27. November 2006.

– ders., »Asyl in Westfalen. Jānis Jaunsudrabiņš 1944 bis 1962«, in: *Literatur in Westfalen. Beiträge zur Forschung 7,* im Auftrag der Literaturkommission für Westfalen herausgegeben von Walter Gödden, Bielefeld: Aisthesis 2004, S. 59–110.

– ders., *Jānis Jaunsudrabiņš, 25.8.1877–28.8.1962. Lettischer Dichter und Maler im westfälischen Exil* [illustrierte Broschüre zur Ausstellung], Münster: Universitäts- und Landesbibliothek/Jānis Jaunsudrabiņš-Archiv 2002.

– ders., *Daten zu Leben und Werk von Jānis Jaunsudrabiņš im westfälischen Exil 1944–1962*, unveröffentlichtes Manuskript, Münster 2004.

Alberts Spoģis (Lettischer Presseverein, Münster), Schriftliche Auskünfte, 12. Februar, 11. Juni 2003.

Erwin Sylvanus, »Das ›Mondscheinhaus‹ am Möhnesee«, in: *Westfalenspiegel* 1/1955, S. 9–12.

## Arvi Kivimaa

Jacques Chardonne, »Voir l'Allemagne«, in: *La Gerbe,* 13. November 1941, S. 1.

– ders., *Le Ciel de Nieflheim*, Paris: Eigenverlag 1943.

François Dufay, *Le voyage d'automne. Octobre 1941, des écrivains français en Allemagne. Récit,* Paris: Plon 2000, insbesondere: S. 39–40.

Svend Fleuron, »Ich sah Deutschland«, übersetzt von Thyra Dohrenburg, in: *Europäische Literatur* 1:1 (Mai 1942), S. 2–4 und 9.

Frank-Rutger Hausmann, *»Dichte, Dichter, tage nicht!« Die Europäische Schriftsteller-Vereinigung in Weimar 1941–1948,* Frankfurt am Main: Vittorio Klostermann 2004, S. 107–141, 147–168, 291–305.

Gerhard Heller, »Die europäischen Treffen in Weimar«, in: *In einem besetzten Land. NS-Kulturpolitik in Frankreich. Erinnerungen 1940–1944,* unter Mitarbeit von Jean Grand [*Un allemand à Paris, 1940–1944,* Paris: Éditions du Seuil 1981], übersetzt von Annette Lallemand-Rietkötter, Köln: Kiepenheuer & Witsch 1982, S. 106–120.

Marcel Jouhandeau, »Témoignage«, in: *La Nouvelle Revue française* 29:334, 1. Dezember 1941, S. 649–651.

– ders., *Le Voyage secret,* Paris: Arléa 1988.

– ders., *Journal sous l'Occupation*, in: *Journal sous l'Occupation, suivi de La Courbe de nos angoisses*, Paris: Gallimard 1980, S. 7–261, hier: S. 77–136.

Arvi Kivimaa, »Finnische Betrachtung«, übersetzt von Reimar von Bonin, in: *Europäische Literatur* 1:4 (August 1942), S. 7–8.

## Jacob Kronika

Jörg Friedrich, *Der Brand. Deutschland im Bombenkrieg 1940–1945* [2002], Berlin: List 2004, S. 369.

Peter Gosztony (Herausgeber), *Der Kampf um Berlin* 1945 *in Augenzeugenberichten,* München: dtv 1975, S. 74–77, 273–274.

Benedikt Jager, »Die gepolsterte Nußschale des Bootes – Der Luftkrieg aus der Sicht skandinavischer Korrespondenten«, in: *Bombs Away! Representing the Air War over Europe and Japan,* herausgegeben von Wilfried Wilms und William Rasch, Amsterdam/New York: Rodopi 2006, S. 131 bis 146.

Jacob Kronika, *Revolution. Roman om Hitlers Tyskland,* Kopenhagen: Hagerup 1935.

– ders., *Lys i vinduet. Slesvigske Dagbogsblade fra Berlin 1933–1939,* Kopenhagen: Det danske forlag 1957.

– ders., *Midt i fjendens lejr. Slesvigske Dagbogsblade fra Hitler-krigens Berlin*, Kopenhagen: Gyldendal 1966.

– ders., *Kronika fortæller,* Flensburg: Skandia 1968, S. 72–73.

– Nachlaß, Studieafdelingen/Arkivet ved Dansk Centralbibliotek for Sydslesvig, Flensburg.

René Rasmussen (Tønder), Schriftliche Auskünfte, 23. Oktober, 16. November 2006; telephonische Auskunft, 31. Oktober 2006.

– ders., *Front og bro.* Flensborg Avis *i spil mellem Danmark og Tyskland 1930–1945*, 2 Bände, Flensburg: Dansk Centralbibliotek for Sydslesvig 2005, insbesondere: S. 67–72, 110–116, 249–255, 255–259, 454–460, 557–566, 701–713, 763–766, 892–905.

– ders., »Jacob Kronika in Berlin 1939–1945«, in: *Grenzfriedenshefte* 1 (März 2002), S. 25–42.

Reichspressechef der NSDAP/Reichspressestelle: »Auslandspresse« (Abteilung: Dänemark), Karteikarten 101 und 273 zu Jacob Kronika (Notizen, Zitate, Photos und ausgeschnittene Unterschrift): Bundesarchiv, NS 42/48.

## Beirne Lay

Gerald Astor, *The Mighty Eighth. The Air War in Europe as Told by the Men Who Fought It,* New York: Dell 1998, S. 171–176.

Beirne Lay, *I've Had It. The survival of a Bomb Group Commander,* New York/London: Harper & Brothers 1945.

– ders. und Sy Bartlett, *Twelve O'Clock High,* New York: Bantam 1948.

*Reporting World War II,* Part I: American Journalism 1938–1944, New York: Library of America 1995, S. 853–854 (Biographische Notiz).

*Twelve O'Clock High,* Regie: Henry King, mit Gregory Peck, USA 1949.

## Louis Lochner

Joseph Goebbels, *Die Tagebücher,* herausgegeben von Elke Fröhlich, Teil I (Aufzeichnungen 1923–1941), München: K. G. Saur 1997–2006,

Band 7, S. 93, 96, Band 8, S. 149, 161; Teil II (Diktate 1941–1945), München: K. G. Saur 1993–1996, Band 4, S. 315.

Hans Gresmann, »Stets das Unerwartete«, in: *Die Zeit* 10/1956.

Louis P. Lochner, *Always the Unexpected. A book of reminiscences,* New York: Macmillan 1956, S. 273–288 (»On Both Sides of the Battle Front«).

Munzinger Biographisches Archiv 1975.

### Curzio Malaparte

Jonne Ahvonen, »Malaparte in Finlandia – quando e dove«, in: *Settentrione* 17 (2005), S. 9–18.

Peter O. Chotjewitz, »Der Schatten des Debakels. Curzio Malaparte zum 100. Geburtstag«, in: *Jungle World,* 9. Juni 1998.

Giordano Bruno Guerri, *L'arcitaliano. Vita di Curzio Malaparte,* Mailand: Bompiani 1980.

Katrin Hillgruber, »Krieg ist der edelste Sport«, in: *Der Tagesspiegel,* 10. Juli 2005.

Yaak Karsunke, »Ein Mißton im Grün der Bäume«, in: *Frankfurter Rundschau,* 6. April 2005.

Curzio Malaparte, *Il Volga nasce in Europa,* Mailand/Florenz/Rom: Bompiani 1943.

– ders., *La pelle,* Rom: Aria d'Italia [1949].

Lothar Müller, »Die Witterung des Hundes für das Tier im Menschen«, in: Curzio Malaparte, *Kaputt,* übersetzt von Hellmut Ludwig, Wien: Paul Zsolnay 2005, S. 549–583.

Friedrich Wilhelm Prinz von Preußen, Telephonische Auskunft, 23. August 2006.

### Ray T. Matheny

Interviews mit Bomber-Piloten [Oral History-Projekt von Ray Hillam, Brigham Young University]: Walter Kempowski Archiv, Akademie der Künste, Berlin, Nr. 1519–1546 (Transkriptionen und Cassetten) und Nr. 1573 (Cassette).

Walter Kempowski, Schriftliche Auskunft, 28. November 2006.

Ray T. Matheny, *The Deacon's Sinners,* Typoskript (296 Seiten): Walter Kempowski Archiv, Akademie der Künste, Berlin, Nr. 1547/1.

– ders., *Auf einem fahlen Pferd,* deutsche Übersetzung von Werner Peterich, Typoskript (350 Seiten): Walter Kempowski Archiv, Akademie der Künste, Berlin, Nr. 1547/2.

### Edward Murrow

Mark Bernstein und Alex Lubertozzi, *World War II on the Air. Edward R. Murrow and the War That Defined a Generation,* Naperville: Sourcebooks 2003.

Edward Bliss, »Introduction«, in: *In Search of Light. The Broadcasts of Edward R. Murrow 1938–1961,* herausgegeben von Edward Bliss, New York: Alfred A. Knopf 1967, S. XI–XV.

George Clooney und Grant Heslov, *Good Night, and Good Luck. The Screenplay and History Behind the Landmark Movie,* New York: Newmarket 2006.

Bob Edwards, *Edward R. Murrow and the Birth of Broadcast Journalism,* Hoboken: John Wiley & Sons 2004.

Philip Seib, *Broadcasts from the Blitz. How Edward R. Murrow Helped Lead America Into War,* Washington: Potomac 2006.

Ann M. Sperber, *Murrow: His Life and Times,* New York u. a.: Bantam 1987, S. 201–261 (Endnoten: 717–720) (»Total War«).

Frederick S. Voss, »Broadcasting the War«, in: *Reporting the War. The Journalistic Coverage of World War II,* Washington: National Portrait Gallery/Smithsonian Institution 1994, S. 119–133 (Endnoten: S. 214).

### René Schindler

Gemeinde Binningen (Schweiz), Einwohnerdienste (Ariane Duttli), Schriftliche Datenauskunft, 20. September 2004.

Europa Verlag (Zürich) (Marlys Moser), Schriftliche Auskunft, 23. März 2004.

Landeshauptstadt München, Stadtarchiv (Anton Löffelmeier, Schriftliche Auskunft, 5. Oktober 2004): Meldeunterlagen, Einwohnermeldedaten zu Robert Reitz, Maximilian Franz Wolfgang Rieppel.

Franz Wolfgang Rieppel, *Die Entschuldung der Schweizerischen Landwirtschaft nach dem Bundesgesetz über die Entschuldung landwirtschaftlicher Heimwesen vom 12. Dezember 1940,* Dissertation (Universität Zürich), Zürich: Kommerzdruck und Verlags AG 1943.

– ders., *Jugend, Liebe und Tod. Ausgewählte Gedichte,* Basel: Buchverlag Basler Zeitung 1995.

– ders., *Die Krone war an allem schuld. Ein Märchen für Erwachsene* (mit Illustrationen von Helga Zilcher), Basel: Buchverlag Basler Zeitung 1996.

– ders., *Requiem. Für ein fremdes Mädchen. Für einen jungen Freund* (mit Illustrationen von Helga Zilcher), Basel: Buchverlag Basler Zeitung 1997.

Schweizerische Bundesanwaltschaft, Unterlagen zu [Franz] Wolfgang Rieppel (aus den Jahren 1942–1944): Schweizerisches Bundesarchiv, Signatur E 4320 1973/17, Band 39, Dossier C.2.12031.

Zensurakte zu René Schindler, *Ein Schweizer erlebt das geheime Deutschland*: Schweizerisches Bundesarchiv, Zensurakten aus der Zeit des Zweiten Weltkrieges, Bestand E 4450, Dossier 5010.

### William Shirer

Auswärtiges Amt, Nachrichten- und Presseabteilung, »Auslandsjournalisten«, Schriftverkehr bezüglich der Reise ausländischer Journalisten,

u. a. William Shirer und Louis Lochner, zur Front im Westen, 31. Mai 1940: Bundesarchiv R 901/60528.

Mark Bernstein und Alex Lubertozzi, *World War II on the Air. Edward R. Murrow and the War That Defined a Generation*, Naperville: Sourcebooks 2003, S. 31–33.

Gordon A. Craig, »Foreword to the Johns Hopkins Edition«, in: William Shirer, *Berlin Diary: The Journal of a Foreign Correspondent, 1934–1941* [Faksimile der Erstausgabe], herausgegeben von Gordon A. Craig, Baltimore/London: Johns Hopkins University Press 2002, S. IX–XIII.

John Keegan, »Introduction«, in: William Shirer, *»This is Berlin«. Reporting from Nazi Germany 1938–40*, London: Arrow 2000, S. IX–XII.

*Reporting World War II*, Part I: American Journalism 1938–1944, New York: Library of America 1995, S. 859 (Biographische Notiz).

Jürgen Schebera, »Nachbemerkung«, in: William Shirer, *Berliner Tagebuch. Aufzeichnungen eines Auslandskorrespondenten 1934–1941,* übersetzt und herausgegeben von Jürgen Schebera, Leipzig: Reclam 1995, S. 342–345.

– ders., »Nachbemerkung«, in: William Shirer, *Berliner Tagebuch. Das Ende. 1944–1945*, übersetzt und herausgegeben von Jürgen Schebera, Leipzig: Gustav Kiepenheuer 1994, S. 454–457.

Inga Shirer Dean, »Preface«, in: William Shirer, *»This is Berlin«. Reporting from Nazi Germany 1938–40*, London: Arrow 2000, S. 1–10.

William Shirer, *End of a Berlin Diary,* New York: Popular Library 1947.

– ders., *The Nightmare Years 1930–1940. A Memoir of a Life and the Times,* Boston/Toronto: Little, Brown and Company 1984, S. 444–616.

– ders., *The Rise and Fall of the Third Reich. A History of Nazi Germany* [1959], New York: Touchstone 1990.

– Personal papers: George T. Henry College Archives, Stewart Memorial Library, Coe College, Iowa (USA).

Clemens Vollnhals, »Einleitung«, in: William Shirer, *This is Berlin. Rundfunkreportagen aus Deutschland 1939–1940,* übersetzt von Stefan Welz und Thomas Irmer, herausgegeben von Clemens Vollnhals, Leipzig: Gustav Kiepenheuer 1999, S. 7–29.

Frederick S. Voss, »Broadcasting the War«, in: *Reporting the War. The Journalistic Coverage of World War II,* Washington: National Portrait Gallery/Smithsonian Institution 1994, S. 119–133 (Endnoten: S. 214).

### Howard Smith

Mark Bernstein und Alex Lubertozzi, *World War II on the Air. Edward R. Murrow and the War That Defined a Generation,* Naperville: Sourcebooks 2003, S. 187–188.

Niels Kadritzke, »Anmerkungen des Übersetzers«, in: Howard K. Smith, *Feind schreibt mit. Ein amerikanischer Korrespondent erlebt Nazi-Deutschland,* übersetzt von Niels Kadritzke, Berlin: Rotbuch 1982, S. 307 bis 310; Frankfurt/Main: S. Fischer 1986, S. 306–309.

*Reporting World War II*, Part I: American Journalism 1938–1944, New York: Library of America 1995, S. 859–860 (Biographische Notiz).

Howard K. Smith, »Nachwort des Autors« (zur deutschen Ausgabe, 1982), in: Howard K. Smith, *Feind schreibt mit. Ein amerikanischer Korrespondent erlebt Nazi-Deutschland,* übersetzt von Niels Kadritzke, Berlin: Rotbuch 1982, S. 304–306; Frankfurt/Main: S. Fischer 1986, S. 303 bis 305.

– ders., *Events Leading up to My Death. The Life of a Twentieth-Century Reporter,* New York: St. Martin's Press 1996, S. 77–115 (»1939–1941«).

### Paul Stämpfli

Gedenkstätte Plötzensee, Berlin.

Gefangenenkarteikarte Paul Stämpfli: Landesarchiv Berlin, Gefangenenkartei Plötzensee.

Reichsministerium der Justiz, Korrespondenz über die Verhandlungen zum Gefangenenaustausch, Entlassungsbescheid für Paul Stämpfli (Dr. v. Ammon), Amtsärztliche Untersuchung (Gerichtsgefängnis Feldkirch, Vorarlberg): Bundesarchiv, R3001/IV n 3/43.

Paul Stämpfli, *In Deutschland zum Tode verurteilt*, Typoskript mit handschriftlichen Korrekturen: Schweizerisches Bundesarchiv, Zensurakten aus der Zeit des Zweiten Weltkrieges, Bestand E 4450, Dossiers 5160/61.

– ders., »Unter dem Fallbeil« und »So starben die tschechischen Patrioten« [Vorabdruck in zwei Teilen], in: *Die Nation* 43 (25. Oktober 1944), S. 10–11; 44 (1. November 1944), S. 3.

– ders., *Condamné à mort en Allemagne,* übersetzt von André Chamot-Bolle, Lausanne: Jean Marguerat 1945.

Staatsarchiv des Kantons Basel-Stadt (Andreas Barth, Schriftliche Auskunft, 14. November 2006): Einbürgerungsakten und Einwohnerkontrolle, Daten zu Paul Stämpfli.

Johannes Tuchel (Gedenkstätte Deutscher Widerstand), Schriftliche Auskunft, 9. Oktober 2006.

Volksgerichtshof-Akte »Eggenberger, Louis« (mit Gestapo-Bericht, darin die Liste der von Eggenberger angegebenen über 150 Personen): Bundesarchiv, VGH/Z.

Zensurakte zu Paul Stämpfli, *In Deutschland zum Tode verurteilt* (bezüglich des deutschen Originals und der französischen Übersetzung): Schweizerisches Bundesarchiv, Zensurakten aus der Zeit des Zweiten Weltkrieges, Bestand E 4450, Dossiers 5160 und 5161.

### André Thérive

Georges Blond, »Les repos de Weimar. Choses vues au Congrès des Écrivains d'Europe«, in: *Je suis partout,* 23. Oktober 1942.

Frank-Rutger Hausmann, »*Dichte, Dichter, tage nicht!*« *Die Europäische Schriftsteller-Vereinigung in Weimar 1941–1948,* Frankfurt am Main: Vittorio Klostermann 2004, S. 178–186, 199–200, 324–325.

Henri Lemaître, *Dictionnaire Bordas de littérature française et francophone,* Paris: Bordas 1986, S. 762.

William Leonard Schwartz, »A Literary Portrait of M. André Thérive. Crusader for Good French and for ›The Novel for the Novel's Sake‹«, in: *The French Review* 5:5 (März 1932), S. 376–394.

André Thérive, »Les leçons de Weimar«, in: *Comœdia,* 24. Oktober 1942.

– ders., *Essai sur les trahisons,* Paris: Calmann-Lévy 1951.

### Kurt Vonnegut

J. Michael Crichton, »Sci-Fi and Vonnegut«, in: *The Critical Response to Kurt Vonnegut,* herausgegeben von Leonard Mustazza, Westport/London: Greenwood 1994, S. 107–111.

Volker Hage, »Von allen Luftwaffen bombardiert. Kurt Vonnegut« [Gespräch], in: *Zeugen der Zerstörung. Die Literaten und der Luftkrieg,* Frankfurt am Main: S. Fischer 2003, S. 281–286.

Julie A. Hibbard, »In Search of Slaughterhouse-Five«, in: *Kurt Vonnegut. Images and Representations,* herausgegeben von Marc Leeds and Peter J. Reed, Westport/London: Greenwood 2000, S. 135–145.

Thomas F. Marvin, »*Slaughterhouse-Five* (1969)«, in: *Kurt Vonnegut. A Critical Companion,* Westport/London: Greenwood 2002, S. 113–133.

Wayne D. McGinnis, »The Arbitrary Cycle of *Slaughterhouse-Five:* A Relation of Form to Theme«, in: *The Critical Response to Kurt Vonnegut,* herausgegeben von Leonard Mustazza, Westport/London: Greenwood 1994, S. 113–122.

*Slaughterhouse-Five,* Regie: George Roy Hill, mit Michael Sacks, USA 1972.

Kurt Vonnegut, »A Nazi City Mourned at Some Profit« (»Dresden Revisited« [1976]), in: *Palm Sunday. An Autobiographical Collage* [1981], New York: Delta 1999, S. 273–275.

– ders., *Mother Night* [1961], New York: Dial 2006.

Waldemar Zacharasiewicz, »Kurt Vonnegut: Aufarbeitung der Absurdität und deutsch-amerikanisches Erbe«, in: *Das Deutschlandbild in der amerikanischen Literatur,* Darmstadt: Wissenschaftliche Buchgesellschaft 1998, S. 241–246 (Endnoten: S. 348–350).

### Konrad Warner

Jörg Friedrich, *Der Brand. Deutschland im Bombenkrieg 1940–1945* [2002], Berlin: List 2004, S. 365, 370.

Hans Dieter Schäfer (Herausgeber), *Berlin im Zweiten Weltkrieg. Der Untergang der Reichshauptstadt in Augenzeugenberichten,* München: Piper 1985, S. 389 (Biographische Notiz).

Schweizerische Landesbibliothek (Bern) (Simone Bleuler), Schriftliche Auskunft, 16. September 2004.

Schweizerisches Literaturarchiv (Bern) (Rudolf Probst), Schriftliche Auskunft, 14. September 2004.

Konrad Warner, »Eine Weltstadt stirbt« [Vorabdruck in fünf Teilen], in: *Die Weltwoche* 12:547 (5. Mai 1944), S. 3; 12:548 (12. Mai 1944), S. 3; 12:549 (19. Mai 1944), S. 9; 12:550 (26. Mai 1944), S. 9; 12:551 (2. Juni 1944), S. 9.

– ders., *Dans la Cité mourante… Le vivant témoignage d'un Suisse qui a vu de ses yeux crouler Berlin sous les bombardements,* übersetzt aus dem Deutschen, Lausanne: Éditions Spes [1944].

Zensurakte zu Konrad Warner, *Schicksalswende Europas…:* Schweizerisches Bundesarchiv, Zensurakten aus der Zeit des Zweiten Weltkrieges, Bestand E 4450, Dossier 5532.

### Marie Wassiltschikow

Gordon A. Craig, »An Outsider Inside the Third Reich«, in: *The New York Times,* 5. April 1987.

Oliver Lubrich, »›wie fremdartige Geschöpfe aus einem Aquarium‹. Berlin-Wahrnehmung nach 1933 durch ausländische Reisende«, in: *Europa – Stadt – Reisende. Blicke auf Reisetexte 1918–1945,* herausgegeben von Walter Fähnders, Wolfgang Klein und Nils Plath, Bielefeld: Aisthesis 2006, S. 121–150.

Tatiana Metternich, *Bericht eines ungewöhnlichen Lebens,* München: Goldmann 1976, S. 81–293.

R. Z. Sheppard, »The Catcher in the Reich«, in: *Time*, 24. Juni 2001.

Henry Ashby Turner, »Two Dubious Third Reich Diaries«, in: *Central European History* 33:3 (September 2000), S. 415–422, hier: S. 420 bis 422.

George H. Vassiltchikov, »Foreword«, in: Marie Vassiltchikov, *Berlin Diaries, 1940–1945,* herausgegeben von George H. Vassiltchikov, New York: Vintage 1988, S. XI–XV.

– ders., Schriftliche Auskunft, Oktober 2006.

### Zum Vorwort

Walter Benjamin, »Theorien des deutschen Faschismus. Zu der Sammelschrift *Krieg und Krieger.* Herausgegeben von Ernst Jünger« [1930], in: *Gesammelte Schriften,* 7 Bände in 14 Teilbänden, Band 3 [Kritiken und Rezensionen], herausgegeben von Hella Tiedemann-Bartels, Frankfurt am Main 1991, S. 238–250, hier: S. 240.

– ders., »Das Kunstwerk im Zeitalter seiner technischen Reproduzierbarkeit« [1935–1936] (Dritte Fassung [1936–1939]), in: *Gesammelte Schriften,* 7 Bände in 14 Teilbänden, Band 1.2, herausgegeben von Rolf

Tiedemann und Hermann Schweppenhäuser, Frankfurt am Main 1991, S. 471–508, »Nachwort«: S. 506–508, hier: S. 506.

Heinrich Böll, *Der Engel schwieg* [1949–1951], Köln: Kiepenheuer & Witsch 1992.

Alejo Carpentier. *El reino de este mundo* [1949], Santiago de Chile: Editorial Universitaria, 1973, S. 9–16.

Hubert Fichte, *Detlevs Imitationen »Grünspan«* [1971], Frankfurt am Main: S. Fischer 1982.

Jörg Friedrich, *Der Brand. Deutschland im Bombenkrieg 1940–1945* [2002], Berlin: List 2004.

Günter Grass, *Im Krebsgang. Eine Novelle,* Göttingen: Steidl 2002.

Virginia Grütter, *Boris,* San José: Universidad de Costa Rica 1956; *Los amigos y el viento,* in: dies./Alfonso Chase, *Los amigos y el viento/Los juegos furtivos,* San José: Editorial Costa Rica 1984, S. 17–95.

Volker Hage, *Zeugen der Zerstörung. Die Literaten und der Luftkrieg,* Frankfurt am Main: S. Fischer 2003.

Klaus Harpprecht, »Stille, schicksallose«, in: *Frankfurter Allgemeine Zeitung,* 20. Januar 1998.

Ernst Jünger, *Das zweite Pariser Tagebuch,* in: *Werke,* 18 Bände, Band 3, Stuttgart: Klett-Cotta 1979, S. 9–294, hier: S. 271.

– ders., *In Stahlgewittern. Aus dem Tagebuch eines Stoßtruppführers,* Hannover: Eigenverlag 1920.

Hermann Kasack, *Die Stadt hinter dem Strom* [1947], Frankfurt am Main: Suhrkamp 1996.

Walter Kempowski, *Alles umsonst. Roman,* München: Albrecht Knaus 2006.

Etgar Keret, »Suddenly, the Same Thing«, übersetzt von Sondra Silverston, in: *The New York Times,* 12. Februar 2006.

Lothar Kettenacker (Herausgeber), *Ein Volk von Opfern? Die neue Debatte um den Bombenkrieg 1940–45,* Berlin: Rowohlt Berlin 2003.

Otto Erich Kiesel, *Die unverzagte Stadt* [1949], Hamburg: Ernst Kabel 1985.

Alexander Kluge, »Der Luftangriff auf Halberstadt am 8. April 1945«, in: *Neue Geschichten. Hefte 1–18. ›Unheimlichkeit der Zeit‹,* Frankfurt am Main: Suhrkamp 1978, S. 33–106.

Gert Ledig, *Vergeltung* [1956], Frankfurt am Main: Suhrkamp 2001.

Peter de Mendelssohn, *Die Kathedrale. Ein Sommernachtmahr* [1948], Frankfurt am Main/Berlin: Ullstein 1988.

Harry Mulisch, *Das steinerne Brautbett* [*Het stenen bruidsbed,* Amsterdam: De Bezige Bij 1959], übersetzt von Gregor Seferens, Frankfurt am Main: Suhrkamp 1995.

Hans Erich Nossack, *Der Untergang* [1943], Frankfurt am Main: Suhrkamp 1963.

– ders., *Nekyia. Bericht eines Überlebenden,* Hamburg: Wolfgang Krüger 1947.

József Nyírö, »Blick auf das kämpfende Deutschland«, in: *Europäische Literatur* 1:2 (Juni 1942), S. 2–3.

Gunnar Thorstensson Pihl, *Tyskland går sista ronden,* Stockholm: Albert Bonnier 1943, S. 294–324 (»Luftkrig – utvisning«).

Arno Schmidt, *Aus dem Leben eines Fauns* [1953], in: *Bargfelder Ausgabe,* Band 1/2, Bargfeld: Arno Schmidt Stiftung/Zürich: Haffmans 1987, S. 299–390.

Erhard Schütz, »Ersatzwelt mit Ameisen. Berlin unter Bomben. Literarisch-journalistische Deutungsmuster 1940 bis 1945«, in: *Zeitschrift für Germanistik* 15:2 (2005), S. 352–376.

W. G. Sebald, »Luftkrieg und Literatur. Züricher Vorlesungen«, in: *Luftkrieg und Literatur. Mit einem Essay zu Alfred Andersch* [1999], Frankfurt am Main: S. Fischer 2001, S. 9–110.

– ders., *On the Natural History of Destruction,* übersetzt von Anthea Bell, New York: Random House 2003 (Vorabdruck in: *The New Yorker,* 4. November 2002, S. 66–77).

James Stern, *The Hidden Damage* [1947], London: Chelsea 1990.

Lörinc Szabó, »Abschied von Weimar. Aus meinem Tagebuch«, in: *Ungarn* 3 (Dezember 1942), S. 716–719.

*Überblick und Debatte,* in: *Deutsche Literatur 1998. Jahresüberblick,* herausgegeben von Volker Hage, Rainer Moritz und Hubert Winkels, Stuttgart: Reclam 1999, S. 249–290.

Tobias Wimbauer, »Kelche sind Körper. Der Hintergrund der ›Erdbeeren in Burgunder‹-Szene«, in: *Anarch im Widerspruch. Neue Beiträge zu Werk und Leben der Gebrüder Jünger,* herausgegeben von Tobias Wimbauer, Schnellroda: Edition Antaios 2004, S. 23–69.

## Weitere Forschungsliteratur

Gebhard Aders, *Bombenkrieg. Strategien der Zerstörung 1939–1945*, Köln: Helmut Lingen 2004.

*Bombs Away! Representing the Air War over Europe and Japan,* herausgegeben von Wilfried Wilms und William Rasch, Amsterdam/New York: Rodopi 2006.

Wolfgang Bönitz, *Feindliche Bomberverbände im Anflug. Zivilbevölkerung im Luftkrieg,* Berlin: Aufbau 2003.

Stephan Burgdorff und Christian Habbe (Herausgeber), *Als Feuer vom Himmel fiel. Der Bombenkrieg in Deutschland,* München: DVA 2003.

Jörg Friedrich, *Brandstätten. Der Anblick des Bombenkriegs,* München: Propyläen 2003.

Volker Hage (Herausgeber), *Hamburg 1943. Literarische Zeugnisse zum Feuersturm,* Frankfurt am Main: S. Fischer 2003.

Hans-Joachim Hahn, »Leerstellen in der deutschen Gedenkkultur: Die Streitschriften von W. G. Sebald und Klaus Briegleb«, in: *German Life and Letters* 57:4 (Oktober 2004), S. 357–371.

Julia Hell, »The Angel's Enigmatic Eyes, or The Gothic Beauty of Catastrophic History in W. G. Sebald's *Air War and Literature*«, in: *Criticism* 46:3 (Sommer 2004), S. 361–392.

Ursula Heukenkamp, »Gestörte Erinnerung. Erzählungen vom Luftkrieg«, in: *Amsterdamer Beiträge zur neueren Germanistik* 50:2 (2001), S. 469 bis 492.

Andreas Huyssen, »Air War Legacies: From Dresden to Baghdad«, in: *New German Critique* 90 (Herbst 2003), S. 163–176.

– ders., »On Rewritings and New Beginnings: W. G. Sebald and the Literature About the *Luftkrieg*«, in: *Zeitschrift für Literaturwissenschaft und Linguistik* 124 (2001), S. 72–90.

Graham Jackman, »›Gebranntes Kind‹? W.G. Sebald's ›Metaphysik der Geschichte‹«, in: *German Life and Letters* 57:4 (Oktober 2004), S. 456 bis 471.

Vincent Kling, »The Prophetic Voice: W. G. Sebald and *On the Natural History of Destruction*«, in: *Southern Humanities Review* 38:4 (Herbst 2004), S. 347–381.

Erhard Klöss (Herausgeber), *Der Luftkrieg über Deutschland 1939–1945,* München: dtv 1963.

Christoph Kucklick, *Feuersturm. Der Bombenkrieg gegen Deutschland,* Hamburg: Ellert & Richter/Geo 2003.

Oliver Lubrich, »›wie fremdartige Geschöpfe aus einem Aquarium‹. Berlin-Wahrnehmung nach 1933 durch ausländische Reisende«, in: *Europa – Stadt – Reisende. Blicke auf Reisetexte 1918–1945,* herausgegeben von Walter Fähnders, Wolfgang Klein und Nils Plath, Bielefeld: Aisthesis 2006, S. 121–150.

– ders., »Reisen ans Ende der Nacht«, in: *Reisen ins Reich 1933 bis 1945. Ausländische Autoren berichten aus Deutschland,* Frankfurt am Main: Eichborn 2004, S. 9–36.

– ders., »En el corazón de las tinieblas: Escritores viajeros en la Alemania nazi«, übersetzt von José Aníbal Campos, in: *Revista de Occidente* 266–267 (Juli/August 2003), S. 158–185.

Rolf-Dieter Müller, *Der Bombenkrieg 1939–1945,* Berlin: Christoph Links 2004.

Hans Dieter Schäfer (Herausgeber), *Berlin im Zweiten Weltkrieg. Der Untergang der Reichshauptstadt in Augenzeugenberichten,* München: Piper 1985.

Gunnar Schubert, *Die kollektive Unschuld. Wie der Dresden-Schwindel zum nationalen Opfermythos wurde,* Hamburg: Konkret 2006.

Thomas Seiler, »›Die deutsche Ruine‹. Skandinavische Berichte aus dem zerbombtem Deutschland«, in: *Verschränkung der Kulturen. Der Sprach- und Literaturaustausch zwischen Skandinavien und den deutschsprachigen Ländern,* herausgegeben von Oskar Bandle, Jürg Glauser und Stefanie Würth, Tübingen/Basel: A. Francke 2004, S. 555–573.

Wolfgang Thamm, *Fliegerbomben,* Bonn: Bernard & Graefe 2003.

Susanne Vees-Gulani, *Trauma and Guilt. Literature of Wartime Bombing in Germany,* Berlin/New York: Walter de Gruyter 2003.

Wilfried Wilms, »Taboo and Repression in W. G. Sebald's *On the Natural History of Destruction*«, in: *W. G. Sebald: A Critical Companion,* herausgegeben von J. J. Long und Anne Whitehead, Seattle: University of Washington Press 2004, S. 175–189.

Christian Zentner (Herausgeber), *Der Bombenkrieg. Feuersturm über Deutschland,* Sankt Gallen: Otus 2005.

**Oliver Lubrich,**

geboren 1970, unterrichtet am Peter Szondi-Institut für Allgemeine und Vergleichende Literaturwissenschaft der Freien Universität Berlin. Gastprofessuren an der University of Chicago (2005) und der California State University (2006). Forschungen und Veröffentlichungen zur Reiseliteratur über Nazi-Deutschland: *Reisen ins Reich 1933 bis 1945. Ausländische Autoren berichten aus Deutschland* (DIE ANDERE BIBLIOTHEK 240, 2004), Aufsätze über Jean Genet, Thomas Wolfe, Meinrad Inglin, Marcel Jouhandeau und andere, Nachwort zu Martha Dodd, *Meine Jahre in Deutschland 1933 bis 1937* (Eichborn Berlin, 2005).

Weitere Publikationen zu Shakespeare (*Shakespeares Selbstdekonstruktion,* Würzburg 2001), Postkolonialismus (*Das Schwinden der Differenz. Postkoloniale Poetiken,* Bielefeld 2004) und Alexander v. Humboldt. Oliver Lubrich ist Mitherausgeber der Werke Alexander von Humboldts im Eichborn Verlag, *Ansichten der Kordilleren* und *Kosmos* (DIE ANDERE BIBLIOTHEK, 2004) sowie *Ueber einen Versuch den Gipfel des Chimborazo zu ersteigen* (Eichborn Berlin, 2006), Mitherausgeber der literarischen Anthologie *Berlin Hüttenweg* (Berlin 2006) und Kurator der Ausstellung *Zeichen des Alltags – Jüdisches Leben in Deutschland heute* (17 Standorte in Deutschland und Österreich, 2000 bis 2004).

**Berichte aus der Abwurfzone,**
eine Sammlung ausländischer Zeugnisse
des Bombenkriegs in Deutschland 1939 bis 1945,
herausgegeben und mit einer Einleitung versehen
von Oliver Lubrich, ist im Februar 2007 als zweihundertsechsundsechzigster Band der ANDEREN BIBLIOTHEK
im Eichborn Verlag, Frankfurt am Main, erschienen.
Auskunft über die Quellen und die Übersetzer
gibt der Anhang ab der Seite 451.
Das Lektorat lag in den Händen
von Rainer Wieland.

**Dieses Buch**
wurde in der Korpus Garamond Antiqua
von Wilfried Schmidberger in Nördlingen gesetzt
und bei der Fuldaer Verlagsanstalt auf 100 g/m² holz-
und säurefreies mattgeglättetes Bücherpapier
der Papierfabrik Schleipen gedruckt. Den Einband
besorgte die Buchbinderei G. Lachenmaier, Reutlingen.
Ausstattung & Typographie franz.greno@libero.it

1. bis 5. Tausend, Februar 2007.
Von diesem Band der ANDEREN BIBLIOTHEK
gibt es eine handgebundene Lederausgabe mit den
Nummern 1 bis 999; die folgenden Exemplare
der limitierten Erstausgabe werden ab 1001 numeriert.
Dieses Buch trägt die Nummer:

* 4051